해석학적
목회상담

폴 리쾨르 해석학과 목회상담의 만남

김용민

해석학적 목회상담
– 폴 리쾨르 해석학과 목회상담의 만남

지은이　김용민
초판발행　2011년 11월 15일
초판2쇄　2013년 8월 23일

펴낸이　배용하
편집　윤순하
등록번호　제258호
펴낸곳　엘도론
　　　　　www.eldoron.com
등록한곳　대전광역시 동구 삼성동 285-16
편집부　전화 (042) 673-7424
영업부　전화 (042) 673-7424　전송 (042) 623-1424

ISBN　978-89-92257-56-5
책값은 뒤 표지에 있습니다.
※ 이 책의 내용 전부나 일부를 지은이의 허락 없이 복사하거나 복제를 금합니다.

차례

추천의 글 · 11
저자 서문 · 13
서론 · 17

I부 목회상담과 해석학의 관계

1장 해석학의 흐름과 목회상담
    1. 재구성의 해석학과 목회상담 · 37
    2. 전이해의 해석학과 목회상담 · 42
    3. 자율성의 해석학과 목회상담 · 48

2장 목회상담의 전통과 해석학
    1. 정신역동전통과 해석학 · 62
    2. 임상목회전통과 해석학 · 66
    3. 현대목회전통과 해석학 · 72

3장 목회상담과 해석학의 상관관계
    1. 대화 · 87
    2. 관계구조 · 90
    3. 과정 · 93
    4. 지향점 · 98

II부 리쾨르 해석학의 목회상담적 이해

4장 리쾨르 해석학의 흐름
1. 상징 해석학 · 116
2. 은유 해석학 · 118
3. 내러티브 해석학 · 122

5장 텍스트 해석학과 목회상담의 방법론
1. 거리두기 · 133
2. 텍스트의 세계 구성 · 138
3. 텍스트 앞에서의 자기이해 · 143

6장 해석학적 순환과 목회상담의 관계구조
1. 해석학적 순환과 해석학 · 153
2. 해석학적 순환과 리쾨르 · 158
3. 해석학적 순환과 목회상담 · 162

7장 미메시스와 목회상담의 과정
1. 미메시스 1단계: 전형상화 · 174
2. 미메시스 2단계: 형상화 · 178
3. 미메시스 3단계: 재형상화 · 182

Ⅲ부 리쾨르 해석학을 적용한 해석학적 목회상담모델

8장 해석학적 목회상담의 개요
1. 해석학적 목회상담의 목표 · 195
2. 해석학적 목회상담의 관계구조 · 199
3. 해석학적 목회상담의 과정 · 205

9장 내담자의 세계 구성
1. 상담관계 형성하기 · 218
2. 상담자의 거리두기 · 222
3. 내담자의 스토리에 물길내기 · 228

10장 내담자의 세계 재구성
1. 새로운 관점 부여하기 · 240
2. 재구성하기 · 245
3. 제3의 인물(들) 참여시키기 · 250

11장 내담자의 세계 확장
1. 자기화하기 · 262
2. 상담관계 종결하기 · 266
3. 상담자와 제3의 인물(들)의 자기확장하기 · 269

결론 · 279
참고자료 · 285

|추천의 글 I|

목회상담은 학문적 태동의 배경으로 인하여 심리학을 비롯한 사회과학과 매우 밀접한 관련을 가지고 있다. 이로 인해 학제간의 연구가 관심을 끌기 전부터 목회상담은 신학과 사회과학, 성경과 심리학 사이에서 때로는 긴장적인 관계로 때로는 수용적으로 다양한 접근들을 취하면서 통합적으로 발전해왔다. 하지만 심리학 및 심리치료 이론들의 발전 및 사회적으로 전문화와 자격증의 필요 등으로 말미암아 목회상담은 신학과 심리학이 건강한 긴장 관계에서의 균형을 잃어가면서 심리학이 주도하고 신학적 자원들은 보조적인 입장을 취하는 경향을 보여 왔다. 이러한 목회상담학에서의 심리학화psychologize 현상은 심리학을 비롯한 사회과학적 접근에 익숙하지 않은 일반 목회자들로 하여금 목회상담을 하는데 부담을 가지게 만들었다. 또한 목회상담의 신학과 심리학 사이에서의 불균형은 신학으로서의 목회상담의 학문적 정체성에 의문을 가지게 만들고 있다.

이러한 작금의 상황에서 목회자들이 익숙한 영역이라 할 수 있는 해석학적 접근을 목회상담에 적용한 김용민 박사의 『해석학적 목회상담』이 선을 보인 것은 의미 있는 일이라 하겠다. 목회상담과 해석학의 접목은 찰스 거킨Charles Gerkin, 도날드 캡스Donald Capps 등의 학자들에 의하여 시도되었고 확장되어왔다. 이러한 목회상담의 흐름에서 폴 리쾨르Paul Ricoeur의 해석학적 프레임을 목회상담방법론에 적용한 금번 김용민 박사의 저서는 한국 목회상담의 균형적 발전과 목회상담의 신학적 정체성의 유지 발전에 커다란 도움이 되리라 생각한다. 모쪼록 본서가 목회상담에 관심을 가지는 일선 목회자들과 목회상담학을 공부하는 학생들과 독자들에게 널리 읽혀져 더 나은 목회적 돌봄의 발전에 이바지 할 수 있기를 소망한다.

양 병 모
침례신학대학교 목회상담학 교수

|추천의 글 Ⅱ|

글 속엔 사람이 있다. 글은 재능이 아니라 정신으로 쓰는 것이기 때문이다. 글을 통해 사람을 만날 수 있다면 그 글엔 재능이 아니라 정신이 담긴 것이다. 김용민 박사의 글엔 정신이 있다. 학술연구 서적의 경우 글 속에 사람의 정신을 발견하기란 참 쉽지 않은데 그의 글엔 정신이 있다. 그래서 딱딱한 학술 서적이 따뜻하게 여겨진다. 36.5도 어간의 사람이 세상을 따뜻하게 하는 것은 기적이다. 김용민 박사의 글은 그래서 기적처럼 다가온다. 그의 글을 읽으면 세상을 어떻게 해석해야 하는지 세상을 어떻게 바라보아야 하는지 알게 된다. 리쾨르의 세계관을 넘어 아름다움이 열어주는 미메시스의 세계로 들어가게 한다.

그의 해석학적 목회상담은 일견 복잡하다. 그리고 생소하다. 그러나 그의 학문을 꿰뚫는 단 하나의 진실은 하나님이시다. 그래서 사람을 기능화시켜버린 막막하고 소통 불가능한 세상에서, 그의 글은 거침없이 하나님을 증언하고 있다고 생각된다. 사나운 세상을 살아가는 우리들에게 그의 해석학적 목회상담은 진실을 일깨워 준다. "진리를 알지니 진리가 너희를 자유케 하리라"요8:32 그리고 그 진실은 어느덧 치유가 되어 "아하!"의 탄복을 서슴없게 한다. 김용민 박사의 글을 추천하게 된 것이 참으로 기쁘다.

이 상 억
장로회신학대학교 목회상담학 교수

|저자 서문|

가을이 무르익어가고 있습니다. 뜨거운 여름이 가고 차가운 겨울을 맞이하기 위한 나무들의 움직임이 분주해 보입니다. 그러나 저는 아직 뜨거운 여름을 나고 있는 것이 아닌가 하는 생각이 듭니다. 때로는 동분서주하며 이곳저곳을 돌아다니고 때로는 책상 위에 앉아서 열심히 책과 씨름하면서 좋은 열매를 맺기 위한 구슬땀을 흘리고 있습니다.

이 책은 제 박사학위논문을 일부 수정한 것입니다. 제 인생에서 가장 뜨거운 여름을 보내고 얻은 열매이기에, 비록 최고의 것은 아닐지라도 최선의 노력이 담겨있는 책이라고 할 수 있습니다. 이 책이 나오기까지는 제가 학위를 받고 2년이라는 시간이 흘렀습니다. 부족한 부분을 보완하고 내용을 좀 더 쉽게 써보려고 했지만 삶이 그렇게 여의치 않았습니다. 그럼에도 불구하고 많은 분들의 관심과 요구가 있었기에 감히 이 책을 내놓게 되었습니다.

이 책은 목회상담의 정체성에 대한 논의를 포함하고 있습니다. 목회상담이 학문의 한 영역으로 태동한 이후 심리학과의 동반관계 때문에 늘 끊이지 않았던 문제가 바로 목회상담의 정체성에 대한 것입니다. 이 책은 목회상담이 신학의 한 분야임을 분명히 하고 있습니다. 그리고 목회상담이 심리학 없이 상담할 수 있는 방법에 관심이 있습니다. 물론 목회상담이 이미 상담이라는 큰 틀 안에 있기 때문에 심리학을 완전히 배제하고 상담을 할 수는 없을 것입니다. 그리고 심리학의 결과들을 배제하고 상담하는 것은 어리석은 일이 될 수 있을 것입니다. 그럼에도 불구하고 심리학 없이 상담할 수 있는 방법에 관심을 갖는 이유는 목회상담의 신학적 정체성 때문입니다. 만약 목회상담이 계속해서 심리학에 의존하고 심리학을 짝사랑하게 된다면 앞으로도 계속 우리는 목회상담의 정체성에 대한 논의에 직면하게 될 것입니다.

일반적으로 상담은 심리학에서, 심리학은 심리철학에서 기원하고 있음을 알 수 있습니다. 물론 각 학문의 경계가 불분명하고 불연속적으로 발전해온 것은 사실이지만, 이러한 커다란 흐름 자체를 간과할 수 없을 것입니다. 그러나 목회상담은 이러한 흐름을 거슬러 있습니다. 목회상담이 먼저 태동하고 이어서 기독교 심리학 또는 성경적 심리학에 대한 관심이 일어났으며, 기독교 심리철학 또는 심리신학에 대한 관심은 거의 전무한 상태입니다. 이런 상황에서 목회상담다운 목회상담을 하기란 쉽지 않아 보입니다. 아마도 이러한 현실이 목회상담의 정체성에 대한 논의를 끊이지 않게 하는 원인이 아닐까 생각해 봅니다.

이러한 상황에서 목회상담이 관심을 기울인 영역 가운데 하나가 바로 해석학입니다. 케빈 밴후저Kevin Vanhoozer에 의하면 해석학은 이미 신학적 특성을 포함하고 있을 뿐만 아니라 그 자체적으로 방법론을 지니고 있습니다. 그러므로 아직 심리학적, 심리철학적 토대가 부족한 목회상담이 해석학에 관심을 기울이는 것은 자연스러워 보입니다. 특히 리쾨르의 해석학은 그러한 역할을 하기에 충분한 요소를 지니고 있습니다. 그렇기에 거킨이나 캡스는 이미 1984년에 이러한 시도를 하고 있습니다.

이 책은 신학적 토대 위에서 리쾨르 해석학을 목회상담의 방법론으로 가져오려는 시도입니다. 아마도 리쾨르 해석학을 논의하는 과정이 다소 어렵게 느껴질 수도 있을 것입니다. 그러나 그 과정 속에서 독특한 사고와 남다른 재미를 발견할 수 있지 않을까 생각해 봅니다. 마음은 간절하지만 이것을 쉽게 풀어쓰는 것은 다음 기회로 미루도록 하겠습니다. 부디 이 책이 하나님을 사랑하고 사람을 사랑하는 목회상담자들에게 조금이나마 보탬이 될 수 있기를 바랍니다.

이 책은 많은 분들에게 사랑의 빚을 지고 있습니다. 특히 이 책이 나오기까지 관심과 사랑을 아끼지 않으신 양병모 교수님과 이상억 교수님 그리고 사랑하는 제 아내에게 감사의 마음을 전합니다. 또한 이 책과 관련하여 학문적으로 많은 도움과 조언을 해주신 유재성 교수님, 정기철 교수님, 문상기 교수님, 김종걸 교수님, 정승태 교수님께 감사의 마음을 전합니다. 마지막으로 기꺼이 출판을 허락해 주신 대장간과 엘도론 출판사의 배용하 사장님께 감사의 마음을 전합니다.

"여호와께서 사람의 걸음을 정하시고 그 길을 기뻐하시나니 그는 넘어지나 아주 엎드러지지 아니함은 여호와께서 그의 손으로 붙드심이로다"

시 37:23~24

2011년 11월 1일

김 용 민

서 론

목회상담이 태동한 이래 지금까지 끊임없이 제기되고 있는 문제 가운데 하나는 목회상담의 학문적 정체성에 대한 것이다. 본래 목회적 돌봄의 한 영역이었던 목회상담은 두 차례의 세계 대전을 거치면서 목회적 돌봄과 구별되는 독립된 학문의 영역으로 발전했다.[1] 이 때 결정적인 영향을 미친 것이 바로 심리학이었으며, 이로 인해 심리학은 목회상담에서 쉽게 간과할 수 없는 중요한 위치를 차지하게 되었다. 이렇게 목회상담은 학문의 태동에서부터 심리학적인 요소를 담지하고 있었으며, 그 결과 목회상담의 학문적 정체성에 대한 논의는 피할 수 없는 중요한 이슈가 되었다.[2]

목회상담이 이렇게 학문적 정체성에 대한 논란에 직면하게 된 이유는 단순히 심리학적인 요소 때문만이 아니라 '심리학에 치우치는 경향' 때문이었다. 학문의 발생 특성상 목회상담은 신학을 중심으로 심리학과 조화를 잘 이루어야 한다. 그러나 실제로는 그렇지 못했다. 왜냐하면 목회적 돌봄과 구별되는 목회상담의 독특한 영역이 바로 심리학이었기 때문이다. 이렇게 목회상담이 심리학에 치우치는 현상은 곧바로 목회상담의 학문적 정체성에 대한 논의를 불러일으켰다. 이러한 논의는 특히 시워드 힐트너Seward Hiltner, 웨인 오우츠Wayne Oates, 캐롤 와이즈Carroll Wise, 폴 존슨Paul Johnson과 같은 목회상담의 대가들에 의해서 목회상담의 신학적 정체성을 정립하고자 하는 노력으로 이어졌다.3) 이들은 모두 "신학의 우선성과 목회적 전통"을 강조했지만 이 가운데 대표적인 인물은 힐트너와 오우츠였다.4)

목회상담의 신학적 정체성을 정립하기 위한 힐트너의 노력은 그의 저서 『목회신학원론』Preface to Pastoral Theology에서 두드러지게 나타나고 있다.5) 이전에 힐트너는 목회상담을 칼 로저스Carl Rogers의 이론을 중심으로 전개했지만, 『목회신학원론』에서 목회신학의 정립을 시도한 이후 신학을 중심으로 그의 목회상담을 전개하기 시작했다.6) 특히 힐트너는 목회신학의 기능적인 측면을 강조함으로써 목회현장을 중요하게 생각했는데, 바로 이 점이 목회상담의 신학적 정체성을 분명히 하는 계기가 되었다.7) 또한 힐트너는 '목회현장에 근거를 둔 신학적 성찰'을 중요시함으로써 사후에 "신학적이면서 실천적인 신학자"라는 평가를 받게 되었다.8)

침례교 학자인 오우츠는 그의 저서 『개신교 목회상담』Protestant Pastoral Counseling에서 목회상담의 신학적 정체성을 정립하기 위한 그의 노력을 보여주고 있다. 여기서 오우츠는 목회상담을 회중을 대상으로 실시하는 '교회의 사역'으로 보고 있으며, 특히 '교회에 대한 신학적 이해와 교회의 자원'을 중요하게 여기는 신앙적이며 신학적인 상담으로 간주함으로써 목회상담의 신학적 정체성을 분명히 하고 있다.9) 이러한 오우츠의 견해는 오늘날 남침례교회의 중요한 목회상담적 전통이 되고 있다.

이상과 같은 목회상담학자들의 노력에도 불구하고 토마스 오든Thomas Oden은 19세기의 목회신학자들과 현대 목회상담학자들의 저서를 분석함으로써, 이들도 역시 심리학에 편향된 사람들이었다고 평가하고 있다.10) 특히 오든은 이 분석에서 현대 목회상담학자들이 교회의 고전적 전통을 한 번도 인용하지 않고 주요한 심리학자들의 자료만 330번 인용한 것을 발견하고, 이것을 가리켜 '목회상담의 정체성의 위기'라고 명명했다.11) 오든은 목회상담이 이러한 정체성의 위기를 벗어나기 위해서 심리학이 아니라 교

회의 고전적 전통에 관심을 기울여야 하며, 또한 이것을 적극적으로 활용해야 한다고 주장한다.12)

오늘날 목회상담에서 교회의 고전적 전통에 관심을 기울이고 그것을 활용해야 한다는 점에서는 커다란 이견이 없다. 실제로 아직 미흡하기는 하지만 교회의 고전적 전통을 목회상담의 영역으로 가져오는 시도를 하고 있다.13) 그러나 문제는 방법론이다. 교회의 고전적 전통을 활용하는 방법론의 대부분이 아직도 심리학적이기 때문에, 목회상담은 여전히 심리학의 주도적인 영향에서 벗어나지 못하고 있으며, 심리학에 치우치는 경향을 드러내고 있다. 그러므로 목회상담의 신학적 정체성을 정립하기 위해서는 무엇보다도 신학적인 방법론이 필요하다. 그렇게 될 때 비로소 내용적으로나 방법론적으로 신학적인 목회상담이 가능해진다.14)

현대목회상담은 목회상담의 신학적 방법론의 가능성을 해석학에서 발견하고 있다.15) 해석학은 오늘날 신학의 한 분과이면서 동시에 그 시작부터 신학과 밀접한 관련을 가지고 있다. 현대 해석학의 선구자라 할 수 있는 프리드리히 슐라이어마허Friedrich Schleiermacher는 모든 텍스트를 해석할 수 있는 기본적인 틀인 보편 해석학을 제안하고, 그 안에서 성서를 해석했다.16) 이것을 통해서 슐라이어마허는 닫힌 해석에 머물러 있었던 기독교의 성서해석을 열린 해석으로 인도했으며, 기독교에 우호적이지 않았던 사람들이 기독교로 들어올 수 있는 접근성을 높여주었다.17) 이후 철학적 해석학은 성서 또는 신학과 직간접적인 영향을 주고받으면서 계속해서 발전해 왔다.

케빈 밴후저Kevin J. Vanhoozer는 이러한 신학과 해석학의 관계를 직접적으로 언급하고 있다. 그는 신학이 성서에 대한 해석을 지향하고 있기 때문에 "분명히 해석학적"이며, 해석학이 하나님과 인간에 대한 신념들에 근거하고 있기 때문에 분명히 "신학적"이라고 주장한다.18) 특히 해석학은 텍스트 안에 감추어져 있는 하나님과 인간과 세계를 드러내기 때문에 신학적이라고 할 수 있다.19) 이러한 밴후저의 주장은 신학적 목회상담을 위한 방법론으로 해석학을 사용할 수 있는 가능성을 열어 준다. 실제로 해석학은 텍스트에 감추어져 있는 진리를 추구한다는 점에서 신학의 중요한 방법론일 뿐만 아니라 인간을 대상으로 하는 신학의 한 분과인 목회상담의 방법론으로 사용할 수 있다.

특히 폴 리쾨르Paul Ricoeur의 해석학은 네 가지 측면에서 목회상담의 방법론으로 사용하기에 적합한 특징을 가지고 있다. 첫 번째는 리쾨르가 성서 해석학을 전개하고 있다는 점이다. 리쾨르는 자신의 철학적 해석학을 단순히 철학적인 차원에 머물게 하지 않고 성서 해석에 적용함으로써 그의 해석학을 신학적 해석학으로 발전시켰으며, 이를 통해서 철학적 해석학이 신학의 한 방법이 될 수 있음을 보여주었다.20) 두 번째로 리쾨르는 지그문트 프로이트Sigmund Freud에 대한 연구에서 정신분석학과 해석학의 접목을 시도함으로써 해석학과 목회상담의 가교적인 역할을 감당하고 있다.21) 이 과정에서 리쾨르는 정신분석학을 해석학의 한 분과로 위치시켰으며, 인간을 하나의 텍스트로서 '해석' 할 수 있는 해석학적 가능성을 열어 놓았다.

세 번째는 리쾨르가 '유사 텍스트' un quasi-texte라는 개념을 통해서 기존의 텍스트 개념을 문서적 차원에서 인간의 행동으로 확장했다는 점이다.22) 물론 리쾨르 이전에도 이미 텍스트에 대한 이해가 단순한 문서적 차원을 넘어선 것은 사실이지만, 리쾨르는 이 개념을 통해서 텍스트에 대한 이해를 더욱 구체화시키고 있다. 특히 이러한 리쾨르의 특징은 문서적 텍스트를 해석하는 해석학적 방법론을 어떻게 인간을 해석하는 방법론으로 가져올 것인가에 대한 해석학적 목회상담의 난점을 해결하는데 중요한 공헌을 하고 있다. 마지막으로 한 가지 더 언급할 수 있는 것은 리쾨르의 해석학이 인식론적 차원을 넘어 존재론적 차원을 포함하고 있을 뿐만 아니라 그의 기독교적인 배경으로 인해 신학적인 구도를 포함하기에 더욱 용이하다는 점이다. 이러한 리쾨르의 해석학은 인간에 대한 해석 이상의 것을 요구하는 목회상담의 신학적인 요구를 충족시키기에 적합한 해석학이라고 볼 수 있다.

이 책은 목회상담의 신학적 정체성을 정립하기 위한 노력의 일환으로, 해석학적인 것이 곧 신학적이라는 밴후저의 입장에서 리쾨르의 해석학에 근거한 목회상담모델을 제시하는 것을 목적으로 한다.23) 이 책은 리쾨르의 해석학 이론 중 특히 목회상담과 매우 밀접한 연관성이 있는 '텍스트 해석학' textual hermeneutics, '해석학적 순환' hermeneutic circle, '미메시스' mimesis 등을 목회상담적 관점에서 재조명하고, 이 중에서도 '미메시스'를 이 책의 핵심 과제인 해석학적 목회상담모델을 위한 기본적인 틀로 사용한다. 이 책이 제시하는 해석학적 목회상담모델은 해석학적이기 때문에, 그리고 신학적인 구도 안에서 이루어지고 있기 때문에 신학적이라고 할 수 있다.

해석학을 적용한 다양한 학문의 영역들

이 책의 주요한 관심은 해석학을 목회상담에 적용함으로써 해석학적이면서 동시에 신학적인 목회상담모델을 제안하는 것이다. 필자는 이와 관련된 본격적인 논의에 앞서 해석학을 적용한 다양한 학문의 영역들을 네 가지로 나누어 목회상담과의 관련성 속에서 살펴보고자 한다.24) 첫 번째로 신학의 영역에서 해석학을 적용한 경우를 성서 해석학을 중심으로, 두 번째로 일반학문의 영역에서 해석학을 적용한 경우를 의학을 중심으로, 세 번째로 일반상담의 영역에서 해석학을 적용한 경우를 이야기 상담을 중심으로 다루고자 한다. 그리고 마지막으로 목회상담의 영역에서 해석학을 적용하고 있는 경우를 찰스 거킨Charles Gerkin과 도날드 캡스Donald Capps를 중심으로 언급하고자 한다.

첫 번째는 신학에서 해석학을 적용한 경우이다. 필자가 이것을 제일 먼저 다루는 이유는 이미 앞에서 언급한 바와 같이 해석학이 슐라이어마허에서 부터 리쾨르에 이르기까지 성서 해석학과 밀접한 관계를 가지고 있기 때문이다. 특히 리쾨르는 자신의 해석학을 성서해석에 접목했을 뿐만 아니라 성서 해석학을 따로 언급하기도 했다.25) 게다가 리쾨르는 성서 해석학을 이론으로만 다루지 않고 구약성서학자인 앙드레 라콕Andre Lacocque과 함께 성서해석과 관련된 책을 직접 저술하기도 했다.26)

1975년에 로레타 도르니쉬Loretta Dornisch는 상징체계와 성서해석을 다루는 논문에서 상징과 텍스트 세계에 대한 리쾨르의 이론을 소개하고 그의 이론이 어떤 면에서 성서해석에 중요한 역할을 할 수 있는지를 제안했다.27) 특히 도르니쉬는 이 논문에서 리쾨르가 '성서해석에 사용할 수 있는 납득할만한 이론'을 제시했다는 점과 더불어 '성서해석과 관련된 다양한 활동들에 대한 리쾨르의 통찰'을 중요하게 평가했다.28) 그러나 그는 리쾨르의 통찰에 근거한 어떤 실제적인 성서해석의 방법이나 이론을 제안하지는 않았다.29) 이후 성서 해석학에서 이와 관련된 몇 가지 시도들이 있었는데, 그 중에서도 월터 브루그만Walter Brueggemann의 연구가 주목할 만하다. 브루그만은 시편의 기능에 대한 연구에서 리쾨르의 해석학을 시편과 동일한 위치에 놓고 이 둘의 관계를 파악했다.30) 특히 브루그만은 리쾨르가 '인생의 역동성' the dynamics of life을 이해하는 방식을 시편에 접목하여 시편이 정위定位, orientation, 부정위不定位, disorientation, 재정위再定位, reorientation의 기능을 가진 것으로 파악했다.31) 그러나 브루그만 역시 이것을 성서해석을 위한 하나의 방법론으로 발전시키지는 않았다. 다만 조지 몬타그George T. Montague가 리쾨르의 해석학에 근거하여 성서교수의 새로운 패

러다임을 제시했으며, 조셉 비르드Joseph Byrd가 주석을 위한 안내를 간략하게 제시한 바 있다.32)

이러한 성서 해석학은 자연스럽게 목회상담으로 이어지고 있다. 실제로 로간 존스Logan C. Jones는 브루그만의 연구를 직접적으로 활용하여 목회적 돌봄과 임상목회교육의 영역에 적용했다.33) 또한 피터 잔코우스키Peter J. Jankowski는 성서 해석학 훈련을 통해서 얻은 지식을 가족치료에 적용함으로써 성서 해석학과 해석학적 목회상담을 연결해 주고 있다.34) 그러나 잔코우스키는 성서 해석학에서 얻은 통찰을 어떻게 해석대상이 다른 가족치료에 사용할 수 있는가에 대해서는 언급하지 않고 있다. 하지만 목회상담과 일반상담에서 이미 내담자와 내담자의 행동을 어떻게 텍스트로 볼 수 있는가에 대한 논의가 있었기 때문에 성서 해석학의 통찰을 가족치료에 적용하는 것은 문제가 되지 않는다고 할 수 있다.35) 이 책의 논의 역시 이러한 맥락에서 해석학의 방법론을 목회상담의 영역에 적용하고 있다.

두 번째는 일반학문에서 해석학을 적용한 경우이다. 일반학문이라 함은 신학 이외에 교육학, 정치학, 건축학 등 다양한 학문의 영역을 가리키는 것으로서, 오늘날 일반학문의 대부분이 해석학의 영향을 받고 있다.36) 필자는 이 가운데서 이 책의 논의와 직접적인 관련이 있는 의학을 중심으로 이것을 설명하고자 한다.

의학에서 해석학을 접목하게 된 것은 1980년 후반부터이다.37) 지금까지의 의학이 환자를 단순히 치료해야 하는 객관적인 실체로 인식하여 과학적인 방법을 통해서 파악하려고 했다면, 의학에 대한 해석학적인 접근은 환자를 해석해야 하는 하나의 텍스트로 인식함으로써 현대 "의학이 잃어버린 '인간에 대한 이해'를 되살리려고 하는 시도"라고 볼 수 있다.38) 그 첫 시도는 스테펀 다니엘Stephen L. Daniel의 "텍스트로서의 환자"The Patient as Text: A Model of Clinical Hermeneutics이다. 다니엘은 리쾨르의 해석학에 근거해 환자와 문학적 텍스트가 "(1) 환자의 몸에 대한 문학적 사실과 환자에 의해서 말해진 문학적 이야기, (2) 문학적 자료에 대한 진단적 의미, (3) 진단에 근거한 실천(예후와 치료적 결정), 그리고 (4) 환자와 임상전문의의 삶과 그 세계 안에서 이루어지는 임상적 만남을 통한 변화" 등 네 가지 면에서 유사성이 있다고 밝히고 있다.39)

이후 의학에서는 임상의학에 해석학을 접목한 임상 해석학이 등장했다.40) 임상 해석학Clinical Hermeneutics에서는 임상의학의 해석학적 모델을 제시하고 있는데, 그러한 모델은 환자를 텍스트로 이해한 다니엘의 연구와 마찬가지로 이 책의 논의와 밀접한 연관성을 가진다. 특히 드루 레더Drew Leder가 제시한 모델은 이 책의 논의에 직접적인 영향을 미치고 있다.41) 그러나 이러한 임상 해석학이라는 용어는 의학보다는 목회상담의 영역에서 먼저 사용되었다. 존 패튼John Patton은 임상 해석학이 '어떤 특정한 신학적 결론에 이르기 보다는 유연한 초점을 가진 신학을 만들어내게 한다'고 주장하면서 임상 해석학의 신학적 경향을 보여주고 있다.42) 또한 철학에서도 역시 임상 해석학을 언급하고 있다. 1981년 게르트 아헨바흐Gerd Achenbach에 의해 철학 상담Philosophical Counseling이 시작된 이래 최근에 이르러서 "타자를 단순한 물건이나 사물이 아니라 주체로서 만나려는 관점"을 가진 임상 해석학을 정립하려는 시도가 활발하게 이루어지고 있다.43)

세 번째는 일반상담에서 해석학의 적용과 관련된 연구이다. 일반상담에서 해석학을 적용한 경우는 마이클 화이트Michael White와 데이빗 엡스톤David Epston에 의해서 1980년대 이후에 시작된 이야기 상담이 대표적이다.44) 이야기 상담의 가장 커다란 특징은 인간을 "해석학적인 존재"로 본다는 점이다.45) 이러한 인간이해는 내담자를 "자신의 삶의 전문가"로 보도록 했으며, 상담자와 내담자의 입장을 평등하게 만들어주었다.46)

이야기 상담은 상담에 있어서도 역시 해석을 강조한다. 이야기 상담에서 해석되어야 할 텍스트는 '내담자가 가져온 이야기'이다.47) 이 이야기에는 이미 자신의 경험에 대한 내담자의 해석이 들어 있다. 상담자의 역할은 내담자와 더불어 그의 이야기에 '새로운 의미를 부여하는 해석과정'을 함께 하는 것이다.48) 이 때 중요한 것은 상담자가 내담자의 이야기에 대한 '좋은 독자'가 되어주는 것이다.49) 이야기 상담은 이러한 과정을 거쳐서 내담자가 자신의 이야기를 새롭고 긍정적인 관점에서 다시 쓸 수 있도록 도와준다.50)

이야기 상담에는 리쾨르의 해석학과 관련이 있는 부분이 있다. 그 중 하나는 '문제의 외재화' externalizing of the problem이다. 이것은 이야기 상담에서 중요한 기법 중의 하나로 이야기 상담이 하나의 상담방법으로 자리 잡기 전인 1970년대 후반에 만들어진 것이다. 문제의 외재화는 내담자와 내담자가 가지고 있는 문제를 분리하는 작업으로 "사람을 문제로 보는 것이 아니라 문제를 문제로 보는" 이야기 상담의 기본전제와 밀접한 관련이 있다.51) 이러한 문제의 외재화는 기본적으로는 미셸 푸코Michel Foucault의 연구에 영향을 받은 것이지만, 그 내용면에서 리쾨르의 "거리두기" 개념과 유사하다. 또한 이야기 상담은 이야기의 불완전성에 근거하는데,52) 이것은 리쾨르가 말하고 있는 '아직 이야기되지 않은 스토리들' as yet untold stories과 유사한 개념이다.53)

이렇게 목회상담과 같은 상담의 영역에서 해석학이 접목된 이야기상담은 다른 어떤 영역보다도 이 책의 논의와 깊은 관계를 가지고 있다. 실제로 이 책이 추구하고 있는 리쾨르의 해석학에 근거한 해석학적 목회상담모델은 많은 면에서 이야기 상담과 유사한 면을 가지고 있다. 특히 내담자의 이야기를 해석하고, 재구성하는 과정이 그러하며, 공동체를 상담에 참여시킨다는 점이 그러하다. 그러므로 이 책의 논의는 이야기 상담과의 접촉을 배제할 수 없다.

네 번째는 목회상담에서 해석학의 적용과 관련된 연구이다. 이것은 필연적으로 목회적 돌봄의 영역을 포함한다. 패튼이 1981년에 해석학을 언급하기는 했지만 그가 언급한 것은 성서 해석학이었고, 실제로 목회상담에서 해석학을 적용한 중요한 인물은 거킨과 캡스이다. 공교롭게도 해석학을 목회적 돌봄의 영역에 접목한 두 사람의 책이 1984년에 함께 출판됐다.54) 그러나 해석학에 대한 관심이나 중요성 면에서 볼 때 거킨을 더 중요한 인물로 평가할 수 있다. 실제로 거킨의 해석학에 대한 관심은 아직 초보적인 단계에 머물렀던 그의 첫 저서에서부터 은퇴 후 집필한 마지막 책까지 이어지고 있다.55) 또한 거킨은 해석학을 목회적 돌봄과 상담 모든 영역에 적용하고 있다.56) 그러나 거킨의 해석학적 목회상담은 해석학의 전반적인 통찰을 사용하고 있기 때문에 한 사람의 이론에 근거한 구체적인 모델이라기보다는 일반적인 해석학적 목회상담모델이라고 볼 수 있다.

캡스는 거킨과 더불어 목회적 돌봄의 영역에 해석학을 접목한 중요한 인물로, 특히 해석학 중 리쾨르의 해석학을 구체적으로 활용하여 '목회적 돌봄을 위한 해석학적 모델'을 제시했다.57) 그러나 캡스는 해석학을 목회적 돌봄과 상담을 위한 중요한 방법론으로 채택한 거킨과 달리 자신의 여러 관심들 중 하나로 언급하고 있다. 캡스는 『목회적 돌봄과 해석학』Pastoral Care and Hermeneutics에서 리쾨르의 해석학을 통해서 텍스트와 인간행동의 유사성에 대해서 설명하고, 목회행위를 하나의 텍스트로 규정한 후 그것을 해석하는 방법론적 모델을 전개했다.58) 그러나 캡스는 그것을 목회상담의 방법론으로 발전시키지는 않았다. 후에 캡스가 해석학의 중요한 개념인 재구성reframing을 일반적인 목회적 돌봄과 목회상담의 새로운 방법으로 제시하기는 했지만 해석학과의 관련성에 대해서는 직접적으로 언급하지 않았다.59) 또한 『살아 있는 이야기들』Living Stories에서도 '내러티브적 접근'을 목회상담에 유용하고 가치 있는 것으로 언급했지만 이것 역시 해석학과 연결시키지 않았다.60) 이러한 사실은 캡스가 해석학을 목회상담의 방법론으로까지는 활용하려고 하지 않았다는 사실을 보여준다.

   거킨과 캡스 이후 해석학을 목회적 돌봄의 영역에 적용하려는 뚜렷한 경향은 나타나지 않고 있다. 물론 목회 해석학Pastoral Hermeneutics과 목회 진단학Pastoral Diagnosis의 분야에서 해석학을 접목하고 있는 것은 사실이지만, 해석학적 논의를 포함할 뿐 해석학을 직접적으로 적용하지는 않고 있다. 목회상담의 영역에서도 역시 해석학을 적용하여 구체적인 목회상담의 모델을 제시한 경우는 찾아보기 어렵다. 물론 이미 언급한 바와 같이 거킨이 해석학적 목회상담을 전개하기는 했지만 그의 모델은 좀 더 구체화시킬 필요가 있다.61) 또한 그는 해석학을 신학과 심리학을 통합하기 위한 제3의 언어로, 특히 심리학에 가까운 개념으로 사용한다는 점에서 이 책의 논의와 차이가 있다. 이러한 상황 속에서 리쾨르의 해석학을 목회상담에 적용하여 좀 더 구체적인 목회상담의 모델을 제시하고자 하는 이 책의 시도는 거킨의 연구에서 진일보한 것일 뿐만 아니라 목회상담의 신학적 정체성 회복에도 의미있는 작업이 될 수 있을 것이다.

용어 사용의 문제

   필자가 이 책을 저술하는 과정에서 유의하고 있는 부분 가운데 하나는 용어 사용의 문제이다. 실제로 한 단어에 대한 번역이 학자마다 다르고 학문의 영역마다 그 독특성이 반영되어 있어서 하나의 용어를 번역하고 그것을 이해하는데 혼선을 겪는 경우가 적지 않다. 특히 두 가지 다른 학문의 영역을 통합하고자 하는 이 책은 이러한 혼선을 피할 수가 없다. 그러므로 필자는 이러한 현실을 감안하여 용어상의 혼동을 피하고자 중요하게 사용되는 몇 가지 용어에 대한 번역을 다음과 같이 규정하고자 한다. 이 책에서는 이야기, 서사, 설화 등으로 번역할 수 있는 '내러티브' narrative와 이와 비슷하게 이야기, 설화, 줄거리로 번역할 수 있는 '스토리' story를 따로 번역하지 않고 발음 그대로 음역하여 사용하고자 한다. 또한 스토리와 같이 줄거리라고 번역될 수 있는 '플롯' plot은 음역하는 대신 해석학과의 연관성을 고려해 그대로 '줄거리'로 번역하여 사용하고자 한다. 그러나 이 용어들이 다른 단어와 결합하여 사용될 때는 다르게 번역될 수 있다.

---

1) E. Brooks Holifield, *A History of Pastoral Care in America: From Salvation to Self-Realization* (Nashville: Abingdon Press, 1983), 260, 273; Klaus Winkler, 『목회상담: 영혼돌봄』, 신명숙 역 (서울: 학지사, 2007), 173.
2) Charles V. Gerkin, *The Living Human Document: Re-visioning Pastoral Counseling in a Hermeneutical Mode* (Nashville: Abingdon Press, 1984), 11. F. Clark Power는 이 문제는 신학자이자 심리학자로서 신학과 심리학의 딜레마를 해결해야만 해결될 수 있는 문제로 보는 가운데 이에 대한 자신의 견해를 피력하고 있다. F. Clark Power, "The Distinctiveness of Pastoral Counseling", *Counseling & Values*, vol. 39 (1990): 75-87.
3) Holifield, *A History of Pastoral Care in America*, 275.
4) Gerkin, *The Living Human Document*, 13. Johnson은 보스턴 대학에서 최초의 목회상담학 교수가 되었으며, Wise는 "상담을 근본적으로 종교적인 과정"으로 이해했으나 결과적으로는 심리학에 더 치중하는 경향을 나타냈다. Carroll A. Wise, *Pastoral Counseling: Its Theory and Practice* (New York: Harper & Brothers, 1951), 145; Charles V. Gerkin, *An Introduction to Pastoral Care* (Nashville: Abingdon Press, 1997), 67-9.
5) Seward Hiltner, *Preface to Pastoral Theology* (Nashville: Abingdon Press, 1954).
6) 전요섭, 박기영, 『기독교 상담학자』 (서울: 쿰란출판사, 2008), 217-8.
7) 목회신학의 기능적 측면은 Hiltner의 관점론과 관련이 있으며, Hiltner의 기능에 대한 강조는 자연스럽게 목회현장 중심의 성찰과 신학방법론에 주의를 기울이도록 만들었다. 이에 대해서 다음을 참고하라. 권명수, "존 패튼의 목회신학 방법론", 『신학연구』, 49집 (2006): 173, 178; Leroy Aden and J. Harold Ellens, eds., *Turning*

Points in Pastoral Care: The Legacy of Anton Boisen and Seward Hiltner (Grand Rapid: Baker Book House, 1990), 53-80, 187-204; Seward Hiltner and Lowell G. Colston, *The Context of Pastoral Counseling* (New York: Abingdon Press, 1961).

8) John Patton은 Hiltner를 "임상적이며 학문적인 신학자"로 묘사하고 있는데, 이는 Hiltner가 신학적이면서 동시에 실천적이라는 것을 보여주는 것이다. John H. Patton, "Toward a Theology of Pastoral Event: Reflections on the Work of Seward Hiltner", *The Journal of Pastoral Care*, vol. 40, no. 2 (1986): 129; Charles E. Brown, "Seward Hiltner's Contributions to Parish Ministry", *The Journal of Pastoral Care*, vol. 40, no. 2 (1986): 114-8; James G. Emerson, "Seward Hiltner: He Changed My Life", *The Journal of Pastoral Care*, vol. 40, no. 2 (1986): 105, 109, 111.

9) Wayne E. Oates, *Protestant Pastoral Counseling* (Philadelphia: The Westminster Press, 1962), 117-38; Gerkin, *An Introduction to Pastoral Care*, 69.

10) Hiltner나 Oates와 같은 목회상담학자들 역시 다른 사람들과 마찬가지로 사회적 조류에 의해 "기독교적 금욕주의나 정결주의가 오히려 정신건강이나 심리적으로 적절한 기능을 다하는 데에 해악이나 장애를 끼칠 수도 있다는 인식"이 있었기 때문에 교회의 전통이나 성서를 강조하면서도 그것을 실제로 사용하는 문제에 있어서는 "유보적인 태도"를 지니고 있었다. 안석모, "성서와 한국교회 목회상담", 『신학과 세계』, 38호 (1999): 205.

11) Thomas C. Oden, *Care of Souls in the Classic Tradition* (Philadelphia: Fortress Press, 1984), 28-36.

12) Ibid., 36-42.

13) 이와 관련된 대표적인 저서는 다음과 같다. Thomas C. Oden, *Pastoral Counseling* (New York: Crossroad, 1989).

14) 여기서 '신학적'이라는 말의 의미는 심리학을 배제한다는 의미가 아니다. 목회상담은 이미 깊숙이 들어와 있는 심리학을 완전히 배제할 수 없으며, 심리학적 요소들을 통합하여 사용할 수 있는 신학적 모델이 필요하다. 실제로 해석학적 목회상담을 전개하고 있는 Gerkin은 Oden의 목회상담의 신학적 정체성의 회복에 동의하면도 동시에 심리학적인 요소도 배제되어서는 안 된다고 주장하고 있다. Gerkin, *The Living Human Document*, 18; Winkler, 『목회상담』, 292.

15) 양병모는 가족상담에 대한 연구에서 목회상담의 관심이 기독교의 신앙적 전통에서 해석학적 관심으로 나아가고 있다고 보고 있다. 이러한 경향은 목회상담의 신학적 정체성과 관련된 논의에서도 마찬가지이며, 특히 방법론과 관련해서는 Gerkin을 그 예로 들 수 있다. 양병모, "이야기와 의식을 사용한 교회현장에서의 가족 상담", 『복음과 실천』, 41권 (2008 봄): 198.

16) 이러한 사실은 그가 성서를 특정한 부류의 책이 아닌 일반적인 책과 동일 선상에 놓

고 있음을 보여준다. 그는 "순수학문적 관심과 종교적 관심"을 모두 "최고의 인간정신"으로부터 나온 것으로 보고 이 둘을 같은 위치에 놓는다. F. Schleiermacher, 『해석학과 비평: 신약성서와의 특별한 관계를 중심으로』, 최신한 역 (서울: 철학과 현실사, 2000), 226.

17) Schleiermacher의 보편적 해석학은 목회의 영역에서 실제적인 결과를 가져왔으며, 천주교인이었던 Carl Gustav Jung의 조부가 기독교로 개종하게 된 것도 바로 이 Schleiermacher의 영향 덕분이다. Josef Bleicher, 『현대 해석학: 방법, 철학, 비판으로서의 해석학』, 권순홍 역 (서울: 한마당, 1983), 23; Aniela Jaffe, 『C. G. Jung의 회상, 꿈 그리고 사상』, 이부영 역 (서울: 집문당, 2003), 448-50.

18) Kevin J. Vanhoozer, *Is There a Meaning in This Text?* (Grand Rapids: Zondervan, 1998), 455.

19) Ibid.

20) Ricoeur가 그의 철학적 해석학을 성서해석에 적용한 실례에 대해서는 다음을 보라. Andre Lacocque and Paul Ricoeur, 『성서의 새로운 이해: 주석학과 해석학의 대화』, 김창주 역 (서울: 살림, 2006).

21) 이와 관련해서는 다음의 책을 참고하라. Paul Ricoeur, *Freud and Philosophy: An Essay on Interpretation*, trans. Denis Savage (Binghamton: Yale University, 1970).

22) Ricoeur는 "텍스트가 무엇인가에 대한 네 가지 기준을 의미 있는 행동(meaningful action)의 개념에 적용"하여 인간의 행동이 하나의 텍스트가 될 수 있음을 보여주고 있다. 이에 대한 자세한 언급은 다음을 보라. Paul Ricoeur, *From Text to Action: Essays in Hermeneutics Ⅱ*. trans. Kathleen Blamey and John B. Thompson (Evanston: Northwestern University Press, 2007), 150-6.

23) 필자는 이러한 목회상담모델을 제시함으로써, 심리학적인 모델의 지배적인 영향으로 인해 목회상담의 학문적 정체성의 혼란과 더불어 그 정체성에 대한 관심이나 논의가 뒷전으로 밀려나 있는 한국적 상황에, 목회상담의 학문적 정체성에 대한 새로운 관심을 불러일으킬 뿐만 아니라 이를 통하여 한국목회상담의 학문적 정체성의 정립에 조금이나마 일조하고자 한다. 한국에서의 목회상담의 정체성에 대한 최근의 논의는 다음을 참고하라. 이관직, "무엇이 목회상담을 목회적인 것으로 만드는가?: C. W. Brister를 중심으로", 『신학지남』, 241호 (1994): 381-92; 이관직, "목회상담의 성경적인 기초", 『신학지남』, 242호 (1995): 233-50; James Poling, "What is Christian about Christian Counseling?", 『한국기독교상담학회지』, 7집 (2004): 7-19; 반신환, "기독교 영성의 관점으로 살펴보는 기독교상담의 정체성: 방법론적 정체성을 중심으로", 『한국기독교상담학회지』, 7집 (2004): 45-75; 권수영, "임상현장의 작용적 신학: 기독교상담의 방법론적 정체성", 『한국기독교상담학회지』, 7집 (2004): 100-23; 신명숙, "목회상담의 정체성 확립을 위한 신학적 근거", 『한국기독교상담학회지』, 7집 (2004): 141-78; 임경수, "신학과 심리학의 연계적 학문을 통한 기독교 상담의 정체성", 『한국기독교상담학회지』, 7집 (2004): 231-57;

유재성, 『현대목회상담학개론』(대전: 침례신학대학교, 2006).
24) 이외에 해석학의 영역에서 이 책의 논의와 관련이 깊은 커뮤니케이션과 관련된 연구들이 있다. 고위공, "대화적 텍스트 이해이론 정립의 시도: 해석학, 소통적 담론이론, 후기 구조주의적 해체주의를 중심으로", 『독일문학』, 49권 (1992): 533-55; 김휘택, "텍스트의 순환기제", 『한국프랑스학논집』, 63집 (2008): 1-18; 김휘택, "텍스트 커뮤니케이션: 리쾨르의 삼중의 미메시스(triple minèsis)를 중심으로", 『프랑스문화예술연구』, 23집 (2008): 111-43.
25) Ricoeur, *From Text to Action*, 89-101.
26) Andre Lacocque and Paul Ricoeur, 『성서의 새로운 이해: 주석학과 해석학의 대화』, 김창주 역 (서울: 살림, 2006).
27) Loretta Dornisch, "Symboly Systems and the Interpretation of Scripture: An Introduction to the Work of Paul Ricoeur", *Semia*, vol. 4 (1975): 1, 17-9.
28) Ibid., 14, 18. Dornisch는 이것을 Ricoeur의 저서에 근거해서 다섯 가지 단계로 언급했다. "(1) 상징에 대한 경험, (2) 경험에 대한 표현, (3) 표현과 경험에 대한 성찰, (4) 성찰에 가장 깊은 의미를 제공하는 이해의 진실에 대한 믿음 또는 도박, (5) 두 번째 소박성(a second naiveté)으로서 상징에 대한 비판 이후의 재경험(a post-critical reexperiencing)."
29) 이후 Sandra M. Schneiders는 그의 연구에서 성서해석에 해석학적 모델을 포함했다. 그는 교회 안에서의 성서 사용을 위한 모델 중 '증거-본문 모델'(the proof-text model), '주석적 모델'(the exegetical model)과 더불어 '해석학적 모델'(the hermeneutics model)을 제시했으며, 이것을 본문의 현대적 의미에 초점을 맞추고 있는 것으로 보고, 현대 해석학 이론의 중요한 인물로 볼 수 있는 Ricoeur와 Hans-Georg Gadamer를 중심으로 해석학적 모델을 설명했다. 그러나 그도 역시 Dornisch와 마찬가지로 하나의 모델을 제시하지는 않았다. Sandra M. Schneiders, "From Exegesis to Hermeneutics: The Problem of the Contemporary Meaning of Scripture", *Horizons*, vol. 8, no. 1 (1981): 29-37.
30) Walter Brueggemann, "Psalms and the Life of Faith: A Suggested Typology of Function", *Journal for the Study of the Old Testament*, vol. 17 (1980): 5.
31) Ibid., 5-10.
32) Montague는 성서교수와 관련된 연구에서 Ricoeur의 해석학에 근거한 하나의 패러다임을 다음과 같이 11가지 단계로 제안했다. 1) 나 자신의 세계, 경험 그리고 흥미에 대한 인식, 2) 본문 자체에 대한 단순한 이해, 3) 문학적 분석, 4) 역사, 양식, 편집 비평에 의한 문학 연구 확장, 5) 본문의 기능에 대한 역사적 연구, 6) 이해하기, 7) 판단, 8) 결단, 9) 대화, 10) 의식(celebration), 11) 행하기(doing). George T. Montague, "Hermeneutics and the Teaching of Scripture", *Catholic Biblical Quarterly*, vol. 41, no. 1 (1979): 13-6. Byrd는 주석에 대한 Ricoeur적인 지침을 해석자, 텍스트 그리고 청중으로 나누어 제시하고 있다. Joseph Byrd, "Paul Ricoeur's Hermeneutical Theory and Pentecostal Proclamation", *Pneuma*:

The Journal of the Society for Pentecostal Studies, vol. 15, no. 2 (1993): 212-3.

33) Logan C. Jones, "The Psalms of Lament and the Transformation of Sorrow", *The Journal of Pastoral Care & Counseling*, vol. 61 (2007): 47-57. Jones는 Brueggemann의 연구에 근거하여 시편을 세 가지 틀로 이해하고 시편을 목회적 돌봄과 임상목회교육에서 어떻게 사용할 수 있는지 간략하게 제시했다.

34) Peter J. Jankowski, "Making Sense of It All: Hermeneutics and Family Therapy", *Counseling & Values*, vol. 39 (April 1995): 190-9. Jankowski는 이 논문에서 '성서의 언어 배우기'(learning the language), '성서를 전혀 본적이 없는 것처럼 대하기'(not-knowing), '성서를 자신에게 적용하기'(willingness to change) 등 성서 해석학의 세 가지 통찰을 가족치료에 적용하고 있다.

35) 내담자나 내담자의 행동을 텍스트로 볼 수 있는가와 관련된 논의는 다음을 참고하라. Lyle J. White, "The Hermeneutic Road Has Many Paths", *Counseling & Values*, vol. 36 (April 1992): 214-8; Louise E. Silvern, "A Hermeneutic Account of Clinical Psychology: Strengths and Limits", *Philosophical Psychology*, vol. 3 (March 1990): 5-27; P. A. D. Sherrard, "Is the Hermeneutic Investigative Process Possible Without Presuppositions?", *Counseling & Values*, vol. 36 (April 1992): 210-5; Aaron P. Jackson and Michael J. Patton "A hermeneutic approach to the study of values in counseling", *Counseling & Values*, vol. 36 (April 1992): 201-9.

36) 교육학, 정치학, 건축학과 관련된 영역은 다음을 참고하라. S. Gallagher, *Hermeneutics and Education* (Albany: State University of New York Press, 1992); 손승남, 『교육해석학』 (서울: 교육과학사, 2001); 양금희, 『해석과 교육』 (서울: 장로회신학대학교 출판부, 2007); 오인탁 외 10인, 『해석학과 정신과학적 교육학』 (서울: 사회평론, 1996); 최명선, 『해석학과 교육: 교육과정사회학 탐구』 (서울: 교육과학사, 2005); F. Hultgren, "A Hermeneutic Approach: Reflecting on the Meaning of Curriculum through Interpretation of Student-teaching Experience in Home Economics", *Journal of Vocational Home Economic of Education*, vol. 3 (1985): 32-55; Pamela Mitchell Legg, "Understanding Bible Study Curricula: Theology, Hermeneutics and Education in the Congregation", *Interpretation*, vol. 56, no. 4 (October 2002): 398-409; 고진호, "교사의 해석학적 교육 실천방법 연구: 교육내용에 대한 해석과 이해의 상호작용을 중심으로", 『교육과정연구』, 23권 (2005): 65-81; 김봉석, "교육과정과 교수-학습 과정의 해석학적 재개념화", 『교육과정연구』, 25권 (2007): 61-80; 박정유, "대화를 바탕으로 한 소그룹 프로젝트에서 해석학적 순환에 의한 아동의 그림 표현 변화과정에 대한 연구", 『미술교육논총』, 20권 (2006): 161-84; 조현일, "리쾨르의 서사이론과 서사교육", 『국어교육학연구』, 22집 (2005): 303-24; Stanley Rosen, *Hermeneutics as Politics* (New York: Oxford University Press, 1987); Lindsay

Jones, *The Hermeneutics of Sacred Architecture: Experience, Interpretation, Comparison* (Cambridge: Harvard Center for the Study of World Religions, 2000); 이수진 외 2인, "폴 리쾨르의 "사건과 의미의 변증법"으로 현대건축의 텍스트 의미해석: "세 겹의 미메시스"와 루이스 바라간, 스니븐 홀을 중심으로", 『계획계』, 20권 5호 (2004): 63-70.
37) 황임경, "환자, 의사 그리고 텍스트: 해석학의 관점에서 본 의료", 『의철학연구』, 3권 (2007): 118.
38) Ibid.
39) S. L. Daniel, "The Patient as Text: A Model of Clinical Hermeneutics", *Theoretical Medicine and Bioethics*, vol. 7 (1986): 195.
40) 임상해석학 및 의학과 해석학에 대한 연구에 대해서는 다음을 참고하라. E. S. More, "Empathy as a Hermeneutic Practice", *Theoretical Medicine and Bioethics*, vol. 17 (1996): 243-54; Fredrik Svenaeus, *The Hermeneutics of Medicine and the Phenomenology of Health: Steps Towards a Philosophy of Medical Practice* (Dordrecht: Kluwer Academic Publishers, 2000); Markus K. L. Schwarz, "Clinical Hermeneutics: Failure of an Approach to Clinical Practice", *Theoretical Medicine and Bioethics*, vol. 7, no. 3 (1986): 355-9.
41) D. Leder, "Clinical Interpretation: The Hermeneutics of Medicine", *Theoretical Medicine and Bioethics*, vol. 11 (1990): 9-24. 의학과 신학 곧 의사와 목사의 연합은 임상목회전통 이후 지금까지 계속 되고 있다. 이 주제와 관련해서는 Oates가 서문을 쓴 다음을 참고하라. A. Graham Ikin, *New Concepts of Healing: Medical, Psychological, and Religious* (New York: Association Press, 1956), 69-84.
42) John Patton, "Clinical Hermeneutics: Soft Focus in Pastoral Counseling and Theology", *The Journal of Pastoral Care*, vol. 35, no. 3 (1981): 157-68.
43) 김석수, "철학, 고통 그리고 치료", 『철학연구』, 100집 (2006): 189, 193.
44) John Winslade and Gerald Monk, 『이야기상담』, 송현종, 정수희 역 (서울: 학지사, 2005), 51. 이외에 인지적 상담이론들이 해석학과 직간접적인 관계를 지니고 있다.
45) 이현경, 『이야기치료: 이론과 실제』 (서울: 양서원, 2007), 23.
46) Ibid., 40; 고미영, 『이야기 치료와 이야기의 세계』 (서울: 청목출판사, 2004), 100, 107.
47) 이야기의 본질과 기능 그리고 이야기의 목회상담적 이해에 대해서는 다음을 참고하라. 양병모, "이야기와 의식을 사용한 교회현장에서의 가족 상담", 『복음과 실천』, 41권 (2008 봄): 200-2, 205-8.
48) 김유숙, 『가족치료: 이론과 실제』 (서울: 학지사, 2004), 211; 고미영, 『이야기 치료와 이야기의 세계』, 108.
49) 고미영, 『이야기 치료와 이야기의 세계』, 110.

50) 김유숙, 『가족치료』, 211.
51) 고미영, 『이야기 치료와 이야기의 세계』, 115; 문제의 외재화에 대한 자세한 설명은 다음을 참고하라. 김유숙, 『가족치료』, 217-9.
52) Ibid., 101. "이야기상담은 모든 이야기가 가지고 있는 허술한 틈새를 공략하는 것이다. 우리의 삶 자체가 그러하듯이 이야기도 완벽할 수 없으며 무수히 많은 허술한 틈을 가지고 있다."
53) Paul Ricoeur, *Time and Narrative*. vol. 1, trans. Kathleen McLaughlin and David Pellauer (Chicago: The University Press, 1984), 74.
54) Charles V. Gerkin, *The Living Human Document: Re-Visioning Pastoral Counseling in a Hermeneutical Mode* (Nashville: Abingdon Press, 1984); Donald Capps, *Pastoral Care and Hermeneutics* (Philadelphia: Fortress Press, 1984).
55) 안석모, "찰스 거킨의 목회신학 방법론: 이야기 해석학", 『신학과 세계』, 54호 (2005): 250. Gerkin의 첫 책과 마지막 책은 각각 다음과 같다. Charles V. Gerkin, *Crisis Experience in Modern Life: Theory and Theology for Pastoral Care* (Nashville: Abingdon Press, 1979); Charles V. Gerkin, *An Introduction to Pastoral Care* (Nashville: Abingdon Press, 1997).
56) Ibid., 249. Gerkin이 해석학을 목회상담에 적용하고 있는 이유는 목회상담의 학문적 정체성에 대한 고민 때문이다. 당시 심리학에 치우쳐 있었던 목회상담의 주류와 그에 대응하여 교회의 전통을 지나치게 강조하는 부류들 사이에서 목회상담의 학문적 정체성을 분명히 하기 위해 이 둘을 연결할 수 있는 해석학을 목회상담에 가져오게 된다.
57) D. J. Louw, "Pastoral Hermeneutics and the Challenge of a Global Economy: Care to the Living Human Web", *The Journal of Pastoral Care & Counseling*, vol. 56, no. 4 (Winter 2002): 340.
58) Donald Capps, *Pastoral Care and Hermeneutics*, 37-40. Capps는 Ricoeur 해석학에 근거하여 텍스트와 인간행동의 유사성을 "기록된 텍스트와 마찬가지로 의미 있는 행동은 그 흔적을 남긴다", "기록된 텍스트와 마찬가지로 의미 있는 행동은 의도되지 않은 결과를 가져온다", "기록된 텍스트와 마찬가지로 의미 있는 행동은 하나의 세계를 창조한다", "기록된 텍스트와 마찬가지로 의미 있는 행동은 언제나 재해석될 수 있다" 등 네 가지로 설명하고 있다.
59) Donald Capps, *Reframing: A New Method in Pastoral Care* (Minneapolis: Fortress Press, 1990), 2.
60) Donald Capps, *Living Stories: Pastoral Counseling in Congregational Context* (Minneapolis: Fortress Press, 1998), 13.
61) 안석모, "찰스 거킨의 목회신학 방법론", 263.

I부
목회상담과 해석학의 관계

목회상담을 해석학적으로 이해하고, 해석학을 목회상담에 적용하기 위해서는 무엇보다도 먼저 해석학과 목회상담의 관계에 대한 이해가 선행되어야 한다. 특히 목회상담과 해석학의 관계를 살펴봄으로써 두 학문 사이의 연관성을 파악할 필요가 있다. 본 장에서는 이러한 연관성을 파악하기 위해서 먼저 해석학의 흐름 속에 나타나는 목회상담적 요소를 살펴보고, 이어서 목회상담의 전통 속에 등장하는 해석학적 요소들을 찾아보고자 한다. 특히 마지막 부분에서는 목회상담과 해석학의 상관관계를 언급함으로써 목회상담과 해석학의 접목을 시도해 보고자 한다.

1장
해석학의 흐름과 목회상담

　해석학의 흐름은 일반적으로 보편적 해석학, 현상학적 해석학, 존재론적 해석학 그리고 비판적 해석학 등으로 나누어진다. 그러나 필자는 이러한 흐름을 목회상담의 입장에서 다시 명명하여 논의를 진행하고자 한다. 해석학에서는 목회상담에서도 중요하게 평가하는 재구성, 전이해, 자율성 등의 개념이 등장하고 있다. 이것들은 해석학에서도 중요한 개념이지만 목회상담에서도 내담자를 이해하거나 상담을 진행하는데 있어서 필수적인 요소들이다. 여기서는 이러한 개념들을 해석학의 흐름에서 중요하게 등장하는 인물들과의 연관성 속에서 살펴보고자 한다. 슐라이어마허와 빌헬름 딜타이Wilhelm Dilthey는 '재구성'의 관점에서, 마틴 하이데거Martin Heidegger와 한스-게오르그 가다머Hans-Georg Gadamer는 '전이해'의 관점에서, 그리고 리쾨르는 '자율성'의 관점에서 논의 하고자 한다.62) 자율성의 관점에서는 그 시작이라고 할 수 있는 가다머를 한 번 더 언급하게 된다.

1. 재구성의 해석학과 목회상담
　현대 해석학의 흐름에서 처음으로 등장하는 것은 보편적 해석학이다. 보편적 해석학은 슐라이어마허를 시작으로 해서 딜타이가 그 뒤를 이었으며, 텍스트를 해석하는 데 있어서 저자에 대한 이해를 중요하게 생각했다. 이런 보편적 해석학의 기본적인 입장은 저자를 이해하는 것 없이 텍스트를 이해하는 것은 불가능하다는 것이다.63) 그러므로 보편적 해석학은 다른 어떤 것보다도 저자를 재구성하는데 초점이 있다. 그 중에서도 슐라이어마허는 저자의 '의도'를 파악하는데 중점을 두었으며, 딜타이는 저자의 '내적인 삶'을 이해하는데 초점을 두었다.

슐라이어마허는 해석학을 텍스트에 대한 '이해의 기술'이라고 정의한다.64) 그에게 있어서 이해란 일상 대화를 구성하는 '언어'와 '사고'를 파악하는 것이었으며, 이것을 가능하게 하는 것이 바로 해석이었다.65) 그러므로 슐라이어마허에게 있어서 해석은 텍스트에 나타난 언어와 사고를 파악하는 기술이며, 이 기술은 텍스트를 정확하게 이해하기 위해 "텍스트와 해석자 사이에 존재하는 차이의 공간을 좁히는 작업"이라고 말할 수 있다.66) 슐라이어마허는 이러한 작업을 통해서 저자의 의도를 '재구성' 하는 것을 자기 해석학의 목표로 삼았다.67)

슐라이어마허는 이러한 해석학의 목표를 달성하기 위해 문법적 해석과 심리적 해석을 제시한다. 문법적 해석은 '언어'에 초점을 맞춘 것으로 텍스트의 언어를 통해서 "주어진 진술의 정확한 의미를 발견"하고자 하는 시도이다.68) 슐라이어마허는 이러한 문법적 해석을 성공적으로 행하기 위해서 '저자가 자신을 이해하는 것보다 더 잘 그를 이해할 정도로 그가 사용한 언어를 철저하게 파악' 해야 한다고 주장했다.69)

그러나 이러한 문법적 해석만으로는 텍스트를 이해하는데 한계를 지닐 수밖에 없다. 왜냐하면 문법적 해석만으로는 텍스트를 기록한 저자의 의도를 제대로 파악할 수 없기 때문이다.70) 그래서 등장하게 된 것이 바로 저자의 '사고'에 초점을 둔 심리적 해석이다.71) 슐라이어마허는 이러한 심리적 해석을 위해 '예감' divination의 방법을 사용해야 한다고 말한다. 이것은 "자기 자신을 다른 사람 속으로 이입시켜 다른 사람이 갖는 주관적인 특성을 예언하는 방식으로 이해"하는 것이다.72)

슐라이어마허는 이렇게 심리적 해석과 문법적 해석을 분리해서 다루기는 했으나 실제로는 이 두 가지 방법이 상호 관련되어 있음을 강조했다.73) 슐라이어마허는 문법적 해석과 심리적 해석의 상이성에 대해서 언급하면서도 동시에 양자가 분리될 수 없을 정도로 서로 결합되어야 한다고 주장했다.74) 그러므로 슐라이어마허가 어느 한쪽을 더 강조했다고 이해하는 것은 잘못이다. 물론 슐라이어마허가 저자의 심리적인 측면을 새롭게 부각시킨 것은 사실이지만 그렇다고 해서 그것을 더욱 강조한 것은 아니다.75)

슐라이어마허와 더불어 보편적 해석학의 범주에 속하는 딜타이는 인식 방법의 차이에 따라 학문의 영역을 자연과학과 정신과학으로 나눔으로써 정신과학을 하나의 학문으로 정립시키고자 했다.76) 딜타이의 이러한 시도는 당시 인간의 정신적인 영역을 자연과학적인 방법으로 연구하려고 했던 심리학의 출현 때문이었다. 딜타이는 이러한 경향에 반대하며 자연과학은 '설명'의 방법을, 정신과학은 '이해'의 방법을 사용한다고 주장했다.77)

딜타이의 해석학은 체험experience, 표현expression, 이해understanding의 순환적 과정을 통해서 이루어진다.78) 이런 딜타이의 해석학을 이해하기 위해서는 먼저 그의 해석학에서 가장 중요한 장치라고 할 수 있는 체험을 이해하는 것이 필요하다. 딜타이에게 있어서 체험은 경험과 구별되는 보다 좁은 차원으로 개인이 직접적으로 경험한 것을 한정적으로 가리키는 용어이다.79) 이러한 체험은 개인마다 다를 수밖에 없지만 한 사람만 경험하는 것은 아니다. 그렇기 때문에 체험은 '공통된 의미를 갖는 단위'로서, 표현을 통해서 파악할 수 있는 객관적 대상이 된다.80)

표현은 내면세계에 위치하는 주관적인 체험을 밖으로 드러내는 것으로,

'객관정신' objektiver Geist을 통해서 체험과 연결된다. 객관정신은 "개인들 사이에 있는 공통점들이 의미의 세계에서 객관화되는 다양한 형태들"로 "그 자체에 나와 너에게 공통되는 것을 포함하고 있기 때문"에 '다른 사람이나 다른 사람들의 삶의 표현을 이해할 수 있는 매개체'가 된다.81) 이런 객관정신을 통해서 체험과 연결된 표현은 언어를 통해서 이루어진다. 그러므로 이 언어를 이해하는 것이 곧 체험을 이해하는 것이 된다.

딜타이가 말하는 이해는 전위hineinversetzen, 추체험nacherleben과 관련되어 있다. 전위는 해석자가 자기 자신을 해석 대상 속으로 옮겨 놓는 것을 의미하는 것으로, 해석자는 이것을 통해서 표현되어진 내용들을 다시 경험하게 된다.82) 딜타이는 이러한 경험을 가리켜 추체험이라고 한다.83) 또한 이 때 체험되어진 내용을 다시 재구성하는 과정을 거치게 되는데, 딜타이는 이것을 통해서 이해가 가능해진다고 본다. 결국 이해란 언어를 통해서 표현된 체험의 내용을 전위를 통해서 추체험함으로써 재구성하는 것이라고 할 수 있다.84) 그러므로 딜타이의 해석학 역시 재구성의 해석학이라고 부를 수 있다.

재구성의 해석학은 텍스트를 해석하기 위해 저자의 의도나 체험을 재구성하고자 했다는 점에서 긍정적인 평가를 얻을 수 있다. 그러나 그것이 가능한 일인가에 대한 질문에 대해서는 긍정적이지 않다. 실제로 이후의 해석학은 해석자의 현재와 텍스트를 기록한 저자와의 시간적인 공백이 그것을 어렵게 만들고 있다고 본다.85) 즉 저자의 의도나 체험을 재구성하는 것을 근본적으로 불가능한 일로 간주한다. 이러한 견해는 리쾨르에게서도 나타난다. 리쾨르 역시 저자의 의도나 체험을 재구성하는 것이 기본적으로 추측에 근거하고 있고, 텍스트가 이미 저자와 분리되어 있기 때문에 보편적 해석학이 추구하는 재구성은 불가능하다는 입장을 취한다.86)

그러나 목회상담은 재구성의 해석학에 대해서 부정적인 견해를 가지지 않는다. 그 이유는 목회상담의 텍스트와 해석학의 텍스트가 다르기 때문이다. 내담자는 목회상담의 텍스트이자 목회상담의 또 다른 텍스트인 자신의 내러티브의 저자이다. 내담자는 저자로서 상담 상황에 현존하기 때문에 목회상담의 텍스트는 저자와의 시간적 공백을 갖지 않는다.[87] 또한 내담자의 내러티브는 텍스트로서 저자와 분리되어 있지 않기 때문에 추측에 근거해서 텍스트의 저자를 재구성할 필요가 없다. 그러므로 목회상담에서 재구성은 불가능한 일이 아니며, 재구성의 해석학 방법론 역시 유용하게 사용될 수 있다. 그러나 언어에 대한 문제는 상담자와 내담자의 문화적, 경험적 차이 때문에 여전히 해결해야 할 과제로 남는다. 이것은 재구성의 해석학이 저자의 의도나 체험에 대한 이해와 더불어 언어에 대한 해석을 간과하지 않은 것과 일맥상통하는 부분이다.

현대 해석학의 흐름 속에서 처음 등장하는 재구성의 개념은 목회상담의 방법론과 밀접한 관련성을 지니고 있다. 슐라이어마허가 제안했던 예감의 방법과 딜타이가 언급하고 있는 전위, 추체험이라는 개념은 목회상담에서 사용되고 있는 심리학적인 용어들과 개념이 유사하다. 예감의 방법이나 전위는 공감적 이해와 관련이 있고, 추체험은 전이와 역전이, 안아주기와 담아내기 등의 개념과 연관성을 지닌다.[88] 이러한 기법들은 모두 목회상담의 텍스트인 내담자를 이해하려는 시도와 관련되어 있다.

재구성의 개념은 위와 같은 기법과 관련되어 있을 뿐만 아니라 그 자체로도 상담을 위한 긍정적인 방법 가운데 하나이다. 실제로 이것은 밀톤 에릭슨Milton Erickson, 버지니아 사티어Virginia Satir, 칼 휘테이커Carl Whitaker 그리고 제이 헤일리Jay Haley 등을 비롯한 많은 상담자들에 의해서 30년이 넘도록 현재까지 널리 사용되고 있다.[89] 특히 이러한 재구성의 방법은 해석학적 상담으로 분류할 수 있는 이야기 상담의 대표적인 접근방법이다.[90] 캡스는 이런 재구성의 방법을 통해서 재구성의 목회상담을 전개한다. 여기서 캡스가 주목하고 있는 것은 폴 바츠라빅Paul Watzlawick와 그의 동료들인 존 위클랜드John Weakland, 리차드 피쉬Richard Fisch의 논의이다.91) 캡스는 이들의 논의를 "철학적으로 세련되었을 뿐만 아니라 가장 실제적"이라고 평가하면서 여기에 근거해서 재구성의 목회상담을 전개한다.92)

2. 전이해의 해석학과 목회상담

현대 해석학의 흐름에서 다음으로 등장하는 것은 존재론적 해석학이다.93) 존재론적 해석학은 하이데거를 시작으로 해서 가다머로 이어지고 있다. 존재론적 해석학은 해석의 초점을 존재에 맞추고, 존재 자체에서 해석학을 시작해야 한다고 주장한다.94) 이러한 존재론적 해석학에서는 전이해, 선입견, 전통 등이 중요한 개념으로 등장한다. 즉 존재론적 해석학은 존재를 이해하는데 있어서 그 존재가 가지고 있는, 또는 그 존재에게 영향력을 행사하고 있는 요소들을 먼저 파악해야 한다고 보는 입장이다. 하이데거는 현존재Da-sein를 중심으로 해서 전이해pre-understanding의 문제를 다루었고, 가다머는 선입견과 전통 그리고 놀이를 통해서 전이해의 문제를 언급하고 있다.

하이데거는 재구성의 해석학이 저자나 텍스트에 초점을 두었던 것과는 다르게 해석의 주체라고 할 수 있는 현존재에 초점을 두고 그의 해석학을 전개한다.95) 이러한 하이데거 해석학은 해석학을 타자저자에 대한 이해에서 자기현존재 또는 해석자에 대한 이해로 바꾸어 놓았다. 하이데거가 말하는 현존재는 '세계-내-존재' Being-in-the-World로서 자신이 처해 있는 컨텍스트, 즉 그 시대나 문화의 영향에서 자유로울 수 없는 상황적 존재이며, 반드시 죽음에 직면해야만 하는 제한적이며 유한적인 존재이다.96) 하이데거는 이러한 현존재를 세상에 내던져진 피투적 존재thrownness, 가능성을 향해 능동적으로 자신을 던지는 결단성resoluteness을 지닌 기투적 존재projection 그리고 현사실성facticity의 특징을 가지고 있는 존재라고 말한다.97)

하이데거의 존재론적 해석학은 이러한 현존재에 대한 이해와 더불어 '전이해'라는 개념이 중요하다. '전이해'는 현존재와 더불어 하이데거의 해석학을 기존의 해석학과 구별해 주는 또 하나의 요소이다. 이미 살펴본 바와 같이 기존의 재구성의 해석학이 해석을 통해서 이해로 나아갔다면, 하이데거의 해석학은 '전이해'라는 개념을 통해서 이해에서 해석으로 나아가게 된다.98) 전이해는 현존재가 이미 소유하고 있는 존재에 대한 이해를 가리키는 것이다. 이러한 전이해는 대상을 해석하는 데 있어서 전제조건이 되는 것으로서, 해석을 무엇인가 새로운 것의 발견으로 보기 보다는 이미 이해되어져 있는 무엇을 드러내는 것으로 만들어 준다.99) 그러므로 전이해의 개념은 '무전제적 해석의 불가능성'을 보여주는 것이라고 할 수 있다.100)

또한 하이데거는 전이해를 선-구조fore-structure의 상호작용을 통해서 만들어지는 것으로 보고 있으며, 이를 앞선 가짐fore-having, 앞선 봄foresight, 앞선 개념fore-conception 등 세 가지로 언급한다.101) '앞선 가짐'은 존재론적으로 "우리가 미리 가지고 있는 어떤 것"something we have in advance을 가리킨다. '앞선 봄'은 "우리가 미리 보는 어떤 것"something we see in advance을 가리키는 것으로, 앞서 존재하고 있는 것들 중에서 해석해야 할 대상을 조준하여 고정함으로써 해석이 가능해지도록 하는 것이다. '앞선 개념'은 "우리가 미리 파악한 어떤 것"something we grasp in advance을 가리키는 것으로, 현재 사용하고 있는 개념들이 바로 이 앞선 개념에서 가져온 것들이다. 만약 해석 대상과 일치하는 것이 없을 경우에는 이 앞선 개념을 투입해서 그 대상을 해석하게 된다.102) 이러한 선-구조의 상호작용을 통해서 만들어지는 전이해가 곧 해석의 전제가 된다.

하이데거에 이어 등장한 가다머는 전이해의 개념을 보다 구체적으로 언급했다. 특히 가다머는 하이데거의 '선–구조'를 '선입견' prejudices이라는 개념을 통해 더욱 구체화 시켰다. 이 과정에서 가다머는 선입견을 "전통적 견해에 의존하여 자신의 이성을 사용하는 것을 거부"하는 것이며, "이성을 성급하고 치밀하지 못하게 사용"하는 것으로 보는 계몽주의적인 입장에 반론을 제기하며 선입견과 전통tradition의 복권을 시도한다.103) 가다머는 이러한 과정을 통해서 선입견의 긍정적인 의미를 찾아내어 선입견을 이해의 조건으로 구체화 시켰다.

가다머에게 있어서 선입견은 "문자 그대로 선판단 혹은 모든 증거가 적절하게 평가되기 전에 이루어진 판단"이다.104) 그러한 선입견은 나중에 그것에 대한 해석이나 경험을 통해서 확인이 가능하다. 결국 선입견 그 자체로는 그것이 옳은 것인지 옳지 않은 것인지 판단할 수 없다. 그렇기 때문에 가다머는 모든 선입견을 부정적인 것으로 언급하는 계몽주의의 가정을 가리켜 "선입견에 대한 선입견" prejudice against prejudice에 불과하다고 말한다.105) 결국 계몽주의 역시 선입견의 울타리에서 벗어날 수 없다는 것이다.

이러한 선입견에 대한 논의는 자연스럽게 전통에 대한 논의로 넘어간다. 가다머는 선입견을 전통의 맥락에서 이해했다. 그에게 있어서 인간은 역사적인 존재로서 늘 전통과 문화의 영향을 받고 있기 때문에 선입견에서 자유로울 수 없다.106) 그렇기 때문에 가다머는 전통을 단지 전통이라는 이유 때문에 부정하는 계몽주의적 관점을 거부하고 이것을 선입견과 마찬가지로 이해의 필수불가결한 조건으로 자리매김한다.107) 가다머는 이러한 전통이 행사하는 영향력을 '영향사' history of effect라고 칭한다.108) 영향사는 가다머에게 있어서 "이해의 가능성을 위한 긍정적이고도 생산적인 요소"가 된다.109)

가다머의 전이해의 해석학과 관련된 또 하나의 논의는 '놀이와 놀이하는 사람'에 대한 언급에서 찾아볼 수 있다. 가다머에게 놀이는 존재 자체이고, 놀이하는 사람은 현존재라고 할 수 있다. 그러므로 놀이하는 사람은 놀이에 기투하는 것을 통해서만 놀이를 경험할 수 있다. 이 때 놀이에 기투하기 위해서 필요한 것이 바로 "놀이의 공간이 채워지는 방식을 규정하는 규칙과 질서"이다.110) 이렇게 놀이하는 사람이 놀이에 참여하기 위해서는 그가 참여하고자 하는 놀이의 규칙과 질서를 파악하고 있어야 하고, 그 영향력(영향사) 안에서 놀이에 참여하게 될 때 놀이하는 사람의 목적을 달성할 수 있게 된다.111) 이처럼 놀이하는 사람은 놀이의 규칙과 질서라는 전제 없이는 그 놀이를 이해할 수 없게 된다.

지금까지 언급한 선입견, 전통, 영향사 그리고 놀이와 놀이하는 사람은 가다머가 전개하고 있는 전이해의 해석학에서 중요한 요소들이다. 가다머가 이러한 전이해의 해석학을 통해서 하고자 하는 말은 "무전제적인 이해란 있을 수 없다"는 사실이다.112) 이러한 가다머의 견해는 하이데거와 같은 선상에 있으며, 전이해의 해석학의 핵심을 구성한다. 또한 이러한 전이해의 해석학은 해석자를 강조한다는 점에서 그 특징을 찾아볼 수 있다. 텍스트를 이해하기 위해서 텍스트 자체와 텍스트의 저자를 이해하는 것도 중요한 일이겠지만 그것을 해석하는 사람에 대한 이해 역시 필수적이기 때문이다. 이러한 전이해의 해석학은 "해석자 자신의 역동성을 첨가"시킴으로써 텍스트에 대한 이해에 역동적인 의미를 부여하고 있다.113)

그러나 이러한 전이해의 해석학 역시 비판에 부딪히고 있다. 전이해의 해석학은 존재론적 해석학의 범주에 있는 것으로서 존재론적 해석학에서 제기되었던 동일한 비판에 직면하게 된다. 가장 커다란 비판은 이러한 해석학을 통해서 텍스트를 객관적으로 해석할 수 있는가에 대한 것이다.114) 전이해의 해석학이 해석자를 이해하는 데는 유익하다고 말할 수 있지만 이것이 텍스트에 대한 객관적 해석을 보장하는 것은 아니기 때문이다. 실제로 이러한 비판에 대해서 전이해의 해석학은 긍정적인 대답을 할 수는 없다. 특히 위르겐 하버마스Jügen Habermas에 의해서 제기된 이데올로기 비판은 이러한 문제를 더욱 분명하게 보여준다. 즉 해석자의 전이해가 이미 이데올로기에 의해서 오염되어 있기 때문에 그 해석은 객관적일 수 없다는 것이다.115)

그러나 목회상담에서 전이해의 해석학은 이러한 비판과 직접적으로 대면하지 않는다. 목회상담이란 하이데거의 용어에 의하면 기본적으로 현존재와 현존재의 만남이다. 그러므로 목회상담의 텍스트인 내담자는 해석이 필요한 텍스트이면서 동시에 텍스트에 대한 주체적 해석자가 된다. 이러한 목회상담의 특징은 전이해의 해석학을 해석자에 대한 논의에 그치게 하지 않고 텍스트에 대한 논의까지 나아가게 한다. 그렇기 때문에 전이해의 해석학은 목회상담에서 해석자로서 상담자에 대한 이해뿐만 아니라 텍스트로서 내담자에 대한 이해에 있어서도 중요한 역할을 하게 된다. 그렇다고 해도 목회상담이 이데올로기의 오염에 대한 문제에 있어서 완전히 자유로운 것은 아니다. 그러나 일반적인 해석학적 상황보다는 텍스트이자 해석자로서의 내담자와 훈련받은 해석자로서의 상담자가 공존하는 목회상담의 상황이 좀 더 객관적이 될 수 있다.

하이데거나 가다머가 전개하고 있는 전이해의 해석학은 목회상담에서 상담자와 내담자에 대한 이해에 밀접한 관련을 가지고 있다. 현존재로서의 상담자와 내담자는 세계-내-존재로서 유한성과 제한성을 가진 존재이며, 피투된 존재로서 기투해야 하는 존재이다. 이들은 늘 선입견과 전통의 영향 속에서 살아간다. 그렇기 때문에 상담자가 내담자를 잘 이해하기 위해서는 무엇보다도 내담자의 전이해에 대한 탐구가 필수적이다. 그러나 여기에 앞서 상담자가 자기 자신의 전이해를 파악하는 것이 전제되어야 한다.116) 만일 상담자가 자기 자신의 전이해를 제대로 알지 못한다면, 내담자를 바르게 이해하는데 어려움을 겪게 된다.

그러므로 목회상담에서 상담자와 내담자의 전이해적인 요소들을 파악하는 것은 중요하다. 상담자와 내담자의 전이해적인 요소는 서로 공통분모를 가지고 있기 때문에 이것을 파악한 후 교차비교하는 것이 효과적이다. 전이해의 공통적인 요소로는 성격, 가계도, 중요 타자, 개인발달단계, 가족생활주기 등과 같은 일반적인 요소들과 더불어 신앙적인 요소들이 포함될 수 있다. 또한 상담자와 내담자로서 각각의 특징을 반영할 수 있는 공통적이지 않은 전이해적 요소를 파악하는 것도 중요하다.

전이해의 해석학은 목회상담에서 상담자와 내담자의 이해와의 관련성 외에 상담계약과의 관계성도 가지고 있다. 현존재로서 세계에 피투되어 있었던 내담자는 자신에게 주어진 문제들과 더불어 씨름하다가 그 문제의 해결을 위해 상담에 기투하게 된다. 이 때 내담자가 상담에 기투하게 되어 효과적인 상담을 경험하고자 한다면 마땅히 그것을 위한 규칙이 제공되어 있어야 한다. 이것이 간단하게는 상담에 대한 안내이지만 좀 더 구체적으로 말한다면 상담에 대한 규칙을 포함하는 상담계약이라고 할 수 있다. 내담자와 상담자가 맺게 되는 상담계약은 양자 모두에게 진정한 상담경험을 위한 전제가 된다.

그러나 이것에 앞서 목회상담이 가지고 있는 목회상담만의 전이해를 이해하는 것이 필요하다. 왜냐하면 이러한 전이해에 대한 이해가 없다면, 그것은 이미 목회상담일 수 없기 때문이다. 목회상담은 이미 '목회'라는 말 속에 하나의 선입견이 들어 있다.117) 즉 목회상담은 이미 '목회'의 행위와 현장을 벗어날 수 없으며, 목회적 전통뿐만 아니라 목회상담의 전통에서 비롯되는 영향도 피해갈 수 없다. 그러므로 해석자로서 상담자는 내담자와 자신의 전이해 뿐만 아니라 목회상담만이 가지고 있는 전이해를 이해하는 것도 필요하다.

3. 자율성의 해석학과 목회상담

　재구성의 해석학은 저자를 중심으로 저자의 의도나 내적인 삶을 재구성하고자 했으며, 전이해의 해석학은 해석자를 중심으로 전이해 없는 해석의 불가능성을 이야기했고, 여기서 다루고자 하는 자율성의 해석학은 텍스트를 중심으로 텍스트의 자율성에 대해서 언급한다. 자율성의 해석학은 리쾨르를 중심으로 전개되고 있으나 그 전에 이미 하이데거나 가다머에게서 이러한 개념들을 찾아볼 수 있다. 하이데거는 기투에 대한 언급에서 현존재의 자율성에 대해서 언급한 바 있고, 가다머는 놀이와 놀이하는 사람에 대한 논의에서 의존성과 더불어 자율성에 대한 부분을 비중 있게 다루고 있다.118) 여기서는 놀이와 놀이하는 사람 그리고 지평융합Horizon-tverschmelzung을 통해서 가다머의 자율성에 대한 논의를 먼저 살펴보고, 이어서 리쾨르의 자율성에 대한 논의를 언급하고자 한다.

　가다머는 놀이와 놀이하는 사람에 대한 논의를 통해서 자율성의 개념을 언급하고 있다.119) 특히 가다머는 이 논의를 '주체'와 '선택과 결정의 자유'라는 개념을 통해서 전개하고 있다. 가다머에게 있어서 놀이의 주체는 놀이하는 사람이 아니라 놀이 그 자체이다.120) 그렇기 때문에 놀이는 그 자체에 고유한 정신을 가지고 있을 뿐만 아니라 놀이하는 사람이 놀이를 대상처럼 대하는 것을 받아들이지 않는다.121) 그러나 놀이는 스스로 자기를 표현할 수 없다. 놀이의 자기표현은 놀이하는 사람을 통해서만 가능하다.122) 그렇기 때문에 놀이가 놀이하는 사람에게 의존되어 있다고 말할 수 있으나, 가다머는 "놀이하는 사람이 놀이의 주체가 아니라, 단지 놀이가 놀이하는 사람을 통해서 표현될 뿐이다"라는 주장을 통해서 놀이하는 사람에 대한 놀이의 의존성을 부인하는 듯한 인상을 준다.123) 가다머가 놀이의 의존성을 부인하든 그렇지 않든 중요한 사실은 가다머가 놀이를 주체로서 인정하고 자율성의 해석학을 위한 기반을 마련하고 있다는 점이다.

가다머는 놀이의 매력을 "놀이하는 사람을 지배"하는 것이라고 본다.124) 놀이는 규칙을 통해서 놀이하는 사람의 행동을 결정하게 되며, 놀이공간을 제한하게 된다.125) 또한 놀이는 놀이하는 사람에게 과제를 부여한다. 만약 놀이하는 사람이 이 과제를 수행하지 않는다면 그는 놀이의 목적을 달성할 수 없다. 그렇기 때문에 놀이하는 사람은 부과된 놀이의 과제에 맞게 자기 자신을 바꾸어야 한다.126) 가다머는 이렇게 주체에 대한 언급들을 모두 놀이와 관련시켜 언급하고 있다.

가다머는 놀이에 대한 언급과 더불어 놀이하는 사람에 대해서도 언급한다. 가다머가 제시하는 놀이하는 사람은 놀이에 의존되어 있는 존재이기도 하지만 기본적으로 '선택과 결정의 자유'를 가지고 있는 존재이다. 가다머는 놀이하는 사람을 무엇인가를 결정할 수 있는 자유를 지닌 존재로 언급한다. 놀이하는 사람은 "아직 이렇게 혹은 저렇게 이 가능성 혹은 저 가능성을 결정할 자유를 가지고" 있다.127) 또한 놀이하는 사람은 같은 맥락에서 선택하는 존재이다. 즉 놀이를 하기로 결정했을 때, 어떤 놀이는 하고 어떤 놀이는 하지 않기로 선택한다.128) 또한 놀이에 임할 때 어떤 태도를 취할 것인지를 결정하는 것도 역시 놀이하는 사람의 몫이다.129) 그러나 놀이하는 사람이 무엇인가를 선택하게 되면, 곧 단절된 놀이의 세계에 갇히게 된다.130) 가다머는 이렇게 놀이하는 사람의 의존성과 자율성을 상호의존적으로 언급하고 있다.

가다머의 자율성의 해석학에서 한 가지 더 다루어야 하는 것은 지평융합의 개념이다. 가다머는 예술작품의 자율성을 설명하기 위해 놀이를 연결시키고 있듯이, 예술의 미적 경험을 매개로 지평융합의 개념을 놀이와 연관시키고 있다.131) 이러한 연결은 지평융합을 자율성의 개념으로 이해할 수 있음을 보여주는 것이다. 지평이란 본래 에드문트 후설Edmund Husserl이 먼저 사용한 용어로, "보는 시선의 좁고 넓음 그리고 새롭게 열어나가는 것" 등의 의미를 갖는다.132) 그런데 여기서 중요한 것은 이러한 지평이 고정적이 아니라 '유동적'이라는 사실이다.133) 이러한 유동성은 지평 자체가 이미 자율성을 갖고 있다는 점을 보여준다. 또한 가다머의 지평융합은 지평과 지평의 만남으로 주체텍스트와 주체해석자의 만남을 의미한다. 여기서 텍스트와 해석자는 각자의 입장을 고수하거나 동일시하지 않으며 서로의 입장을 견지하는 가운데 새로운 이해의 지평을 만들어 내게 된다.134) 이러한 지평융합의 개념은 텍스트를 하나의 주체로 보고 그 자율성을 인정하는 것이라고 할 수 있다.

이렇게 가다머는 '놀이와 놀이하는 사람', '지평융합'이라는 개념을 통해서 텍스트의 자율성을 위한 길을 마련했다.135) 이어서 등장한 리쾨르는 이러한 가다머의 견해를 바탕으로 텍스트의 자율성이라는 개념을 확장함으로써 자율성의 해석학을 확고히 하게 된다. 리쾨르의 자율성의 해석학을 이해하기 위해서는 텍스트와 관련된 그의 몇 가지 개념을 파악하는 것이 필요하다.

리쾨르에게 있어서 텍스트는 "글쓰기에 의해서 고정된 모든 담론"이다.136) 이러한 리쾨르의 정의는 텍스트에 있어서 '글쓰기'와 '고정된'이라는 개념의 중요성을 보여준다. 실제로 글쓰기는 화자에 의해서 말해진 것을 고정화시키는 작업이다. 그러나 문제는 그 다음이다. 이렇게 화자에 의해서 말해진 것이 글로 고정되는 과정에서 본래 화자가 의미했던 것과 텍스트가 의미하는 것 사이에 불일치성이 생겨나기 때문이다.137) 즉 화자가 현존재로서 존재하는 담화의 상황에서는 화자의 의도와 말해진 것의 의미가 일치하지만, 그것이 글로 고정되는 순간 그것은 저자의 손을 떠나 새로운 의미를 부여받게 된다.138) 이런 의미에서 리쾨르는 텍스트에 저자가 부재하다고 말한다.139) 또한 텍스트가 기록될 당시 현재의 독자를 염두에 두지 않았기 때문에 텍스트에는 독자 역시 부재하게 된다. 그러므로 일단 한번 담론이 글로 고정이 되고 나면, 그 텍스트는 누가 읽느냐에 따라서 그 의미가 달라진다. 리쾨르는 이를 가리켜 "텍스트의 의미론적 자율성"이라고 칭한다.140)

이러한 텍스트의 의미론적 자율성은 자연스럽게 텍스트의 독립성과 완전성의 개념으로 나아간다. 텍스트는 저자와 독자의 영향에서 벗어나 독립적으로 존재한다. 또한 텍스트는 이미 고정되어 있기 때문에 더 이상의 변화를 필요로 하지 않는다. 결과적으로 텍스트는 하나의 개체로서 완전하다. 그러므로 텍스트는 '스스로 말할 수 있는 권리'를 부여받을 뿐만 아니라 다른 대상들에게 '존중과 경청의 대상'이 될 수 있다.141) 이러한 텍스트는 스스로 말함으로써 하나의 세계를 지시하게 되며, 이러한 지시를 통해서 만들어지는 세계는 다른 것과 비교될 수 없는 독자성을 획득하게 됨으로써 경청과 존중의 대상이 된다. 리쾨르는 이것을 가리켜 '텍스트의 세계' the world of the text라고 한다.142) 리쾨르에 의하면 텍스트는 자기만의 세계를 가지고 있는데, 이 세계는 텍스트에 의해서 '제안된 세계' proposed world이다.143) 이 세계는 현실의 세계가 아니다.144) 다만 텍스트에 의해서 만들어지는 의미의 세계일 뿐이다.145) 그러나 이 세계는 간과해도 될 만한 단순한 세계가 아니다. 리쾨르가 말하는 텍스트의 세계는 '가장 나 자신일 수 있는 가능성들' my own most possibilities 중의 하나이며, 해석자가 이 가능성에 기투하게 된다.146)

텍스트의 세계나 텍스트의 의미론적 자율성은 모두 '거리두기' distanciation와 관련이 있다.147) 텍스트의 의미론적 자율성은 텍스트와 저자의 거리두기를 통해서 이루어지며, 저자와의 거리두기를 통해서 완성된 텍스트의 세계는 저자의 세계를 파괴한다. 거리두기는 기본적으로 대상과 거리를 둠으로써 해석자에게 '객관성을 제공'하며, 해석자를 대상에 참여시켜 자유롭지 못하게 만드는 '근본적이며 원초적인 관계를 파괴'하는 것으로 정의할 수 있다.148) 이러한 거리두기는 '해석의 조건' the condition of interpretation이며, '이해understanding가 극복해야 하는 요소'이다.149) 그러므로 리쾨르는 이러한 거리두기를 극복하기 위해 자기화appropriation에 대해서 언급한다. 자기화는 "거리를 통한 그리고 거리를 둔 이해"이며, 이러한 자기화의 과정이 곧 텍스트 앞에서 자기를 이해하는 과정이다.150) 리쾨르는 자기화가 거리두기를 파괴하지 않으며, 자기화와 거리두기의 변증법이 텍스트의 올바른 이해를 가능하게 한다고 본다.151)

리쾨르는 거리두기를 통한 텍스트의 자율성을 강조하기 때문에 실제로 자기화가 이루어지는 정도에 따라서 해석의 문제가 발생하게 된다. 과도한 해석은 해석자를 통한 자기화가 지나친 경우이고, 미흡한 해석은 해석자의 자기화가 잘 이루어지지 않은 경우이다.152) 이것은 곧 텍스트의 자율성을 어느 정도 인정하는가와도 관계가 있다. 곧 해석자가 텍스트의 자율성을 지나치게 인정하면 해석은 미흡하게 되고, 텍스트의 자율성을 인정하지 않으면 그 해석은 지나치게 된다. 이런 점에서 볼 때, 텍스트의 자율성과 해석자의 자기화는 상호 간의 긴장관계를 통해서 충분히 이루어져야 함을 알 수 있다. 리쾨르는 결국 텍스트의 자율성을 인정하되 건강한 해석을 위해서 해석자의 역할 역시 간과하지 않고 있는 것으로 볼 수 있다. 그러나 자기화가 결국은 텍스트의 세계를 수용하는 것이라는 관점에서 볼 때, 리쾨르는 여전히 텍스트의 자율성을 강조하고 있다는 사실을 알 수 있다.153)

이상과 같은 자율성의 해석학은 현대심리치료이론과 밀접한 관련이 있다. 현대심리치료이론은 자율성의 해석학과 마찬가지로 텍스트로서의 내담자의 자율성을 강조한다. 특히 에릭 번Eric Berne과 칼 로저스Carl Rogers

가 주목할 만하다. 번은 교류분석의 주창자로 인간을 근본적으로 자율성을 지닌 존재로 보았으며, 이러한 자율성을 회복하는 것을 교류분석의 기본적인 목적으로 설정하고 있다.154) 번에게 있어서 자율성은 자각awareness, 자발성spontaneity, 친밀감intimacy 등 세 가지 요소로 구성되어 있다.155) 인간은 바로 이러한 세 가지 요소를 가진 자율적인 존재로 태어나지만 주 양육자인 부모의 영향으로 인해 자율성에 손상을 입는다.156) 그러나 결국은 그 자율성이 원동력이 되어 부모의 영향에서 벗어나 자율성을 회복하게 된다.157)

로저스는 비지시적 상담을 주창한 사람으로 당시 상담학계 뿐만 아니라 목회상담에도 중요한 영향을 미쳤다.158) 로저스는 내담자를 존중하며 신뢰하는 가운데 내담자의 능력을 긍정한다.159) 또한 내담자가 '스스로 자신의 감정을 드러내고 자기 자신을 직면할 수 있도록' 최대한의 자유를 보장한다.160) 내담자는 이러한 자유를 기반으로 스스로 선택할 뿐만 아니라 그에 따른 책임도 부여받게 된다.161) 이러한 로저스의 견해는 힐트너에게서도 동일하게 나타나고 있다. 힐트너는 목회상담을 내담자를 위해서 "어떤 것을 하는 것이 아니라 스스로가 자신을 도울 수 있도록 돕는 것"이라고 말하면서, 내담자를 '강요하지 말고 진정으로 존중해야' 한다고 주장했다.162) 실제로 힐트너를 비롯한 오우츠, 와이즈, 존슨 등의 초기 목회상담학자들은 로저스의 영향을 크게 받았다.163)

이러한 모습들은 자율성의 해석학과 목회상담의 관련성을 보여주는 것으로서, 자율성의 해석학이 내담자 이해에 중요한 통찰을 제공할 수 있다는 점을 시사하고 있다. 자율성의 해석학은 텍스트가 하나의 주체로서 '고유한 정신'을 가지고 있으며, 스스로 '선택과 결정'을 할 수 있다는 점을 강조한다. 특히 리쾨르가 텍스트의 자율성을 강화했다는 사실은 상담이 상담자 중심이 되지 않도록 하는데 중요한 역할을 할 수 있다. 그러나 이러한 리쾨르의 견해는 상담에 있어서 전이해나 상담자에 대한 문제를 야기할 수 있다. 전이해에 대한 문제는 리쾨르의 텍스트와 목회상담의 텍스트가 다르다는 데서 비롯된다. 리쾨르의 텍스트는 전이해를 배제할 수 있지만 목회상담의 텍스트는 현존재로서 그것이 불가능하다. 또한 내담자의 자율성이 강조될 경우 상담자는 상담에 소극적이 되어 방관자가 되거나 끌려 다니게 되는 문제가 발생할 수 있다. 그러므로 텍스트의 자율성 개념은 상담자에게까지 확장되어 전이해와 충분한 해석자로서의 상담자의 독특성을 상실하지 않도록 해야 한다.

---

62) 이와 관련된 첫 번째 간략한 논의는 다음을 참고하라. 안석모, "'해석의 전환'으로서의 치유", 『신학과 세계』, 44권 (2002), 219-21. 이상의 다섯 명의 해석학자는 특징적으로 다음과 같이 묘사할 수 있다. Schleiermacher는 어려운 문제를 해결하는 데 치중하던 해석학을 모든 문제에 대한 일반적인 접근으로 확장시켰으며, Dilthey는 이해의 역사성을 보편화했고, Heidegger는 텍스트와 관련된 모든 존재를 자리매김하려고 시도했으며, Gadamer는 이해를 위해 두 지평의 융합을 강조했고, Ricoeur는 Gadamer의 해석학적 전통과 이데올로기 비판을 하나로 만들고자 했다. Richard S. Briggs, "What Does Hermeneutics Have to Do with Biblical Interpretation?", *Heythrop Journal*, vol. 47 (2006): 64.
63) 정승태, 『합리적인 신앙을 위한 종교철학담론』 (대전: 침례신학대학교 출판부, 2004), 306-7.
64) Schleiermacher, 『해석학과 비평』, 17.
65) Ibid., 21, 23, 25-26, 31. "모든 말은 이미 주어져 있는 언어를 전제"로 하며, "모든 말은 이전의 사고에 기인"한다. 그러므로 "모든 사람은 주어져 있는 언어가 독특한 방식으로 형태화되는 장"이다. Schleiermacher는 이 두 가지 요소를 파악하기 위해 문법적 해석과 심리적 해석을 주장했다. 그러나 다른 방법적 다양성을 부정함으로써 그의 해석학은 한계를 지니게 되었다. 특별히 Schleiermacher는 독자를 그의 해석학적 틀 안에 효과적으로 들여놓지 못했다. 일부 학자들이 독자에 대한 언급을 하기는 하지만 이것은 후대의 관점에 의한 것이지 실제로 그의 책에는 독자에 대한 언급을 거의 찾아볼 수 없다. 정승태는 Schleiermacher가 '해석자의 본성'과 '독자

의 위치선정'에 대해서 소극적이었다고 말한다. 정승태, 『그까이꺼 해석학! 폼나게 풀어보자!』 (대전: 침례신학대학교출판부, 2005), 138, 149.
66) 김용일, "슐라이어마허의 언어해석학", 『독일어문학』, 12집 (1998), 33.
67) Richard E. Palmer, 『해석학이란 무엇인가』, 이한우 역 (서울: 문예출판사, 1996), 137.
68) 목창균, 『슐라이에르마허의 신학사상』 (천안: 한국신학연구소, 1991), 258; 김용일, "슐라이어마허의 언어해석학", 31. 그러므로 문법적 해석은 단순히 기록된 단어나 문장의 의미를 밝히는 수준을 넘어서 그 단어와 문장이 갖는 종합적인 의미를 텍스트 전체의 맥락에서 해석하게 된다.
69) Schleiermacher, 『해석학과 비평』, 56. 왜냐하면 "해석자가 저자 사상의 한계를 인식하며 본문에 대한 해석에서 시대착오를 피하려면 저자의 언어에 대한 철저한 인식"을 가져야 하기 때문이다. 목창균, 『슐라이에르마허의 신학사상』, 259.
70) 김용일, "슐라이어마허 해석학에 있어서 언어와 사유", 『철학연구』, 54집 (1995 봄), 248; Schleiermacher, 『해석학과 비평』, 116.
71) Schleiermacher, 『해석학과 비평』, 136-7. 심리적 해석은 문법적 해석의 뒷받침 없이는 불가능하다. 실제로 문법적 해석이 심리적 해석을 규정한다.
72) 김용일, "슐라이어마허의 언어해석학", 31-2. "예감적 이해는 논리적인 추론에 의하며 저자의 사상적 내용을 추론하는 것이 아니라, 전체적인 맥락 속에서 저자의 전체 사상을 직관하는 직관적 방법이다. 예감적 이해를 통하여 해석자는 저자의 생활환경을 통하여 드러나는 전체적 삶의 양태를 직관할 수 있다. 이에 반하여 비교의 방법은 여러 가지 다른 문맥들에 대한 비교를 통하여 이해된 내용을 수정할 수 있고 올바른 논리적인 추론을 통하여 정확한 이해에 도달하려는 방법이라고 할 수 있다."
73) 목창균, 『슐라이에르마허의 신학사상』, 261.
74) Schleiermacher, 『해석학과 비평』, 29; 목창균, 『슐라이에르마허의 신학사상』, 261.
75) 목창균, 『슐라이에르마허의 신학사상』, 261-2. "본문이 문법적으로 이해되지 않는 한, 심리적으로 이해될 수 없고, 심리학적으로 이해되지 않는 한 문법적으로 이해될 수 없다."
76) 반성택, "해석학 전통의 형성: 슐라이어마허, 딜타이를 중심으로", 『현대철학의 모험』, 철학아카데미 편 (서울: 도서출판 길, 2007), 174.
77) Wilhelm Dilthey, 『체험·표현·이해』, 이한우 역 (서울: 책세상, 2005), 144-9.
78) 정승태, 『합리적인 신앙을 위한 종교철학담론』, 306.
79) Dilthey, 『체험·표현·이해』, 162.
80) Ibid., 26; Palmer, 『해석학이란 무엇인가』, 161.
81) Dilthey, 『체험·표현·이해』, 45.
82) Ibid., 17-8, 53-4; Wilhelm Dilthey, 『해석학의 탄생』, 손승남 역 (서울: 지만지, 2008), 69. Dilthey는 예술 작품의 추체험이 "해석자의 천재성"에 달려있는 것으로

본다. 이러한 천재성은 "저자와의 몰입적인 삶과 연구를 통해서 상승"한다는 것이 Dilthey의 입장이다.
83) Dilthey, 『해석학의 탄생』, 58-67. 추체험은 Schleiermacher의 영향을 받은 것이지만 Schleiermacher에게서 나온 것이라기보다는 Dilthey에게서 나온 것으로 볼 수 있다.
84) 체험, 표현, 이해는 해석학적 순환구조를 갖는다. 이것은 자연과학적 환원주의와는 다른 것으로서 '체험의 표현'과 '표현의 체험', '이해의 체험'과 '체험의 이해'의 순환이 일어나며, 이러한 순환을 통해서 볼 때, 체험, 표현, 이해는 서로 의존되어 있음을 알 수 있다. 김용일, "정신과학의 방법론으로서의 삶의 해석학: 딜타이의 삶의 해석학", 『해석학과 현대철학』, 계명대학교 철학연구소 편 (서울: 철학과 현실사, 1996), 54-7.
85) 정승태, 『합리적인 신앙을 위한 종교철학담론』, 307.
86) Paul Ricoeur, 『해석이론』, 김윤성, 조현범 역 (서울: 서광사, 2003), 128-9.
87) Paul Ricoeur, *From Text to Action*, 108-9. Ricoeur는 텍스트가 말하기로 대체될 때 일어나는 몇 가지 현상에 대해서 설명하고 있다. 여기서 중요한 것은 말하기에서 현존하는 대화자들, 담화의 상황, 주위, 환경이 텍스트에서는 부재한다는 사실이다. 또한 말하기에서 지시하는 것과 텍스트에서 지시하는 것이 다르다는 사실을 강조한다. 말하기에서의 지시는 실물세계를 지시하는 반면 텍스트에서의 지시는 실물세계와 유사한 세계를 지시하게 된다.
88) 공감적 이해는 모든 상담기법의 기본이 되는 것으로서 "자신이 직접 경험하지 않고도 다른 사람의 감정을 거의 같은 내용과 수준으로 이해하는 것"을 가리킨다. 전이와 역전이는 정신역동적 상담의 기본적인 개념으로 전이는 내담자가 과거의 감정을 상담자를 통해서 다시 경험하는 것을 말하며, 역전이는 상담자가 내담자의 과거의 감정을 상담 상황에서 대신 경험하는 것을 의미한다. 안아주기와 담아내기는 이보다 한 단계 더 나아간 대상관계이론의 개념으로서 상담자가 내담자를 수용할 있는 환경을 만들어 주고(안아주기), 내담자가 스스로 감당할 수 없는 경험을 상담자가 대신 받아들여 견뎌 낸 후 내담자가 받을 수 있는 상태로 만들어서 다시 돌려주는 것이다(담아주기). 이장호, 금명자, 『상담연습교본』 (서울: 법문사, 2004), 33; Glen O. Gabbard, 『역동정신의학』, 3판, 이정태, 채영래 역 (서울: 하나의학사, 2002), 39-41; Michael Stadter, *Object Relations Brief Therapy: The Therapeutic Relationship in Short-Term Work* (Northvale: Jason Aronson INC., 1996), 52-4.
89) Capps, *Reframing*, 2.
90) 양병모, "이야기와 의식을 사용한 교회현장에서의 가족 상담", 213.
91) Paul Watzlawick, et al., *Change: Principles of Problem Formation and Problem Resolution* (New York: W. W. Norton & Company, 1974).
92) Capps, *Reframing*, 3.
93) 물론 보편적 해석학 다음에 나타나는 것은 현상학적 해석학이다. 그러나 현상학적

해석학에 속하는 Edmund Husserl은 해석학에서 그렇게 큰 위치를 차지하지 못하고 있을 뿐더러 목회상담과의 관련성도 적기 때문에 여기서는 언급하지 않고자 한다. 하지만 현상학적 해석학에 분류될 수 있는 Ricoeur는 해석학의 흐름상 중요할 뿐만 아니라 후대에 등장하는 인물이기 때문에 본 연구에서는 제일 마지막에 언급할 것이다.

94) 정승태, 『합리적인 신앙을 위한 종교철학담론』, 311.
95) Martin Heidegger, *Being and Time*, trans. John Mcquarrie & Edward Robinson (New York: Harper & Row, 1962), 27.
96) Ibid., 78-90, 169-224, 279-311. "'세계-내-존재'라는 개념은 우리 인간 실존이 이미 역사적 세계 안에 들어와 있다는 의미로 이해될 수 있다…즉 우리는 누구나 자신이 속한 문화의 산물인 것이다. '세계-내-존재'라는 말에서 세계는 마치 병 속의 파리가 있다는 의미에서의 공간적 의미의 세계가 아니다. 누구나 저마다의 '세계'를 가지고 있다는 의미에서의 '세계'인 것이다. 이 개념은 대상과 이를 경험하는 나의 관계성을 표현하기 위해 이음줄을 그어서 표시한 것이라고 할 수 있다. 엄밀하게 말하면 Heidegger에게 있어 우리가 보통 말하는 세계는 이러한 '세계-내-존재'에서의 세계경험을 통해서 가능한 세계이다. 그 반대가 아니다." 서동은, "하이데거와 가다머의 그리스 철학 이해", 『하이데거 연구』, 14집 (2006), 175.
97) Heidegger, *Being and Time*, 304-11. 현사실성은 "그때마다의 오늘날에 던져져 있음"을 의미한다. 이기상, "하이데거의 현사실성의 해석학", 『철학과 현상학 연구』, 5집 (1992), 257.
98) Heidegger, *Being and Time*, 191-2.
99) Ibid., 188.
100) Palmer, 『해석학이란 무엇인가?』, 200-5.
101) Heidegger, *Being and Time*, 191; Erwin Hufnagel, 『해석학의 이해』, 강학순 역 (서울: 서광사, 1994), 70-80.
102) Josef Bleicher, 『현대 해석학: 방법, 철학, 비판으로서의 해석학』, 권순홍 역 (서울: 한마당, 1987), 115.
103) Hans-Georg Gadamer, *Truth and Method*, trans. Joel Weisheimer and Donald G. Marshall (New York : Continuum, 2004), 278-85. 실제로 계몽주의는 선입견과 전통을 이성과 '대립되는 개념'으로 이해하며, Gadamer는 선입견과 전통을 "이해에 있어서 본질적인 것"으로 본다. Georgia Warnke, 『가다머의 철학적 해석학』, 이한우 역 (서울: 사상사, 1993), 130; Kai Hammermeister, 『한스-게오르크 가다머』, 임호일 역 (서울: 한양대학교 출판부, 2001), 96-7.
104) Gadamer, *Truth and Method*, 273.
105) Ibid., 274.
106) Ibid., 272.
107) Ibid., 278.
108) Ibid., 299-306.

109) O. F. Bollow, 『인식의 해석학』, 백승균 역 (서울: 서광사, 1993), 162.
110) Gadamer, *Truth and Method*, 107.
111) Ibid., 102-3. Gadamer가 말하는 Aristoteles의 놀이의 목적은 '기분전환'이다.
112) Palmer, 『해석학이란 무엇인가』, 268.
113) 정승태, 『그까이꺼 해석학! 폼나게 풀어보자!』, 245.
114) Ibid.
115) 강돈구 외 10인, 『해석학과 사회철학의 제문제』 (서울: 일원서각, 1990), 138-40. Habermas와 Gadamer의 논쟁에 대한 자세한 언급은 다음을 참고하라. Alan How, *The Habermas-Gadamer Debate and the Nature of the Social* (Aldershot: Avebury, 1995), 101-212; Warnke, 『가다머의 철학적 해석학』, 179-226.
116) 양유성, 『이야기 치료』 (학지사, 2008), 130; 안석모, "찰스 거킨의 목회신학 방법론", 262.
117) 안석모, "찰스 거킨의 목회신학 방법론", 268. Robert Alfred Lambourne은 다음과 같은 "목회상담의 기초가 될 수 없는 것"에 대한 언급을 통해서 '목회적'이 아닌 것이 무엇이지에 대해서 보여주고 있다. "1) 목회상담은 행동과학에서 유래된 어떤 사실적 지식을 가지고 공동적 기반을 형성할 수 없다, 2) 상담가의 일관된 태도(attitude) 역시 목회상담의 기초가 될 수 없다, 3) 효과가 있다는 사실이 목회상담의 기초가 될 수 없다." 홍영택, "램본(Robert Alfred Lambourne)의 공동체적 목회상담", 『신학과 세계』, 61호 (2008), 121-2.
118) 정승태, 『합리적인 신앙을 위한 종교철학담론』, 313.
119) Gadamer가 이 논의를 통해서 본래 드러내고자 했던 것은 예술작품의 자율성이다. 예술 경험의 주체는 예술작품 자체이다. Gadamer에게 있어서 놀이는 "예술작품의 존재방식"이었다. 놀이와 예술작품의 차이는 그 표현에서 드러난다. 놀이는 놀이하는 사람을 통해서 표현되는데, 이 때 놀이는 어떤 사람을 위해서 표현하는 것이 아니다. 그러나 예술작품은 그렇지 않다. 누가 듣거나 보지 않는다고 하더라도 본질적으로 누군가를 위해서 표현하는 것이 예술작품이다. 이런 예술작품은 자기만의 고유한 자율성을 가지고 자신의 존재를 드러내게 된다. Hans-Georg Gadamer, *Truth and Method*, 103, 108-10.
120) 김주완, "H. G. Gadamer의 놀이와 예술작품", 『철학연구』, 46집 (1990 여름), 180.
121) Gadamer, *Truth and Method*, 103.
122) 정승태, 『그까이꺼 해석학! 폼나게 풀어보자!』, 242. 정승태는 이러한 Gadamer의 견해를 언급하면서 "해석자는 항상 놀이하는 사람들"이라고 주장한다.
123) Gadamer, *Truth and Method*, 103.
124) Ibid., 106.
125) Ibid., 108.
126) Ibid.

127) Ibid., 106.
128) Ibid., 107.
129) Ibid.
130) Palmer, 『해석학이란 무엇인가』, 253.
131) 박남희, "실현의 진리에서 존재윤리에로: 가다머의 지평융합을 중심으로", 『해석학연구』, 14권 (2004), 177.
132) Ibid., 173.
133) 정승태, 『합리적인 신앙을 위한 종교철학담론』, 315; 박남희, "실현의 진리에서 존재윤리에로", 173.
134) 윤병렬, "가다머에게서 하이데거 해석학의 유산과 '철학적 해석학'", 『하이데거연구』, 15집 (2007), 492.
135) 안석모, "'해석의 전환'으로서의 치유", 220.
136) Ricoeur, *From Text to Action*, 106.
137) Ricoeur, 『해석이론』, 65. Ricoeur는 이러한 불일치성을 텍스트에 담겨진 의미가 텍스트의 저자나 독자 그리고 그 상황으로부터 "자율적"(autonomous)이 된다는 점에서 찾는다. Ricoeur, *Hermeneutics and the Human Science*, 108.
138) 윤성우, 『폴 리쾨르의 철학』 (서울: 철학과 현실사, 2004), 98.
139) Ricoeur, *From Text to Action*, 106.
140) Ricoeur, 『해석이론』, 65-6.
141) Gerkin, *The Living Human Document*, 38-9.
142) Ricoeur, *From Text to Action*, 84-6.
143) Ibid., 86.
144) Ibid.
145) Ricoeur, 『해석이론』, 72-4.
146) Ricoeur, *From Text to Action*, 86.
147) 윤성우, "텍스트란 무엇인가?: 리쾨르의 해석학을 중심으로", 『프랑스학연구』, 23권 (2002): 494; Ricoeur, *From Text to Action*, 84, 86.
148) Ricoeur, *From Text to Action*, 75.
149) Ibid., 84.
150) Ibid., 86.
151) Ibid.
152) 정승태, 『그까이꺼 해석학! 폼나게 풀어보자!』, 204-5.
153) S. K. Clark, *Paul Ricoeur* (London: Routledge, 1990), 284-9. Gadamer와 Ricoeur의 텍스트 자율성의 관점에는 차이가 있다. 그것은 텍스트와 해석자의 관계에 대한 이해에서 드러난다. Gadamer는 텍스트와 해석자를 일대일의 평등한 주체적 관계로 보면서 상호 간의 대화를 강조한 반면, Ricoeur는 해석자를 텍스트의 세계를 수용해야 하는 존재로 묘사함으로써 해석에 있어서 해석자의 위치를 상대적으로 약화시키고 텍스트의 자율성을 훨씬 강화했다.

154) Eric Berne, *Games People Play: The Psychology of Human Relationships* (New York: Ballantine Books, 2004), 182-3.
155) Ibid., 178-81. 자각은 사람이 '누군가에 의해서 배운 방법대로가 아니라 자기 스스로의 방법으로 보고 들을 수 있는 것'을, 자발성은 '자기의 감정을 선택하고 표현할 수 있는 선택권'을, 친밀함은 '어린이와 같이 지금 여기에서 소박하게 사랑을 나눌 수 있는 능력'을 의미한다.
156) Ibid.
157) Ibid., 182.
158) Holifield, *A History of Pastoral Care in America*, 259. 비지시적 상담은 후에 "비지시적 방법보다 내담자를 중요시 여기는 점을 강조하기 위해" '내담자 중심 상담'으로 명칭을 바꾸게 된다. Gerald Corey, 『심리상담과 치료의 이론과 실제』, 조현춘, 조현재 역 (서울: 시그마프레스, 2004), 192. 목회상담에서 Rogers의 방법론을 사용한 이유는 '1) 광범위한 기술적 훈련을 요구하지 않으며, 2) 단기상담이고, 3) 전문용어를 많이 사용하지 않을 뿐만 아니라, 4) 특히 기독교전통 안에 있는 상담자들이 추구하는 도덕적이며 영적인 특징과 매우 유사' 하기 때문이다. 반신환은 이를 가리켜 "상담훈련이 부족한 목회자들이 쉽고 안전하게 사용할 수 있기 때문"이라고 말한다. William J. Everett and T. J. Bachmeyer, *Disciplines in Transformation: A Guide to Theology and the Behavioral Sciences* (Lanham: University Press of America, 1979), 26; 반신환, "목회상담운동의 특징과 전제에 대한 연구: 로저스 이론에 대한 힐트너와 클라인벨의 수용방법을 중심으로", 『기독교사상』, 1997년 3월, 95.
159) Corey, 『심리상담과 치료의 이론과 실제』, 193.
160) Carl Rogers, 『칼 로저스의 카운슬링의 이론과 실제』, 한승호, 한성열 역 (서울: 학지사, 2005), 118.
161) Ibid., 127.
162) Seward Hiltner, *Pastoral Counseling* (Nashville: Abingdon-Cokesbury Press, 1949), 20-3. Wise는 '인간들이 어떤 욕구나 관계와 하나님의 뜻이라고 여겨지는 것들까지도 수용하거나 거부할 수 있다'고 본다. 이러한 인간의 자유에 대한 언급은 인간의 자율성을 강조한 것으로, 상담자 자체나 상담자의 견해에 대한 내담자의 거부권을 인정하게 될 때 진정한 의미에서의 강요가 아닌 존중이 가능하게 된다는 사실을 보여준다. Carroll A. Wise, 『목회학개론: 패스토랄 캐어의 의미』, 이기춘 역 (서울: 대한기독교출판사, 2005), 58.
163) Holifield, *A History of Pastoral Care in America*, 275. Rogers와 네 명의 공통점은 "인간에 대한 낙관적인 견해, 특히 인간의 성장과 변화의 가능성에 대한 신뢰와 인간의 경험적이고 감정적인 측면을 강조하는 점" 그리고 당시 기독교의 "율법적 도덕주의를 혐오한다는 점"이다. 반신환, "목회상담운동의 특징과 전제에 대한 연구", 82.

2장
목회상담의 전통과 해석학

목회상담은 그 역사적 흐름 속에서 끊임없이 해석학적 요소를 담지하고 있다. 물론 이것을 가리켜 해석학이라는 용어를 사용한 것은 거킨에 이르러서였지만 그 이전에 이미 해석학적 요소들이 포함되어 있었던 것은 분명하다. 그럴 수밖에 없는 이유는 목회상담이 기본적으로 대화를 통해서 이루어지고, 그 대화에서 내담자의 내러티브가 다루어지며, 그것을 서로 다른 관점에서 해석하는 과정이 포함되기 때문이다.

여기서는 이러한 목회상담의 해석학적 특징을 정신역동전통, 임상목회전통 그리고 현대목회전통 등 세 가지로 분류하여 살펴보고자 한다.164) 이러한 전통은 시간적으로 발전한 것이기는 하지만 명확하게 분리될 수 있는 것은 아니다. 정신역동전통은 프로이트 이후에 목회상담에 지속적인 영향을 미치고 있는 전통이며, 임상목회전통은 안톤 보이슨Anton Boisen 이후에 목회상담에서 계속적으로 이어지고 있고, 현대목회전통은 이러한 모든 요소들을 포함한 새롭고 다양한 전통을 형성하고 있다. 여기서는 이러한 전통 속에 나타난 해석학적인 요소들을 주요 인물에 대한 연구를 통해서 살펴보고자 한다.

1. 정신역동전통과 해석학

목회상담의 전통에서 해석학과 가장 밀접한 관련을 가지고 있는 것은 정신역동전통이다. 이 전통은 임상목회전통과 현대목회전통에 영향을 미치며 궁극적으로 목회상담을 '해석적'이게 하는 중요한 역할을 한다. 이러한 정신역동전통은 프로이트의 영향을 받은 '정신분석적 목회상담', 칼 융Carl Jung의 영향을 받은 '분석심리학적 목회상담', 그리고 대상관계이론에 영향을 받은 '대상관계적 목회상담' 등 크게 세 가지로 분류할 수 있다.

정신분석적 목회상담은 『분석적 목회상담』Analytische Seelsorge의 저자인 스위스의 오스카 피스터Oskar Pfister에 의해서 시작되었다.165) 피스터는 프로이트와 개인적인 친분을 맺고 있었던 인물로서, "정신분석의 인간이해와 통찰을 처음으로 목회상담에 적용"한 인물이다.166) 피스터는 목회적 돌봄에서 직면하게 되는 문제 이면에 있는 '무의식적인 동기'를 찾아내어 그것을 처리해야 한다고 주장하면서, 정신분석을 목회적 돌봄에서 빼놓을 수 없는 방법으로 인식했다.167) 이러한 인식을 기초로 해서 피스터는 목회상담과 정신분석을 연결한 '분석적 목회상담'을 시작했으며 1909년 이래 하나의 목회상담모델로 발전시켰다.168) 그러나 이러한 정신분석적 목회상담은 지속적으로 이어지지 못했다. 그 이유는 일반 목회자가 정신분석적 소양을 갖추는 것이 어려웠을 뿐만 아니라 프로이트에 대한 기독교적 반감이 이러한 시도 자체를 긍정적으로 바라보지 않았기 때문이다.169)

그럼에도 불구하고 정신분석은 목회상담의 역사에서 떼어 낼 수 없는 중요한 위치를 가지고 있다. 우선 미국에서 20세기를 전후해 일어났었던 종교심리학 운동이 정신분석과 관련되어 있다. 이 때 윌리암 제임스William James를 비롯한 많은 종교심리학자들이 그들의 연구에 프로이트의 이론을 반영했으며, 이러한 경향이 초기의 목회상담학자들에게도 이어졌다.170) 또한 엘우드 우스터Elwood Worcester에 의해서 주도적으로 이루어진 임마누엘 운동 역시 정신분석의 영향을 받았다. 이 운동은 1905년에 시작된 것으로 현대의학을 목회적 돌봄에 적용하려는 현대목회상담의 첫 시도로 평가되고 있다.171) 이어서 등장한 임상목회교육 역시 정신분석과 밀접한 관련성을 배제할 수 없다. 임상목회교육은 특히 그 훈련과정에서 프로이트의 정신분석의 영향을 많이 받았다.172) 이러한 정신분석의 영향은 마침내 목회상담의 영역에 목회심리치료라는 분야를 구축하기에 이르렀다.173)

프로이트의 정신분석이 기독교 내에서 타부시 되고 있을 때, 프로이트의 친구이자 제자인 융의 분석심리학은 목회상담의 영역에서 긍정적으로 평가되었다. 분석심리학이 긍정적으로 평가되었던 이유는 기독교에 대해서 부정적이었던 프로이트와 달리 융은 기독교에 대해서 우호적인 관점을 가지고 있었기 때문이다. 또한 융은 이러한 관점 뿐만 아니라 실제로도 "심리치료와 영혼 돌봄의 관계에 관하여"Über die Beziehung der Psychotherapie zur Seelsorge라는 논문을 통하여 기독교의 목회상담과 조화를 이루려는 적극적인 노력을 보여주었다.174) 그 결과 목회상담학에서는 그 초기부터 정신분석학보다 분석심리학이 더 커다란 영향을 미치고 있다.175)

그러나 1980년대 이후 목회상담의 영역에 새로운 패러다임의 전환이 일어난다. 로저스의 이론이 주축이 되어 융의 이론 등을 접목하던 목회상담의 영역에 대상관계이론이 하나의 중요한 도구로 등장하기 시작한 것이다.176) 이러한 대상관계이론은 프로이트에 대한 '새로운 시도'로서 받아들여지고 있으며, 이것이 대두됨으로써 정신분석학이 목회상담에서 '긍정적으로 평가' 되는 계기가 되기도 했다.177) 실제로 대상관계이론은 프로이트 이후 발전해 온 정신분석학의 한 축이라고 볼 수 있다.178)

하지만 대상관계이론은 정신분석과는 근본적인 차이를 가지고 있다. 그것은 인간이해에서 두드러진다. 프로이트가 '욕동' drive을 중심으로 인간을 이해했다면, 대상관계이론은 '관계' relation를 중심으로 인간을 이해한다.179) 그러나 모든 대상관계이론이 욕동을 부정적으로 평가하는 것은 아니다.180) 멜라니 클라인Melanie Klein과 같은 학자들은 욕동이론을 부정하지 않는 가운데 관계를 통한 인간이해를 강조한다.181) 정신분석과 대상관계이론의 또 다른 차이는 오이디푸스를 강조하는 정신분석이 아버지 중심이었던 반면 대상관계이론은 유아기의 관계경험을 강조하면서 어머니 중심으로 이론을 전개한다는 점이다.182) 이러한 대상관계이론은 신학에서 모성을 찾고자 했던 노력과도 일치하며 모성적 역할과 환경을 중요하게 여기는 목회상담의 관점과도 일치한다.183)

이상과 같은 목회상담에서의 정신역동전통은 찬성과 반대의 입장이 있을 뿐 목회상담을 하는 사람이라면 누구도 그 영향에서 벗어날 수 없다. 실제로 정신역동전통은 긍정부정의 문제가 아니라 어느 정도까지 수용하느냐가 실질적인 문제이다. 이러한 정신역동전통은 그 시작부터 해석학과 밀접한 관련을 가지고 있으며, 해석학에서 논의가 이루어진 목회상담의 한 영역이기도 하다.184)

정신분석과 관련된 주된 해석학적 논의는 리쾨르의 『프로이트와 철학: 해석에 대한 에세이』Freud and Philosophy: An Essay on Interpretation에서 찾아볼 수 있다. 리쾨르는 정신분석 자체 보다는 프로이트에게 더욱 관심이 있었다.185) 리쾨르는 프로이트를 '철학자' 이자 '해석학자'로 언급한다.186) 이러한 언급은 리쾨르가 프로이트를 단순히 정신분석가로서가 아니라 함께 교류할 수 있는 학문적 동지로 생각하고 있음을 보여준다. 이렇게 리쾨르가 프로이트를 해석학자의 반열에 포함시킬 수 있었던 이유는 그가 '해석을 통해서 의미를 찾은 사람' 이었기 때문이다.187) 이러한 모습은 정신역동전통에 포함되어 있는 분석심리학이나 대상관계이론에서도 역시 동일하다.

리쾨르는 정신분석학에 나타난 해석학적 요소를 '꿈의 해석' 과 '문화해석'에서 찾는다.188) 프로이트에게 있어서 꿈은 일차적으로 억압된 무의식의 발로이다. 이러한 꿈은 억압된 무의식을 있는 그대로 드러내는 것이 아니라 왜곡된 형태로 표현한다.189) 꿈의 해석은 해석을 통해 이것을 해체함으로써 그 의미를 파악할 수 있게 된다. 또한 인간의 본능은 적합한 대상을 찾지 못할 때 하나의 대상에서 다른 대상으로 넘어가는 전위displacement의 과정을 거치게 되는데, 이 과정에서 만들어지는 것이 바로 문화이다.190) 그러므로 문화는 '정신의 객관적 현상'이라고 할 수 있으며, 이러한 문화에 대한 해석을 통해서 그 안에 담겨진 의미를 찾을 수 있게 된다. 이렇게 정신분석이 꿈과 문화에 담겨진 의미를 해석을 통해서 찾아가기 때문에 리쾨르는 정신분석학을 해석학적 학문으로 보고 있다.

정신분석에 이어 등장하는 분석심리학은 프로이트와 융의 결별에서 알 수 있는 것처럼 특별한 차이점을 가지고 있다. 그 결정적인 이유는 집단무의식과 관련되어 있다. 융은 프로이트가 성에 지나치게 집착하고 있는 것에 반대하며, 무의식에 성적 에너지와 다른 어떤 '창조적 가능성'이 존재한다고 보았다.191) 그것은 모든 인류가 공유하는 것으로서 융은 그것을 '원형'archetypus이라고 칭한다. 또한 융은 원형을 탈은폐하는 것을 통해서 자기에 이르게 된다고 보는데 이것이 바로 분석심리학이 궁극적으로 추구하는 개성화 과정이다. 바로 이 개성화 과정이 해석학과 직접적인 관계를 가지고 있다.192)

개성화 과정은 자아ego에서 자기self로의 이행과정이다. 즉 의식적인 측면자아에서 무의식적인 측면자기으로 나아가는 과정이다. 이 과정은 페르조나를 지나 그림자를 넘어 아니마와 아니무스를 통과하여 마침내 자기에게 도달하는 것으로 이루어진다.193) 이 과정은 인간의 자기 찾기 과정이자 분석심리학의 해석 과정이라고 할 수 있다.194) 이 과정은 리쾨르 해석학의 전반적인 모습과도 일치한다.195) 리쾨르는 '텍스트 앞에서의 자기이해'를 통해서 개성화 과정을 보여준다. 리쾨르는 "자아에게 자기를 선사해 주는 것은 바로 세계를 탈은폐하는 보편적 힘을 가진 텍스트"라고 말하면서 개성화의 과정이 텍스트를 통해서 가능하다고 말하고 있다.196) 융의 텍스트는 원형을 담고 있는, 원형이 객관화된 상징이다. 이 상징에 대한 해석을 통해서 원형에 도달하게 되며, 그것과 대면함으로써 자기를 탈은폐하게 된다.

대상관계이론은 이미 밝히 바와 같이 정신분석의 한 줄기로서, 정신분석과 같은 맥락에서 해석학과의 연결점을 찾을 수 있다. 대상관계이론은 유아기의 어머니 경험을 주된 텍스트로 하며, 이러한 텍스트에 대한 해석을 통해서 어머니 경험에 의미를 부여하고, 내담자는 이것을 통해서 자신의 현재를 이해할 수 있게 된다. 대상관계이론은 정신분석의 기본적인 개념들과 더불어 내적 자기와 대상표상, 경험의 양태자폐-접촉적 양태, 편집-분열적 양태, 우울적 양태, 투사적 동일시, 안아주기와 담아주기 등의 개념들이 내담자를 해석하는데 중요한 요소가 된다.197) 이러한 대상관계이론을 정신분석이나 분석심리학과 구별해 주는 것이 있다면, 그것은 대상관계이론이 한 사람의 이론을 중심으로 이루어지지 않는다는 점이다. 그렇기 때문에 대상관계이론은 학자에 따라 해석의 관점과 방법에 차이가 나타나게 된다. 대상관계이론은 이렇게 정신분석과 구별되는 특징을 공유하는 가운데 각각의 다양성을 존중한다.

2. 임상목회전통과 해석학

정신역동전통에 이어 해석학과 밀접한 관련을 가지고 있는 것은 임상목회전통이다. 임상목회전통은 정신역동전통과 같이 다양한 분과를 가지고 있지는 않다. 그러나 임상목회전통 안에는 해석학과 관련된 중요한 개념과 방법이 들어 있다. 여기서는 먼저 임상목회전통에 대해서 간략하게 살펴보고, 해석학과 관련된 중요한 개념인 '살아 있는 인간문서'living human documents와 임상목회전통의 중요한 방법론인 '진단' diagnosis을 순서적으로 살펴보고자 한다.

임상목회전통은 리차드 캐봇Richard Cabot과 보이슨을 필두로 한 보스턴 그룹을 시작으로 해서 플랜더스 던바Flanders Dunbar와 필립 길스Philip Guiles를 중심으로 한 뉴욕 그룹 그리고 오우츠를 중심으로 한 남침례교 그룹 등이 생겨나면서 점차 활발하게 진행되었다.198) 이 그룹들은 모두 병원을 중심으로 신학생을 대상으로 한 임상목회교육Clinical Pastoral Education을 실시했다. 이 중에서 보이슨은 임상목회교육의 조부로 불리면서 임상목회전통에 지대한 공헌을 했다.199)

임상목회전통의 시작이라고 할 수 있는 임상목회교육은 정신병원을 중심으로 시작되었다.200) 보이슨은 정신분열증으로 입원과 퇴원을 두 번 되풀이하는 경험을 통해서 정신병과 종교의 연구에 대한 열정을 갖게 되었으며, 의사들의 인턴 제도를 직접 목격하면서 그것을 신학교육에 도입해야 할 필요성을 인식하게 되었다.201) 이후 병원에서 퇴원한 보이슨은 1925년 신학생 네 명을 데리고 임상목회교육을 처음으로 시작하게 된다.202)

보이슨은 처음부터 임상목회교육을 새로운 교육프로그램으로 의도하지 않았다. 보이슨이 우선적으로 원했던 것은 같이 연구할 동료를 얻는 것이었다.203) 또한 보이슨은 이것을 통해서 새로운 신학을 시작하려고도 하지 않았다. 그가 원했던 것은 신학연구의 새로운 방법을 제시하는 것이었다.204) 그러나 결과적으로 보이슨의 임상목회교육은 신학생을 위한 새로운 교육프로그램으로 자리를 잡았으며, 실천신학의 새로운 영역이 되었다. 특히 그의 신학은 신학과 심리학의 간학문적인 특징을 드러내고 있다.205)

임상목회전통은 자연스럽게 현대목회상담으로 이어졌다. 힐트너는 임상목회전통 안에서 자신의 연구를 진행했으며, 와이즈, 존슨, 오우츠 역시 임상목회전통을 심화하고 발전시켜 나갔다.206) 후에 임상목회교육은 그 영역을 확장하게 되어 교구임상목회교육Parish Clinical Pastoral Education이 등장하게 되었다. 교구임상목회교육의 특징은 일차적으로 장소에 있었으며, 임상목회교육의 장소가 병원에서 교구로 이동하면서 몇 가지 변화들이 생겨났다. 교육대상이 신학생에서 목회자로 바뀌었고, 실습 대상이 환자에서 일상적인 생활을 하는 사람들로 바뀌게 되었다. 또한 대화를 나누는 사람들도 바뀌게 되었다.207) 그러나 관찰과 참여, 성찰, 평가 등으로 이루어지는 기본적인 패턴에는 변화가 없었다.208)

힐트너는 보이슨의 공헌을 6가지 범주로 나누어 언급하면서, 그 가운데 '살아 있는 인간문서'를 통한 신학을 첫 번째로 꼽았다.209) 보이슨은 실제로 그의 연구를 책에서 시작하기 보다는 복잡하고 다양하지만 실제적인 삶을 가지고 있는 살아 있는 인간문서를 통해서 하기를 원했다.210) 그리고 그는 이것을 '새로운 시도'라고 칭했다.211) 이러한 보이슨의 새로운 시도는 스스로에게 만족감을 주었으며, 자신이 어려움을 겪고 있는 '살아 있는 인간문서' 자체에 관심을 가지고 있는 사실에 대해서 감사의 마음을 가지고 있었다.212)

보이슨은 살아 있는 인간문서를 가리켜 '기본적인 배움의 재료'라고 말했다.213) 그래서 보이슨은 '어떻게 상담할 것인가' 보다는 '이 내담자로부터 무엇을 배울 수 있을 것인가'를 먼저 생각하라고 했다.214) 이것은 리쾨르가 말한 '텍스트 앞에서의 자기이해'라는 개념과 유사하다. 실제로 임상목회교육은 학생들이 내담자를 통해서 배울 수 있도록 하기 위해 그들을 '경청하는 사람들'로 변화시키는 것을 주된 목적으로 삼는다.215) 이것을 위해 살아 있는 인간문서를 역사자료를 해석하듯이 그렇게 해석해야 하며, 성경을 대하듯이 그렇게 존중하는 마음으로 접근해야 한다고 한다.216) 즉 '살아 있는 인간문서'를 그 자체로 완전한 가치가 있는 '해석의 대상'으로

보라는 것이다.217)

보이슨의 살아 있는 인간문서에 대한 이러한 견해는 그가 살아 있는 인간문서를 해석학적인 시각을 가지고 바라보고 있음을 보여준다. 또한 그는 해석을 통해서 자신의 경험에 의미를 부여함으로써 프로이트와 마찬가지로 해석학자의 반열에 들어가게 된다.218) 거킨은 이것을 간파하고 '살아 있는 인간문서'를 자신의 해석학적 목회상담을 위한 책의 제목으로 삼는다. 즉 거킨은 보이슨의 '살아 있는 인간문서'의 개념 안에서 목회상담의 해석학적 전통을 발견하고 있다. 로버트 알프레드 램본Robert Alfred Lambourne 역시 동일선상에서 임상목회교육이 '해석적 원리' hermeneutical principle를 소유하고 있다는 점을 인정한다.219)

다니엘 로우D. J. Louw는 보이슨이 교회의 목회적 돌봄에 혁명적인 변화를 일으켰다고 평가한다.220) 보이슨의 접근이 '신앙 돌봄' faith care에 머물러 있었던 교회의 목회적 돌봄의 패러다임을 살아 있는 인간문서에 대한 돌봄인 '생명 돌봄' life care으로 바꾸었다는 것이다. 그러나 로우는 '살아 있는 인간문서'가 오늘날 디지털 시대에 맞게 새롭게 변화되어야 한다고 본다. 살아 있는 인간문서가 개인의 차원을 넘어 '상호 연결된 인간망' inter-connected human web으로 확장되어야 한다는 것이다. 그래서 로우는 '살아 있는 인간문서' 대신 '살아 있는 인간망' living human web이라는 용어를 사용한다.221) 이것은 곧 목회적 돌봄의 대상이 '살아 있는 인간문서'에서 '살아 있는 인간망'으로 확장되어야 한다는 것을 보여주는 것이다. 그렇다고 해도 이러한 변화는 여전히 목회상담의 해석학적인 전통의 맥락에 있다.

임상목회전통에서 또 하나 빼놓을 수 없는 것은 진단이다. 진단은 정신역동적 전통에서부터 있던 것으로 임상목회전통에서도 중요한 요소라고 할 수 있다.222) 진단은 임상현장에서 가장 기초가 되는 요소들 중 하나로써, 상담을 진행할 때 실제적인 방향감각을 제공하기 때문에 중요하다.223) 이러한 진단은 해석과도 밀접한 관련을 가진다.224)

보이슨은 과거 교회의 목회상담이 '진단이 배제된 다양한 형태의 신앙적 처치'를 통해서 행해졌다고 평가한다.225) 이러한 평가는 현대 교회의 목회상담이 단순한 신앙적 처치를 넘어 진단을 전제로 해서 이루어져야 함을 보여준다. 또한 보이슨은 신학을 기본적으로 '종교적 신념에 대한 연구'라고 생각하면서 그러한 "신념들에 대한 기원과 의미를 결정하기 위해" 사례에 대한 진단방법을 발전시켰다.226) 특별히 보이슨의 진단은 오늘날 DSM-Ⅳ와 유사한 형식을 가지고 있다.227) 보이슨의 이러한 진단에 대한 태도는 진단이 배제되어 있던 시대에 중요한 공헌을 한 것은 사실이지만 교회의 전통과는 멀리 떨어져 있었기 때문에 다른 사람들로 하여금 교회의 '전통적 진단에 대한 도전'을 불러일으켰다.228)

목회상담에서 교회의 전통을 통해 진단을 하고자 하는 시도는 '목회적 진단' pastoral diagnosis이라는 영역을 통해서 나타났다. 그 대표적인 인물은 폴 프루이저Paul Pruyser이다. 프루이저는 그의 저서 『진단자로서의 목사』 The Minister as Diagnosis에서 목사가 다른 어떤 전문가들보다도 '가장 분명한 해석자' the clearest interpreters가 되어야 한다고 말하고 있다.229) 프루이저는 교회의 전통에 근거한 목회적 진단의 목록을 거룩에 대한 인식the person's awareness of th Holy, 섭리providence, 믿음faith, 은혜grace, 회개repentance, 친교communion, 소명감sense of vocation 등 일곱 가지로 제시하고 있다.230) 프루이저는 이것을 통해서 현대목회상담의 정체성을 확립하고자 했다.231)

낸시 램지Nancy J. Ramsay는 그의 저서 『목회적 진단: 돌봄과 상담 사역자를 위한 자원』Pastoral Diagnosis: A Resource for Ministers of Care and Counseling에서 진단을 '해석학적인 과정' hermeneutical process으로 언급하고 있다.232)

여기서 해석학적인 과정이란 진단을 하는 '목회자가 가지고 있는 가치와 가정을 끊임없이 성찰' 하는 것이면서 동시에 목회자의 특별한 관점을 통해서 내담자의 경험에 이름을 붙이는 것이다.233) 이러한 해석학적 과정으로서의 진단은 내담자의 경험에 의미를 부여하고 그것을 규명하는 것이라고 볼 수 있다. 램지는 이 책에서 목회적 정체성, 목회적 권위 등의 주제를 다루면서 목회적 진단이 "힘이 있는 지식"임을 밝히고 있다.

스티븐 아이비Steven S. Ivy는 "목회적 진단이 성서 해석학과 같은 목적을 추구"하고 있다고 말하면서 "목회적 진단이 우리의 세속적인 인생 여정의 한 복판에서 거룩한 것이 무엇인가를 드러내려고 해야 한다"고 주장한다.234) 아이비는 목회적 진단을 "교회 사역의 맥락에서 다른 사람의 관심, 관점 그리고 인생 이야기를 이해하는 기술"이라고 정의한다.235) 이것은 해석학을 '이해의 기술'로 정의한 슐라이어마허와 일치한다. 아이비는 진단과 해석에 대한 논의에서 진단과 성서해석을 동일선상에 놓으면서, 진단이 '텍스트에 대한 해석을 통해서 의미를 발견' 하려는 해석학적이며 목회적인 행위라고 말한다.236) 특히 그가 제시하고 있는 진단적 질문들과 그에 대한 해석모델은 진단이 내담자에게 '진단을 위한 질문'을 던지고 그것에 대한 답변을 '이해하는 기술'을 통해서 '해석' 함으로써 내담자를 이해하는 과정임을 분명히 보여주고 있다.237)

이외에 캡스나 거킨은 목회적 진단을 위해서 사용할 수 있는 중요한 목록을 제공하고 있다. 캡스는 기독교 전통 속에서 전해져 내려오는 일곱 가지 죄의 목록을 통해서 목회적 진단에 유용한 목록을 제시했으며, 거킨은 해석학적 관점을 통해서 목회적 진단에 활용할 수 있는 영역을 보여주고 있다.238)

3. 현대목회전통과 해석학

목회상담에서 현대목회전통은 이미 기존의 정신역동전통과 임상목회전통의 영향 아래 있으면서 해석학과의 끊임없는 관련성을 가지고 있다. 단, 차이가 있다면 정신역동전통은 일반상담의 영역에서 시작되어 해석학의 관심을 받아왔고, 임상목회전통은 목회상담의 영역에서 시작되어 정신역동전통의 영향을 받았다는 점이다. 이와 달리 현대목회전통은 기존의 성서 해석학 및 철학적 해석학과의 연계를 통해서 목회상담의 해석학적 전통을 이어가고 있다. 특히 현대목회전통은 철학적 해석학의 영향으로 목회 해석학, 해석학적 목회상담의 영역들이 생겨났으며, 임상목회전통에서 비롯된 신학적 성찰의 전통을 이어가고 있다. 여기서의 신학적 성찰은 목회신학적인 성찰을 의미한다.

성서 해석학은 목회상담보다 먼저 자신만의 독특한 해석학을 발전시켰을 뿐만 아니라 일반학문의 영향을 받아들여 새로운 성서해석의 길을 모색하기도 했다. 특히 성서 해석학은 성서 자체에 대한 주석적 해석학과 더불어 일반 학문의 영향을 받은 다양한 비평적 해석학이 있을 뿐만 아니라 철학적 해석학의 영향을 반영한 해석학의 분야도 있다.239) 특히 리쾨르의 해석학이 미친 영향은 다른 어떤 해석학보다도 그 영향력이 크다고 볼 수 있다. 이러한 성서 해석학은 자연스럽게 목회상담의 영역으로 넘어왔으며, 그 과정에서 다양한 형태를 통해 목회상담과의 접목이 시도되었다.

패튼은 성서비평의 다양한 형태를 임상해석학이라는 목회상담의 영역에 적용했다. 패튼은 본문비평, 역사비평, 문학비평 그리고 해석행위 자체를 단계적으로 적용한다. 여기서 패튼이 텍스트로 삼은 것은 '의미 있는 사건'이다.240) 이것은 리쾨르가 '글로 고정된 담론'이 아닌 인간의 행동에 텍스트성을 부여하려고 했던 기준과 일치한다. 패튼은 임상해석학의 단계에서 목회상담과 깊은 관련이 있는, 즉 내담자의 경험을 해석하는 단계인 문학비평을 중요하게 평가한다.241) 이 과정에서 중요한 작업은 내담자가 사용하고 있는 상징과 언어를 해석하는 것인데, 이것은 슐라이어마허의 문법적 해석과 유사하다. 또한 내담자와 대화를 주고받으며 내담자의 이해의 지평을 확장하는 다음 단계는 가다머의 지평융합과 비슷하다.242) 또한 패튼은 성찰이라는 단어를 사용하지는 않지만 사례를 통한 결과와 기존의 신학과의 대화를 시도하는 단계를 통해서 신학적 성찰에 대해서 언급하고 있다.

목회상담에서 성서 해석학을 적용한 또 한 가지의 예는 잔코우스키이다. 잔코우스키는 자신이 배운 성서 해석학의 개념을 가족치료에 적용한다. 그가 사용하는 성서 해석학의 개념은 세 가지이다. 첫 번째는 '언어 배우기' Learning the Language이다.243) 그는 말하기를, 성서를 해석하고자 할 때 먼저 생소한 고대의 언어를 배우듯이 그렇게 내담자 언어세계로 들어가야 한다고 한다. 특히 내담자가 사용한 단어뿐만 아니라 그의 침묵에도 귀를 기울여야 한다고 주장한다. 두 번째는 '낯설게 하기' Not-knowing이다.244) 성서를 해석하고자 할 때 그 본문을 마치 처음 대하는 것처럼 접근하듯이 그렇게 내담자를 대해야 한다는 것이다. 세 번째는 '변화를 향한 자발성' Willingness to Change이다.245) 이것은 상담자가 자발적으로 자신의 변화를 추구하는 것을 가리킨다. 즉 내담자를 통해서 자기를 성찰하는 가운데 스스로의 성장을 도모하는 것이다.

지금까지의 내용을 보면 목회상담에서 차용한 성서 해석학이나 철학적 해석학 사이에 커다란 차이는 없어 보인다. 실제로 철학적 해석학 내의 텍스트 해석학은 성서 해석학을 포괄하기에 충분하다. 그러나 성서 해석학을 목회상담의 영역에 접목하려고 한 경우는 대부분 간단한 시도로 끝마쳤고 더 이상 나아가지 못했다. 이와 달리 목회상담에 철학적 해석학을 접목한 경우는 그 방법을 훨씬 더 구체화시키는 단계까지 나아갔다. 이미 서론에서 언급한 것처럼 캡스는 리쾨르의 해석학을 접목하여 목회행위를 해석했으며, 거킨 역시 리쾨르의 해석학을 중심으로 목회적 돌봄과 상담을 위한 방법을 제안했다. 이 두 사람은 현대목회전통에 나타난 해석학적인 경향을 보여주는 대표적인 인물로서 캡스는 목회 해석학을, 거킨은 해석학적 목회상담을 대표한다고 볼 수 있다.

목회 해석학은 목회적 진단과 밀접한 관련을 가지고 있다. 목회적 진단은 "목사의 해석학적 행위들 가운데 하나"로서, 목회적 돌봄에서 "교인들의 고통과 기쁨을 이해하고 돌보는 중요한 단계"이다.246) 아이비는 이러한 "목회적 진단이 목회 해석학의 한 가지 방법으로 고려될 수 있다"고 주장하고 있다.247) 그러나 목회적 진단은 하나의 목회적 행위로서 목회 해석학의 대상이 될 수 있을 뿐이지 목회 해석학의 방법이 될 수는 없다.248) 캡스는 그의 저서 『목회적 돌봄과 해석학』Pastoral Care and Hermeneutics에서 리쾨르의 해석학을 근거로 목회 해석학의 요소를 저자로서의 목사, 텍스트로서의 목회적 행위 그리고 독자로서의 자기화자appropriator 등 세 가지로 제시하고 있다.249) 캡스는 이러한 요소들을 이해하고 평가할 수 있는 개념과 방법들을 제시함으로써 '목회적 돌봄을 위한 해석학적 모델'을 제시하고 있다.250) 이러한 캡스의 목회 해석학은 목회적 진단과 더불어 목회신학적 성찰과 깊은 관련이 있다.251)

거킨은 철학적 해석학을 목회상담에 적용한 최초의 인물이다. 거킨은 심리학과 신학을 아우르는 제3의 입장으로 해석학을 선택한다.252) 거킨은 내담자의 문제를 리쾨르의 용어인 힘과 의미의 '혼합된 담론' mixed discourse으로 보고 이것을 "상담을 해석학적으로 보는 뼈대"로 이용하고 있다.253) 거킨은 인간을 기본적으로 '해석적 존재' self as hermeneut로 보았으며, 자기의 삶에 '의미를 부여하는 존재' meaning maker로 보았다.254) 이러한 인간이해에 기초해서 거킨은 내러티브와 공동체를 강조하는 해석학적 목회상담을 전개한다.

해석학적 목회상담에서 중요한 것은 '내담자에 대한 해석학적 이해' 와 '목회상담 자체의 해석학적 구조화' 이다.255) 여기서 내담자의 내러티브는 텍스트가 되고, 내담자의 내러티브에 영향을 미치는 해석학적 공동체가 중요한 역할을 하게 된다.256) 이러한 거킨의 해석학적 목회상담은 목회적 돌봄으로 이어져 '해석적 안내' interpretive guide로서의 목회자에 대한 강조와 공동체의 '상호 돌봄' mutual care을 이야기 한다.257) 이러한 거킨의 해석학적 목회상담은 목회적 돌봄이나 목회상담이 전문가의 영역에서 공동체회중의 영역으로 확장되는 패러다임의 전환과 목회상담에 있어서 '내러티브와 단기상담모델' 을 강조하는 1990년대의 중요한 흐름에서 주도적인 역할을 하게 된다.258)

현대목회전통에서 마지막으로 다루어야 할 부분은 '신학적 성찰' 이다. 지금까지 언급한 현대목회전통 안에서의 해석학적인 경향은 모두 신학적 성찰이라는 공통적인 요소를 가지고 있다. 신학적 성찰은 이미 보이슨 이후 임상목회교육에서 기본적인 개념으로 자리 잡으면서 목회상담의 흐름에서 중요한 역할을 감당해왔다.259) 특히 초기 목회상담학자들 가운데 힐트너는 신학적 성찰을 통해서 많은 사람들에게 영향을 미쳤을 뿐만 아니라 신학적 성찰을 가르치는데도 탁월함을 보임으로써 '목회현장에 근거를 둔' 신학적 성찰에 주요한 공헌을 했다.260)

신학적 성찰은 해석학과 밀접한 관련을 가지고 있다. 리쾨르의 '의심의 해석학' hermeneutics of suspicion이나 하버마스의 '이데올로기 비판' ideology critique이 그 대표적인 예이다.261) 특히 R.놀라스코R. Nolasco는 목회신학적 성찰을 하고자 하는 사람들은 '반드시 의심의 해석학을 적용' 해야 한다고까지 말하고 있다.262) 앤드류 투드Andrew Tood는 이러한 해석학의 모습이 구약의 예언서나 신약의 복음서를 통해서 이미 기독교 전통 안에서 나타나고 있다고 주장한다.263) 결국 겉으로 드러난 것을 있는 그대로 보지 않고 비판적 시각을 가지고 그 이면을 보고자 하는 시도는 현대 해석학 이전에 이미 기독교적 전통 안에서 찾아볼 수 있는 것이다.264) 그러므로 신학적 성찰은 기독교적 전통과 현대 해석학의 영향 사이에 있는 것이라고도 볼 수 있다.

신학적 성찰은 개인에 의해서 비형식적으로 이루어지는 것이 일반적이다. 그러나 때로는 여러 사람이 모여 집단으로 이루어지기도 한다. 이 중에서 가장 기초적이고 중요한 것은 개인에 의해서 비형식적으로 이루어지는 신학적 성찰이다.265) 이러한 신학적 성찰이 형식을 갖춘 집단을 통해서 이루어질 때 목회자들은 다른 사람의 신학적 성찰의 양식을 배울 수 있는 기회를 얻게 된다. 그러나 신학적 성찰은 이렇게 개인이나 집단으로 끝날 것이 아니라 교회 공동체의 작업이 되어야 하며, 동시에 기독교 공동체 전체의 몫이 되어야 한다. 이러한 작업은 목회자 한 명을 넘어 기독교 공동체의 정체성과 사명을 점검하고 되찾는 과정이 된다.

신학적 성찰은 내러티브를 텍스트로 한다. 신학적 성찰은 그것이 개인에 의한 것이든 집단에 의한 것이든 목회적 행위에 대한 내러티브를 통해서 이루어지게 된다. 내러티브는 '대화에 기초한' conversation-based 신학적 성찰의 기본적 양식으로서, 사람들 간의 대화와 연결되어 모든 인간의 성찰에서 가장 자연스러운 요소이다.266) 또한 신학적 성찰에서 내러티브의 중요성을 인식하는 것이 성찰을 이론적인 작업에서 실천적인 작업으로 움직이게 하는데 결정적인 역할을 한다.267) 이런 면에서 신학적 성찰은 목회자가 사역을 하기 위해서 기본적으로 지녀야 하는 필수적인 요소 가운데 하나가 된다.268)

신학적 성찰은 그것을 하는 개인과 공동체에게 많은 유익을 준다. 그러한 유익들 중 하나는 '개인individual의 성장'이다. 이것은 성찰을 통해서 나온 결과를 내면화internalization하는 과정을 통해서 이루어지게 된다.269) 이 과정은 마치 리쾨르가 말하고 있는 '텍스트 앞에서의 자기이해'의 과정과 일치한다. 즉 텍스트 해석을 통해서 만들어진 텍스트의 세계를 자기화 하는 과정을 거치는 것이다. 또 하나의 유익은 '자기self의 성장'이다. 자기는 개인과 분리될 수 없는 존재의 한 부분으로서, 앨리슨 르 코르뉴Alison Le Cornu는 듣기listening를 통한 내면화와 말하기speech를 통한 외면화externalization 과정을 통해서 '자율적이고 독립적인 자기'가 만들어진다고 본다.270) 코르뉴는 신학적 성찰이 기독교 공동체까지 나아가게 될 때, 그 결과 기독교적 자기Christian self의 성장, 기독교적 전기Christian biography의 발달 그리고 기독교의 실존적 변화Christian existential change가 나타난다고 보았다.271)

---

164) 이러한 구분은 필자에 의한 것으로서 목회상담의 모든 영역을 포함하지는 않는다. 특히 여기서는 목회상담의 발달과정에서 중요한 영향을 미쳤던 Rogers의 영향을 포함시키지 않았다. 그 이유는 Rogers의 이론이 자율성의 해석학과 관련이 있기는 하지만 해석학과의 직접적인 관련성은 없기 때문이다.
165) Oskar Pfister, *Analytische Seelsorge: Einführung in die Praktische Psychoanalyse für Pfarrer und Laien* (Göttingen: n.p., 1927).
166) 최광현, "신학과 심리학: 피스터(Oskar Pfister)와 투르나이젠(Eduard Thurneysen)을 중심으로", 『신학사상』, 127집 (2004 겨울): 263.
167) Winkler, 『목회상담』, 199.
168) 최광현, "신학과 심리학", 263. Pfister는 예수가 정신분석을 알지 못했으며 학문적으로 연구했다고 볼 수는 없지만 '예수가 이미 정신분석의 원리를 사용했다'고 주장하면서, 분석적 목회상담과 예수 사역의 공통적인 요소를 언급한다. 그에게 있어서 목회상담과 정신분석은 따로 떼어 놓을 수 없는 상호보완적인 관계를 갖는다. Winkler, 『목회상담』, 199-200.
169) 최광현, "신학과 심리학", 264.
170) Gerkin, *An Introduction to Pastoral Care*, 53-7. Hiltner의 경우 Rogers의 직

접적인 영향 아래 있었음에도 불구하고 인간이해에 있어서 만큼은 Freud의 영향을 더 많이 받은 것으로 평가되고 있으며, 실제로 정신분석의 무의식의 개념을 적극적으로 수용하고 있다. Oates 역시 Freud와 관련된 논문을 쓸 정도도 정신분석에 많은 관심을 가지고 있었다. 그러나 그는 정신분석이 목회상담의 방법으로는 적합하지 않다고 보았으며, 정신분석에 치중하는 수퍼비전에 대해서도 부정적인 견해를 보였다. Hiltner, *Pastoral Counseling*, 73; 반신환, "목회상담운동의 특징과 전제에 대한 연구", 88; Wayne Oates, "The Signification of the Work of Sigmund Freud for Christian Faith"(Th.D. diss., Southern Baptist Theological Seminary, 1947); John Edgar, "Pastoral Identity in the Thought of Wayne E. Oates"(Ph.D. diss., Southern Baptist Theological Seminary, 1985), 93, 114; Walter C. Jackson, "The Oates Agenda for Pastoral Care", in *Spiritual Dimensions of Pastoral Care*, eds. Gerald L. Borchet and Andrew D. Lester (Philadelphia: The Westminster Press, 1985), 134. 당시 종교심리학과 관련된 연구는 다음을 참고하라. William James, *The Varieties of Religious Experience* (New York: Random House, 1902); James Leuba, *A Psychological Study of Religion* (New York: Macmilllan, 1912); George Albert Coe, *The Psychology of Religion* (Chicago: University of Chicago Press, 1916); Wayne Oates, *The Psychology of Religion* (Waco: Word Books, 1973); Paul E. Johnson, *Psychology of Religion* (New York: Abingdon Cokesbury, 1954).

171) Holifield, *A History of Pastoral Care in America*, 201-7.
172) Seward Hiltner, "Fifty Years of CPE", *The Journal of Pastoral Care*, vol. 29, no. 2 (June 1975), 90; 심상권, "현대 목회상담학의 오늘과 내일: 한국교회 목회상담학의 발전을 위한 비전", 『기독교사상』, 1993년 4월, 269.
173) Jan T. De Jongh Van Arkel, "Recent Movement in Pastoral Theology", *Religion & Theology*, vol. 7, no 2 (2000), 159-66. Van Arkel은 이 연구에서 목회사역(pastoral work)의 영역을 상호적 돌봄(mutual care), 목회적 돌봄(pastoral care), 목회상담(pastoral counseling), 목회치료(pastoral therapy) 등 네 가지로 구분하면서 목회심리치료를 장기적이면서 전문성을 필요로 하는 목회치료에 포함하고 있다. 또한 그는 이 네 가지가 교권적 구조를 가지지 않으며 상호의존의 관계에 있다고 보았다.
174) Winkler, 『목회상담』, 200. Jung의 영혼돌봄에 대한 언급에 대해서는 다음을 참고하라. C. G. Jung, *Modern Man in Search of a Soul*, trans. W. S. Dell and Cary F. Baynes (New York: Harcourt, Brace and Company, 1933), 196-244.
175) 이재훈, "한국 목회상담의 새로운 전망", 『기독교사상』, 1991년 2월, 190; 심상권, "현대 목회상담학의 오늘과 내일: 한국교회 목회상담학의 발전을 위한 비전", 270-1.
176) 이재훈, "목회상담 이론의 패러다임 전환", 『신학사상』, 97집 (1997): 36-7.

177) 최광현, "신학과 심리학", 264; 이재훈, "한국 목회상담의 새로운 전망", 190.
178) 김용민, "페어베언의 발달이론과 신앙", 『뱁티스트』, 2008년 1-2월호, 103.
179) Jay R. Greenberg and Stephen R. Mitchel, *Object Relations in Psychoanalytic Theory* (Cambridge: Harvard University Press, 1983), 20. Freud는 인간행동의 원인을 욕동이라고 보았다. 유아기에는 욕동이 자체적으로 원하는 것을 해결하기 때문에 대상과의 상호작용이 필요 없고, 시간이 지나면서 점차 대상과의 관계를 통해서 자신의 욕구를 해결하게 된다. 그러나 그때 대상이 꼭 인간일 필요는 없다. 그 후 인간이 더 성장하게 되면 능동적으로 자신의 욕구를 충족하는 것이 가능하게 된다. 그러나 대상관계에서는 인간은 태어날 때부터 스스로 욕구를 충족할 수 없으며 대상과의 관계경험을 통해서 욕구를 충족하게 된다. 그렇기 때문에 Freud에게는 성인기가 중요하고 대상관계에서는 유아기가 중요하게 된다.
180) 김용민, "페어베언의 발달이론과 신앙", 103.
181) 김용민, "멜라니 클라인의 '자리' 개념과 신앙", 『뱁티스트』, 2008년 3-4월호, 103. Klein은 관계를 강조한다는 점에서 Freud와 근본적인 차이를 가지고 있으나 그를 벗어나려고 하지는 않았다. 그러나 욕동의 요소를 리비도와 공격성에서 아들의 갑작스러운 죽음을 계기로 사랑(증오)이라는 요소를 추가했다.
182) 이재훈, "목회상담 이론의 패러다임 전환", 51.
183) 대상관계와 목회상담의 관계에 대해서는 다음을 참고하라. 이재훈, "목회상담 이론의 패러다임 전환", 50-2; 문희경, 『대상관계이론과 목회상담』 (서울: 대서, 2007), 184-254. Oates는 인간이해에 있어서 대상관계이론의 영향을 받았으며, Gerkin은 대상관계의 해석학적 관점을 언급한다. 이관직, 『개혁주의 목회상담학』 (서울: 대서, 2007), 309; Gerkin, *The Living Human Document*, 81-96.
184) 이와 관련된 국내의 연구는 다음을 참고하라. 한국해석학회 편, 『심리학과 해석학』 (서울: 철학과 현실사, 2002), 15-128.
185) Paul Ricoeur, *Freud and Philosophy*, xi. 이러한 사실은 이 책에 '분석경험 그 자체'(analytic experience itself)와 '후기 Freud 학파에 대한 고려'(a consideration of the post-Freudian schools)가 빠져 있다는 것을 시사한다. S. H. Clark, *Paul Ricoeur*, 57.
186) Dan R. Stiver, *Theology after Ricoeur: New Directions in Hermeneutical Theology* (Louisville: Westminster John Knox Press, 2001), 143.
187) 정기철, "해석학과 정신분석학의 만남이 주는 의미에 대한 고찰: 리쾨르를 중심으로", 『심리학과 해석학』, 한국해석학회 편 (서울: 철학과 현실사, 2002), 78. "그 [Freud]에 따르면 의미를 찾는 일은 의식을 그냥 읽으면 안 되고 그 표현을 해독해야만 가능하다. 따라서 의미를 의식을 통해 직접적으로 안다는 것을 부정하고 의미를 간접적으로, 즉 그 표현을 해독해야만 알 수 있다고 한 점은 많은 해석학자의 동의를 이끌어냈다…Freud가 의식을 환상이라고 비판하고 그것을 분석하여 (의식으로) 치료하는 과정과 결과는 철학적 해석학이 감당할 수 없는 큰 업적이

다."
188) Ibid., 76-7.
189) S. Freud, *The Interpretation of Dreams(Ⅰ), The Standard Edition of the Complete Psychological Works of Sigmund Freud*, vol. 4, trans. James Strachey (London : The Hogarth Press, 1973), 134-62.
190) Calvin S. Hall, 『프로이트 심리학입문』, 지경자 역 (서울: 홍신문화사, 2001), 104.
191) 이부영, 『분석심리학: C. G. Jung의 인간심리론』 (서울: 일조각, 2003), 16.
192) Jung에게 있어서 집단무의식은 해석학에서 전이해를 이루고 있는 선-구조에 해당된다고 볼 수 있다. 그러므로 자아를 무의식으로부터 자유롭게 하는 원형을 탈은폐하는 과정은 하나의 해석학적 과정이 된다. Jaffe, 『회상, 꿈 그리고 사상』, 156; Peter Homans, "Psychology and Hermeneutics: Jung's Contribution", *Zygon*, vol. 4 (1969), 349.
193) 이부영, 『자기와 자기실현』 (서울: 한길사, 2002), 93-168.
194) 이러한 개성화과정은 성서해석에서도 이미 적용된 바 있다. Edward F. Edinger, 『성서와 정신: 구약성서와 개성화과정』, 이재훈 역 (서울: 한국심리치료연구소, 2001); Wayne Gilbert Rollins, *Jung and the Bible* (Atlanta: John Knox Press, 1983).
195) Homans, "Psychology and Hermeneutics", 349-50.
196) Ricoeur, 『해석이론』, 157. 목회상담의 입장에서 텍스트는 곧 내담자를 가리킨다. 그러므로 이러한 Ricoeur의 입장은 해석학적 전통 속에서 늘 말해지고 있는 타인을 통한 자기의 발견이라고 할 수 있다.
197) Stadter, *Object Relations Brief Therapy*, 29-54.
198) 권수영 외 7인, 『목회상담입문』 (서울: 목회상담, 2007), 165-6. Perry N. Miller는 임상목회전통 안에 다양한 돌봄의 형태가 있다고 말하면서 목회적 돌봄, 목회상담, 목회심리치료 등 목회전반을 포괄해서 언급하고 있다. 이것은 임상목회전통이 얼마나 영향력이 있는지를 보여주는 단적인 예라고 할 수 있다. 또한 그는 20세기 초에 '영혼의 치료' (cure of souls)와 '심리치료' (psychotherapy)의 어원을 근거로 영혼의 치료를 흡수해 버린 세속적 전문가들로부터 20세기 말에 그 영역을 어느 정도 되찾아 오는데 임상목회전통이 중요한 역할을 했다고 주장한다.
Perry N. Miller, "Discrete Varieties of Care in the Clinical Pastoral Tradition: Continuing the Dialogue", *The Journal of Pastoral Care & Counseling*, vol. 57, no. 2 (Summer 2003), 111-3.
199) Wise는 CPE의 조부가 Milton H. Erickson이라는 Henry T. Close의 견해에 반대하며 Boisen의 글과 Robert Charles의 역사적 문헌적 연구들 그리고 Boisen과 Erickson과의 개인적인 경험을 근거로 CPE의 조부가 Erickson이 아니라 Boisen임을 밝히고 있다. Carroll A. Wise, "The Grandfather of CPE", *The Journal of Pastoral Care*, vol. 35, no 4 (December 1981), 276.
200) Hiltner, "Fifty Years of CPE", 91; Patton, "Clinical Hermeneutics", 157.

Boisen과 더불어 다른 그룹도 역시 대부분 정신병원을 중심으로 시작되었으며, 이러한 경향으로 인해 초기 목회적 돌봄에서의 임상적 방법이 정신병원으로부터 많은 영향을 받게 된다. 임상목회교육의 역사에 대한 자세한 언급은 다음을 참고하라. Edward E. Thornton, *Professional Education for Ministry: A History of Clinical Pastoral Education* (Nashville: Abingdon Press, 1970).
201) Wise, "The Grandfather of CPE", 276; 안태길, "임상목회교육 가이드", 『복음과 실천』, 15집 (1992), 115.
202) 이렇게 시작된 임상목회교육은 1960년 대에 전성기를 이룬 목회상담운동에 직접적인 영향을 주게 된다. 반신환, "목회상담운동의 특징과 전제에 대한 연구", 81.
203) Glenn H. Asquith, Jr., "The Case Study Method of Anton T. Bosen", *The Journal of Pastoral Care*, vol. 34, no. 2 (June 1980), 84.
204) Hiltner, "Fifty Years of CPE", 90.
205) Wayne Oates, "Organizational Development and Pastoral Care", *Review & Expositor*, vol. 75, no. 3 (1978), 350.
206) James Woodward and Stephen Pattison, eds., *Blackwell Reader in Pastoral and Practical Theology* (Oxford: Blackwell Publishers, 2000), 50-3; 권수영 외 7인, 『목회상담입문』, 168-70.
207) Robert K. Nace, "Parish Clinical Pastoral Education: Redefining 'The Living Human Document'", *The Journal of Pastoral Care*, vol. 35, no. 1 (March 1981): 59-60. 대화를 나누는 사람들은 신학생과 환자의 일대일 관계에서 제3의 인물이 추가되어 다음과 같은 형태를 보이게 된다. 1) 목사와 교구민, 2) 목사와 전체 회중, 3) 목사를 포함한 전체 회중과 회중이 살아가고 움직이고 사역하는 공동체.
208) Ibid., 63-8.
209) Seward Hiltner, "The Heritage of Anton T. Boisen", *Pastoral Psychology*, vol. 16 (1965): 6-9. Boisen은 우선적으로 학생들이 책, 저널, 설교, 반성적 사고를 통해서 뿐만 아니라 "살아 있는 인간문서"에 대한 연구를 통해서 "죄와 구원의 문제"라고 부르는 것에 대한 그들의 통찰을 깊게 하는 것에 의해서 신학 그 자체를 배우는 것을 돕는데 관심이 있었다. Hiltner, "Fifty Years of CPE", 90.
210) 권수영 외 7인, 『목회상담입문』, 211.
211) 김기복, 『임상목회교육: 이론과 실제』 (서울: 한들출판사, 2003), 58.
212) Anton T. Boisen, *Out of the Depths: An Autobiographical Study of Mental Disorder and Religious Experience* (New York: Harper & Brothers, 1960), 196.
213) Oates, "Organizational Development and Pastoral Care", 350.
214) 권수영 외 7인, 『목회상담입문』, 210.
215) J. Lennart Cedarleaf, "Listening Revisited", *The Journal of Pastoral Care*, vol. 38, no. 4 (1984), 314.

216) Anton T. Boisen, *The Exploration of the Inner World* (New York: Harper Torchbook, 1962), 235. Boisen은 살아 있는 인간문서를 제대로 해석하기 위해 전통의 권위보다는 전통적 관점을 포기해야 하며, 과거보다는 현재에서 그리고 일반적인 것 보다는 특별한 것에서, 책보다는 살아 있는 인간경험에서 시작해야 한다고 보았다.
217) 양유성, 『이야기치료』, 129-30. 살아 있는 인간문서를 해석의 대상으로 볼 때, 그것은 고대 문서를 해석할 때 생겨날 수 있는 문제들이 모두 나타날 수 있음을 의미하는 것이다.
218) Boisen은 자신의 "경험에 대한 의미, 이해, 그리고 정당화"를 찾으려고 했다. 그는 자신이 경험했던 정신병이 '종교적인 경험' 이라고 확신했다. 그는 정신이상이 의학적인 문제라기보다는 종교적인 문제라고 믿었으며, 그러한 사실을 인식하기 전에는 성공적인 치료가 불가능하다고 보았다. Asquith, "The Case Study Method of Anton T. Bosen", 84.
219) 그러나 Lambourne은 임상목회교육이 '살아 있는 인간문서' 와의 만남을 통해 배움을 제공한다는 것에 반대하면서 실제로는 두 가지 해석적 원리들 사이의 만남이라고 말한다. 즉 "신학적 원리와 정신의학적 원리 사이의 조우"를 경험한다는 것이다. 그러므로 임상목회교육 참가자들이 만나는 것은 환자와 그 환자를 해석하는 세속적 원리들이라고 볼 수 있다. 홍영택, "램본(Robert Alfred Lambourne)의 공동체적 목회상담", 105.
220) Louw, "Pastoral Hermeneutics and the Challenge of a Global Economy", 346.
221) Ibid., 347. Louw는 '살아 있는 인간망' 을 세계화와 원거리통신이 창조한 '새로운 영혼' (new soul), 즉 사이버공간에서의 '멀리 떨어져 있는 영혼' (tele-soul)의 관점에서 이해해야 한다고 본다. 그러므로 인터넷에 대한 지식과 새로운 사고방식은 포스트모던시대에 인간의 곤경을 이해하기 위한 필수요소가 된다.
222) Freud는 '현대 상담과 심리치료에서 해석이 얼마나 중요한지를 드러낸 첫 번째 인물' 로서, 증상을 '의미를 가진 텍스트' 로 보았다. 그는 진단을 '진단 자체가 해석의 문제' 라는 사실을 명확히 하면서, 진단을 증상이 무엇인지 '아는' (know) 과학적 진단의 차원에서 증상을 무엇인가로 '보는' (see) 해석적 차원으로 바꾸어 놓았다. 진단은 증상을 해석하여 '숨어 있는 의미' 를 드러내기 때문에 그 안에 이미 '해석학적 구조와 과정' 을 가지고 있다고 볼 수 있다. 안석모, "'해석의 전환' 으로서의 치유", 212-4.
223) Jaffe, 『회상, 꿈 그리고 사상』, 145. 이러한 진단은 상담과정에서 이루어지는 특별한 행위라기보다는 지속적인 행위로서 상담 시간 내내 자기 위치를 가지고 있다. Robert J. Wicks and Richard D. Parsons, eds., *Clinical Handbook of Pastoral Counseling*, vol. 2 (New York : Paulist Press, 1993), 55.
224) 안석모, "'해석학적 전환' 으로서의 치유", 211.
225) Anton T. Boisen, *Problem in Religion and Life: A Manual for Pastors*

(Nashville: Abingdon-Cokesbury Press, 1946), 97.
226)Asquith, "The Case Study Method of Anton T. Bosen", 84.
227)Carol North, "The Psychiatric Diagnosis of Anton Boisen: From Schizophrenia to Bipolar Affective Disorder", *The Journal of Pastoral Care*, vol. 35, no. 4 (December 1981), 266.
228)North, "The Psychiatric Diagnosis of Anton Boisen", 275.
229)Paul Pruyser, *The Minister as Diagnosis: Personal Problems in Pastoral Perspective* (Philadelphia: The Westminster Press, 1976), 89-90. Pruyser는 목회자들이 받은 주석적 훈련과 설교훈련이 해석능력과 언어사용 능력을 갖추도록 했다고 한다.
230)Pruyser, *The Minister as Diagnosis*, 60-79.
231)권수영 외 7인, 『목회상담입문』, 176.
232)Nancy J. Ramsay, *Pastoral Diagnosis: A Resource for Ministers of Care and Counseling* (Minneapolis: Fortress Press, 1998), 4.
233)Ibid., 4, 10.
234)Steven S. Ivy, "Pastoral Diagnosis as Pastoral Caring", *The Journal of Pastoral Care*, vol. 42, no. 1 (1988), 82.
235)Ibid., 81.
236)Ibid.
237)Ibid., 84-9.
238)정희성, "열린 체계로서의 목회 임상 진단", 『목회와 상담』, 2권 (2002), 258, 274. Capps는 Erik Erikson의 발달단계에 따라 죄의 목록과 그것을 극복할 수 있는 죄의 목록에 상응하는 선의 목록을 도표로 제시했다 이것을 단순하게 표시하면 다음과 같다. 유아기-탐욕-희망, 초기 아동기-분노-의지(와 용기), 놀이기-욕심-목적(과 헌신), 학령기-시기-능력(과 훈련), 청소년기-교만-충실, 전기성인기-정욕-사랑, 성인기-냉담-돌봄, 성숙한 성인기-우울-지혜. Donald Capps, *Deadly Sins and Saving Virtues* (Philadelphia: Fortress Press, 1987), 24, 78.
239)권종선, 『신약성서 해석과 비평』(대전: 침례신학대학교 출판부, 2002), 60-7; 이형원, 『구약성서 비평학 입문』(대전: 침례신학대학교 출판부, 1995), 52.
240)Patton, "Clinical Hermeneutics", 165.
241)Ibid., 158.
242)Ibid., 166.
243)Jankowski, "Making Sense of It All", 190-9.
244)Ibid.
245)Ibid.
246)Ivy, "Pastoral Diagnosis as Pastoral Caring", 82.
247)Ibid.
248)안석모, "목회 텍스트: 해석학적 목회론의 기초를 위하여", 『신학과 세계』, 42호

(2001), 127; 전요섭, 박기영, 『기독교 상담학자』, 217. Ricoeur가 인간의 의미 있는 행동을 텍스트로 보았던 것처럼, Schleiermacher의 영향을 받은 Hiltner가 목회를 목회자의 의도, 곧 의미를 포함한 행위로 봄으로써 목회를 하나의 텍스트이자 해석적 과제로 보는 것을 가능하게 만들었다.

249) Capps, *Pastoral Care and Hermeneutics*, 119.
250) Louw, "Pastoral Hermeneutics and the Challenge of a Global Economy", 340.
251) Capps, *Pastoral Care and Hermeneutics*, 11. Capps는 이러한 자신의 목회해석학이 임상목회교육의 '행동-성찰 모델'(action-reflection model)에서 비롯되었음을 서론에서 밝히면서 목회신학적 성찰과의 관련성을 언급하고 있다. 또한 Capps의 책보다 일 년 앞서 "특별한 신학적 이슈에 초점을 두고 현장교육의 특성과 목적과 관련된 연구를 확장"하려는 목적에서 발간된 Pastoral Hermeneutics and Ministry는 목회해석학의 관심이 신학적 성찰을 위한 비판적 실천 모델의 발전과 관련이 있음을 밝히고 있다. Capps, *Pastoral Care and Hermeneutics*, iv.
252) Gerkin, *The Living Human Document*, 18-9.
253) 안석모, "찰스 거킨의 목회신학 방법론", 258. '혼합된 담론'(mixed discourse)에 대해서는 다음을 참고하라. Ricoeur, *Freud and Philosophy*, 88-102.
254) Gerkin, *The Living Human Document*, 20.
255) 안석모, "찰스 거킨의 목회상담 방법론", 250.
256) Ibid., 251. 실제로 Gerkin은 Ricoeur가 언급한 '텍스트의 고정성' 보다는 텍스트를 만들어가는 언어에 더 집중함으로써 공동체에 대한 강조를 더욱 확고히 했다.
257) Gerkin, *An Introduction to Pastoral Care*, 113, 122.
258) Arkel, "Recent Movement in Pastoral Theology", 156-9.
259) Nace, "Parish Clinical Pastoral Education", 58.
260) Emerson, "Seward Hiltner", 105, 109, 111; Brown, "Seward Hiltner's Contributions to Parish Ministry", 114-8.
261) Andrew Tood, "What is Theological about Theological Reflection", *The British Journal of Theological Education*, vol. 11, no. 1 (2002): 35. 의심의 해석학에 대해서는 다음을 참고하라. Geoffrey D. Robinson, "Paul Ricoeur and the Hermeneutics of Suspicion: A Brief Overview and Critique", *Presbyterian*, vol. 23, no. 1 (1997): 43-55; Stiver, *Theology after Ricoeur*, 137-59.
262) R. Nolasco, "Theological Reflection: The Process and Movement", *Diaskalia*, vol. 12, no. 1 (Fall 2000), 31.
263) Tood, "What is Theological about Theological Reflection", 35-6.
264) Alison Le Cornu, "Theological Reflection and Christian Formation", *The Journal of Adult Theological Education*, vol. 3, no. 1 (2006): 15; Tood, "What is Theological about Theological Reflection", 35. 그러나 이러한 시도는

문제점도 가지고 있다. 비판된 이데올로기는 단지 그것을 비판한 다른 이데올로기로 바뀐 것뿐이며, 이를 통해서 과거의 지배적인 구조가 다른 지배적인 구조로 대체된 것뿐이기 때문이다. 아무리 성서를 기준으로 한다고 하더라도 그것을 해석하는 지배적인 공동체의 영향을 간과할 수 없으므로 신학적 성찰은 다양한 차원을 인정하는 가운데 끊임없이 행해져야 하는 과정이다.

265)Maureen R. O'Brien, "A Study of Ministerial Identy and Theological Reflection among Lay Ecclesial Ministers", *Interpretational Journal of Practical Theology*, vol. 11 (2007), 226.
266)Ibid., 226-7.
267)Tood, "What is Theological about Theological Reflection", 41.
268)O'Brien, "A Study of Ministerial Identity and Theological Reflection among Lay Ecclesial Ministers", 226.
269)Cornu, "Theological Reflection and Christian Formation", 12.
270)Ibid., 15-7.
271)Ibid., 28-33. 심리학보다는 신학을 중심으로 목회상담이 발달한 영국은 신학적 성찰 면에서 여러 가지 모델이 발달했다. 이것에 대해서는 다음을 참고하라. Cornu, "Theological Reflection and Christian Formation", 17-23. 이외 신학적 성찰에 대한 언급은 다음을 참고하라. Lucretia B. Yaghjian, "Teaching Theological Reflection Well, Reflection on Writing as a Theological Practice", *Teaching Theology and Religion*, vol. 7, no. 2 (2004): 83-94; Roger Walton, "Using the Bible and Christian Tradition in Theological Reflection", *British Journal of Theological Education*, vol. 13, no. 2 (2003): 133-51; Kenneth Pohly, *Transforming the Rough Places: The Ministry of Supervision* (Franklin: Providence House Publishers, 2001); Patricia O'Connell Killen and John De Beer, *The Art of Theological Reflection* (Crossroad: The Crossroad Publishing Company, 1998); Robert L. Kinast, *Let Ministry Teach: A Guide to Theological Reflection* (Collegeville: The Liturgical Press, 1996); Howard W. Stone and James O. Duke. *How to Think Theologically* (Minneapolis: Fortress Press, 1996).

3장
목회상담과 해석학의 상관관계

목회상담은 이미 정신역동전통, 임상목회전통, 현대목회전통을 통해서 그 안에 해석학적인 흐름을 가지고 있다. 또한 해석학은 이미 그 안에 재구성, 전이해, 자율성과 같은 목회상담적인 요소를 가지고 있다. 이러한 모습은 목회상담과 해석학이 비록 서로 다르게 발전되어 오기는 했으나 상호간에 밀접한 관련성을 가지고 있음을 보여주는 것이다. 여기서는 목회상담과 해석학의 공통적인 특징을 통해서 그 상관관계를 살펴보고자 한다.

1. 대화

목회상담과 해석학은 모두 대화dialogue를 전제로 한다.272) 목회상담은 상담자와 내담자의 대화를 통해서 이루어지며, 해석학은 텍스트와 해석자의 대화를 통해서 이루어진다. 그러나 텍스트의 차이는 목회상담과 해석학의 차이를 만들어 낸다.273) 목회상담은 살아 있는 인간문서와의 대화이다. 그러나 해석학은 텍스트와의 대화라는데 있어서 차이가 있다. 물론 해석학이 텍스트의 개념을 확장하여 현존재로서의 인간과 인간의 행동을 텍스트로 삼은 것은 사실이지만 목회상담과 같은 직접성과 현장성을 가지고 있는 텍스트는 아니다.274) 그러므로 목회상담의 대화는 상담자와 내담자의 직접적인 상호작용을 통해서 이루어지는 반면, 해석학의 대화는 텍스트와 해석자의 간접적인 상호작용을 통해서 이루어지는 것이라고 볼 수 있다.

목회상담과 해석학의 공통점을 대화에서 찾을 때 또 한 가지 문제는 그 매개에 대한 것이다. 일반적으로 대화는 목소리를 매개로 한다.275) 목소리는 그 안에 발화자가 전달하고자 하는 내용과 발화자의 의도를 담고 있으며, 그것을 상대방에게 전달하는 하나의 수단이 된다. 대화는 이러한 목소리를 가진 존재를 필요로 한다. 이러한 측면에서 볼 때 목회상담은 목소리를 가지고 있으나 해석학은 그렇지 않다. 그렇지만 목소리의 기능적인 측면을 본다면 글로 기록된 텍스트 역시 하나의 목소리로 간주할 수 있다. 왜냐하면 이미 그 안에 전달하고자 하는 내용과 의도가 담겨져 있기 때문이다.276) 이러한 측면에서 볼 때 해석학과 목회상담은 모두 목소리를 가진 존재를 통해서 이루어지는 '대화적' dialogical 현상이라고 말할 수 있다.277)

본래 대화는 듣기와 말하기가 동등한 위치를 차지하고 있다. 말하기 위해서 들어야 하고 듣기 위해서 말해야 한다. 그러나 목소리를 가진 존재를 통해서 이루어지는 목회상담이나 해석학의 대화는 말하기가 아니라 듣기 hearing가 기본이 된다.278) 왜냐하면 목회상담과 해석학이 가지고 있는 텍스트의 독특성 때문이다. 해석학의 텍스트는 살아 있는 텍스트가 아니기 때문에 해석자의 도움 없이는 말할 수 없다.279) 게다가 해석학의 텍스트는 듣는 것이 불가능하다. 그러므로 해석학의 대화는 해석자의 도움을 통해서 해석자의 사고 안에서만 가능하다. 이에 비해 목회상담의 텍스트는 현존재로서 살아 있는 텍스트이기 때문에 듣고 말하기가 가능하다. 그러나 문제를 가지고 있는 텍스트이기 때문에 일상적인 듣기와 말하기에 장애를 겪는다. 문제의 크기에 따라 다르기는 하겠지만 이러한 측면에서 볼 때 목회상담의 텍스트는 해석학의 텍스트에 가깝다. 이러한 현실은 대화로서의 목회

상담과 해석학에 공통된 "고유한 난점"을 야기 시킨다.280)

그러한 난점에도 불구하고 목회상담과 해석학이 '대화' 라는 사실은 분명하다. 이미 그 안에 대화의 대상과 주체가 분명히 포함되어 있으며, 그 안에서 의사소통이 일어나기 때문이다. 그러나 해석자상담자를 대화의 주체로 보고, 텍스트내담자를 대화의 대상으로 보는 관점은 극복되어야 한다. 만약 이러한 주객도식이 극복되지 않는다면 텍스트와 해석자의 관계성relationality, 곧 '살아 있는 관계' the lived relationships는 사라지고 일방적인 해석만이 남게 된다.281) 그 결과 온전한 해석은 불가능해 진다.282) 그러므로 대화 안에서 해석자상담자와 텍스트내담자는 상호대상이자 상호주체로서 받아들여져야 하며, 이 중에서도 특히 상호주체의 관점이 강조되어야 한다.283)

이렇게 목회상담과 해석학의 대화는 주체와 주체의 만남이다.284) 여기서 텍스트는 과거로부터 생겨난 '인간의 목소리'로 간주될 수 있기 때문에, 단순히 해석자가 마음대로 조작할 수 있는 대상이 아니라 해석학적 만남을 가져야 하는 '상대'이다.285) 실제로 텍스트는 해석자와의 해석학적인 만남을 통해서 인격성을 부여받는다. 그래서 텍스트는 마틴 부버Martin Buber가 주장하는 것처럼 나에게 말을 걸어오는 '너'가 된다.286) 이렇게 인격성을 부여받은 텍스트와 해석자의 해석학적 만남은 지평융합을 통해 새로운 경험을 만들어낸다. 이 때의 지평융합은 '하나의 지평을 거부하거나 부정하는 것이 아니라 기꺼이 자신의 지평을 열어 놓는 것'을 의미한다.287) 이러한 지평융합을 통해서 이루어지는 해석학적 경험은 텍스트와 해석자 사이의 낯설음을 극복하고 존재를 탈은폐하는 결과를 가져오게 된다.288)

해석자상담자와 텍스트내담자의 대화를 원활히 하기 위해서는 그에 적합한 대화의 기술을 필요로 한다.289) 실제로 목회상담은 내담자를 이해하고 긍정적인 변화를 이끌어 낼 수 있는 방법론이 필요하며, 해석학은 텍스트를 제대로 해석하기 위한 방법론이 요구된다. 그리고 이러한 방법론이 얼마나 효과적인가와 숙달 정도에 따라 텍스트내담자에 대한 이해의 수준과 대화의 질이 결정된다.290) 그러므로 해석자상담자는 기존의 방법론을 숙지할 뿐만 아니라 더 효과적인 방법론을 개발할 필요가 있다.291) 특히 목회상담과 해석학의 방법론은 인간에 대한 이해를 추구한다는 점에서 실제적인 유사점을 가지고 있으므로 상호 간의 교류를 활성화할 필요가 있다.

2. 관계구조

목회상담과 해석학은 모두 관계구조를 가지고 있다는 점에서 그 공통점을 찾아볼 수 있다. 목회상담은 상담자와 내담자의 관계구조를, 해석학은 텍스트와 해석자의 관계구조를 기본으로 한다. 실제로 실재reality를 이해하고자 한다면 과정process과 더불어 그 관계구조를 파악하는 것은 필수적인 요소라고 할 수 있다.292) 특히 관계성을 이해하는 것이 텍스트내담자의 독립성이나 자율성을 이해하는 것보다 훨씬 더 중요하다.293)

목회상담은 상담자와 내담자의 이중적 관계 이상의 의미를 가지고 있다. 그 이유는 목회상담의 특성상 하나님의 임재와 교회라는 신앙공동체를 전제로 하고 있기 때문이다. 실제로 오성춘은 목회상담의 구조에 하나님과 교회를 포함시키고 있다.294) 오성춘은 하나님을 목회상담의 한 영향력으로서 "보이지 아니하는 참여적 제3자"에 해당한다고 본다.295) 또한 교회 공동체 역시 목회상담의 주체로서 받아들인다.296) 그러나 오성춘에게 있어서 교회 공동체는 목회상담을 위한 목회적 돌봄의 자원이지 상담에 직접 참여하는 하나의 가시적 구성원은 아니다. 이와 달리 유재성은 상담의 현장에 교회 공동체를 참여시킨다.297) 교회 공동체가 항상 목회상담에 직접적으로 참여하는 것은 아니지만 이러한 참여를 통해서 목회상담은 하나님의 임재 하에서 상담자와 내담자 그리고 교회 공동체가 만나는 구조를 지니게 된다.

오우츠는 목회상담의 독특성을 인간의 "삶의 과정에 하나님의 관계를 관련"시키는 것이라고 언급한 바 있다.298) 즉 목회상담의 구성요소인 상담자, 내담자, 교회 공동체는 모두 하나님과의 관계 속에서 그 삶이 이해되어야 한다는 것이다. 이러한 이해를 위해서는 '신학의 중심 문제'라고 할 수 있는 하나님에 대한 이해가 전제되어야 한다.299) 하나님에 대해서 알지 못하면서 하나님과의 관계를 파악하는 것은 불가능한 일이기 때문이다. 하나님에 대한 이해는 자연스럽게 인간의 이해에 영향을 미치게 된다.

목회상담은 초기부터 폴 틸리히Paul Tillich의 신학과 밀접한 관련을 가지고 있다.300) 그 이유는 심리학을 공부한 틸리히가 '치료를 구원과 연결하면서 심리치료에 대해서 적극적인 반응'을 보였기 때문이다.301) 그러나 관계구조의 측면에서는 틸리히의 신학보다 과정신학이 더 밀접한 관련성을 가지고 있다.302) 실제로 과정신학은 하나님과 피조물의 관계를 중요하게 생각한다. 과정신학에서의 하나님은 '과정적 존재'로서 사람들과 서로 영향을 주고받으며 늘 변화하는 존재이다.303) 이러한 하나님은 인간과의 관계를 통해서 '인간의 고통을 함께 하며 그들을 이해하는 위대한 동반자'이다.304)

과정신학에서 관계와 관련된 중요한 개념 중 하나는 성육신incarnation이다. 여기서 성육신은 과거와 현재, 현재와 미래를 잇는 개념으로 그 상호간의 관계를 가리키는 단어이다.305) 이러한 성육신을 통해서 과거는 소멸되지 않고 현재를 거쳐 미래로 나아간다.306) 과정신학과 같은 개념으로 사용하는 것은 아니지만 와이즈는 성육신 개념을 통해서 목회상담의 관계구조에 대해서 언급한다. 그는 성육신을 '하나님과 인간이 대화하기 위한 가장 효과적인 방법'이며, 관계를 통해서 하나님의 사랑을 인간에게 계시한 것으로 이해한다.307) 와이즈는 특히 "관계를 통해서만 전달되는 가치들"이 있다고 말하면서 "관계를 통한 의사전달"이 얼마나 중요한지 강조하고 있다.308)

이러한 관계구조에 대한 언급들은 해석학에서도 마찬가지로 중요하다. 해석학에서의 기본적인 관계구조는 저자-텍스트-독자이다. 여기서 독자는 해석자라고 볼 수 있으며, 저자는 실제 문학적 텍스트의 저자를 가리키는 것이다. 해석학에서는 이러한 관계구조에서 먼저 텍스트를 강조했다. 그러나 슐라이어마허 이후 이러한 경향은 딜타이를 거치면서 저자를 강조하는 데로 나아갔으며, 하이데거 이후에는 독자를 강조하기 시작했다. 현대 해석학의 관심은 저자-텍스트-독자를 모두 중요하게 평가하지만 실제로는 많은 강조점이 텍스트 자체와 독자에게 있는 것이 현실이다.

이러한 해석학의 흐름 속에서 점차 강조되었던 것은 텍스트에 대한 입장이다. 과거의 해석학이 텍스트를 하나의 대상으로만 생각했다면 이제는 텍스트를 하나의 주체로 인정하고 텍스트와의 대화를 시도하고 있다. 이러한 변화로 말미암아 해석학은 주객도식에서 주체와 주체의 개념으로 획기적인 변화를 마련한다.309) 텍스트가 하나의 주체로 등장함으로서 텍스트의 자율성과 더불어 그 관계가 강조되기 시작했다. 그리고 텍스트의 해석에 영향을 미치고 있는 해석학적 공동체의 역할 역시 강조되기 시작했다.310) 목회상담은 이러한 해석학과 마찬가지로 해석학적 공동체의 역할을 강조할 뿐만 아니라 여기서 진일보하여 그 공동체를 하나의 주체로 받아들인다는 점에서 차이가 있다.

목회상담과 해석학의 관계구조는 주체와 주체의 지평융합을 통해서 이해의 확장을 가져오며, 이것은 해석학적 순환을 거치게 된다. 그리고 이 순환은 해석의 최종 목표인 완전 이해를 향해서 나아간다. 그러나 세계-

내-존재로서의 현존재의 특성으로 인해 목회상담과 해석학은 끝내 그 목표에는 도달하지 못하게 된다. 결국 해석학적 구조는 목회상담과 해석학의 목표를 지향하게 만들어 주는 가운데 목표에 대해서 열린 자세를 추구하게 된다. 이것을 통해 목회상담과 해석학은 다양한 해석의 가능성을 열어 놓게 된다. 특히 제3의 인물(들)의 개입을 통한 지평의 확장은 목회상담과 해석학에 있어서 또 하나의 지평을 제공하는 것이라고 할 수 있다. 또한 목회상담학에서의 지평은 더 이상 두 지평의 만남이 아니라 늘 새로운 지평과의 만남에 열려져 있으며, 이를 통해서 좀 더 온전한 이해로 나아가게 된다.

목회상담과 해석학의 관계구조를 이루는 요소들이 서로에게 참여하는 방식은 '과거가 현재에, 현재가 미래에 참여하는' 성육신적 방식과 차이가 없다.311) 그러한 참여는 단순히 외적인 것이 아니며, '자기 자신을 다른 사람의 인생에 참여하기 위해 기꺼이 내어주는 것'이라고 할 수 있다.312) 이러한 성육신적 참여는 목회적 돌봄의 한 형태인 목회상담과 해석학을 위한 기본적인 유형으로 볼 수 있다. 그러므로 참된 해석을 위해서는 이러한 관계구조 간의 성육신적 참여가 전제되어야 한다.313) 그리고 이것이 실제로 해석 자체보다 더 중요하다.314) 해석자와 상담자는 이러한 관계 속에서 통찰력을 필요로 하며, 특히 목회상담의 경우는 내담자에게 자기를 드러내고 수용하는 과정을 통해서 그러한 통찰력을 되찾아주도록 노력해야 한다.315)

3. 과정

목회상담과 해석학의 세 번째 공통적인 요소는 '과정' process이라는 측면에서 살펴볼 수 있다. 목회상담이나 해석학 중 어떤 것도 과정 없이 어떤 결과물을 만들어낼 수는 없다. 목회상담은 그 과정을 통해 내담자에 대한 이해와 문제의 완화 내지는 해결이라는 결과를 만들어 내며, 해석학은 그 과정을 통해 텍스트에 대한 정확하고 창조적인 이해를 만들어낸다. 즉 목회상담이나 해석학을 통해서 얻게 되는 결과물들은 목회상담과 해석학의 '근본적인 과정들fundamental process의 부산물'이라고 볼 수 있다.316)

목회상담과 해석학의 과정은 몇 가지의 단계를 거쳐서 이루어지게 된다. 과정이라고 하는 것은 하나의 단계에서 다음 단계로 나아가는 것이며, 이 과정을 거치는 가운데 최종적인 결과물을 향해서 한걸음씩 나아가게 된다. 여기서 과정을 각각의 구별된 단계를 거치는 것으로 이해하는 것은 각 과정이 가지고 있는 독특성 때문이며, 각 단계에서 사용하는 방법과 목표로 하는 것이 다르기 때문이다. 그렇기 때문에 각 단계는 다음 단계에게 하나의 결과물 내지는 다음 단계를 위한 '에너지'를 제공해 준다고 할 수 있다.317) 이것은 목회상담과 해석학에서 말하는 전제된 전이해와는 다른 것으로 단계를 거치면서 만들어지는 다음 단계를 위한 과정적 결과물 내지는 과정적 전제라고 할 수 있다.

이러한 입장에서 볼 때 과정은 정적이라기보다는 '동적'이며, 이미 그 안에서 하나의 결과물을 만들어가고 있기 때문에 피동적이기 보다는 능동적 창조성을 가지고 있다고 이해할 수 있다.318) 결국 목회상담과 해석학은 이러한 동적이며 능동적 창조성을 지닌 과정을 통해서 최종적 목표를 향해서 나아가는 것이다. 데이빗 우드야드David O. Woodyard는 『현대 신학자들의 하나님 이해』라는 책에서 이러한 과정이 '실재를 이해하는데 열쇠가 된다'고 주장하고 있다.319) 즉 목회상담과 해석학은 동적이며 능동적 창조성을 지닌 과정을 통해서 현존재로서의 실재인 텍스트, 저자, 독자를 이해하게 되며, 그러한 이해를 통해서 참된 실재인 존재 자체에 대한 이해로 나아가게 된다.

목회상담이 과정적인 것처럼 목회상담의 텍스트인 인간 역시 과정적이다. 오우츠는 인간을 '과정적 존재'로 보고, 창조와 타락을 거쳐 예수 그리스도의 구속을 통해 완성으로 나아가는 존재being human로 보았다.320) 힐트너 역시 같은 맥락에서 인간의 '유기체적 성장'을 강조했다.321) 이러한 경향은 목회상담의 영역에 미친 과정신학의 영향을 보여주는 것이다. 특히 힐트너는 과정신학의 영향을 많이 받았다. 그러나 힐트너의 저서에는 "과정사상의 철학적 결과물이 전제"되어 있을 뿐 과정신학과 관련된 용어는 발견되지 않는다.322) 이러한 현상이 나타나는 이유는 힐트너를 비롯한 목회상담학자들이 과정신학의 논의 자체보다는 방법론적인 데 더 많은 관심을 가지고 있었기 때문이다.323)

인간에 대한 이해는 해석학에서도 필수적이다. 그러나 해석학에서는 과정적 존재라기보다는 현존재라는 부분에 더 초점을 맞추고 있다. 그렇지만 현존재라는 개념 속에 들어 있는 기투의 개념은 인간이 단순히 세계-내-존재가 아니라 새로운 세계를 향해서 기투하는, 곧 변화와 성장의 과정을 거치는 존재라는 사실을 포함하고 있다. 이러한 면에서 볼 때 해석학 역시 목회상담과 마찬가지로 인간을 과정적 존재로 이해하고 있다고 볼 수 있다.

이러한 인간에 대한 이해는 대부분 하나님에 대한 이해에 근거하고 있다. 그리고 그러한 하나님에 대한 이해는 인간에 대한 이해를 반영한다. 그러므로 '신학은 인간학이다'라고 말했던 루드비히 포이어바흐Ludwich Andreas Feuerbach의 주장은 타당하다.324) 특히 하나님에 대한 신인동형적 묘사나 인간이 하나님의 형상으로 창조되었다는 성서의 언급은 이러한 사실을 뒷받침해 준다. 인간은 하나님을 통해서 자신을 알 수 있으며, 또한 자신을 통해서 하나님을 발견할 수 있다.

오우츠나 힐트너와 같은 목회상담학자는 과정신학의 하나님에 대한 이해를 기반으로 하여 하나님에 대한 이해뿐만 아니라 인간에 대한 이해를 함께 가지고 있었다. 여기서 문제가 제기될 수 있는 것은 하나님의 완전성에 대한 것이다. 과거 완전성이라고 하면 헬라의 철학적 영향에 의해서 정적인 부동성을 의미했다.325) 즉 변하는 것은 완전할 수 없다는 입장이다. 그러나 찰스 하트숀Charles Hartshorne은 이러한 주장을 뒤집었다. 그는 하나님이 완전하려면 헬라적인 '정적 완전성'과 더불어 히브리적인 '과정적 완전성'을 모두 갖추어야 된다고 보았다.326) 즉 변화할 수 없는 것은 완전하지 않다는 것이다. 이러한 하나님에 대한 이해는 문제를 가지고 있는 변화무쌍한 인간을 긍정적인 변화가 가능한 존재로 보고자하는 목회상담의 인간이해에 결정적인 영향을 미쳤다.

목회상담과 해석학은 이러한 인간이해를 기반으로 하여 원하는 목적을 달성하기 위해 다양한 과정들을 만들어내고 있다. 이러한 과정들은 해석자가 직면한 시대와 상황에 따라 다르게 나타난다. 이러한 사실은 어떤 과정도 결코 완전할 수 없으며, 그러한 과정을 통해서 나온 결과물 역시 완전할 수 없다는 사실을 알려준다. 그렇기 때문에 목회상담과 해석학의 과정을 통해서 나온 결과물들은 제한적이며 상황적으로 최선의 결과물이라고 할지라도 "결코 최종적이거나 확실한 것이 아니며, 그때그때 새로운 경험과 뜻하지 않은 도전들과 직면하여" 다시금 개선되어야 하는 것들이다.327) 이러한 현실은 해석자상담자로 하여금 최종적인 결과에 대해서 열린 자세를 갖도록 만들어 주며, 시대와 상황의 변화에 따라 거기에 적합한 새로운 과정이 늘 필요하다는 사실을 보여준다.328)

목회상담과 해석학을 과정이라고 이해할 때 꼭 필요한 것은 자기화의 과정이다.329) 자기화의 과정은 해석학의 용어이기도 하지만 목회상담에서도 낯선 개념은 아니다. 실제로 목회상담에서의 라포rapport를 형성하는 과정이 이와 흡사하기 때문이다. 해석학에서 자기화의 과정은 실제 해석의 과정으로서 텍스트와의 거리두기를 극복하는 과정이다. 즉 텍스트와 해석자의 거리를 좁힘으로써 텍스트에 더 가까이 다가가는 과정이다. 마찬가지로 라포 형성은 상담자와 내담자 사이에서 일어나는 과정으로 상담에서는 아주 중요한 과정이다. 특히 이 과정이 어떻게 이루어지느냐가 상담 전반을 좌지우지하기 때문에 다른 어떤 것보다도 중요하다고 할 수 있다.

라포 형성의 단계는 자기화와 마찬가지로 내담자와의 거리를 없애는 과정이다.330) 이 과정이 잘 이루어지면 상담자는 내담자에게 더 가까이 다가갈 수 있고, 내담자의 마음을 열어 주기 때문에 앞으로 이루어질 상담에 긍정적인 요인으로 작용하게 된다. 단, 해석학과 목회상담의 차이가 있다면 해석학은 자기화 자체가 해석의 전반적인 과정이지만 목회상담에서의 라포형성은 비교적 초기에 집중하는 작업이라는 점이다. 그러나 초기에 형성한 라포가 상담이 진행되는 동안 지속적으로 영향을 미치고 그러한 라포를 유지하는 것이 중요하다고 볼 때, 라포 형성을 목회상담의 전반적인 과정으로 이해하는 것도 가능하다고 볼 수 있다.

또한 목회상담과 해석학에서 이루어지는 과정은 해석자와 텍스트의 관계를 통한 점진적이며 변증법적인 성장의 과정이다.331) 즉 목회상담과 해석학의 과정은 한 순간에 이루어지는 것이 아니며 성장을 염두에 둔 발전적인 과정이다. 존 캅John Cobb은 성장을 '이미 존재하는 어떤 것에 새로운 요소를 첨가하는 것이 아니라 옛 것을 변혁시키는 것'이라고 말한다.332) 이것은 리쾨르가 말하고 있는 두 번째 이해와 같다. 즉 이해와 설명의 해석학적인 순환의 과정 속에서 첫 번째의 소박한 이해가 아닌 설명을 거친 '두 번째 소박성'이 이에 해당한다.333) 이러한 성장은 '정해진 길을 따라서 나타나지 않으며, 미래에 대한 통제나 조정을 포기하는 하나의 모험'을 필요로 한다.334) 또한 그러한 성장의 과정에서는 누구도 원하지 않는 '악'이라는 부산물을 얻을 수도 있다.335)

목회상담과 해석학의 영역에서 과정을 성장으로 이해할 때 한 가지 기억해야 할 요소가 있다. 그것은 해석자가 '성장의 원인은 아니라'는 사실이다.336) 성장의 원인은 해석자이기보다는 텍스트이며, 텍스트의 자기화를 통해서 해석자는 성장하게 된다. 이것은 목회상담에서도 마찬가지이다. 상담자는 성장의 원인이 될 수 없으며, 성장의 방향 역시 결정할 수 없다.337) 성장의 방향을 결정하는 것은 목회상담의 텍스트인 내담자이다. 그러므로 목회상담에서는 내담자에 대한 신뢰와 상담과정에 임재하는 하나님에 대한 신뢰가 필수적이라고 할 수 있다. 이러한 신뢰를 통해서 내담자와 더불어 상담자도 역시 성장을 하게 된다.

4. 지향점

목회상담과 해석학은 모두 지향점을 가지고 있다.338) 그 지향하는 바는 다른 말로 하면 목적이라고 할 수 있다. 즉 목회상담과 해석학은 지향하는 바 곧 무엇인가 이루고자 하는 것이 있다. 이러한 지향점은 인간으로 하여금 지향성을 지니도록 만들어 준다. 캅은 지향성을 "미래를 향하는 것, 어떤 목표가 있는 것, 어떤 방향성을 지니는 것, 한 목표에로 지향하는 것"으로 정의한다.339) 이러한 지향성에 대한 정의는 인간이 살아가는 세상을 "과정 특성"a process character을 소유하고 있는 것으로 간주하도록 만들어 준다.340) 또한 이렇게 과정 특성을 가지고 있는 인간 또는 인간 세상은 '지금 여기 주어진 것' here and now giveness보다는 앞으로 주어질 것을 향하게 되며, '지속적인 변화과정'을 통해서 지향점에 도착하고자 한다.341)

목회상담과 해석학의 지향점은 그 학문의 특성상 서로 다른 것을 나타낼 수 있지만 기본적으로 개인적인 지향점, 공동체적 지향점, 궁극적 지향점 등 크게 세 가지 영역으로 구분할 수 있다. 개인적인 지향점은 각 개인의 특성과 이상을 반영하며, 공동체적 지향점은 각 공동체의 특성과 이상을 반영하게 된다. 그러나 이러한 두 지향점 모두 궁극적인 지향점을 향하고 있다는 점에서 일치한다. 차이점이 있다면 개인적인 지향점과 공동체적 지향점은 미래를 향하고 있기는 하지만 '지금 여기'를 중심으로 하며, 궁극적인 지향점은 '미래의 거기' 자체를 중심으로 한다는 점이다.

개인적인 지향점은 미래를 향하고 있지만 지금 여기에서 이루어야할 과제이다. 목회상담에서의 개인적인 지향점은 상담자와 내담자 각각이 소유하는 것이다.342) 각각이 동일하게 소유하는 지향점은 내담자가 지금 여기로 가져온 문제를 완화하거나 해결하는 것이다.343) 이러한 지향점은 처음부터 형성되어 있는 것이 아니라 상담자와 내담자의 상호작용을 통해서 형성된다. 즉 상담자와 내담자의 합의를 통해서 지향점이 형성되며, 이 지향점을 향해서 상담자와 내담자는 치료적인 관계를 맺고 상호 협조하게 된다.

상담자와 내담자가 이렇게 지향점을 설정하는 과정은 필연적으로 현존재의 특성을 반영하게 된다. 세계-내-존재로서 세계의 영향과 한계를 무시할 수 없는 것이다. 특히 양자가 가지고 있는 전이해는 이러한 과정에 커다란 영향을 미칠 뿐만 아니라 새로운 변화를 경험하기도 한다. 즉 상담자와 내담자의 개인적인 경험과 이해를 통해서 나오는 지향점 간의 만남이 지금 여기에서의 목회상담의 실제적인 지향점이 된다. 이런 측면에서 볼 때 목회상담의 지향점은 상담자와 내담자의 개인적인 지향점 간의 만남을 통해 공유된 또 다른 개인적인 지향점이라고 볼 수 있다.

그러나 상담자는 내담자의 상황과 역량을 고려하는 가운데 내담자와는 다른 좀 더 높은 차원의 지향점을 가지고 있을 수 있다. 이것은 상담자의 경험과 훈련에서 기인하는 것으로, 상담자가 내담자에게 적합한 지향점과 과정을 설정할 수 있기 때문이다. 그렇다고 하더라도 그 지향점이 '내담자의 필요'를 벗어나지는 않는다.344) 결국 이러한 개인적인 지향점은 양자가 나아가야 할 방향을 확고하게 만들어 주며, 이것을 통해서 양자가 원하는 지향점에 도달할 수 있는 가능성을 열어 놓게 된다. 그러나 이것은 단순히 미래적인 것이 아니라 현재적인 것으로 지금 여기에서 이루어야 할 것이다.

해석학의 지향점은 기본적으로 텍스트를 이해하는 것이다.345) 그러나 해석학은 이것만을 지향점으로 삼지 않는다. 해석학은 처음부터 텍스트에 대한 이해를 바탕으로 그것을 현재에 적용하고자 한다.346) 결국 해석학이 지향하는 바는 텍스트의 의미를 단순히 설명만 하는 것이 아니라 그것이 오늘을 살아가는 현대인들에게 어떤 의미가 있는가를 드러내어 현실에 적용하는 것이다.347)

이러한 해석학의 지향점은 개인적인 맥락에 해당하는 것으로 텍스트와 해석자가 가지고 있는 지향점의 만남을 전제로 한다. 이 때 해석자는 상담자와 마찬가지로 자신의 전이해를 완전히 배제할 수 없다. 완성된 텍스트 역시 기록될 당시 주어진 선-구조를 벗어날 수 없다. 그러므로 이러한 해석자와 텍스트의 현실은 양자를 주어진 현실에서 벗어날 수 없도록 만들며, 해석의 결과가 그들의 현실을 향하도록 만든다.348)

이러한 해석학과 목회상담의 차이는 텍스트내담자가 가지고 있는 능동적 자율성에 있다.349) 실제로 해석학의 텍스트는 자율성을 갖지만 능동적이지는 않다. 또한 해석학의 텍스트는 어떤 책임도 지지 않는다. 그러나 목회상담의 텍스트는 그렇지 않다. 이러한 모습들이 개인적인 지향점의 만남이라는 맥락에서 목회상담과 해석학의 차이를 가져온다. 해석학에서 개인적인 지향점의 만남이 만들어내는 합의된 개인적인 지향점은 지극히 해석자 중심적이며, 텍스트와의 대화를 통해서 객관성을 확보한다고 하더라도 여전히 해석자 주도적일 수밖에 없다.

또한 해석학에서는 목회상담과 달리 텍스트의 성장은 일어나지 않는다. 지향점의 만남을 통한 이해의 확장과 그것을 통한 해석자의 확장만이 일어날 뿐이다. 해석학이 비록 이해의 기술을 필요로 하지만 해석학의 일차적인 관심은 그러한 기술이 아니라 해석자의 '내면적 과정'을 통한 해석자의 '변화와 성장'이다.350) 이 때 해석자는 텍스트를 주체로 인정하고 독립성과 주체성을 인정하는 가운데 텍스트와 더불어 끊임없이 대화해야 한다.

공동체적 지향점은 공동체가 처해있는 상황과 그 공동체가 소유하고 있는 거대담론metanarrative에 의해서 드러나게 된다. 거대담론은 공동체가 처해 있는 상황 속에서 그 공동체의 해석과 나아가야 할 방향을 제시한다. 또한 거대담론은 공동체가 속한 상황과 시간의 흐름 속에서 필연적으로 변화를 요청받게 된다. 그러나 공동체에서 지배적인 패러다임으로 자리잡고 있는 거대담론의 변화는 쉬운 일이 아니다. 이러한 거대담론에 대한 부정적인 견해가 포스트모던 시대에 이르러 제기되었다.

장 프랑소와 리오타르Jean-François Lyotard는 포스트모던을 '거대담론에 대한 회의' incredulity towards metanarratives라고 정의했는데, 이것은 포스트모던에 대한 가장 간략하고 명확한 정의로 평가받고 있다.351) 여기서 리오타르가 말하는 거대담론은 단순히 '거대한 스토리' grand story가 아니다. 그것이 거대담론이 되려면 그 스토리가 정당성을 갖추어야 하며, 그것을 갖추기 위해 보편적 이성universal Reason에 호소해야 한다.352) 리오타르는 이러한 거대담론에 대해서 부정적인 견해를 제시하면서 그러한 거대담론이 포스트모던 시대에는 배제되어야 한다고 주장한다.353)

이러한 주장은 심리치료의 영역으로 그대로 넘어와서 거대담론보다는 개인의 작은 내러티브를 강조하는 경향이 나타나고 있다.354) 그러나 목회상담은 그 신학적 특성상 거대담론을 배제할 수 없다. 개별적인 개인의 내러티브가 중요한 것은 사실이지만 목회상담은 중요한 방향 없이 개인의 내러티브만을 따라서 이루어지지 않는다. 특히 성서가 제시하는 내러티브는 목회상담과 뗄 수 없는 관계에 있다. 실제로 일반상담의 경우도 '도덕적인 선'moral good을 무시하지 않으며, 상담자와 내담자의 전이해의 한 요소로서 거대담론이 등장하는 것이 현실이다. 그리고 이러한 거대담론은 부정적인 요인이 되기도 하지만 긍정적인 성장점으로 작용하는 경우도 많기 때문에 이는 상담에서 배제할 수 없는 요소가 된다.355)

목회상담과 해석학에서 공동체적인 지향점은 바로 이러한 거대담론에 근거한다. 개인은 공동체의 일원으로서 이러한 공동체적 내러티브에 영향을 받지 않을 수 없으며, 그것이 그의 세계관에 한 요소로 자리 잡으면서 공동체적 지향점을 형성하게 된다.356) 이러한 공동체적 지향점은 해석학적 공동체를 전제로 한다. 즉 해석학적 공동체의 합의가 있어야만 거대담론이 그 공동체와 공동체에 속한 개인에게 영향을 미치기 때문이다. 그러나 여기에는 언제나 지배적인 이데올로기가 작용할 수 있기 때문에 하버마스가 말하는 이데올로기 비판이 늘 병행되어야 한다.

궁극적인 지향점은 개인적인 지향점을 딛고 공동체적 지향점을 넘어서 가야하는 최종 도착점이다. 개인적인 지향점이 '지금 여기'에 관심을 가지고 있고, 공동체적 지향점이 공동체적 상황 속에서 거대담론을 통해 하나의 이상을 향하고 있다면 궁극적인 지향점은 이 모든 것들이 지향하는 온전한 모습을 갖춘 지향점이다. 이런 관점에서 볼 때 지금 여기에 관심을 가지고 있는 개인적인 지향점은 궁극적인 지향점을 향한 하나의 발판이며 과정이다. 또한 공동체적 지향점은 궁극적인 지향점을 향하고는 있지만 늘 비판이 필요한 공동체적 상황을 전지로 하고 있기 때문에 시간적 공간적 한계를 지니게 된다. 그러나 궁극적 지향점은 개인적인 지향점이라는 발판을 거쳐 공동체적 지향점의 한계를 넘어서는 지향점 그 자체이다.

피에르 떼이야르Pierre Teilhard De Chardin는 이를 가리켜 '오메가 포인트'

Omega Point라고 명명했다.357) 오메가 포인트는 '수렴하는 성질'을 가지고 있다.358) 이러한 오메가 포인트는 다양한 무리들을 한데 묶어 가장 높은 곳까지 올라가도록 만들어 준다. 결국 오메가 포인트는 '진화의 한계점으로서 진화의 일부분이자 동시에 진화 과정 밖에 존재'한다.359) 떼이야르는 이 오메가 포인트를 부활한 그리스도와 동일시한다.360) 그에게 있어서 오메가 포인트는 역사적 예수와 신앙의 그리스도를 포괄하는 개념이다.361)

이러한 떼이야르의 오메가 포인트는 "그리스도의 장성한 분량이 충만한 데까지 이르"엡2:13러야 하는 그리스도인의 사명과도 연결된다.362) 오메가 포인트가 그리스도라면 거기에 이르는 과정은 그리스도인의 사명이 되며, 목회상담이 나아가야할 방향이 된다. 결국 오메가 포인트는 현재 내담자가 가져온 문제의 해결을 발판으로 해서 공동체가 추구하는 지향점으로 나아가는 과정을 거쳐 도착해야 하는 지점이 된다. 동시에 오메가 포인트는 현재 개인적인 지향점과 공동체적 지향점을 늘 점검할 수 있는 역할을 감당하게 된다. 이것이 바로 목회상담이 추구해야 하는 본질적인 방향이다.363)

해석학에 있어서 오메가 포인트는 존재 자체 또는 진리라고 말할 수 있다. 실제로 해석학적 경험은 '진리의 탈은폐' 과정이다.364) 이 과정을 통해서 텍스트의 현재적 의미를 발견하고 이것을 적용하는 것을 통해서 해석자의 변화를 가져온다. 또한 해석학적 공동체의 영향으로 공동체의 거대담론을 담아내기도 한다. 그러나 이러한 과정을 통해서 궁극적으로 추구하는 것은 진리 그 자체이다. 철학적 해석학이 아닌 신학적 해석학의 입장에서 볼 때, 진리는 곧 그리스도가 된다. 이런 의미에서 목회상담과 해석학이 궁극적으로 추구하는 지향점은 동일하다고 볼 수 있다. 결국 이것을 통해서 인간은 "하나님의 미래에 참여"하게 된다.365)

지금까지 필자는 1~3장에 걸쳐 목회상담과 해석학의 관계에 대해서 살펴보았다. 해석학의 흐름에서는 재구성, 전이해, 자율성과 같은 목회상담적 요소들이 등장하고 있으며, 목회상담의 전통에서는 정신역동전통, 임상 목회전통, 현대목회전통 속에서 해석학적 요소들이 나타나고 있다. 이러한 현상은 목회상담과 해석학이 서로 다른 학문의 영역이지만 상호 간에 적용 가능한 연관성을 지니고 있다는 사실을 보여준다. 특히 대화, 관계구조, 과정, 지향점이라는 관점에서 본 목회상담과 해석학의 상관관계는 해석학을 목회상담에 접목할 수 있는 가능성을 열어준다. 대화는 목회상담의 방법론적 측면에서, 관계구조는 목회상담의 상담관계의 측면에서, 과정은 목회상담의 상담과정의 측면에서, 지향점은 목회상담의 목표의 측면에서 적용이 가능하다.

---

272) James M. Nelson, "Hermeneutics and Dialogue as Tools Toward Integrations: Babies and Bathwater, Problems and Solutions", *Journal of Psychology and Theology*, vol. 34, no. 3 (2006), 277. '해석학적인 접근' 은 그것이 목회상담이든 해석학이든 상관없이 '대화를 포함' 한다.
273) 목회상담과 해석학의 차이는 구두적 언어를 해석하느냐 아니면 기록된 언어를 해석하느냐 따른 것이다. 목회상담은 구두적 언어를 통해서 이루어지기 때문에 해석학에 비해 훨씬 더 직접적이며 마술적인 힘을 가지고 있다. 그러므로 목회상담의 의사소통 기술은 마치 한 곡의 음악을 연주하는 것처럼 창조적인 행위라고 볼 수 있다. Palmer, 『해석학이란 무엇인가』, 39.
274) Brendan Hyde, "Beyond Logic-Entering the Realm of Mystery: Hermeneutic Phenomenology as a Tool for Reflecting on Children's Spirituality", *International Journal of Children's Spirituality*, vol. 10, no. 1 (April 2005), 34; Capps, *Pastoral Care and Hermeneutics*, 12. 해석학은 Schleiermacher 이후 문학작품에만 한정되어 있던 텍스트의 개념을 "담론과 의미 있는 인간의 행동"을 포함하는 더 넓은 차원으로 확장시켰다. 그 결과 해석학의 원리는 목회상담 뿐만 아니라 '전반적인 사회 및 정치의 영역까지 확장되어 커다란 영향' 을 미치고 있다.
275) 정승태는 해석을 구성하는 중요한 요소 중 하나로 언어를 꼽는다. 그러나 여기서 말하는 언어는 구두적 목소리가 아니라 텍스트에 사용되어진 언어이다. 이러한

언어는 실제 대화현장에서 사용되는 언어와는 차이가 있다. 해석학의 언어가 기록되어진 언어라면 목회상담의 언어는 구두적 언어 즉 목소리와 신체적 언어이다. 정승태, 『그까이꺼 해석학! 폼나게 풀어보자!』, 40-2.
276) Palmer, 『해석학이란 무엇인가』, 25-6. Palmer는 이러한 문학작품을 "과거로부터 생겨난 인간의 목소리"라고 칭한다.
277) Frank C. Richardson, "Psychology and Religion: Hermeneutic Reflection", *Journal of Psychology and Theology*, vol. 34, no. 3 (2006); 239.
278) 목회상담과 해석학은 해석자 또는 해석자로서의 상담자는 텍스트(내담자)에게 무엇인가를 말하기 보다는 텍스트(내담자)가 무엇을 말하고자 하는지 주의 깊게 들어야 한다. 이것이 선행되지 않고서는 텍스트(내담자)에 대한 이해나 해석은 불가능하다. 이러한 듣기를 위해서 보기(seeing)가 병행되어야 한다. 즉 해석학에서는 텍스트를, 목회상담에서는 내담자를 주의 깊게 관찰하는 작업을 듣기와 병행해야 한다. 이러한 측면에서 볼 때 보기는 듣기와 구별되기 보다는 듣기의 한 형식으로 볼 수 있다. Oden은 목회적 돌봄에 대해서 언급하면서 그 최종적인 결론을 "들어주는 목회"라고 내린다. 그가 생각할 때 목회상담은 '일정표 없이' 이루어지는 들어주는 목회의 한 부분이다. Palmer, 『해석학이란 무엇인가』, 30; Thomas Oden, *Pastoral Theology: Essentials of Ministry* (New York: HarperCollins Publishers, 1983), 202-3.
279) Palmer, 『해석학이란 무엇인가』, 350.
280) Ibid., 30.
281) Hyde, "Beyond Logic-Entering the Realm of Mystery", 36.
282) Ibid. 온전한 자기 파악이 다른 사람들과의 관계를 통해서만 가능한 것처럼 텍스트에 대한 온전한 해석 역시 텍스트와 해석자의 관계를 통해서 가능해 진다. Palmer는 의미가 "관계 속에서 생겨나는 것"이라고 언급하면서, 잘못된 관계는 결국 "왜곡되고 불완전한 의미를 산출"하게 될 것이라고 말한다. Palmer, 『해석학이란 무엇인가』, 325-6.
283) 양명수, 『호모 테크니쿠스』 (천안: 한국신학연구소, 1997), 172-3. 양명수는 하나의 개체를 '대상'으로 보는 것을 대상화, '상대'로 보는 것을 상대화라고 칭한다. 여기서 상대라는 것은 하나의 개체를 주체로 대하는 것, 즉 "사람처럼 봐주는 것"을 의미한다. 그러므로 상호주체라는 것은 해석자뿐만 아니라 텍스트 역시 하나의 인격적인 존재로 대하는 것을 의미한다.
284) Palmer, 『해석학이란 무엇인가』, 351. "해석의 행위는 무엇을 강제적으로 빼앗는 텍스트의 강탈이 아니라 해석학적 대화에서의 두 대화자라 할 수 있는 해석자와 텍스트 간의 충분한 가능성 등을 고려할 수 있는 애정어린 결합이다."
285) Ibid., 25-6.
286) Martin Buber, *I and Thou*, 2nd ed. (New York: Charles Scribner's Sons, 1958), 5.
287) Palmer, 『해석학이란 무엇인가』, 55-6, 60-1, 351. Oden은 목회자를 '친구'로서

언급하면서 목회자의 인격적인 개방성과 친근성을 가장 큰 특징으로 든다. 이러한 견해는 해석학적인 만남의 개념과 일치한다. Oden, *Pastoral Theology*, 201-2.

288) 해석학적 대화를 통한 해석학적 경험은 존재의 탈은폐 과정을 통해서 해석자의 이해를 변형시킨다. 이것이 가능한 이유는 해석학적 경험이 기존의 이해에 새로운 지평을 열어주기 때문이다. Palmer는 인간이 "훌륭한 예술작품을 경험하게 되면" 그 경험이 단순히 이해에만 머물게 되는 것이 아니라 인간의 "이해지평, 세계를 보는 방식 그리고 자기 자신에 대한 이해"를 확장시켜 준다고 말한다. 또한 이렇게 형성된 새로운 지평은 텍스트를 다르게 이해할 수 있는 가능성을 열어주며, 이러한 가능성이 이해의 변형뿐만 아니라 삶의 변형도 가져오게 만든다. Palmer는 이렇게 삶의 변형을 가져오는 텍스트를 "생활 속으로 옮겨져야 할 목소리"라고 강조하면서 해석이 단순히 이해의 차원이 아니라 현재적 삶의 변화라는 사실을 강조하고 있다. Palmer, 『해석학이란 무엇인가』, 25-6, 335, 344, 351

289) Ricoardson, "Psychology and Religion", 239.

290) 대화의 기술은 텍스트와 해석자 사이에서 둘을 이어주는 역할을 하기도 하지만 둘 사이를 분리시켜 충분한 경험을 방해하기도 한다. 왜냐하면 이러한 대화의 기술이 텍스트와 해석자 사이에 이루어질 수 있는 대화를 한정하기 때문이다. 그러므로 상담자와 해석자는 자신이 사용하는 대화의 기술을 늘 분석해야 한다. Palmer, 『해석학이란 무엇인가』, 49-50, 354-5.

291) Ibid., 337.

292) Robert B. Mellert, 『과정신학입문』, 홍정수 역 (서울: 대한기독교서회, 1989), 28.

293) John B. Cobb, 『과정신학과 목회신학』, 이기춘 편역 (서울: 대한기독교출판사, 1983), 10. C. H. Patterson은 목회상담을 포함한 모든 상담이 곧 관계이며, 대인관계 자체라고 말하고 있다. 이와 관련된 논의와 상담에 대한 기본적인 논의는 다음을 참고하라. C. H. Patterson, *The Therapeutic Relationship: Foundations for an Eclectic Psychotherapy* (Pacific Crove: Thomson Brooks/Cole, 1985); Gerald Egan, 『유능한 상담자: 상담의 문제 대처와 기회 개발적 접근』, 제석봉, 유계식 역 (서울: 시그마프레스, 2005), 58-89.

294) 오성춘, 『목회상담학』 (서울: 한국장로교출판사, 2000), 379.

295) Ibid., 376.

296) Ibid., 379.

297) 유재성, 『현대목회상담학개론』, 308-9. "따라서 상담자는 내담자가 속한 공동체와의 관계나 공동체가 내담자에게 기여할 수 있는 자원들을 탐색하고 그들을 내담자와 연결할 수 있도록 돕는 것이 필요하다. 이를 위해 상담자는 내담자와의 대화를 통해 확인된 바 있는, 즉 내담자의 자원이라고 할 수 있는 가족이나 학교 관계자, 교회의 목회자나 구역장, 혹은 직장의 동료나 상사 등과 연결을 시도하거나, 필요하다면 그리고 가능하다면 이들과 공동체적인 만남의 시간을 가지려고 한다. 이러한 공동체적 만남을 통해 내담자에 대한 추가적이고도 새로운 이해와 정보를

얻고, 내담자를 돕기 위한 필요한 자원 확보 및 공동체적인 대안을 세우고 접근할 수 있다는 점에서 공동체적 접근은 효율적인 내담자 돌봄을 위해 유익하다."
298) Wayne E. Oates, *Pastoral Counseling* (Philadelphia: The Westminster Press, 1974), 11.
299) Cobb, 『과정신학과 목회신학』, 130.
300) Holifield, *A History of Pastoral Care in America*, 329-36.
301) Cobb, 『과정신학과 목회신학』, 77.
302) Holifield, *A History of Pastoral Care in America*, 336-42.
303) Mellert, 『과정신학입문』, 63.
304) Alfred North Whitehead, *Process and Reality: an Essay in Cosmology*, (New York : Free Press, 1969), 413.
305) John B. Cobb, Jr. and David Ray Griffin, *Process Theology: An Introduction Exposition* (Philadelphia: The Westminster Press, 1976), 22-4.
306) Ibid.
307) Wise, 『목회학개론』, 24.
308) Ibid., 134, 159.
309) 이규호, "철학으로서의 해석학", 『해석학 연구』, 6집 (1999), 55-6. 이규호는 해석학의 출발점과 종착점을 '인간 주체'로 보고 있다. 이러한 관점에서 볼 때 텍스트를 인간 주체와 대화가 가능한 동일한 주체로 보는 것은 해석학에 있어서의 획기적인 변화라고 볼 수 있다. 단, 텍스트는 인간 주체와 같은 변화가 불가능하다는 점에서 차이가 있다.
310) 권종선은 특수해석학의 한 분야인 신약성서해석학에서 해석이 "세 중심 요소들인 저자, 텍스트, 독자의 축들과 그것을 둘러싸고 있는 컨텍스트 사이의 역동적인 관계" 속에서 이루어지는 것으로 보고 있다. 권종선, 『신약성서 해석과 비평』, 17.
311) Cobb, 『과정신학과 목회신학』, 121.
312) Ibid.
313) Wise, 『목회학개론』, 29, 41.
314) Ibid., 63.
315) Ibid., 29-30, 64-5.
316) Cobb, 『과정신학과 목회신학』, 49. Rogers 역시 '심리치료의 과정 개념'에 대해서 언급하면서 Cobb와 같은 견해를 표방한다. Rogers는 여기서 심리치료의 과정을 인격(Personality)의 변화 과정으로 이해한다. Carl R. Rogers, *On Becoming a Person: A Therapist's View of Psychotherapy* (Boston: Houghton Mifflin Company, 1961), 125-59.
317) Ibid., 49-50.
318) 맹용길 편, 『현대신학사상 I』 (서울: 성광문화사, 1996), 243.
319) David O. Woodyard, 『현대 신학자들의 하나님 이해』, 한인철 역 (서울: 대한기독교서회, 1986), 107.

320) 전요섭, 박기영, 『기독교 상담학자』, 341.
321) Ibid., 224-5.
322) Holifield, *A History of Pastoral Care in America*, 339.
323) Ibid., 328. 목회상담학자들은 과정신학과 더불어 Tillich의 신학을 선호했는데, 이러한 설명은 목회상담에 있어서 TiLich의 신학에도 해당된다.
324) 이것에 대한 Feuerbach의 직접적인 증명은 그의 저서인 『기독교의 본질』 1부에 잘 나타나 있다. Ludwich Andreas Feuerbach, 『기독교의 본질』, 김쾌상 역 (서울: 까치, 1992), 59, 113-298.
325) Thorlief Boman에 의하면 히브리적 사유는 '동적'이며, 헬라적 사유는 '정적'이다. 완전함에 대한 개념 역시 마찬가지이다. 히브리적 사유에서 완전한 존재는 무엇보다도 먼저 인격적인 존재이다. 그런데 이 인격적인 존재는 정적인 존재일 뿐만 아니라 '내적 운동과 활동성'을 가지고 있다. 그러므로 이러한 인격적 존재는 머물러 있는 존재라기보다는 영원한 활동 가운데 있는 존재이다. 그러므로 완전한 인격적 존재로서의 하나님은 인간과의 상호관계를 통해서 늘 활동하시는 창조자, 즉 과정적인 존재라고 할 수 있다. 그러므로 하나님은 단순히 정적인 완전성만이 아니라 과정적인 완전성 역시 소유한 존재라고 할 수 있다. Thorlief Boman, 『히브리적 사유와 그리스적 사유의 비교』, 허혁 역 (왜관: 분도출판사, 2003), 33, 55, 59; Mellert, 『과정신학입문』, 181-2; Woodyard, 『현대 신학자들의 하나님 이해』, 108; Cobb, 『과정신학과 목회신학』, 130.
326) Mellert, 『과정신학입문』, 180. 이와 관련된 자세한 논의는 다음을 참고하라. Charles Hartshorne, 『하나님은 어떤 분이신가: 하나님의 전능하심과 여섯 가지 신학적인 오류』, 홍기석, 임인영 역 (서울: 한들, 1995).
327) Richardson, "Psychology and Religion", 239.
328) 새로운 과정의 필요성은 인간의 삶이 '끊임없는 해석의 과정'이라는 사실에서 기인한다. 즉 시대와 상황의 변화에 맞추어 거기에 맞는 새로운 과정을 개발함으로서 인간은 바로 거기에서 현실을 이해하고, 현실에 적용하는 능력을 얻게 된다. Palmer, 『해석학이란 무엇인가』, 28.
329) '자기화'는 Gadamer나 Ricoeur에게서 나타나는 용어로 전반적인 '해석과정' (Hermes process)과 관련이 있다. Palmer는 해석학의 용어에 대한 설명에서 그 근저에 자리잡고 있는 해석과정에 주목하면서 자기화라는 용어를 사용하지는 않지만 그와 동일한 개념을 언급하고 있다. 즉 그러한 해석과정을 통해서 거리가 있는 낯설고 어색한 무엇이 친숙하고 이해 가능한 것으로 바뀌게 된다고 말한다. 그가 볼 때 해석의 과제는 이러한 해석과정, 즉 자기화를 통해서 친숙한 이해에 도달하는 것이다. Palmer, 『해석학이란 무엇인가』, 36.
330) Harold L. Hackney and L. Sherilyn Cormier, 『심리상담의 과정과 기법』, 임성문 외 6인 역 (서울: 시그마프레스, 2004), 67.
331) 반신환, "기독교 영성의 관점으로 살펴보는 기독교 상담의 정체성: 방법론적 정체성을 중심으로", 49; Palmer, 『해석학이란 무엇인가』, 348.

332) Cobb, 『과정신학과 목회신학』, 142.
333) Ricoeur, 『해석이론』, 127-8.
334) Cobb, 『과정신학과 목회신학』, 143.
335) Pierre Teilhard De Chardin은 악을 진화의 부산물로 보았다. 즉 선을 위한 진화의 과정에서 필연적으로 수반하게 되는 결과물이라는 것이다. 이러한 견해는 좀 다르기는 하지만 죄를 선의 결핍으로 이해하는 Aurelius Augustine의 견해에 비해 악에 대한 비교적 적극적이고 긍정적인 이해라고 볼 수 있다. 목회상담학자인 Wise는 죄를 "성장을 위해 필요로 하는 신호"라고 이해함으로써 Teilhard의 과정신학적 입장에 더 가까이 있다고 볼 수 있다. Wise, 『목회학 개론』, 154; Robert L. Faricy, 『떼이야르 드 샤르댕의 신학사상: 신과 세속』, 이홍근 역 (왜관: 분도출판사, 1990), 136; Aurelius Augustine, 『어거스틴의 자유의지론』, 박일민 역 (서울: 반석문화사, 1993), 20.
336) Cobb, 『과정신학과 목회신학』, 144.
337) 그렇다고 해서 상담자의 역할이 간과되어서는 안 된다. 상담자는 성장에 있어서 수동적인 존재가 아니라 능동적인 또 다른 참여자이며, 내담자의 자율성을 촉진하는 주체이다. 즉 내담자의 자율성을 촉진하기 위해 스스로 앞서기를 포기하고 내담자를 따라 가는 주체이며 이미 가지고 있는 지향점을 향해 내담자가 갈 수 있도록 인도하는 돕는 주체이다. 상담자가 방향을 결정하지는 않지만 방향을 제시하고 안내하는 역할을 하게 된다.
338) Ibid., 145. 지향점은 그것이 무엇이든지 간에 상담과정을 촉진할 수 있다. 특히 목회상담의 경우 신학(신앙)과 관련된 용어는 상담과정의 촉진뿐만 아니라 상담자와 내담자의 신뢰를 강화하는 계기가 되기도 한다.
339) Ibid., 135.
340) Jacob A. Belzen and Ralph W. Hood, "Methodological Issues in the Psychology of Religion: Toward Another Paradigm", *The Journal of Psychology*, vol. 140, no. 1 (2006): 17.
341) Endre E. Kadar and Judith A. Effken, "From Discrete Actors to Goal-directed Action: Toward a Process-Based Methodology for Psychology", *Philosophical Psychology*, vol. 18, no. 3 (June 2005): 362; Homans, "Psychology and Hermeneutics", 352.
342) Egan, 『유능한 상담자』, 11. "상담은 양방향적이요 상호 협력적인 과정이기 때문에 내담자 역시 주요한 목표를 가지고 있다."
343) David Benner는 목회상담의 독특성이 그 목적에 있다고 본다. 유재성은 Benner의 견해에 동의하면서 목회상담의 중요한 목적을 '영적인 초점'에서 찾는다. "아무리 기독교적이고 목회적인 용어를 사용하거나 자신의 접근은 성경적인 것이라고 주장하다 해도 이러한 초점이 없다면 "그것은 일반 상담과 별로 다를 것이 없다"는 것이다. David Benner, *Strategic Pastoral Counseling: A Short-Term Structural Model* (Grand Rapids: Baker Books, 1992), 28; 유재성, 『현대 목회

상담학 개론』, 55.
344) Ibid., 10.
345) 해석학의 목적은 "특별한 텍스트의 의미에 대한 공통된 이해"를 얻는 것이다. Hyde, "Beyond Logic-Entering the Realm of Mystery", 34.
346) Palmer, 『해석학이란 무엇인가』, 339.
347) Ibid.
348) Ibid., 361.
349) 목회상담의 텍스트 자율성은 상상적 수동적 자율성이 아니라 실제적인 자율성이다. 그러므로 "문제에 보다 잘 대처하고 기회를 살려나가는 것은 어디까지나 내담자에게 달려있다." 실제로 "상담자가 내담자에게 가치있는 결과가 일어나도록 돕기는 하지만, 이러한 결과를 직접적으로 통제할 수는 없다. 결국 보다 효율적으로 사는가 살지 못하는가는 내담자의 선택에 달려 있다." Egan, 『유능한 상담자』, 11.
350) Jankowski, "Making Sense of It All", 190-9.
351) Jeremy Worthen, "Theology and the History of Metanarrative: Clarifying the Postmodern Question", *Modern Believing*, vol. 45, no. 4 (2001), 16. 그러나 이러한 견해는 "역사에 대한 포스트모던의 해석 그 자체가 하나의 거대담론"이라는 비판을 받기도 한다. Cameron Lee, "Agency and Purpose in Narrative Therapy: Questioning the Postmodern Rejection of Metanarrative", *Journal of Psychology and Theology*, vol. 32 (2004), 227.
352) James K. A. Smith, "A Little Story about Metanarratives: Lyotard, Religion, and Postmodernism Revisited", *Faith and Philosophy*, vol. 18, no. 3 (July 2001), 354.
353) Jean-François Lyotard, 『포스트모던적 조건: 정보사회에서의 지식의 위상』, 이현복 역 (서울: 서광사, 1992), 133. Lyotard에 의하면 기독교 역시 하나의 거대담론이 된다. 이러한 이유 때문에 기독고 안에서는 Lyotard의 주장에 대한 논쟁이 일어났다. J. Richard Middleton과 Brian J. Walsh는 성서가 "보편적 주장을 만드는 거대담론을 성립"시키며, 기독교 신앙 역시 "부정할 수 없을 정도로 거대담론에 뿌리를 두고 있는 것"으로 본다. 이와 반대로 James K. A. Smith는 성서가 Lyotard의 의미에서의 거대담론은 아니라고 본다. 왜냐하면 성서의 스토리는 보편적 이성에 호소하지 않고 신앙을 신뢰하기 때문이다. Justin Thacker는 이런 입장들과 달리 Lyotard와 기독교를 통합하는 제3의 길을 모색하고자 한다. J. Richard Middleton and Brian J. Walsh, *Truth Is Stranger Than It Used to Be: Biblical Faith in a Postmodern Age* (Downers Grove: InterVarsity Press, 1995), 83; Smith, "A Little Story about Metanarratives: Lyotard, Religion, and Postmodernism Revisited", 355; Justin Thacker, "Lyotard and the Christian Metanarrative: A Rejoinder to Smith and Westphal", *Faith and Philosophy*, vol. 22, no. 3 (July 2005): 312.
354) Lee, "Agency and Purpose in Narrative Therapy", 222; Lyotard, 『포스트모

던적 조건』, 133; 유철상, "최근 소설의 환상적 경향과 그 의미: 거대 담론의 상실과 환상의 강화 양상을 중심으로", 『현대소설연구』, 12권 (2000), 117; 강남순, "Terrorism of Truth?: The Challenge of Postmodernism and Its Implication for Religion in the New Millenium", 『한국기독교신학논총』, 18집 (2000), 371.
355) Lee, "Agency and Purpose in Narrative Therapy", 227-8. 거대담론은 상담에서 정당한 위치를 가지고 있다. 거대담론은 상담 안에서 특별한 지위를 가지고 치료적 대화의 한 요소가 될 수도 있고, 긍정적이 임상효과를 만들어 내기도 한다.
356) Ibid., 228.
357) Teilhard는 과정신학자로 분류되나 다른 과정신학자와는 구별된다. 그는 신부이자 인류학자로서 신학을 접목한 사람이다. 과정신학과 Teilhard의 차이는 신과 인간의 합일에서 인간의 개체성을 인정하느냐 하지 않느냐이다. 과정철학 내지 과정신학은 인간의 개체성을 인정하지 않지만 Teilhard의 오메가 포인트는 인간의 개체성을 인정한다. 이 부분이 과정신학보다는 Teilhard을 성서와 목회상담에 더 가깝게 만든다. Teilhard은 인간현상을 물질에서 생명으로, 생명에서 정신을 거쳐 오메가 포인트로 나아가는 것으로 이해한다. 이것은 Tillich의 "생명과 성령" (Life and the Spirit)의 개념과 일치한다. 단 마지막 오메가 포인트가 Tillich에게서는 성령으로 나타나는 점에서 차이가 있다. Paul Tillich, *Systemic Theology*, vol. 3 (Chicago: The University of Chicago, 1976), 11-30; Pierre Teilhard De Chardin, *Phenomenon of Man* (New York: Harper & Row, 1975), 262-3. 김용민, "페어베언의 발달이론과 신앙", 107-8.
358) Teilhard, *Phenomenon of Man*, 258-9.
359) Faricy, 『떼이야르 드 샤르댕의 신학사상』, 66.
360) Ibid., 89.
361) Faricy, 『떼이야르 드 샤르댕의 신학사상』, 95-6; 맹용길 편, 『현대신학사상 I』, 257.
362) Teilhard, *Phenomenon of Man*, 259-60, 290.
363) 맹용길 편, 『현대신학사상 I』, 247.
364) Palmer, 『해석학이란 무엇인가』, 352.
365) Woodyard, 『현대 신학자들의 하나님 이해』, 109.

Ⅱ부
리쾨르 해석학의 목회상담적 이해

해석학을 목회상담의 실례에 적용하기 위해서는 먼저 목회상담의 관점에서 해석학을 살펴볼 필요가 있다. 특히 해석학과 목회상담의 상관관계 속에서 해석학을 살펴보는 것이 필요하다. 본 장에서는 필자가 이 책에서 적용하고자 하는 리쾨르 해석학을 목회상담과의 상관관계 속에서 살펴보고자 한다. 먼저 리쾨르 해석학에 대한 전이해를 위해 그의 해석학의 흐름을 전체적으로 개관하고, 이어서 목회상담의 방법론적인 측면에서 리쾨르의 텍스트 해석학을, 목회상담의 관계구조적인 측면에서 리쾨르의 해석학적 순환을, 목회상담의 상담과정의 측면에서 리쾨르의 미메시스를 살펴보고자 한다. 본 장에서는 리쾨르 해석학을 목회상담과의 연관성 속에서 한정적으로 다루게 될 것이다.

4장
리쾨르 해석학의 흐름

리쾨르는 끊임없는 학문의 열정을 소유했던 인물로 연대별로 다른 학문적 특징을 나타내고 있다.366) 1950년대 리쾨르는 '의지의 철학'을 시작으로 해서 1960년대에는 '상징 해석학'을 전개한다. 이 시기에 리쾨르는 악에 대한 연구와 프로이트에 대한 연구를 통해서 상징 해석학을 전개했다. 또한 리쾨르는 1970년대에 들어 '은유 해석학'을 전개했으며, 1980년대에는 '행위 해석학'을, 그리고 1990년대에는 '자기 해석학'을 전개했다. 이러한 학문에 대한 열정은 최종적으로 2000년대에 '윤리학'에 대한 관심으로 나아갔으며, 이러한 관심은 2005년 그가 죽음을 맞이하기까지 계속되었다.367)

이러한 리쾨르의 해석학은 텍스트 해석학이라는 용어로 포괄할 수 있다. 실제로 리쾨르의 해석학은 무엇을 텍스트로 삼느냐에 차이가 있을 뿐 텍스트를 통해서 인간 존재를 드러내고자 하는 기본적인 방향에는 변화가 없다.368) 또한 리쾨르의 텍스트 해석학은 시기적으로 상징 해석학과 은유 해석학 사이에서 구체화되지만, 그의 모든 학문적 영역에 직접적인 영향을 미치고 있다.369) 왜냐하면 텍스트 해석학은 리쾨르에게 있어서 가장 기본적인 해석학 방법론이었기 때문이다. 결국 리쾨르에게 있어서 텍스트가 바

꾄다는 것은 해석의 대상이 변화하는 것이며, 이러한 변화가 시기별로 그의 학문적 특징을 만들어 내게 되었다.

리쾨르 해석학의 특징은 한마디로 우회로detours를 갖는다고 말할 수 있다.370) 여기서 우회로란 '존재로 나아가는 길' route이며, '진리에 이르는 길'로서 리쾨르에게 있어서 그 길은 짧지 않다.371) 리쾨르에게 있어서 우회로는 상징, 은유, 내러티브를 가리키는 것으로, 해석되어야 할 텍스트이자 의미의 매개이다. 그러므로 리쾨르 해석학은 이것을 해석해 내는 것이 핵심이며, 이러한 과정을 통해서 존재 또는 진리를 드러내는 것이 목표이다.372) 이런 측면에서 볼 때 리쾨르 해석학은 '우회로의 해석학' 또는 '매개 해석학'이라고 부르는 것이 가능하다. 여기서는 이러한 우회로에 근거하여 상징 해석학, 은유 해석학 그리고 내러티브 해석학으로 리쾨르의 해석학을 개관하고자 한다.373)

1. 상징 해석학

해석학적 관점에서 볼 때 리쾨르의 첫 번째 매개는 상징이다.374) 그는 『악의 상징』The Symbolism of Evil과 『프로이트와 철학』Freud and Philosophy을 통해서 상징 해석학을 전개한다. 상징에 대한 주된 논의는 주로 『악의 상징』에서 이루어지며, 리쾨르는 이 책에서 현상학에서 해석학으로 학문적 전이를 이룬다.375) 리쾨르의 이러한 학문적 전이는, 현상학은 "기본적으로 불합리한 악한 행동을 다룰 수 없으며", "악은 단지 상징과 내러티브를 통해서 간접적으로만 표현"될 수 있다는 생각 때문이었다.376)

리쾨르에게 있어서 상징은 분명히 '기호'이다.377) 그러나 "상징은 곧 기호"라고 말할 수는 없는데, 그 이유는 "자기 넘어 무언가를 가리키는" 기호가 모두 상징은 아니기 때문이다.378) 실제로 상징은 단순히 문자적 의미를 가리키는 '1차 지향성' 외에 그와 관련된 상황을 가리키는 '2차 지향성'을 가지고 있다.379) 결국 상징은 문자가 가지고 있는 의미의 유비활동을 통해서 인간에게 생각을 불러일으킨다.380) 즉 '상징에 대한 묵상meditation'을 통해서 어떤 '순간적 성찰reflection'이 발생하게 되는 것이다.381) 이렇게 상징이 생각을 불러일으킨다는 리쾨르의 견해는 이미 성서 속에서도 나타나고 있다.공동번역 출 28:12, 29, 30:16; 민 17:3, 25 이런 의미에서 인간은 더 이상 '능동적 사유 주체'가 아닌 수동적 사유자가 된다.382)

리쾨르가 말하는 상징의 영역은 '시'와 '종교'와 '꿈'이다. 이것은 모두 과거의 경험과 관계가 있으며 그것을 통해서 드러내고자 하는 이상을 지시하고 있다. 시의 상징, 종교의 상징, 꿈의 상징은 리쾨르가 볼 때 서로 깊은 관계가 있으며, 이것에 대한 해석을 통해서 인간은 '자기 자신'이 되어 간다.383) 리쾨르는 특히 꿈에 관심을 가지고 있는 프로이트에 대한 연구를 통해서 이러한 상징에 대한 연구를 이어간다.384)

리쾨르는 『프로이트와 철학』에서 상징에 대한 두 가지 종류의 해석에 대해서 언급한다.385) 하나는 "의미의 상기로서의 해석"interpretation as recollection of meaning이고, 다른 하나는 "의심의 실행으로서의 해석"interpretation as exercise of suspicion이다. "의미의 상기로서의 해석"은 의심의 반대인 믿음faith을 강조한다. 그러나 여기서의 믿음은 맹목적인 믿음이 아니며 해석을 통해서 얻어진 "두 번째 믿음"second faith이다.386) 이러한 해석은 기본적으로 상징의 의미를 되살리는 것이 가능하다고 본다. 그러나 이것은 현존재로서의 해석자가 현재 그것을 할 수 있다는 것이 아니라 미래에 그렇게 될 것을 "긍정하고 희망"하는 것이다.387) 그러므로 이것은 '긍정의 해석학'이라고 불릴 수 있다.

"의심의 실행으로서의 해석"은 '의심의 해석학' hermeneutics of suspicion으로 불리는 것으로 리쾨르의 '철학적 기획' philosophical project에서 중요한 차원에 해당한다.388) 베르너 진론드Werner G. Jeanrond는 이런 면에서 리쾨르를 '해석이론에 비판적 관심을 적절하게 통합한 첫 번째 사람'이라고 평가한다.389) 리쾨르는 칼 마르크스Karl Marx, 프리드리히 니체Friedrich Nietzsche 그리고 프로이트를 기본적으로 모든 의식을 거짓된 것으로 보고 그 밑에 숨겨진 것을 드러내려고 한 사람들로 본다.390) 리쾨르에게 있어서 이들은 '파괴적인 비판'과 '해석하는 기술'을 통해서 허위의식과 권력의 의지와 무의식에 의해서 오염되어져 있는 해석자의 지평을 깨끗하게 해준 사람들이었다.391) 리쾨르는 이들이 전개한 해석학을 의심의 해석학으로 보고, 이를 '폭로의 전략'으로 생각했다.392) 이러한 입장에서 볼 때 상징은 "이중적 의미 구조를 통해서 존재의 모호함을 드려내는 것"이라고 할 수 있다.393)

리쾨르의 상징 해석학은 의심의 해석학과 마찬가지로 하나의 폭로의 전략이다. 왜냐하면 상징에 대한 해석을 통해서 그 안에 감추어진, 또는 그것이 드러내는 의미를 찾아가는 것이기 때문이다.394) 그러나 긍정의 해석학과 의심의 해석학은 분리될 수 있는 것이 아니다.395) 긍정과 의심의 대극적 긴장관계를 유지하는 가운데, 의심을 통해서 해석자의 무의식, 허위의식, 권력의 의지를 제거하고, 상징에 대한 건강한 비판을 통해 온전한 해석의 가능성을 열어 놓고 끊임없이 해석 작업을 해 나가야 한다.396) 결국 둘은 나누어진 것이 아니라 하나의 해석 작업으로 볼 수 있으며, 단 스타이버Dan R. Stiver는 이러한 리쾨르의 해석학을 '의심의 해석학'으로 통칭하고 '예언자적 비판과 희망'이라는 신학적 범주와 연결시키고 있다.397)

2. 은유 해석학

리쾨르는 상징 해석학에 이어 은유 해석학을 전개한다. 리쾨르가 은유에 관심을 갖게 된 이유는 은유를 통해서 진리에 이르는 것이 가능하다고 보았기 때문이다.398) 여기서 진리는 헬라어로 'ἀλήθεια'이다. 이 단어는 "감추어져 있는 것을 들춰내고 망각된 것을 상기시키는 것"이라는 의미를 지니고 있는데, 리쾨르에 의하면 은유가 바로 이 작업을 담당한다.399) 이러한 은유는 '해독' deciphering을 필요로 하기 때문에 해석학의 대상이 될 수 있다.400)

리쾨르의 은유 해석학은 1972년 "은유와 해석학의 중심문제"La Métaphore et la problème central de l'herméneutique에서 비롯되어 1975년『살아 있는 은유』La Métaphore vive에서 구체화되었다.401) "은유와 해석학의 중심문제"에서 리쾨르가 하고자 했던 말은 은유가 해석학에 있어서 '해석학적 열쇠'라는 사실이다.402) 리쾨르는『살아 있는 은유』에서 단어, 문장, 텍스트담론 속에 나타나는 은유를 각각 수사학, 의미론, 해석학의 관점에서 고찰하는 과정을 통해 이러한 사실을 드러내 주고 있다.403)

리쾨르는 은유에 대한 논의를 아리스토텔레스Aristoteles와 함께 시작한다. 아리스토텔레스는 은유를 단어적인 수준에서 정의했으며, 리쾨르는 이러한 수준의 은유를 주로 기호론적 측면에서 수사학과 관련시키고 있다.404) 리쾨르는 단어를 '은유적 용법'과 더불어 '비문자적인 의미'를 소유하고 있는 것으로 본다.405) 이러한 단어는 특별한 맥락 속에서 '떠오르는 의미' emergent meaning를 운반하는 역할을 한다.406) 이 때 떠오르는 의미는 일상적인 수준을 벗어나게 되는데, 이러한 현상을 가리켜 '전의'라고 한다.407) 전의는 이외에도 "두 개의 단어 사이에 '동일한 성질'을 발견하여 하나의 단어를 다른 단어로 대체"하는 과정을 포함하게 된다.408) 결국 단어적 수준에서의 은유란 단어의 문자적 내지는 일상적 의미를 떠오르는 의미, 즉 비유적 의미로 일탈시키고, 이러한 의미를 다시 새로운 문자적 단어로 바꾸어주는 것이다.409)

리쾨르는 단어적 수준에서의 은유에 대한 논의에서 '의미의 변화'라는 측면을 강조한다. 이러한 변화는 "논리가 멈추는 그곳에서 시작"하며, 이렇게 시작된 과정이 곧 새로운 의미의 창조과정이 된다.410) 또한 은유는 술어와 관련되어 있다. 여기서 말하는 술어는 '비관여적 술어'이다. 즉 주어와 관계되지 않는 술어를 통해서, "다름을 같음 속으로 융합해 가는" 과정을 통해서 새로운 의미를 만들어 간다.411)

단어적 수준에서의 은유에 대한 논의는 문장적 수준의 은유에 대한 논의로 넘어간다. 왜냐하면 단어의 "문자적 사전적 정의가 은유를 제한"할 뿐만 아니라 은유가 가지고 있는 본래적 의미가 단순한 단어의 차원을 넘어서기 때문이다.412) 실제로 은유는 단어보다는 문장의 수준에서 보다 '창조적이고 풍성한 의미를 형성'하게 된다.413) 여기서 리쾨르는 은유에 대한 논의를 의미론과 연관시킨다.

의미론에서의 기본단위는 문장이며, 문장을 "최소한의 완전한 의미의 담지자"로 본다.414) 은유의 위치는 단어만도, 문장만도 아니며 "단어들과 문장들 사이"이다.415) 여기서 중요한 개념은 '의미론적 혁신' semantic innovation이다.416) 이것은 실제로 리쾨르가 '살아 있는 은유' living metaphor라고 말할 때 '살아 있는'이라는 낱말이 뜻하는 것이다.417) 결국 의미론적 혁신이란 리쾨르가 『살아 있는 은유』를 통해서 궁극적으로 주장하고자 했던 바라고 할 수 있다.

의미론적 혁신은 새로운 의미를 만들어 내는 살아 있는 은유의 기능을 가리킨다.418) 의미론적 혁신을 통해서 만들어진 의미는 사전적인 의미뿐만 아니라 본래 술어가 가지고 있었던 의미와도 동떨어지게 된다. 이러한 의미가 만들어지는 과정에는 닮음과 상상력이 중요한 역할을 하게 되는데, 닮음이 적을수록 더 많은 상상력을 요구하게 되고, 그 결과 더 커다란 의미론적 혁신이 일어나게 된다.419) 이 때 기본적인 의미론적 범주들이 파괴되고 새로운 의미론적 범주들이 재형성되는데, 이것을 가리켜 '은유의 힘'이라고 한다.420) 이러한 은유의 힘이 곧 의미론적 혁신이다.

은유에 대한 논의는 단어적, 문장적 수준을 넘어 텍스트적 수준으로 나아가 해석학적 논의와 연결된다.421) 여기서 중요한 것은 '은유의 지시' metaphorical reference이다. 은유의 지시는 '은유의 세계'를 가리킨다.422) 이것은 텍스트 해석학에서 텍스트의 세계와 같다. 즉 은유의 해석학적 수준은 은유적 담론을 텍스트로 보고 그것이 지시하는 세계를 찾아가는 것이라고 할 수 있다. 실제로 은유의 문장적 차원에서도 의미와 더불어 지시를 언급하기도 하지만 지시는 텍스트 차원에 더 가깝다고 볼 수 있다.423) 리쾨르는 이러한 논의에서 은유가 '존재론적 열정' ontological vehemence을 소유하고 있으며, 이러한 존재론적 열정이 실재를 재진술하는 것을 통해서 "새로운 세상을 기투"한다고 본다.424)

실재에 대한 재진술을 통해서 새로운 세상을 보여주는 은유의 지시는 제임스 디센소James Dicenso가 볼 때, 인간의 "세계-내-존재적인 측면을 폭로"한다.425) 즉 은유의 지시는 세계-내-존재로 피투되어진 인간의 실존을 드러내주면서 동시에 새로운 세계를 향해서 기투해야 하는 측면을 보여준다. 이것을 위해 살아 있는 은유는 새로운 방식으로 새로운 관점을 제공하여 인간으로 하여금 생각하도록 만든다.426) 이렇게 제공된 새로운 관점은 새로운 정보를 부여하며, 이것을 통해서 "실재에 대한 무언가 새로운 것"을 드러내 준다.427)

은유가 지시하는 세계는 해석적 과정을 통해서 드러난다. 즉 은유는 텍스트 수준에서 볼 때 해석을 요청하는 하나의 텍스트이다. 그런데 리쾨르의 은유 해석학에서 주목할 만한 한 가지는 리쾨르가 '은유를 다의적인 언어로 언급하고 있음에도 불구하고 해석학이 하나의 의미를 향해서 분투해야 한다'고 주장한다는 점이다.428) 결국 다의적인 언어인 은유를 통해서 다양한 은유의 세계가 등장하지만 그것이 지향하는 바는 결국 하나이다. 이러한 사실은 리쾨르의 은유 해석학이 다양성을 존중하고 있지만 결국에는 유일한 진리를 지향하고 있음을 보여준다.

3. 내러티브 해석학

리쾨르가 마지막 우회로로 선택한 것은 내러티브이다. 내러티브는 그의 최종적인 관심인 만큼 그 안에 많은 요소들을 담지하고 있다. 리쾨르는 내러티브를 통해서 행위 해석학, 자기 해석학 그리고 윤리학을 전개했다. 행위 해석학은 그의 관심이 더 이상 기록된 텍스트에 머무를 수 없었다는 사실을 보여준다. 자기 해석학은 그가 해석학을 통해서 추구했던 것이 바로 자기 자신이자 인간이라는 사실을 시사한다. 또한 윤리학은 인간으로서 이 세상을 어떻게 살아야 할 것인가에 대한 그의 최종적인 관심을 보여준다.

행위 해석학은 텍스트에 대한 리쾨르의 관심이 기록된 텍스트를 넘어 인간의 행위까지 나아갔음을 보여준다.[429] 실제로 리쾨르는 인간의 행위와 그러한 행위를 수행하는 사람에 대해서 자세한 설명을 제공했으며, 이로 인해 인간에 대한 이해를 더욱 깊게 만들어 주었다.[430] 리쾨르의 이러한 인간의 행위에 대한 관심은 인문사회과학의 영역에 막대한 영향을 미쳤으며 실제로 리쾨르의 공헌 중 가장 큰 것으로 평가되고 있다.[431]

리쾨르가 인간의 행위를 해석의 대상으로 삼고자 했을 때 부딪히게 되는 가장 커다란 문제는 '글로 고정된 텍스트'를 해석하는 방법론을 인간의 행위를 해석하는 방법론으로 사용할 수 있는가에 대한 것이다.[432] 이 문제를 해결하기 위해서는 텍스트가 무엇인가에 대한 정의를 필요로 한다. 리쾨르는 "글로 고정된 담론"을 텍스트로 정의하고 있으므로 원칙적으로 인간의 행위는 텍스트가 될 수 없다. 리쾨르는 이 문제를 해결하기 위해 '유사 텍스트'라는 개념을 도입한다. 즉 '글로 고정된' 것은 아니지만 텍스트의 특성을 공유하고 있다면 그것 역시 텍스트로 볼 수 있다는 것이다.

리쾨르는 인문과학의 대상인 인간의 행위가 텍스트의 구성요소를 지니고 있으며, 그 방법론 역시 텍스트 해석의 절차와 동일하다고 주장하면서 인간의 "의미 있는 행위"가 텍스트가 될 수 있다는 사실을 보여준다.433) 리쾨르가 볼 때 의미 있는 행위는 1) 텍스트의 고정성과 유사한 객관화 과정이 있으며, 2) 텍스트가 저자와 분리되듯이 행위자로부터 분리되어 그 자체적 결과를 만들어 내고, 3) 텍스트가 실물적인 지시를 넘어서듯이 그 처음의 상황을 넘어서는 무엇인가를 가리키며, 4) 텍스트와 마찬가지로 누구에게나 해석될 수 있는 개방성을 가지고 있다.434)

리쾨르의 행위 해석학은 그 기원을 재구성의 해석학에서 찾아볼 수 있다. 슐라이어마허는 저자의 의도를 재구성하고자 하는 심리적인 해석에서 멈추었으나 딜타이는 저자의 체험을 재구성하려고 함으로써 인간의 체험을 텍스트로 보게 된다. 즉 이미 이 때부터 해석학에서는 인간의 행위를 하나의 텍스트로 보기 시작했던 것이다.435) 이후 전이해의 해석학은 이러한 인간 행위에 대한 관심을 극대화 시킨다.436) 하이데거는 현존재로서의 해석자에 초점을 둠으로써 해석자 내지는 해석자의 행위를 텍스트로 삼았으며, 가다머는 선입견이나 전통을 강조함으로써 인간의 행위에 영향을 미치는 요소들을 강조했다.

그러나 리쾨르는 인간의 행위에 대한 관심에는 변화가 없었지만, 인간의 행위를 재구성이나 전이해의 해석학자들처럼 직접적으로 해석하지는 않았으며, 상징·은유·내러티브라는 우회로를 통해서 그것을 해석하고자 했다. 이 중에서도 리쾨르가 특히 주목했던 것은 내러티브이다. 내러티브는 그 안에 인간의 행위를 담고 있으며, 이미 하나의 텍스트로서 해석학의 대상이 된다. 이러한 내러티브는 자연스럽게 정체성의 문제를 제기하게 된다.437) 왜냐하면 내러티브를 통해서 그 안에 있는 행위의 주체를 파악할 수 있기 때문이다. 즉 그러한 행위를 하고 있는 '행위자는 누구인가'라는 문제가 제기될 수 있다.

자기 해석학은 '나는 누구인가'라고 하는 자기 정체성에 대한 물음과 그에 대한 답변이다.438) 행위 해석학이 인간의 행위에 대한 것이라면 자기 해석학은 그 행위의 주체가 누구인가에 대한 것이다. 즉 현존재가 누구인가에 대한 답변이라고 할 수 있다.439) 리쾨르는 이러한 논의를 1990년에 출간된 『타자로서 자기 자신』Oneself as Another에서 전개한다.440) 여기서 리쾨르는 내러티브를 통해서 "인간 자신과 주체의 본성을 탐구"하고자 했다.441) 리쾨르에게 있어서 내러티브는 자기를 이해하기 위한 특별한 매개이다.442)

리쾨르는 코기토Cogito에 대한 논의에서 코기토를 확실한 하나의 토대로 보는 르네 데카르트René Descartes의 입장과 코기토가 하나의 토대가 될 수 없는 불확실한 것이라는 니체의 주장을 논의한다.443) 이러한 논의를 통해서 리쾨르는 자기 해석학이 데카르트의 코기토와, 그리고 니체의 코기토와 동일한 거리를 유지해야 한다고 주장한다.444) 리쾨르는 이러한 사실을 토대로 '성찰', '자기성과 자체성', '자기성과 타자성' 등 세 가지를 자기 해석학에서 중요한 요소로 보고 있다.445) 이 중에서 특별히 내러티브와 관련된 것은 자기성과 자체성에 대한 논의이다.

정체성에 대한 논의에서 혼란이 발생하는 중요한 요인 중의 하나는 자기성ipse-identity과 자체성idem-identity을 구분하지 않는다는 데 있다.446) 자기성과 자체성을 구분하는 가장 중요한 요소는 시간성이다.447) 자기성은 시간을 전제로 하여 그 속에서 '변화하는 부분'을 가리킨다. 그러나 자체성은 시간을 배제한 것으로 시간의 변화에도 불구하고 '지속되는 부분'을 가리킨다. 자기성은 '타인과의 관계'를 통해서 인간의 내면에서 지각되는

자기이고, 자체성은 '타인과의 비교'를 통해서 타인의 시선에 비쳐지는 자기이다.448)

이러한 자체성과 자기성이 모두 충족되어질 때 개인의 정체성personal identity에 대해서 말할 수 있다. 이것을 위해서 리쾨르가 창안한 것이 바로 "내러티브 정체성"narrative identity이다.449) 윤성우는 리쾨르의 내러티브 정체성을 내러티브 자체의 정체성, 내러티브 속 인물의 정체성 그리고 내러티브를 통한 독자의 정체성 등 세 가지로 분류한다.450) 내러티브 자체의 정체성은 줄거리 구성에 기인한 것이며, 내러티브 속 인물의 정체성은 등장인물이 가지고 있는 정체성을 말하는 것이고, 내러티브를 통한 독자의 정체성은 독자가 등장인물과 자신을 동일시하는 것형상화된 나에서 시작하여 그 인물을 통하여 자기를 성찰함으로써 만들어지는 정체성재형상화 된 나을 가리킨다. 여기서 중요한 전제는 인간은 공동체의 일부이며, 공동체가 가지고 있는 내러티브의 일부라는 사실이다.451)

『타자로서 자기 자신』은 『시간과 이야기』에서 시작된 내러티브 이론을 행위 해석학과 자기 해석학을 넘어 윤리학으로 발전시켰다.452) 실제로 그의 모든 해석학이 윤리학의 범위 안에 있다고 해도 과언이 아니라고 할 수 있다. 리쾨르는 이미 『악의 상징』에서 윤리적인 측면을 다루었으며, 텍스트 해석학에서 해석의 문제를 단순한 이해의 차원이 아니라 실존적 결단과 그것을 통한 행위까지 나아갔고, 이것이 결국은 그의 해석학을 행위 해석학과 자기 해석학으로 확장하는 계기가 되었다.453)

윤리는 리쾨르에게 있어서 윤리와 도덕을 포괄하는 개념이다.454) 윤리는 "정의로운 제도 속에서, 다른 사람들을 위해 그들과 함께 하는 좋은 삶good life"을 목표로 한다.455) 이것은 각각 윤리의 세 가지 요소와 관계를 갖는다. '좋은 삶'은 자기와 관련되어 있으며, 여기서 중요한 것은 자기 존중이다. 자기 존중은 "자기능력, 즉 주체의 행위 할 수 있는 능력을 존중의 대상으로 삼는 것"이며, "이러한 자기능력을 실현하기 위해서 자기가 타자와 유기적으로 연결되어야 한다."456) 또한 '다른 사람들을 위해 그들과 함께 하는' 타자와 관련되어 있으며, 여기서 중요한 것은 배려이다. 배려는 자기존중과 분리될 수 없다.457) 마지막으로 '정의로운 제도'는 제도와 관련되어 있으며 이것은 좋은 삶을 지향하는 장소이자 조건이 된다.458)

리쾨르의 윤리학에서 마지막으로 언급할 수 있는 요소는 "실천적 지혜" practical wisdom이다.459) 실천적 지혜는 "윤리적 일상 행위와 경험을 이해"하는 역할을 하는 것으로 인간의 "행위 세계에 대한 선이해"를 의미한다.460) 이것은 인간의 행위를 이해하기 위한 전제가 된다. 또한 실천적 지혜는 인간의 행위를 해석할 때 타인의 입장을 먼저 고려하는 것을 가리킨다. 이 때 실천적 지혜는 가치중립적일 수 없고, 이러한 과정을 통해 새로운 자기이해를 가져오게 되는데 이 과정에 윤리성이 전제되어 있다. 또한 실천적 지혜는 "좋은 삶에 합당한 행위들을 숙고하여 선택하는 능력"으로 정의될 수 있다.461) 이를 위해 실천적 지혜는 "행복과 고통의 관계"에 대해 숙고하는 일을 해야 한다.462)

---

366) Charles E. Reagan, *Paul Ricoeur: His Life and His Work* (Chichago: The University of Chicago Press, 1996), 14-51; S. H. Clark, *Paul Ricoeur* (London: Routledge, 1990), 1-12; 김종걸, "리쾨르 해석학의 흐름," 『실천하는 신학』, 4집 (1995): 44; 정기철, 『상징, 은유 그리고 이야기』 (서울: 문예출판사, 2004), 9-10.
367) 이러한 구분은 시기별 학문적 특징을 드러내기 위한 편의상의 것으로 실제로는 Ricoeur의 초기의 관심 영역이 계속해서 후기의 관심 영역에 영향을 미치고 있고, 후기의 관심 영역 역시 초기의 관심 영역 곳곳에서 나타나고 있다.
368) Kevin J. Vanhoozer, *Biblical Narrative in the Philosophy of Paul Ricoeur: A Study in Hermeneutics and Theology* (Cambridge: Cambridge University

Press, 1990), 7.
369) Ricoeur의 상징은 하나의 기호나 단어도 될 수 있으므로 하나의 텍스트로 보기 어려운 면이 있는 것은 사실이나 그것을 해석하는데 있어서 텍스트 해석학 방법론을 사용하는 것은 가능하며, 이미 상징 해석학에서 일부를 사용하고 있다. Ricoeur의 텍스트 해석학이 역사적으로 드러난 것이 상징 해석학 이후 이기는 하나 이미 Gadamer의 영향 아래서 상징 해석학에서도 사용하고 있었던 것으로 볼 수 있다.
370) Ibid., 우회로는 "인간 존재의 의미를 드러내는 상징, 신화, 은유 그리고 텍스트를 통과해 가는 것"을 가리킨다.
371) 정기철, 『상징, 은유 그리고 이야기』, 11.
372) Heidegger는 주로 존재를 드러내는데, Gadamer는 주로 진리를 드러내는데 관심이 있었으며, Ricoeur는 이 두 가지를 같은 것으로 보고 이 가운데 하나 또는 둘 모두를 해석학적 목표를 언급할 때 사용한다.
373) 이러한 구분에 따르면 1980년대 이후에 전개된 행위 해석학, 자기 해석학, 윤리학은 모두 내러티브 해석학에 속하게 된다. 그러나 여기서 한 가지 명심해야 할 것은 Ricoeur의 윤리학은 그의 해석학의 중심이자 마지막이기 때문에 어느 하나에 포함될 수 없다는 사실이다.
374) Peter E. Fink, "Theoretical Structures for Liturgical Symbols", *Liturgical Ministry*, vol. 2 (Fall 1993): 125-8.
375) 김종걸, 『리꾀르의 해석학』 (서울: 한들, 2003), 79-80. Ricoeur의 관점에서 볼 때 해석학과 현상학은 '상호적'이다. "해석학은 현상학에서 출발하며, 현상학은 해석학의 요소를 전제하고 있다. 그 해석학의 요소란 해석(Deutung)이다." 정기철, "리꾀르의 악의 상징", 『철학과 신학』, 정기철 편 (서울: 한들, 2000), 217.
376) Stiver, *Theology after Ricoeur*, 26; Loretta Dornisch, "An Introduction to Paul Ricoeur", *Theology Digest*, vol. 24 (1976): 148.
377) Paul Ricoeur, *The Symbolism of Evil*, trans. Emerson Buchanan (Boston: Beacon Press, 1967), 14.
378) Ibid., 28.
379) Ibid.
380) Ibid., 32.
381) Paul Ricoeur, *The Conflict of Interpretations: Essays in Hermeneutics*, trans. Bernard P. Dauenhauer (Evanston: Northwestern University Press, 2007), 287.
382) "언어(여기서는 상징)는 이를 개별적으로 현실 속에서 실행하는 개별적 우리보다 선행적으로 있다. 그래서 우리가 아니라 상징이 어떤 사유를 우리에게 불러일으킨다." 윤성우, 『폴 리꾀르의 철학』 (서울: 철학과 현실사, 2004), 49.
383) Ricoeur, *The Symbolism of Evil*, 12-8.
384) Dornisch, "An Introduction to Paul Ricoeur", 148. 상징에 대한 해석을 위해 실

시된 Freud에 대한 연구는 정신분석보다는 해석학적으로 더 중요한 연구였으며, 그 후 Ricoeur를 사로잡았던 언어적 전회(a linguistic turn)를 대표했다. 이 때 이러한 언어적 전회의 시발점은 "상징, 즉 이중적이거나 다의적 의미를 띤 언어적 표현물에 대한 관심"이었다. Stiver, *Theology After Ricoeur*, 26; 윤성우, 『폴 리쾨르의 철학』, 50.

385)Dornisch, "An Introduction to Paul Ricoeur", 148.
386)Ricoeur, *Freud and Philosophy*, 28.
387)김종걸, "리쾨르 해석학의 흐름", 48.
388)Stiver, *Theology after Ricoeur*, 137.
389)Werner G. Jeanrond, *Theological Hermeneutics: Development and Significance* (New York: Crossroad, 1991), 74.
390)Ricoeur, *Freud and Philosophy*, 33.
391)Ibid., 33-4.
392)정기철, "해석학과 정신분석학의 만남이 주는 의미에 대한 고찰: 리쾨르를 중심으로", 『해석학 연구』, 9권 (2002): 98.
393)Ricoeur, *The Conflict of Interpretations*, 67. 그러나 Ricoeur는 『해석이론』에서 과거 그가 『악의 상징』과 『프로이트와 철학』에서 기술했던 내용을 일부 수정한다. 즉 그전에는 상징을 이중의 의미를 지니는 의미론적 구조로만 파악했으나 실제로는 언어화될 수 없는 비의미론적 구조도 가지고 있다는 사실을 새롭게 제시한다. Ricoeur, 『해석이론』, 88, 104-13.
394)Ricoeur는 상징이 드러내는 바를 "인간"이라고 본다. Ricoeur, *The Symbolism of Evil*, 356-7.
395)김종걸, "리쾨르 해석학의 흐름", 48.
396)정기철, 『해석학과 학문과의 대화』 (서울: 문예출판사, 2006), 93. 정기철은 Ricoeur가 "알파와 오메가, 근원과 독적이 함께 공존하는" 기독교 종말론을 의심의 해석학과 긍정의 해석학을 종합할 수 있는 모델로 본다고 말한다.
397)Stiver, *Theology after Ricoeur*, 137.
398)정기철, "해석학적 관점에서의 독자", 『독서연구』, 16호 (2006): 38.
399)정기철, 『상징, 은유 그리고 이야기』, 64.
400)Dornisch, "An Introduction to Paul Ricoeur", 150.
401)"La Métaphore et la problème central de l'herméneutique"는 1981년에 "Metaphor and the Central Problem of Hermeneutics"로 번역되어 "Paul Ricoeur, *Hermeneutics and the Human Sciences*, 165-81"에 실렸으며, La Métaphore vive는 1977년에 "Paul Ricoeur, *The Rule of Metaphor: Multi-Disciplinary Studies for the Creation of Meaning in Langue*, trans. Robert Czerny, et al. (Toronto: University of Toronto Press, 1977)"로 영역되었다.
402)Stiver, *Theology after Ricoeur*, 105.
403)Karl Simms, 『해석의 영혼 폴 리쾨르』, 김창환 역 (서울: 앨피, 2009), 123.

404) Aristoteles는 은유를 "유에서 종으로, 혹은 종에서 유로, 혹은 종에서 종으로, 혹은 유추에 의하여 어떤 사물에다 다른 사물에 속하는 이름을 전용하는 것"이라고 정의했다. Aristoteles, 『시학』, 천병희 역 (문예출판사, 2002), 124; Dan R. Stiver, 『종교언어철학』, 정승태 역 (대전: 침례신학대학교 출판부, 2001), 196.
405) Ricoeur, *Hermeneutics and the Human Sciences*, 166.
406) Ibid.
407) Ricoeur, *The Rule of Metaphor*, 41. Ricoeur는 은유를 "일반적인 용법에서의 일탈"로 보며, 이러한 "일탈을 통해 특권을 누리는 도구"라고 본다.
408) 최성민, "은유의 매개와 서사의 매체", 『시학과 언어학』, 15호 (2008): 52-3.
409) 박성창, "시언어와 창조적 은유: 리꾀르의 철학적 은유론의 문체론적 적용을 위한 시론", 『불어불문학 연구』, 35집 (1997): 56.
410) 정기철, 『상징, 은유, 이야기』, 68.
411) 은유의 단어적 수준에서 중요한 개념은 '닮음'과 '대체'이다. 닮음은 "다름 속에서 같음을 보는 것"이고, 대체는 "의미의 전의"를 뜻한다. Ricoeur는 이와 관련하여 문자적 의미들의 충돌에서 나타나는 상호작용으로부터 "의미론적 부적절함"이 새로운 의미를 계속적으로 발생시킨다고 본다. Ibid., 70-2; Ricoeur, *The Rule of Metaphor*, 10; 김종걸, "리꾀르 해석학의 흐름", 51.
412) 최성민, "은유의 매개와 서사의 매체", 52; 김종걸, "리꾀르 해석학의 흐름", 50.
413) 김종걸, "리꾀르 해석학의 흐름", 50.
414) 정기철, 『상징, 은유, 이야기』, 74.
415) Ibid., 77.
416) 양명수, "인간의 자기이해는 어떻게 일어나는가", 『철학과 현실』, 66호 (2005): 100.
417) Stiver, *Theology after Ricoeur*, 107.
418) 김종걸, "리꾀르 해석학의 흐름", 51.
419) Ricoeur, *The Rule of Metaphor*, 303. Ricoeur가 볼 때 은유는 "언어를 생동감 있게 만들 정도로" 살아있으며, "'보다 더 큰 생각'으로 나아갈 수 있는 상상력"을 제공한다.
420) 박성창, "시언어와 창조적 은유", 62.
421) 은유에 대한 논의를 해석학의 영역으로 확장한 것은 Ricouer의 공헌이며, Ricoeur가 이렇게 한 이유는 텍스트 속에서 은유의 의미가 온전해지기 때문이다. 정기철, "해석학적 관점에서의 독자", 39; Simms, 『해석의 영혼 폴 리쾨르』, 142-3.
422) Ricoeur에게 있어서 은유(성서의 이야기: 비유, 격언, 종말론적 언급들)가 궁극적으로 지시하는 것은 "하나님 나라가 아니라 그 전체성 안에 있는 인간의 실재 (human reality)"이다. Graham Ward, "Biblical Narrative and the Theology of Metonymy", *Modern Theology*, vol. 7, no. 4 (July 1991): 336.
423) 정기철, 『상징, 은유, 이야기』, 88.

424) Ricoeur, *The Rule of Metaphor*, 245, 299. Charles E. Reagan은 『살아 있는 은유』에서 가장 중요한 장으로 '은유와 지시'를 다루는 일곱 번째 장을 뽑는다. 왜냐하면 Ricoeur가 여기서 '은유가 지시 대상(referent)을 가리키고 있으며 실재를 재진술하는 방법'이라는 그의 핵심주장을 달성했기 때문이다. Reagan, *Paul Ricoeur*, 43.

425) James Dicenso, *Hermeneutics and the Disclosure of Truth: A Study in the Work of Heidegger, Gadamer, and Ricoeur* (Charlottesville: University Press of Virginia, 1990), 136.

426) Ricoeur, *The Rule of Metaphor*, 303; Simms, 『해석의 영혼 폴 리쾨르』, 143. 은유가 살아있다고 말하는 것은 그것이 인간으로 하여금 더 깊은 생각을 할 수 있도록 상상력을 자극하기 때문이다. 이러한 자극이 인간으로 하여금 생각하도록 만든다.

427) Ricoeur, 『해석이론』, 97; Ben Vedder, "On the Meaning of Metaphor in Gadamer's Hermeneutics", *Research in Phenomenology*, vol. 32 (2002): 204-9.

428) Ricoeur, *The Rule of Metaphor*, 302.

429) 정기철, 『상징, 은유, 이야기』, 21.

430) Bernard P. Dauenhauer, "Action and Agents", *Research in Phenomenology*, vol. 37 (2007): 203.

431) Capps, *Pastoral Care and Hermeneutics*, 12.

432) 정기철, 『상징, 은유, 이야기』, 22. Ricoeur의 텍스트 해석과 행위 해석에 대한 논의는 다음을 참고하라. William Child, "Interpreting People and Interpreting Texts", *International Journal of Philosophical Studies*, vol. 14, no. 3 (2006): 429-39.

433) Ricoeur, *From Text to Action*, 145.

434) Ibid., 151, 153-5.

435) 정기철, 『상징, 은유, 이야기』, 22.

436) Ibid., 22-3.

437) 김한식, "폴 리쾨르의 이야기 해석학", 『국어국문학』, 146호 (2007): 234.

438) 정기철, 『상징, 은유, 이야기』, 10.

439) 김한식, "폴 리쾨르의 이야기 해석학", 236.

440) 원제는 "Soi-même comme un Autre"이고 다음과 같이 영역되었다. Paul Ricoeur, *Oneself as Another*, trans. Kathleen Blamey (Chicago: The University Press, 1992).

441) 남정우, "해석학적 신학과 폴 리쾨르", 『기독교사상』, 2002년 3월, 139.

442) 윤성우, "리쾨르의 자기 동일성 이론, 그 의의와 한계", 『불어불문학연구』, 56집 (2003): 344.

443) Ricoeur, *Oneself as Another*, 4-16.

444) Ibid., 4, 23.
445) Ibid., 16.
446) 김한식, "폴 리쾨르의 이야기 해석학", 235.
447) 석종준, "Paul Ricoeur와 Hans Frei의 Narrative 이론에 관한 신학 방법론적 비교고찰" (박사학위논문, 침례신학대학교 대학원, 2008), 173.
448) 김한식, "폴 리쾨르의 이야기 해석학", 235-6.
449) Ricoeur, *Oneself as Another*, 113-68.
450) 윤성우, "리쾨르의 자기 동일성 이론, 그 의의와 한계", 345-50.
451) 석종준, "Paul Ricoeur와 Hans Frei의 Narrative 이론에 관한 신학 방법론적 비교고찰" 186.
452) Simms, 『해석의 영혼 폴 리쾨르』, 155; Ricoeur, *Oneself as Another*, 166-296.
453) Ricoeur, *The Symbolism of Evil*, 29-33; 장기철, "레비나스와 리쾨르의 윤리와 해석", 『해석학 연구』, 6권 (1999): 319.
454) 김정현, "윤리와 도덕의 종속성과 상보성: 폴 리쾨르의 윤리학 개요", 『해석학연구』, 11권 (2003): 127.
455) Ricoeur, *Oneself as Another*, 172.
456) 공병혜, "리쾨르의 윤리에서 칸트의 도덕에 대한 비판", 『칸트연구』, 16권 (2005): 88-9.
457) 김정현, "윤리와 도덕의 종속성과 상보성", 131.
458) 윤성우, 『폴 리쾨르의 신학』, 241.
459) Ricoeur, *Oneself as Another*, 240-96.
460) 정기철, "레비나스와 리쾨르의 윤리와 해석", 319.
461) 공병혜, "리쾨르의 윤리에서 칸트의 도덕에 대한 비판", 88.
462) Ricoeur의 믿음, 소망, 사랑에 대한 언급은 신학적 윤리를 위한 독특한 관점을 제공한다. 이와 관련하여 다음을 참고하라. John Wall, "The Creative Imperative: Religious Ethics and the Formation of Life in Common", *Journal of Religious Ethics*, vol. 33, no. 1 (2005): 45-64; John Wall, "The Economy of the Gift: Paul Ricoeur's Significance for Theological Ethics", *Journal of Religious Ethics*, vol. 29, no. 2 (2001): 235-60; Paul Ricoeur, "Love and Justice", *Paul Ricoeur: The Hermeneutics of Action*, ed. Richard Kearney (London : Sage Publications, 1996), 23-39; Peter Joseph Albano, *Freedom, Truth, and Hope: The Relationship of Philosophy and Religion in the Thought of Paul Ricoeur* (Lanham: University Press of America, 1987); William Schweiker, "Imagination, Violence, and Hope: A Theological Response to Ricoeur's Moral Philosophy", *Meanings in Texts and Actions: Questioning Paul Ricoeur*, eds. David Klemm and William Schweiker (Charlottesville: University Press of Virginia, 1993), 205-25.

5장
텍스트 해석학과 목회상담의 방법론

텍스트 해석학은 해석학적 목회상담의 입장에서 볼 때 상담 시 필요한 기술이나 그것을 행하는 방법과 긴밀히 관련되어 있다. 실제로 리쾨르의 텍스트 해석학은 텍스트를 해석하는 하나의 방법론이며, 이러한 사실은 텍스트 해석학이 내담자와 내담자 내러티브의 해석을 요구하는 해석학적 목회상담을 위한 하나의 방법론이 될 수 있음을 보여준다.463) 여기서는 리쾨르의 텍스트 해석학을 이러한 해석학적 목회상담 방법론과의 연관성 속에서 거리두기, 텍스트의 세계 구성 그리고 텍스트 앞에서의 자기이해 등 크게 세 가지로 나누어 설명하고자 한다.464)

1. 거리두기

거리두기는 연구자가 연구대상과 거리를 둠으로써 그것을 "대상화하거나 객관화"하는 것을 의미한다.465) 리쾨르는 거리두기의 특징을 크게 두 가지로 설명한다. 하나는 '객관화'이고, 다른 하나는 '원초적인 관계의 파괴'이다.466) 객관화는 인문과학에서 널리 사용되고 있는 방법으로 해석자가 텍스트로부터 거리를 두고 떨어짐으로써 텍스트를 하나의 대상으로 인식하는 것을 가리킨다. 이러한 객관화는 자연스럽게 해석자가 맺고 있는 텍스트와의 근본적인 관계를 파괴하는 결과를 가져오게 된다.

리쾨르의 거리두기의 개념은 텍스트 자율성의 개념과 뗄 수 없는 관계를 지니고 있다.467) 즉 거리두기는 텍스트를 저자와 분리시키고, 독자와도 분리시키는 역할을 한다. 그러나 이러한 거리두기는 단순히 텍스트의 자율성뿐만 아니라 저자와 독자의 자율성을 보장하는 것이기도 하다. 거리두기는 저자를 텍스트 안에서만 조명하거나 그 안에 얽매어두는 것을 거부하며, 독자 역시 텍스트 안에 갇히지 않도록 해준다. 실제로 독자는 텍스트와의 거리두기를 통해서만 텍스트에 다가갈 수 있다. 또한 저자 역시 텍스트와의 거리두기를 통해서만 텍스트로부터 자유로울 수 있다.

리쾨르는 거리두기가 세 가지 영역에서 발생한다고 본다.468) 첫 번째 거리두기는 '말해진 것' the said과 '말하는 것' the saying 사이에서 나타나는 것으로 담론 상황을 전제로 한다.469) 화자가 말을 하는 순간 그것은 말해진 것이 된다. 즉 화자가 말하고자 하는 것은 말하는 과정을 통해서 '말해진 것'이 되며, 이로 인해 '말하는 것'과 '말해진 것' 사이에 거리가 생기게 된다. 그러므로 화자가 말하고자 했던 것을 알려면 화자에 의해서 '말해진 것'을 파악해야 한다. 이 때 '말해진 것'은 해석을 위한 하나의 대상이 되며, '말하는 것'과 구별되는 객관성을 획득하게 된다.470)

두 번째 거리두기는 '텍스트의 세계' the world of the text와 '저자의 세계' the world of author에서 발생한다.471) 이것은 담론이 구조화된 작품이 되었을 때 나타나는 거리두기로서 그 작품이 더 이상 그것을 기록한 저자의 영향을 받지 않는다는 것을 의미한다. 즉 저자가 처해있는 현실이나 저자의 의도가 더 이상 작품에 영향을 미치지 않게 된다.472) 이것은 또한 '독자의 세계'와도 관련성을 지니고 있다. '독자의 세계'도 역시 '텍스트의 세계'에 영향을 미칠 수 없다.473) 텍스트가 기록될 당시에는 특정한 독자가 존재하지만 텍스트가 되고 나면 누구든지 그 텍스트의 독자가 될 수 있기 때문이다. 그러나 '저자의 세계'와 달리 '독자의 세계'는 '텍스트의 세계'의 자기화를 통해서 '독자의 세계'에 변화를 가져오기도 한다.

세 번째 거리두기는 '텍스트의 세계'와 '일상 언어의 세계' the world of everyday language에서 발생한다.474) 담론이 텍스트가 될 때 그 텍스트는 하나의 세계를 지시하게 된다. 그 세계는 더 이상 이 세상에 존재하는 세계가 아니며, 그 텍스트 안에서만 현존하는 세계이다. 특히 그 안에 사용된 언어는 일상세계의 언어가 아니기 때문에 텍스트가 지시하는 세계는 현존하는 세계와 다른 모습을 지향하게 된다. 이러한 거리두기는 현실 세계를 대상화 시키며 이것을 통해서 현실 세계를 해석하고 이해하는데 도움을 제공한다.

가다머는 거리두기를 일차적으로 해석의 장애요인으로 보았으나, 리쾨르는 거리두기의 부정적인 측면보다는 긍정적인 역할에 집중한다.475) 그 결과 리쾨르는 거리두기를 이해의 조건으로 승격시켰다.476) 실제로 리쾨르는 거리두기를 통해서 해석을 위한 객관화를 이룰 수 있으며, 해석의 과정을 통해서 거리두기가 지니고 있는 문제를 극복함으로써 이해라는 해석의 목표를 달성할 수 있다고 본다. 그러므로 리쾨르에게 있어서는 이러한 과정이 곧 해석의 과정이며 이해의 과정이 된다.

이상과 같은 리쾨르의 거리두기의 개념은 목회상담과 밀접한 관련을 가지고 있다. 먼저 살펴볼 수 있는 것은 거리두기의 역할이자 특징이라고 할 수 있는 "객관화"이다. 목회상담의 입장에서 볼 때 객관화는 상담자가 내담자와 일정한 거리를 유지하는 가운데 제3자의 입장에서 내담자 또는 내담자의 문제를 바라보는 것이다. 이렇게 할 때 상담자는 내담자의 문제를 객관적으로 바라볼 수 있으며, 내담자가 가지고 있는 문제의 영역에 휩싸이지 않을 수 있다. 또한 이러한 객관화는 목회상담의 한 방법으로서 내담자에게도 적용이 가능하다. 즉 내담자로 하여금 자신이 처한 상황으로부터 한걸음 떨어져 자신의 문제를 대상화 시키고 그것을 바라볼 수 있도록 하는 것이다. 이 때 내담자는 자신의 문제를 객관적으로 바라볼 수 있게 되고 그것과 관련된 새로운 관점을 획득하게 된다.

이러한 객관화는 이야기상담의 관점에서 볼 때 '문제의 외재화' externalizing of the problem와 일맥상통한다.477) 화이트와 엡스톤은 외재화를 가리켜 "사람들을 대상화하는, 그리고 때때로 사람들을 숨 막히게 만드는 문제들을 인격화하는 치료적 접근"이라고 정의한다.478) 화이트와 엡스톤은 내담자들이 가지고 오는 스토리를 '문제가 스며든 묘사' problem-saturated description라고 칭하면서 이것이 내담자의 삶에 있어서 '지배적인 스토리' dominant story가 된다고 본다.479) 결국 외재화라는 것은 내담자의 삶을 지배하고 있는 문제를 인격화시켜서 내담자와 떨어뜨려 놓는 것을 가리킨다고 볼 수 있다.

이러한 외재화는 문제와 관련되어 있는 자기 자신과 다른 사람들, 그리고 그들이 맺고 있는 관계를 '문제가 스며들지 않은 관점' nonproblem-saturated perspective에서 새롭게 볼 수 있는 가능성을 열어 준다.480) 이렇게 외재화는 내담자에게 객관성을 제공함으로써 자신이나 타인을 탓하지 않고 자신이 직면한 문제를 벗어나기 위해 노력할 수 있게 만들어 준다.481) 또한 상담자에게는 상담 상황에서 일어날 수 있는 역전이나 투사적 동일시를 인지하게 하는 역할도 한다.

다음으로 살펴볼 수 있는 리쾨르의 거리두기의 또 하나의 목회상담적 적용은 '원초적인 관계의 파괴'이다. 원초적인 관계의 파괴는 목회상담의 입장에서 볼 때 상담자와 내담자가 맺고 있는 근본적인 관계를 의식적으로 단절하는 것을 의미한다.482) 목회상담의 경우 목회자와 성도라는 기본적인 관계를 바탕으로 하기 때문에 이를 파괴할 수는 없다. 그러나 이러한 관계가 상담에 부정적인 영향을 미칠 수 있으므로 상담 관계에서는 이러한 관계를 의식적으로 단절시키는 것이 필요하다. 이것을 통해서 상담자는 자신뿐만 아니라 내담자를 새로운 시각에서 볼 수 있는 여지가 생기며 상담에 실제적인 유익을 얻을 수 있다. '원초적인 관계의 파괴'의 개념은 또한 내담자의 경우 그(녀)가 맺고 있는 관계에도 적용시킬 수 있다. 내담자의 문제가 대부분 타인과의 관계 속에서 비롯된다는 관점에서 볼 때, 이러한 관계의 단절은 내담자에게 문제를 일으키는 관계나 문제 자체에서 빠져나올 수 있는 기회를 제공한다.

원초적인 관계의 파괴는 목회상담의 입장에서 볼 때 '낯설게 하기'와 연결된다. 낯설게 하기는 내담자나 내담자의 문제가 아무리 친숙하다 하더라도 처음 보는 것처럼, 처음 접하는 것처럼 대하는 것을 의미한다. 이러한 낯설게 하기는 기본적으로 "내담자가 자기 자신의 삶에 있어서 전문가이며 그들에게 가장 적합한 필요가 무엇인지를 알고 있을 것"이라는 사실을 전제로 한다.[483] 여기에는 내담자의 가치나 신념에 대한 존중과 수용이 포함되어 있다.[484] 그렇기 때문에 내담자에게 무엇을 하라고 말하기보다는 어떻게 할 것인지를 질문한다.[485]

이러한 낯설게 하기는 상담자가 자신이 익숙한 방식으로 내담자나 내담자의 문제에 접근하지 않도록 만들어 준다. 낯설게 하기를 통해서 상담자는 자신이 가지고 있는 전이해나 그것에 근거한 일반화의 오류에서 벗어날 수 있으며, 내담자를 하나의 독립된 인격체로 존중할 수 있게 된다. 실제 상담 상황에서 종종 상담자가 경험하게 되는 문제는 내담자나 내담자의 문제가 낯설다는 것뿐만 아니라 그것을 상담자 자신이 익숙한 일정한 패턴을 가지고 접근한다는 사실이다.[486] 만약 상담자가 내담자의 문제에 이렇게 접근하게 된다면 상담자의 틀에서 벗어난 문제에 대해서는 당황하게 된다. 그렇기 때문에 상담자는 의도적으로 내담자와 내담자의 문제를 낯설게 만들고 아무 것도 모르는 것처럼 접근할 필요가 있다.487) 이렇게 함으로써 상담자뿐만 아니라 내담자 역시 현재 직면하고 있는 문제를 있는 그대로 인식할 수 있는 가능성을 획득하게 된다.

거리두기에서 마지막으로 목회상담에 적용할 수 있는 요소는 리쾨르가 말하고 있는 '거리두기의 세 가지 요소'이다. 이것은 상담자가 상담 상황에서 항상 염두에 두어야 할 사항과 밀접한 관련을 가지고 있다. 거리두기의 세 가지 요소를 통해서 볼 때 첫 번째로 염두에 두어야 하는 것은 상담자는 내담자가 말하는 것과 말해진 것 사이에 거리가 존재한다는 것을 인정해야 한다는 점이다. 이러한 점 때문에 상담자는 내담자에 의해서 말해진 것을 기반으로 내담자가 말하고자 했던 것을 다시 구성해야 한다. 두 번째로는 내담자가 말하고 있는 세계와 내담자의 세계가 다를 수 있다는 사실이다. 해석학에서는 이러한 차이를 전제로 하지만 상담에서는 이러한 차이를 극복할 필요가 있다. 그렇게 함으로써 상담자는 내담자의 세계에 보다 가깝게 접근할 수 있다. 또한 여기서 한 가지 더 염두에 두어야 하는 것은 상담자의 세계이다. 상담자는 자신의 세계가 내담자의 세계나 내담자가 말하는 세계와 다르다는 사실을 인지하고 그러한 세계를 통해서 자신의 변화를 꾀할 수 있어야 한다. 세 번째로 상담자가 염두에 두어야 하는 것은 내담자가 처음에 찾아와서 말하고 있는 세계가 문제의 세계라는 사실이다. 이 세계는 내담자가 원하는 세계가 아니다. 그렇기 때문에 상담자는 내담자가 목표하는 세계를 그려내도록 하고, 내담자의 문제의 세계와 내담자가 목표하는 세계의 간격을 극복할 수 있도록 도와주어야 한다.

2. 텍스트의 세계 구성

리쾨르가 텍스트 해석학에서 거리두기에 이어 두 번째와 세 번째 요소로 꼽고 있는 것은 텍스트의 '구조'와 '텍스트의 세계'이다. 텍스트의 구조는 텍스트의 구성과 관련되어 있으며, 텍스트의 세계는 이미 그 안에 구성의 개념을 포함하고 있다. 그러므로 이 두 가지는 모두 구성의 차원에서 언급할 수 있다. 여기서는 이 두 가지 요소를 설명하고 이것에 대한 목회상담적 이해를 도모하고자 한다.

리쾨르는 텍스트를 단순히 기록된 담론이 아니라 "작품의 형태로 쓰여진 담론"이라고 말한다.[488] 작품은 담론을 고정하고 보존하기 위한 하나의 수단이며, 그렇게 하기 위해 담론을 "제한적이며 닫혀진 전체"a finite and closed whole로 만들어주는 "이차적 질서의 구성"a composition of a second oder 이다.[489] 리쾨르는 담론이 작품으로 구성될 때 구조가 필수적인 요소라고 본다. 이미 담론에 포함되어 있었던 구조가 작품 속으로 들어오게 되며, 그러한 구조의 기반 위에 하나의 작품이 만들어지게 되고, 기호화의 과정을 통해서 장르를 부여받게 된다.[490] 이렇게 볼 때 작품은 구조화를 통해서 이루어지는 구성체라고 볼 수 있으며, 또한 구조화를 통한 담론의 형상화 configuration라고도 볼 수 있다.[491] 이 때의 형상화는 특별한 개인과의 관련성 속에서 독특하게 이루어지기 때문에 '작품의 스타일'이라고 불려질 수 있다.[492]

중요한 사실은 이러한 과정을 통해서 담론이 해석 가능한 텍스트가 되며, 이러한 텍스트의 해석 가능성은 그 안에 담긴 구조를 통해서 가능하게 된다는 사실이다.[493] 리쾨르는 인간이 이러한 담론의 텍스트화를 통해 자기 자신을 객관화시킨다고 본다.[494] 이것을 좀 더 풀어서 설명하면, 인간은 담론을 통해서 객관화되고, 담론은 다시 작품을 통해서 객관화된다고 볼 수 있다. 이 때 생겨나는 담론의 객관화는 근본적인 담론의 특성을 파괴하지는 않지만 담론의 처음 형태에 변화를 가져오게 된다.[495]

이러한 언급들은 해석학의 임무가 작품의 구조를 재구성하거나 텍스트

뒤에 숨겨진 저자의 의도를 드러내야 하는 것처럼 보이게 하지만, 리쾨르는 해석학의 임무가 그렇게 단순한 것이 아님을 분명히 하고 있다.496) 리쾨르의 입장에서 볼 때 글쓰기에 의한 담론의 객관화는 텍스트가 말하고자 하는 텍스트의 세계를 드러내기 위한 '예비적인 조건'에 불과하다.497) 그러므로 해석학의 대상은 "텍스트가 텍스트 앞에서 펼치는 텍스트의 세계"가 되며,498) 이것을 설명하는 것이 해석학의 임무가 된다.499)

'텍스트의 세계'는 텍스트에 대한 구조적인 설명과 텍스트 앞에서의 자기이해 사이에 존재하는 필수적인 단계이다.500) 또한 텍스트의 세계는 형상화와 재형상화refiguration 사이에 존재하면서 독자의 자기 형성과 변화를 유도한다. 이러한 텍스트의 세계는 해석에서 자연스럽게 따라오는 결과물로써 모든 텍스트가 소유하고 있으며, 현실 세계의 한 복판에서 일어나는 새로운 가능성의 세계이다.501) 이러한 세계의 발견은 텍스트에 대한 단순한 설명이 아니라 텍스트에 비판적인 성찰을 가하는 설명이라는 매개를 통해서 가능하게 된다.502) 이러한 설명은 텍스트에 대한 "비판 이전의 첫 번째 소박성"a precritical first naïveté과 "비판을 거쳐 형성된 두 번째 소박성"a postcritical second naïveté 사이를 중재한다.503)

텍스트의 세계는 작품이 지시하는 세계이다. 그러나 여기서의 지시는 일차적 질서의 지시first-order reference가 아니라 이차적 질서의 지시second-oder reference이다.504) 일차적 질서의 지시는 표면적이고 구체적인 명확한 대상을 지시하는 반면, 이차적 질서의 지시는 작품의 내적 구조와 관련되어 지시의 명확성을 파괴한다.505) 그러나 명확한 일차적 질서의 지시가 멈추지 않는다면 이차적 질서의 지시는 불가능해진다.506) 이러한 과정을 통해 이차적 질서의 지시는 보다 깊은 차원의 세계를 지시하게 된다.507) 이렇게 볼 때 일차적 질서의 지시는 주어진 질서 안에서의 지시를 가리키는 것이고, 이차적 질서의 지시는 주어진 질서 자체의 변화를 가리키는 것으로 볼 수 있다.

리쾨르가 텍스트의 세계를 강조하는 이유는 궁극적으로 텍스트가 사람들에게 새로운 세계를 열어준다고 생각했기 때문이다.508) 비록 텍스트를 통해서 열리는 이러한 세계가 현존하는 것은 아니라고 할지라도 하나의 비교대상으로서 현실의 세계를 이해하고 변화시킬 수 있는 새로운 관점을 제공하게 된다. 결국 리쾨르가 이렇게 텍스트의 세계를 강조하는 것은 궁극적으로 리쾨르가 무엇을 해석하려고 했는지에 대한 정보를 제공한다. 리쾨르는 그의 해석학을 통해서 세계 자체를 해석하고자 했다.509)

텍스트의 '구조'와 '텍스트의 세계'는 구성이라는 측면에서 모두 설명이 가능하다. 텍스트의 구조는 담론의 객관화인 작품과 관련이 있으며, 이 작품이 곧 텍스트의 세계를 만드는 텍스트가 된다. 여기서는 텍스트의 구조와 텍스트의 세계의 연결고리가 되는 작품, 또는 리쾨르가 형상화라고 부르는 것 속에서 목회상담과의 적용점을 찾을 수 있다. 구조를 통한 담론의 형상화인 작품은 구성composition, 장르genre, 스타일style이라는 세 가지 특징을 지니고 있다.510)

작품이 구성, 장르, 스타일이라는 세 가지 특징을 가지고 있듯이 담론 또한 그러하다. 실제로는 담론이 작품이 되면서 새로운 질서를 부여받기 때문에 그 안에 있었던 세 가지 특징들이 약간의 변형을 거쳐 작품으로 넘어간다.511) 여기서 리쾨르가 말하는 담론 또는 텍스트는 상담 상황에서 내담자의 언어에 의해서 형상화된 내러티브라고 말할 수 있다. 이것은 내담자 자신 또는 상담자에 의해서 내담자의 문제에 구조를 부여함으로써 가능해진다. 이렇게 해서 내담자의 문제는 상담자와 함께 다룰 수 있는 객관적 대상이 되며, 하나의 해석가능한 텍스트가 된다.

리쾨르는 이렇게 구조를 통해서 새로운 질서를 부여하는 것을 '구성'이라고 칭한다. 이러한 사실은 목회상담에서 이루어지는 대화가 구조적이어야 한다는 사실을 보여준다. 상담자는 구조화된 방법을 통해서 상담을 진행해야 하며, 자신이 하는 말에 대한 명백하고 의도적인 구조를 포함하고 있어야 한다. 이렇게 할 때 내담자가 상담자의 말을 잘 알아들을 수 있게 된다. 또한 내담자가 정서적인 문제나 환경적인 영향으로 인해 의사표현을 제대로 하지 못할 경우 거기에 구조를 부여함으로써, 또는 내담자가 '구조적인 형식'을 사용할 수 있도록 도움으로써 내담자의 말을 명확하게 만들어줄 필요가 있다.512) 이렇게 상담에서 상담자는 자신의 말에 구조를 부여해야 할 뿐만 아니라 내담자의 말도 역시 구조적으로 만들어줄 필요가 있다. 상담자는 이러한 구조적인 대화를 통해서 상담의 텍스트가 되는 내담자의 세계를 구성하게 된다.

리쾨르는 작품의 두 번째 특징으로 '장르'를 언급했다. 장르는 "구성을 규정하고 내러티브의 형태를 만들어내는" 기호화codification에 따른 결과물이다.513) 이러한 기호화는 하나의 체계를 만들어내는 역할을 한다. 그러므로 장르는 기본적으로 '체계론적 관점'과 연결되어 있다고 볼 수 있다.514) 살바도르 미누친Salvador Minuchin은 체계가 그 안에 구조를 가지고 있다고 본다.515) 이러한 구조는 시간이 지남에 따라 변화하는 상황에 적응하기 위해 재구조화된다.516) 이런 측면에서 볼 때 체계는 기계적이라기보다는 유기체적이다. 목회상담은 이렇게 유기적인 체계론적 관점에서 상담과 내담자를 이해한다. 여기서 상담자와 내담자는 개인이라기보다는 그가 속한 '체계 안의 한 사람'이다.517) 상담은 이러한 상담자와 내담자의 구조로 이루어진 유기체적인 체계이다. 이 유기체적인 체계는 변화하는 상황 속에서 기존의 구조를 재구조화함으로써 체계를 유지해 나간다. 결국 한 사람의 변화가 전체 체계에 변화를 가져온다.

마이클 니콜스Michael P. Nichols는 이러한 체계론적 관점이 종종 '개인에 대한 시각'을 상실하고 있다고 말한다.518) 미누친 역시 이런 관점이 그 속에 속한 개인을 무시할 수 있다고 본다.519) 리쾨르는 이렇게 전체 속에서 소외될 수 있는 개인을 작품의 마지막 특징인 '스타일'에 담아낸다. 스타일은 '특정한 개인'과 관련된 것으로서 그(녀)의 특징이 작품에 반영되어 있다.520) 상담 상황에서 내담자의 스타일을 읽어내는 것은 곧 내담자를 이해하는 것과 같다. 특히 내담자에게서 반복되는 패턴이 나타난다면 그것은 내담자의 중요한 특성이라는 사실을 알 수 있다. 또한 내담자의 내러티브의 장르를 파악할 수 있다면 그것을 통해서도 역시 내담자의 특징이나 성격을 파악하는 것이 가능하다.521) 이것이 가능한 이유는 그 안에 내담자의 정체성을 담고 있기 때문이다.522)

3. 텍스트 앞에서의 자기이해

텍스트를 해석하는 것은 텍스트의 의미를 이해하는 것과 그것을 통해서 자기를 이해하는 것을 포함한다.523) 텍스트의 의미를 이해하는 과정은 거리두기를 통해서 객관성을 확보한 후 이해와 설명의 해석학적 순환을 통해서 이루어진다. 이 때 성찰은 자기를 이해하는데 필수적인 요소인 텍스트의 세계를 구성하는 견인적인 역할을 감당하게 된다. 그리고 독자는 텍스트의 세계를 자기화하는 과정을 통해서 새로운 자기이해에 도달하게 된다.524)

독자가 해석의 마지막 단계인 새로운 자기이해에 도달하기 위해서는 텍스트의 움직임을 따라가는 것이 중요하다.525) 특히 텍스트가 의미하고 가리키는 바를 수용하고 그것을 따라서 생각하게 될 때 그것이 가능하게 된다.526) 이러한 사실은 새로운 자기이해의 주도권이 독자가 아니라 텍스트에 주어져 있다는 사실을 보여준다.527) 하지만 텍스트가 이러한 주도권을 가지고 있다고 하더라도 독자의 자율성을 침해하지는 않는다. 실제로 독자는 텍스트의 세계를 자기의 것으로 만드는 과정에서 자기 나름대로 새로운 가능성을 만들어간다.528) 특히 텍스트의 세계를 "어떤 태도와 입장에서 수용하느냐"가 독자의 자기이해를 변화시키게 된다.529)

독자가 텍스트를 통해서 새로운 자기이해에 이르고자 한다면 반드시 자기화의 과정이 필요하다. 자기화는 실존적 결단을 통해서 텍스트의 세계를 수용하는 것을 가리킨다.530) 이 때 독자는 수용된 텍스트의 세계를 통해서 자신에 대한 새로운 이해에 도달하게 된다. 그러나 이러한 결단과 이해에 이르기 위해서는 텍스트의 세계와 독자의 세계 사이에 존재하는 시간적, 문화적, 역사적 차이들을 극복하는 과정을 필요로 한다.531) 실제로 설명을 통해서 두 세계의 차이들로 인한 거리두기를 극복하지 않는다면 텍스트의 세계를 자기화 하는 것은 불가능하다. 그러나 자기화는 거리두기를 파괴하지 않는다.532) 자기화가 거리두기의 극복을 전제로 하지만 텍스트의 세계와 독자의 세계의 동일화를 추구하지 않으며, 단지 텍스트의 세계를 존중하고 지지할 뿐이다.533)

자기화는 이렇게 거리두기를 극복할 뿐만 아니라 그 안에 새로운 거리두기를 설정하기도 한다.534) 실제로 독자는 텍스트의 세계를 자기화하는 과정에서 의도적으로 자기 자신과의 비판적 거리critical distance를 만든다.535) 리쾨르는 이 때 만들어지는 비판적 거리를 '자기비판' self-criticism이라고 칭했으며, 텍스트 앞에서의 자기이해에서 필수불가결한 요소로 평가했다.536) 결국 거리두기는 자기화에 있어서 없어서는 안 되는 요소라는 사실을 알 수 있다. 그래서 리쾨르는 거리두기와 자기화의 관계를 변증법적으로 보고, 자기화를 가리켜 "거리를 통한 그리고 거리를 둔 이해"라고 정의한다.537)

자기화는 기본적으로 텍스트의 세계와 독자의 세계 간의 만남을 전제로 하기 때문에 가다머의 '지평융합' 과 유사하다고 볼 수 있다.538) 특히 두 세계의 만남독서을 통해서 텍스트의 의미가 완성된다는 사실은 이러한 점을 더욱 분명히 해준다.539) 또한 자기화는 가다머의 '적용' application에 상응하는 개념이기도 하다.540) '텍스트 앞에서의 자기이해'는 텍스트의 해석을 자기이해에 적용하는 것이며, 실존적 결단을 통해 자신에 대한 새로운 이해를 획득할 뿐만 아니라 행위 하는 데까지 나아가는 것을 목표로 한다.541) 만약 텍스트에 대한 해석이 여기까지 나아가지 않는다면 그것은 온전한 해석이라고 볼 수 없다.542)

리쾨르는 자기화를 통한 새로운 자기이해에서 '자기'와 '자아'를 구분한다. 여기서 '자기'는 "텍스트에 대한 이해를 통해서 형성된 것"이고, '자아'는 "그 이해에 선행"하는 것이다.543) 이러한 리쾨르의 개념은 '자아'에서 '자기'를 향해 가는 융의 개성화 과정과 유사하다. 융의 개성화 과정은 '자아'가 페르조나, 그림자, 아니마와 아니무스를 거쳐 '자기'를 찾아가는 과정인 반면, 리쾨르의 '텍스트 앞에서의 자기이해'는 "세계를 탈은폐하는 보편적 힘"을 가진 텍스트를 통해서 '자아'가 '자기'를 발견하는 과정이다.544) 리쾨르의 '텍스트 앞에서의 자기이해'는 텍스트라는 매개를 지니고 있다는 점에서 융의 '개성화 과정'과 구별된다.

'텍스트 앞에서의 자기이해'는 목회상담에 있어서 몇 가지 긍정적인 통찰을 제공한다. 첫 번째 통찰은 내담자 또는 내담자의 문제에 대한 새로운 관점과 비판적 성찰이다. 상담자는 거리두기를 통해서 내담자가 자신의 문제에 대해서 객관적 입장을 지니도록 한 후 그 문제에 대한 새로운 이해의 가능성을 찾아보도록 격려할 수 있다. 여기서 전제가 되는 것은 내담자의 자율성이며, 상담자는 이러한 내담자의 자율성을 존중하고 지지하는 가운데 상담을 진행하게 된다. 이를 위해 상담자는 내담자를 뒤따라가며 내담자가 처한 문제에 대해서 새로운 이해를 얻을 수 있도록 촉진자로서의 역할을 감당하게 된다. 이 때 상담자는 단순히 내담자를 따라가거나 무비판적으로 수용할 것이 아니라 내담자가 자기 자신 또는 자신의 문제와 비판적 거리를 유지하는 가운데 그것과 관련된 새로운 견해와 더불어 비판적 성찰을 할 수 있도록 도와야 한다.

두 번째 통찰은 목회상담의 적용 내지는 실천전략과 관련되어 있다.545) 이미 상기한 바와 같이 리쾨르는 해석의 완성을 단순한 텍스트의 의미를 발견하는 것이 아니라 그 의미를 바탕으로 자기 자신을 이해하고 행위 하는 데까지 나아가는 것이라고 보았다. 이것은 내담자의 전인격적 삶을 변화시키고자 하는 목회상담의 목적과도 일치한다. 목회상담은 상담을 통해서 먼저 내담자의 인지적, 정서적 변화를 추구하며, 여기서 끝나는 것이 아니라 실천전략을 통해서 그의 삶의 변화를 도모하게 된다. 물론 상황에 따라서 감정의 정화나 인식의 변화만을 목표로 하기도 하지만 최종적인 목적이 내담자의 삶의 변화라는 데는 이론의 여지가 없다. 실제로 상담이 실천을 통해 삶의 변화까지 나아가지 않는다면 내담자는 항상성의 원리에 따라 처음의 문제 있는 삶으로 돌아갈 가능성이 많다.546)

세 번째 통찰은 상담자 자신과 관련되어 있다.547) 상담자에게 있어서 내담자는 해석의 대상임과 동시에 자기성찰을 위한 하나의 텍스트가 된다. 이를 위해서 상담자는 내담자 또는 내담자에 의해서 펼쳐지는 세계와 비판적 거리를 유지해야 하며, 이러한 거리를 통해서 자기 자신을 성찰할 수 있는 기회를 얻게 된다.548) 상담자는 이러한 행위를 통해서 자신을 이해할 수 있게 된다. 그러나 상담자의 자기성찰은 여기에만 머물지 않으며 상담자로서 자신의 성장과 변화를 위한 긍정적 계기가 되기도 한다. 실제로 비판적 성찰이라고 할 수 있는 내담자의 문제에 대한 신학적 성찰과 상담 자체에 대한 수퍼비전을 통해서 이것이 가능하게 된다. 이것을 위해서 상담자는 성장을 위한 실천 전략을 수립하고 실제로 실천함으로써 자신의 성장과 변화를 도모할 수 있다.

마지막으로 한 가지 더 언급할 수 있는 것은 목회상담 기법 중의 하나인 직면이다.549) '텍스트 앞에서의 자기이해'는 독자가 텍스트의 세계에 직면하는 것이라고 볼 수 있다. 실제로 독자가 텍스트의 세계를 자기화하기 위해서는 그 세계를 직면하지 않으면 안 되며, 이런 의미에서 직면은 이미 자기화 안에 전제되어 있다고 볼 수 있다. 자기화의 과정에서 비판적 거리가 독자와 텍스트의 세계, 독자와 독자 자신의 거리가 너무 가깝기 때문에 필요한 것이라면 직면은 그 사이가 너무 멀어서 필요한 것이라고 볼 수 있다. 실제 상담 상황에서 내담자가 자기 자신이나 자신의 문제에 있어서 너무 깊이 관여되어 있어서 문제가 되기도 하지만 그것으로부터 너무 멀리 떨어져서, 아니면 그것을 외면하거나 회피하기 때문에 문제가 되기도 한다. 그러므로 상담은 문제로부터 너무 많이 객관화 되어 있거나 자신으로부터 너무 많이 탈자기화가 되어 있는 내담자를 다시 자기 자신과 자신의 문제로 데려올 필요가 있다. 이러한 측면에서 볼 때 직면은 목회상담이나 자기화에 있어서 객관화 만큼이나 중요한 요소라고 할 수 있다.

---

463) 윤성우, "텍스트란 무엇인가?", 488.
464) Ibid., 486. 윤성우는 Ricoeur의 텍스트 해석학을 네 가지로 구분하고 있는데, 여기서는 '구조화된 전체'와 '텍스트의 세계'를 하나로 묶어 '텍스트의 세계 구성'이라고 칭하고 있다.
465) Ibid., 494.
466) Ricoeur, *From Text to Action*, 75.
467) 윤성우, "텍스트란 무엇인가", 495. 텍스트의 자율성은 텍스트의 객관성을 전제로 한다. Ricoeur는 텍스트의 객관성이 "(1) 의미의 고정, (2) 저자의 심리적 의도와의 단절, (3) 비실물적 지시들의 표현 그리고 (4) 수신자의 보편적 범위"가 결합하여 만들어지는 것으로 본다. Ricoeur, *Hermeneutics and the Human Science*, 210.

468) 실제로는 네 가지이지만 여기서는 Ricoeur가 말했던 두 번째와 네 번째를 하나로 묶어 두 번째 언급에서 소개한다. 이하의 거리두기의 영역에 대한 언급에서 알 수 있는 사실은 거리두기가 텍스트 해석학의 모든 영역을 포괄하고 있다는 점이다.
469) Ricoeur, *From Text to Action*, 78.
470) Ricoeur는 여기서 "말해진 것"을 밝히기 위해 J. L. Austin과 J. R. Searle의 이론에 근거하여 담론 행위를 세 가지로 구분한다. 그것은 화자가 말하는 행위를 가리키는 '발화행위'(the acts of saying), 말하는 의도를 이루기 위해 수반되는 '발화수반행위'(what we do in saying) 그리고 그것을 통해서 만들어지는 '발화효과행위'(what we do by the fact that we speak)이다. 이러한 담론 행위는 문장을 통해서 외재화되며 이것을 해석함으로써 화자가 말하고자 했던 것을 밝히게 된다. Ibid., 79-80.
471) Ricoeur, *From Text to Action*, 83.
472) Simms, 『해석의 영혼 폴 리쾨르』, 87. Ricoeur는 담론이 구조화된 작품이 될 수 있는 이유를 '지향적 외재화'에서 찾는다. 즉 글쓰기는 담론이 지향하는 바를 외재화하는 것이며 이것을 통해서 구조화된 작품이 나타난다고 본 것이다. 이것은 '말하는 것'과 '말해진 것' 사이에도 적용할 수 있다. Ricoeur, 『해석이론』, 63.
473) Ricoeur, *From Text to Action*, 83-4.
474) Ibid., 86.
475) Byrd, "Paul Ricoeur's Hermeneutical Theory and Pentecostal Proclamation", 207; Simms, 『해석의 영혼 폴 리쾨르』, 83-4, 88.
476) Ricoeur, *From Text to Action*, 88.
477) Ibid., 130. Ricoeur는 복잡한 "외재화 과정"(process of exteriorization)에 대해서 언급한다. 이 과정은 "말하는 것과 말해진 것 사이의 틈에서 시작하며, 문자로 기록되는 과정을 통해서 계속되고, 담론 작품의 복잡한 규약화를 통해서 완성"된다. 또한 이것은 음성이나 문자 등 "물질적 표시로 외재화하기"(exteriorization in material marks)와 언어 표현들을 "담론의 코드들로 기록하기"(inscription in the codes of discourse)을 포함하고 있다.
478) White and Epston, *Narrative Means to Therapeutic Ends*, 38.
479) Ibid., 39.
480) Ibid. 김유숙은 이러한 외재화 작업이 "행동의 조망과 정체성의 조망을 분리함으로서 내담자의 삶에 관한 이야기의 저저작을 돕는 것"으로 본다. 김유숙, 『가족치료』, 218.
481) 고미영, 『이야기의 치료와 이야기의 세계』, 130-1.
482) '객관화'와 '원초적인 관계의 파괴'는 분리할 수 없을 정도로 밀접한 관련성을 지니고 있다. 그러나 이 둘이 일치하는 것은 아니다. 제3자의 입장에 선다는 것이 곧 상담자와 내담자의 관계를 파괴하는 것은 아니며, 상담자와 내담자의 관계를 파괴하는 것이 곧 객관성을 확보하는 것은 아니기 때문이다.
483) Insoo Kim Berg and Yvonne Dolan, *Tales of Solutions: A Collection of*

Hope-inspiring Stories (New York: W. W. Norton & Company, 2001), 95.
484) Ibid., 96.
485) Ibid.
486) 신진욱, "구조해석학과 의미구조의 재구성", 『한국사회학』, 42집 (2008): 205-6.
487) Ibid.
488) Paul Ricoeur, "Philosophical Hermeneutics and Theology", *Theology Digest*, vol. 24 (1976): 157.
489) 장경, "P. Ricoeur의 텍스트 이론", 『용봉논집』, 24권 (1995): 257; Paul Ricoeur, "Philosophical Hermeneutics and Theological Hermeneutics", *Studies Religion*, vol. 5 (1975): 21. Ricoeur는 '일차적 질서' (first order)와 '이차적 질서' (second order)라는 용어를 자주 사용하는데, 여기서 일차적 질서는 표면적으로 드러나는 차원을 가리키는 것이며, 이차적 질서는 일차적 질서 이면의 더 깊은 차원을 가리키는 것이다.
490) 장경, "P. Ricoeur의 텍스트 이론", 256; Ricoeur, "Philosophical Hermeneutics and Theological Hermeneutics", 21.
491) Ricoeur, "Philosophical Hermeneutics and Theology", 157.
492) Ibid.
493) 장경, "P. Ricoeur의 텍스트 이론", 257.
494) Ricoeur, "Philosophical Hermeneutics and Theological Hermeneutics", 21.
495) Ricoeur, "Philosophical Hermeneutics and Theology", 157-8.
496) Ibid., 159-60.
497) Ricouer, *From Text to Action*, 95.
498) Ibid.
499) Ricoeur, "Philosophical Hermeneutics and Theological Hermeneutics", 24.
500) Ricoeur, "Philosophical Hermeneutics and Theology", 160.
501) Ibid.
502) 윤성우, "텍스트란 무엇인가", 500.
503) Stiver, *Theology after Ricoeur*, 60; Byrd, "Paul Ricoeur's Hermeneutical Theory and Pentecostal Proclamation", 209.
504) 김한식, "역사와 허구 그리고 인간의 시간", 『프랑스어문교육』, 17집 (2004) : 379-80; 장경, "폴 리쾨르의 주체물음과 해석학", 『프랑스학연구』, 27권 (2003): 255; 백운철, "리쾨르의 성서 해석학", 『신학과 사상』, 60집 (2007 겨울): 48; 장경, "문학과 종교의 관계에 대한 입문으로서 폴 리쾨르의 해석학", 「문학과 종교」, 3권 (1998): 110. 이차적 질서의 세계인 텍스트의 세계는 Husserl의 '생활세계' 또는 Heidegger의 '세계-내-존재'와 연관성을 가지고 있다. 즉 독서를 통해서 인간은 자신과 다른 의미의 지평에 자신을 노출시키고, 이것을 통해서 새로운 세계로 나아가는 것이다. 이차적 질서의 세계는 친근한 일차적 질서의 세계와의 단절을 초래한다.

505)Ricoeur, "Philosophical Hermeneutics and Theology", 159.
506)Ibid., 160.
507)Ibid.
508)정기철, "리쾨르의 철학적 신학", 『기독교철학』, 2호 (2006): 127.
509)Simms, 『해석의 영혼 폴 리쾨르』, 71.
510)Ricoeur, "Philosophical Hermeneutics and Theology", 157.
511)장경, "P. Ricoeur의 텍스트 이론", 256.
512)양유성, 『이야기 치료』, 214.
513)Ricoeur, "Philosophical Hermeneutics and Theological Hermeneutics", 21.
514)안석모, 『이야기 목회, 이미지 영성: 해석학적 목회론』 (서울: 목회상담, 2001), 199-212.
515)Salvador Minuchin, *Families and Family Therapy* (Cambridge: Harvard University Press, 1994), 51-60.
516)Ibid., 65.
517)Ibid., 12. 체계론적 접근들은 이러한 개인들의 상호작용이 피드백에 의해 서로에게 영향을 미치는 과정을 통해서 이루어진다고 본다. Rudi Dallos, *Attachment Narrative Therapy: Integrating Narrative, Systemic and Attatchment Therapies* (New York: Open University Press, 2006), 35.
518)Michael P. Nichols, *The Self in the System: Expanding the Limits of Family Therapy* (New York: Brunner/Mazel Publishers, 1987), 7.
519)Minuchin, *Families and Family Therapy*, 105-9.
520)Ricoeur, "Philosophical Hermeneutics and Theological Hermeneutics", 21.
521)안석모, 『이야기 목회, 이미지 영성』, 180-3.
522)양유성, 『이야기 치료』, 20-3. 특히 Minuchin은 체계(가족)가 자기 정체성의 모체가 된다고 본다. Minuchin, *Families and Family Therapy*, 46-51.
523)Ricoeur, *Hermeneutics and the Human Sciences*, 192-3. 낭만주의는 자기이해를 통해 텍스트에 이르게 되지만 Ricoeur는 텍스트에 대한 이해를 통해 자기이해에 이르게 된다는 점에서 그의 사상의 독특성이 있다. 그러나 좀 더 정확하게 이야기하자면 자기이해와 텍스트 이해는 해석학적 순환을 통해 더 많은 이해로 나아가게 된다. Ricoeur, *From Text to Action*, 76-7.
524)양황승, "텍스트 해석에서 주관주의와 객관주의에 대한 비판적 고찰: 폴 리쾨르의 해석 이론을 중심으로", 『칸트연구』, 12권 (2003): 308-9.
525)Ricoeur, 『해석이론』, 147. 여기서 텍스트의 움직임이란 "의미에서 지시로, 텍스트가 무엇을 말하는가 하는 것에서 그것이 무엇에 대해 이야기하는가 하는 것으로 옮겨가는" 움직임을 가리킨다.
526)Ibid., 157.
527)정기철, "해석학적 관점에서의 독자", 43. 좀 더 정확하게 말한다면 독자의 새로운 자기이해에 주도권은 그 텍스트 안에 존재하는 "내포 저자"(implied author)에게

주어져 있다. Ricoeur, "Philosophical Hermeneutics and Theological Hermeneutics", 29.
528) 양명수, "폴 리쾨르의 해석학과 신학", 185.
529) 장경, "폴 리쾨르의 주체물음과 해석학", 256.
530) 백운철, "리쾨르의 성서 해석학", 48.
531) 정기철, "리쾨르의 철학적 신학", 131.
532) Ricoeur, *From Text to Action*, 86.
533) 정기철, "리쾨르의 철학적 신학", 132.
534) 새로운 거리두기를 설정하지 않을 경우 "텍스트에 의해 발생하게 된 기대들과 독자의 고유한 기대 사이에서" 저절로 거리두기가 발생하게 된다. 이러한 거리두기를 극복하고자 한다면 독자의 기대를 텍스트의 기대에 종속시켜야 한다. 정기철, "해석학적 관점에서의 독자", 43.
535) 그렇기 때문에 자기이해는 자기화만큼이나 탈자기화하는 작업이다. Tillich는 이것을 '황홀경'(ecstasy)이라는 단어를 통해서 설명한다. Tillich에게 있어서 황홀경이란 "자기 자신이 되는 것을 멈추지 않고 자기 바깥에 서 있는 것"을 의미한다. 윤성우, "텍스트란 무엇인가", 506; Paul Tillich, *Dynamics of Faith* (New York: Harper & Row, 1958), 7.
536) Ricoeur, *From Text to Action*, 100; Ricoeur, "Philosophical Hermeneutics and Theology", 164. 자기비판은 해석학적 성찰의 한 부분이며, 의심의 해석학과 연결된다. 또한 의심의 해석학은 '자기화의 한 부분이며 자기화를 방해하는 전이해를 해체하는 역할'을 한다.
537) Ricoeur, *From Text to Action*, 86-7.
538) Ricoeur, 『해석이론』, 154. '텍스트의 세계'와 '독자의 세계'에 대한 자세한 언급은 다음을 참고하라. Paul Ricoeur, *Time and Narrative*, vol. 3, trans. Kathleen McLaughin and David Pellauer (Chicago: The University of Chicago Press, 1985), 157-79.
539) 윤성우, "텍스트란 무엇인가?", 505.
540) Gadamer, *Truth and Method*, 306-10. Ricoeur의 입장에서 볼 때 "청자의 현재 상황에 텍스트의 가르침을 적용하는 문제"는 가장 전통적인 해석학에 속한다. Ricoeur, "Philosophical Hermeneutics and Theological Hermeneutics", 29.
541) 백운철, "리쾨르의 성서 해석학", 48-9.
542) 윤성우, "텍스트란 무엇인가?", 504-5.
543) Ricoeur, 『해석이론』, 156-7. Ricoeur는 해석을 "새로운 존재를 탈은폐함으로써 주체가 자기 자신을 알 수 있는 새로운 능력을 부여받는 과정"이라고 본다.
544) Ibid., 157. 독자는 텍스트가 세계를 탈은폐할 때 드러나는 '새로운 존재'를 '상상'을 통해서 처음으로 자기 안에 형성하게 된다. 이것은 텍스트에 대한 독자의 '주체적 응답'이라고 할 수 있다. Ricoeur, "Philosophical Hermeneutics and Theology", 164.

545) 이 부분은 상담에서 '지시와 과제'와 관련된 부분이다. 이에 대해서는 다음을 참고하라. 김계현, 『카운슬링의 실제』, 개정판 (서울: 학지사, 2004), 256-66; 홍경자, 『상담의 과정』(서울: 학지사, 2002), 255-85.

546) 상담에서는 실천과제를 통해 전략적으로 삶의 변화를 추구하는 것을 가리키기 위해 '훈습'(working through)이라는 용어를 사용한다. 훈습(薰習)은 본래 불교의 용어로 향이 옷에 배이듯이 그렇게 습관을 바꾸는 작업을 의미한다. 이 책에서는 이 말 대신 같은 의미를 나타낼 수 있는 체화(體化)라는 용어를 사용하고자 한다. 체화는 "말씀이 육신이 되어 우리 가운데 거하시매"라는 구절을 가리키는 성육신을 의미하는 단어이다(요 1:14).

547) 상담자의 자기성찰은 다양한 방법으로 실시될 수 있다. 심리치료이론에 근거한 자기분석에 대해서는 다음을 참고하라. 박순, 『상담자의 자기분석』(서울: 시그마프레스, 2009).

548) 상담자의 자기이해는 단순히 자기를 이해하는 차원을 넘어 자기가 내담자와 어떤 관련성을 맺고 있는가를 아는 것 역시 중요하다. John Rowan과 Michael Jacobs는 치료자들이 내담자와의 관계에서 자기를 어떤 위치에 두고 사용하고 있는지를 세 가지 차원으로 나누어서 설명하고 있다. '도구적 자기'(the instrumental self)는 상담자를 내담자보다 우위에 있는 존재로 보며 자기에 대한 인식이 가장 강하다. '신뢰할 수 있는 자기'(the authentic self)는 내담자와 상담자를 동일선상에 두는 것으로 상담자가 주도하기보다는 상담자와 내담자의 수평적 관계에 치중한다. 이 때 상담자와 내담자의 경계선은 분명하게 존재한다. 마지막으로 '초인격적 자기'(the transpersonal self)는 상담자와 내담자의 구분이 불분명해지는 상태로 상담자와 내담자의 경계가 없어진다. John Rowan and Michael Jacobs, *The Therapist's Use of Self* (Buckingham: Open University Press, 2002), 3-8.

549) 직면과 관련해서는 다음을 참고하라. Gerald Adler and Paul G. Myerson, eds., *Confrontation in Psychotherapy* (Northvale: Jason Aronson INC., 1991); Gerald Egan, 『상담의 실제』, 오성춘 역 (서울: 한국장로교출판사, 2001), 260-78; Ralph L. Underwood, *Empathy and Confrontation in Pastoral Care* (Philadelphia: Fortress Press, 1985), 89-118; Robert J. Wicks, et al., eds., *Clinical Handbook of Pastoral Counseling*, vol. 1, expanded ed. (New York : Paulist Press, 1993), 76-90; 오성춘, 『목회상담학』, 339-43; 이상억 외 9인, 『목회상담 실천입문』(서울: 학지사, 2009), 67-84; 홍경자, 『상담의 과정』, 292-6.

6장
해석학적 순환 : 목회상담의 관계구조

해석학적 순환은 목회상담의 입장에서 볼 때 상담관계 내지는 상담구조와 관련되어 있다. 실제로 해석학적 순환은 텍스트와 해석자의 관계를 바탕으로 하나의 구조를 이루고 있다. 여기서는 이러한 해석학적 순환을 목회상담의 관계구조와의 연관성 속에서 살펴보고자 한다. 이것을 위해서 먼저 해석학에 나타난 해석학적 순환을 살펴보고, 해석학적 순환에 대한 리쾨르의 견해와 리쾨르에게서 나타나고 있는 해석학적 순환에 대해서 언급할 것이다. 그리고 마지막으로 목회상담과 해석학적 순환의 관계에 대해서 논의하고자 한다.

1. 해석학적 순환과 해석학

해석학은 기본적으로 텍스트를 어떻게 해석할 것인가에 초점이 맞추어져 있는 것으로 해석에 대한 방법론적 측면을 포함하고 있다. 또한 해석학은 텍스트에 대한 해석을 통해 이해를 추구한다. 이러한 해석학은 기본적으로 이해의 순환성을 전제로 한다. 그렇기 때문에 이해의 순환성은 슐라이어마허에서 시작하여 지금에 이르기까지 해석학의 기본적인 특성으로 자리 잡고 있다.550) 여기서 대두되는 문제가 바로 해석학적 순환이다.

해석학적 순환은 슐라이어마허 이후 현대 해석학의 전통에서 일관성 있게 논의되어 온 중요한 문제이다.551) 그러나 이러한 해석학적 순환에 대한 논의는 이미 슐라이어마허 이전 프리드리히 아스트Friedrich Ast에게서 나타나고 있다.552) 아스트는 해석학적 순환의 문제를 '부분과 전체와의 관계'에 대한 것으로 파악했다.553) 이런 측면에서 볼 때 해석학적 순환은 "전체는 부분들을 통해서 이해되고, 부분은 전체를 통하여 이해된다"라는 하나의 정식으로 표현될 수 있다.554) 이 때 부분과 전체는 '변증법적인 상호작용'을 통해서 상호간에 의미를 부여하게 되며, 이러한 순환을 통해서 의미가 형성된다.555)

슐라이어마허와 딜타이는 해석학적 순환을 자연과학의 방법론에 대한 정신과학의 대응물로 간주함으로써 텍스트의 의미를 이해할 수 있는 방법론적 차원으로 이해했다.556) 그러나 가다머는 이러한 견해를 잘못된 것으로 간주하고 해석학적 순환을 '방법론적 순환'이 아니라 '존재론적, 구조적 측면'으로 보아야 한다고 주장했다.557) 하이데거 역시 해석학적 순환을 방법이 아닌 하나의 이해의 구조로 이해했다.558) 하이데거에게 있어서 해석학적 순환은 본문에 대한 최종적인 해석을 통해서 극복될 수 있는 것이 아니며, 어떤 것도 그러한 해석에 도달할 수 없는 것으로 간주했다.559)

이러한 해석학적 순환은 변증법과 밀접한 관련을 지니고 있다. 실제로 해석학적 순환은 변증법의 두 가지 커다란 흐름 가운데 하나에 속한다.560) 첫 번째 변증법은 일반적으로 게오르그 헤겔G. W. F. Hegel의 변증법으로 알려져 있는 '정-반-합'의 삼각구조를 이루는 변증법이다. 이 변증법은 현실과 분리된 형식적이고 기계적인 논리를 가지고 있으며, 결정론에 입각해 있기 때문에 경직적이다.561) 반면 두 번째 변증법은 인간의 구체적인 삶과의 연속선상에서 아직 실현되지는 않았으나 열려져 있는 미래의 "완전한 상태를 향해 나아가는 인간 정신의 끊임없는 노력과 관련된" 변증법이다.562) 해석학적 순환은 바로 여기에 해당된다.563)

해석학적 순환은 학자마다 다른 형태를 통해서 나타난다. 여기서는 해석학의 흐름에서 슐라이어마허, 하이데거, 가다머의 해석학적 순환을 간략하게 살펴보고자 한다. 슐라이어마허는 문법적 해석과 심리적 해석의 해석학적 순환에 대해서 언급하며, 하이데거는 이해와 해석의 해석학적 순환에 대해서, 그리고 가다머는 선입견과 이해의 해석학적 순환에 대해서 언급한다. 이 중에서도 특히 하이데거는 이해에 대한 존재론적인 관점으로 인해 중요한 인물로 평가받고 있다.564)

슐라이어마허의 해석학적 순환은 "미종결적인 접근 행위"이자 "이해의 본질적인 요소"로서 모든 이해의 행위와 연결되어 있다.565) 특히 슐라이어마허의 해석학적 순환에서 중요한 것은 '이중성'의 개념이다. 실제로 슐라이어마허는 항상 대립적 관계에 있는 두 가지 요소가 모든 해석의 기본적인 요소로 자리잡고 있으며, 이 요소들의 해석학적 순환을 통해서 올바른 이해에 도달할 수 있다고 보았다.566) 결국 이 두 가지 요소들 간의 상호의존과 상호보완, 상호제한 그리고 상호교차에 의한 결합을 통해서 텍스트의 의미가 생성되는 것이다.567)

슐라이어마허의 해석학적 순환에서 가장 대표적인 것은 문법적 해석과 심리적 해석이다.568) 문법적 해석과 심리적 해석은 이해의 두 가지 조건이다. 문법적 해석은 문장에 대한 정확한 이해를 추구하며, 심리적 해석은 저자에 대한 분명한 이해를 추구한다. 그러나 이 둘은 해석학적 순환을 필요로 한다. 왜냐하면 문법적 해석은 심리적 해석을, 심리적 해석은 문법적 해석을 전제로 하기 때문이다. 이렇게 문법적 해석과 심리적 해석은 상호의존되어 있으며 상호보완적인 성격을 갖는다. 또한 이 과정에서 문법적 해석은 심리적 해석을, 심리적 해석은 문법적 해석을 상호제한한다. 이러한

과정을 통해서 문법적 해석과 심리적 해석은 전체적인 해석을 만들어간다.569)

하이데거의 해석학적 순환은 이해와 해석의 순환이다. 이러한 순환에서 나타나는 하이데거의 특징은 해석을 통해서 이해가 주어지는 것이 아니라 이해를 통해서 해석이 가능해진다는 사실이다. 실제로 하이데거는 이해가 "해석을 통해서 다른 것이 되지 않고 이해 자체"가 되며, 해석은 "이해의 발달"이라고 주장함으로써 해석의 실존적 근거가 이해에 있으며, 이해를 통해서 해석이 가능하다는 사실을 보여주고 있다.570) 그러나 이해 역시 해석의 영향에서 자유롭지 못하다. 왜냐하면 이해는 객관적 해석을 통해서 명확하게 되기 때문이다.571)

하이데거가 말하는 해석의 전제가 되는 이해는 '전이해'이다. 하이데거는 이러한 전이해와 "어떤 것을 어떤 것으로서"something as something의 구조가 해석을 가능하게 하는 요인이라고 본다.572) 즉 전이해가 '로서' as의 구조를 거치면서 명확한 해석이 이루어진다는 것이다.573) 그러나 좀 더 명확하게 말한다면 전이해를 구성하고 있는 선-구조와 '로서'의 구조가 해석을 구성한다고 말할 수 있다.574) 앞선 가짐, 앞선 봄, 앞선 개념이 '로서'의 구조를 통해서 하나의 의미를 만들어 내는 것이다. 그런 측면에서 하이데거는 의미의 구조 역시 선-구조를 통해서 이루어지며, 모든 해석은 바로 이 선-구조를 근거로 이루어진다고 본다.575) 결국 전제없는 해석은 불가능하며, 해석해야 할 대상은 이미 이해되어 있다고 볼 수 있다.576)

하이데거는 존재 자체를 순환적으로 본다.577) 그렇기 때문에 하이데거는 순환에서 벗어나려고 하기보다는 바른 방법을 가지고 "앎에 대한 가장 근본적인 긍정적 가능성들"이 숨어 있는 순환 속으로 들어가라고 권고한다.578) 이것은 해석학적 순환에 자기 자신전이해을 기투하는 것이며, 이러한 기투는 해석을 통해서 가능해진다.579) 이러한 의미에서 하이데거의 해석학적 순환은 '끊임없는 기투의 과정'이라고 말할 수 있다.580) 이 속에서 현존재는 자기 해석의 불완전성을 인정하고, 다른 해석의 가능성을 인정해야 한다.581)

가다머는 '해석학적 경험' hermeneutic experience을 논하는 장에서 제일 먼저 하이데거와 함께 해석학적 순환에 대해서 언급한다.582) 가다머가 여기서 하이데거의 존재론이 가지고 있는 문제를 지적하고 있는 것은 사실이지만 실제로 해석학적 순환에 대한 가다머의 논의는 기본적으로 하이데거의 틀 안에 있음을 부정할 수 없다. 하이데거가 '전前이해의 재再이해'의 틀 안에서 해석학적 순환을 언급했다면 가다머는 '선입견의 재선입견'의 틀 안에서 해석학적 순환을 언급함으로써 기본적으로는 같은 맥락에 위치하고 있다.583) 다만 가다머는 하이데거가 존재론적인 측면에 치우친 것을 비판하고 선입견의 긍정적인 측면을 부각시키고 있다는 데서 차이점을 발견할 수 있다.584)

가다머의 해석학적 순환은 기본적으로 선입견과 이해의 순환이다. 이해는 해석학적 순환의 과정에서 새로운 선입견이 되기 때문에 이것을 재선입견이라고 말할 수 있다. 여기서 중요한 것은 선입견이 이해의 조건이 되기 위해서 자의성에서 벗어나 타자성을 인정해야 한다는 사실이다.585) 이것은 선입견을 잠시 유보하고 텍스트가 말하도록 함으로써 텍스트가 말하는 것을 우선적으로 수용하는 것을 가리킨다.586) 이것을 통해서 선입견은 정당성을 확보하게 된다. 가다머는 이 과정에서 '시간적 거리' temporal distance를 중요하게 생각한다.587) 시간적 거리는 이해의 방해물이 아니라 이해를 돕는 하나의 디딤돌로서 올바른 선입견과 그릇된 선입견을 구별해주는 역할을 한다. 결국 가다머의 해석학적 순환은 '이해는 선입견을 전제로 하며, 선입견은 이해를 통해서 정당성을 부여받을 뿐만 아니라 시간적 거리와 텍스트의 타자성을 통해서 새로운 현재적 선입견을 형성하게 되는 과정'이라고 말할 수 있다.

2. 해석학적 순환과 리쾨르

해석학적 순환은 해석학과 같은 맥락에서 발전해왔다. 현대 해석학이 태동한 초기에는 슐라이어마허와 딜타이를 중심으로 인식론적 견해가 지배적이었으며, 하이데거 이후 가다머에 이르기까지는 기존의 인식론적 접근을 거부하고 새로운 존재론적 접근을 시도했다. 그러나 리쾨르는 이러한 두 접근들 가운데 어느 한쪽을 선택하지 않고 이 두 가지를 통합한 '인식론적 존재론'을 전개한다.588) 여기서 인식론적이라는 것은 해석학의 방법론적인 측면으로 텍스트의 의미를 밝히는데 주된 목적이 있으며, 존재론적이라는 것은 해석학의 궁극적인 측면과 관련이 있는 것으로 해석을 통해서 존재를 드러내고 그것을 자기화하는 것을 목적으로 한다.

리쾨르는 해석학적 순환을 기본적으로 "텍스트 해석과 자기 해석 사이의 상호관계"라고 정의한다.589) 리쾨르는 해석학적 순환을 "해석에서 피할 수 없는 구조"an unavoidable structure of interpretation라고 주장하면서 해석학적 순환에서 발생할 수 있는 잘못된 이해를 두 가지로 제시한다.590) 첫 번째는 '독자의 주체성과 저자의 주체성 사이의 순환'이고, 두 번째는 '독자가 자기의 주체성을 독서에 기투하는 것'이다. 이 두 가지는 모두 텍스트 또는 텍스트의 세계를 배제한다는데 문제가 있다. 결국 해석학적 순환이란 텍스트의 세계 없이는 불가능한 것이 된다. 이렇게 리쾨르가 추구하는 해석학적 순환은 독자가 텍스트의 세계를 향해 자기를 개방하고 그것을 수용하는 자기화의 과정이기 때문에 저자와 독자의 직접적인 만남이나 텍스트에 독자의 선입견과 같은 것을 주입하는 것을 거부하게 된다.591)

이렇게 볼 때 해석학적 순환은 텍스트와 독자 사이에 위치하게 된다.592)

저자와 텍스트 그리고 저자와 독자 사이에는 해석학적 순환이 일어나지 않는다. 이러한 사실은 텍스트의 자율성에서 비롯되는 것으로 저자와 독자로부터 자유로운 텍스트가 저자와 독자를 격리시키기 때문이다. 그러므로 리쾨르의 해석학적 순환은 기본적으로 두 요소 간의 관계로 보아야 한다. 그러나 리쾨르는 은유에 대한 관심을 나타낸 이후 해석학적 순환을 둘 또는 세 요소 간의 관계로 확장하고 있다.593)

리쾨르는 해석학적 순환에 대해서 기본적으로 긍정적인 태도를 지니고 있다.594) 그는 하이데거와 마찬가지로 해석학적 순환이 악순환이 아니라 '건강한 순환' healthy circle이라는 측면을 강조한다.595) 먼저 리쾨르는 해석학적 순환이 악순환이 될 수 있는 두 가지 경우에 대해서 언급한다. 하나는 조화를 이룰 수 없는 것들을 강제로 조화시키려는 '해석의 폭력성' the violence of interpretation이며, 다른 하나는 생기 없이 계속해서 동어를 되풀이하는 '반복성' redundance이다.596) 리쾨르는 순환 자체를 피할 수는 없지만 그것이 악순환이 되지 않도록 하는 것은 가능하다고 본다.597)

리쾨르는 해석학적 순환이 악순환이 되지 않도록 하는 방법을 '인격적 참여' personal commitment와 '축적하는 방식' cumulative fashion이라는 두 가지 용어를 통해서 보여주고 있다. 첫 번째는 '인격적 참여'이다. 리쾨르는 해석학적 순환을 건강하게 만들기 위해 이미 하이데거가 언급한 것처럼 그 순환에 참여할 것을 권하고 있다. 이 때의 참여는 인격적인 것으로 텍스트의 심층적 의미를 파악하고 그것을 자기의 것으로 만드는 작업이다. 이러한 작업은 해석학적 순환을 악순환이 아닌 건전한 순환으로 만들어 주는 역할을 한다.598) 두 번째는 '축적하는 방식'이다. 리쾨르는 해석학적 순환이 악순환이 되지 않으려면 해석학적 순환이 단순한 논리적 인과관계에 의해서가 아니라 해석학적 순환의 각 요소들을 강화시키는 방식에 의해서 이루어져야 한다고 주장한다.599) 즉 해석학적 순환을 통해서 각 요소에 이해를 도울 수 있는 요소들이 축적되어 갈 때 해석학적 순환은 악순환이 아니라 건강한 순환이 된다는 것이다.

해석학적 순환은 리쾨르 해석학의 전반에 걸쳐서 나타나고 있다. 실제로 상징 해석학에서부터 은유 해석학 그리고 내러티브 해석학에 이르기까지 일관성있게 등장하는 요소가 바로 이 해석학적 순환이다. 그러나 리쾨르는 이것을 특별히 따로 떼어서 논하지는 않는다. 왜냐하면 해석학적 순환이 인식론적 존재론의 양상을 보이는 그의 해석학에서 중요한 방법론이자 전제로써 이미 그 안에 융해되어 있기 때문이다. 리쾨르의 해석학적 순환에서 가장 중요한 것은 이해와 설명의 해석학적 순환이다.600) 이것은 리쾨르의 해석학 전반을 통해서 나타나고 있으며, 이중적 해석학적 순환과 삼중적 해석학적 순환 모두와 관련되어 있다. 이해와 설명은 딜타이의 해석학에서 그 출발점을 찾을 수 있다. 딜타이는 설명을 자연과학의 방법으로, 이해를 정신과학의 방법으로 구분했다. 그러나 리쾨르는 기본적으로 이러한 생각에 반대한다.601) 리쾨르는 설명 역시 정신과학의 방법론이 될 수 있으며, 설명과 이해의 관계는 배타적이라기보다는 상호보완적이며 상호의존적이라고 본다.602) 게다가 리쾨르는 설명과 이해의 관계를 상호침투inter-penetration적이라고 까지 말한다.603) 이러한 입장에서 리쾨르는 이해와 설명의 해석학적 순환을 "이해와 설명 그리고 설명과 이해의 상관관계"로 보면서 '이해에서 설명으로', '설명에서 이해로'의 순서를 따라서 이해하고자 한다.604)

리쾨르에게 있어서 첫 번째 이해는 슐라이어마허의 심리적 해석과 유사하다. 여기서 이해는 텍스트를 전체적으로 파악하는 것을 의미하며, 이러한 이해는 추측의 형태를 통해서 나타난다.605) 이렇게 첫 번째 이해가 추측을 통해서 가능하다는 사실은 텍스트와 텍스트의 저자가 분리되어 있다는 것을 의미한다.606) 이것은 결국 텍스트의 의미론적 자율성을 인정함과

아울러 저자보다 저자를 더 잘 이해해야 한다는 낭만주의적 해석학을 부정하는 것이라고 할 수 있다.607) 그러나 이러한 추측에 근거한 이해는 주관적인 경향에 머무를 수밖에 없기 때문에 확인이라는 객관적인 절차를 필요로 한다.608) 이 때 요청되는 것이 바로 설명이다.

설명은 슐라이어마허의 문법적 해석과 유사한 것으로 텍스트의 내적 구조를 분석하는 것을 가리킨다.609) 이것은 추측을 통해서 얻어진 첫 번째 이해를 객관적으로 확인하는 과정이며 슐라이어마허가 언급하는 '해석학과 비평의 관계'에서 '해석학의 순정성을 평가하는' 비평의 역할과 비슷하다.610) 리쾨르는 설명에서 개연성을 중요하게 평가한다. 이 개연성은 실제로 여러 가지 해석 중에서 하나의 해석을 선택하는 중요한 기준이 된다. 이러한 측면에서 볼 때 해석에는 "상대적 우월성의 범주"가 존재하며, 이것을 통해서 해석 간에 발생할 수 있는 갈등을 해결할 수 있다는 사실을 알 수 있다.611) 그러나 이러한 사실은 동시에 설명을 통해서 이루어지는 확인이 확증될 수 없다는 사실을 보여주는 것이기도 하다.612)

설명은 다시 이해로 나아간다. 설명이 구조를 밝히는 것이라면 이해는 그 밝혀진 구조를 다시 종합하여 텍스트의 의미를 창출한다.613) 첫 번째 이해가 하나의 추측에 불과했다면 두 번째 이해는 자기화를 포함한다.614) 바로 이 두 번째 이해가 해석의 진정한 목표라고 할 수 있다. 특히 여기서는 해석자가 텍스트를 따라가는 입장을 취하기 때문에 첫 번째 이해가 가지고 있었던 주관적 경향이 극복되고 새로운 객관적인 방향을 설정하게 된다.615) 리쾨르는 특별히 두 번째 이해의 과정에서 해석자의 '인격적 참여'가 중요한 요소임을 밝히고 있다.616)

3. 해석학적 순환과 목회상담

해석학적 순환은 목회상담과 밀접한 관계를 가지고 있지만 목회상담에서 주의 깊게 다루어지지 않은 영역 가운데 하나이다. 거킨이 '해석학적 목회상담'을 전개하는 가운데 '목회상담의 해석학적 순환'에 대해서 다루고 있지만 그 역시 이 주제를 중요하게 취급하지는 않았다.617) 다만 거킨은 해석학적 순환을 목회상담에 어떻게 적용할 수 있는가에 대한 몇 가지 제안을 하고 있다. 여기서는 이러한 거킨의 제안을 중심으로 해석학적 순환과 목회상담의 관계를 언급하고자 한다. 특히 '목회상담의 관계구조'와의 연관성을 중심으로 다루게 될 것이다.

거킨은 해석학적 순환을 이해와 설명을 필요로 하는 영역에서의 '해석학적 움직임'으로 보았으며 또한 그러한 영역에서 '벗어날 수 있는 가능성'으로 이해했다.618) 이러한 해석학적 순환은 '재확인과 반복의 과정'을 거치면서 끝없이 그 의미를 축적하고 확장하게 된다.619) 거킨은 이러한 해석학적 방법론을 목회상담에 적용하기 위해서는 그러한 '끝없는 과정' a process of indeterminate length에 상담자와 내담자가 함께 참여해야 한다고 본다.620) 이 때 거킨이 말하는 '끝없는 과정'은 목회상담이 추구해야 하는 궁극적인 지향점과 관련되어 있다. 그리고 그 지향점을 향해 가는 '끝없는 과정'은 상담자와 내담자의 관계가 어떠해야 하는지에 대한 정보를 제공한다. 즉 그러한 과정을 함께 하기 위해서 필요한 것은 상담자와 내담자 간의 깊고 친밀한 관계이다.621) 이러한 관계를 통해서 상담자와 내담자가 그 과정을 함께 하게 될 때 발생하는 결과물들의 축적이 결과적으로 궁극적 지향점을 이루게 된다.

이러한 사실을 통해서 알 수 있는 사실은 궁극적 지향점이 고정된 닫힌 지향점이 아니라는 사실이다. 궁극적 지향점이 모든 과정이 지향하는 바이지만 그 지향점은 하나로 고정된 것이 아니라 유동적이며 변화하는 과정적 지향점이다. 이렇게 궁극적 지향점이 열려 있는 것을 통해서 많은 가능성들이 수용될 뿐만 아니라 의미 있는 해석학적 순환을 가능하게 한다. 또한 리쾨르는 '상대적 우월성의 범주'를 강조하고 있는데, 이러한 사실은 아무리 많은 가능성들이 있다고 하더라도 그 중에서 궁극적 지향점과 맞닿아 있는 거대담론이 있음을 인정하고 있는 것으로 볼 수 있다.622) 이것이 하나의 기준이 되어 목회상담을 이끌어가게 된다.

지금까지의 언급은 해석학적 순환을 목회상담에 적용하고자 할 때 중요한 것이 바로 상담자와 내담자의 관계이며, 그러한 관계를 통해서 나타나는 결과물의 축적이라는 사실을 보여준다. 여기에 한 가지 덧붙인다면, 상담자와 내담자가 이루는 '순환구조' a circular pattern가 중요하다고 볼 수 있다.623) 왜냐하면 이러한 순환구조를 통해서 상담자와 내담자의 관계가 의미 있는 움직임을 시작하며, 그러한 움직임 속에서 결과물의 축적이 일어나기 때문이다. 거킨가 말하는 순환구조는 '직접적인 상담관계', '현재의 생활 관계', '과거의 중요한 관계'로서 이것의 순환을 통해서 축적물들이 생겨나고 궁극적인 지향점을 향해서 나아가게 된다고 본다.624) 거킨은 이러한 순환구조를 나선형으로 이해하고 있다.625)

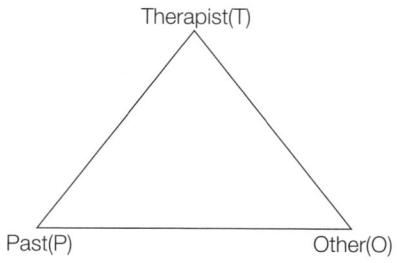

〈그림 1〉 Malan의 사람의 삼각형 626)

거킨이 말하고 있는 순환구조는 그가 밝히지는 않았지만 하비브 다반루 Habib Davanloo의 'T-C-P 해석'의 요소들이다.627) 다반루는 1940년대 프란츠 알렉산더Franz Alexander 이후 시작된 정신역동전통에서 단기치료를 전개한 핵심 인물들 중의 한 사람이다.628) 다반루는 자신의 치료 이론trial therapy을 전개하면서 D. H. 말란D. H. Malan의 영향을 받은 'T-C-P 해석'을 중요한 방법론으로 선택했다.629) 정신역동전통에서 해석을 치료과정에서 필수적인 요소로 보는 것과 마찬가지로 다반루 역시 해석기술을 자신의 이론의 중심에 두면서 내담자에게 통찰을 제공하고자 했다.630)

다반루는 'T-C-P 해석'을 '사람의 삼각형' triangle of person으로 표시했다. 각 꼭지점에는 '상담자' therapist, '내담자의 현재 생활에서 의미 있는 사람' current people, '내담자의 과거에서 의미 있는 사람' past people이 자리 잡고 있으며, 이러한 사람들과의 관계를 통해서 전이를 해석하고 내담자에게 통찰을 제공한다.631) 다반루가 이 과정에서 중요하게 여기는 것은 직면이다.632) 즉 상담자는 해석을 통해서 내담자를 "끊임없이" 현재의 중요한 관계와 과거의 관계에 직면하도록 만든다. 또한 내담자가 가지고 있는 애매함vagueness, 회피avoidance 그리고 수동성passivity에 직면시킴으로써 그것을 실제로 느낄 수 있도록 만든다.

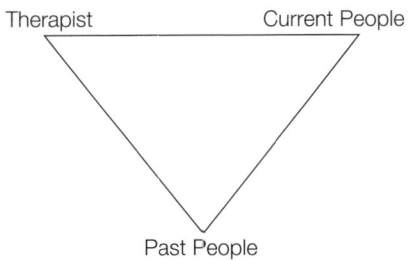

〈그림 2〉 다반루의 사람의 삼각형 633)

마이클 스태터Michael Stadter는 다반루에게 영향을 준 말란의 이론을 자신의 이론에 접목하면서 한 가지 요소를 추가한다. 스태터는 정신분석이론에서 '자기'의 중요성을 강조하면서 상담자와 내담자 모두 상담자가 자신의 '자기'를 어떻게 대하는지에 유의해야 한다고 말하면서 이것을 다반루의 사람의 삼각형과 연결시킨다.634) 이 과정을 통해서 스태터는 '자기'를 사람의 삼각형 안에 위치시키면서 내담자의 '자기'와 다른 요소들의 관계를 해석한다.635)

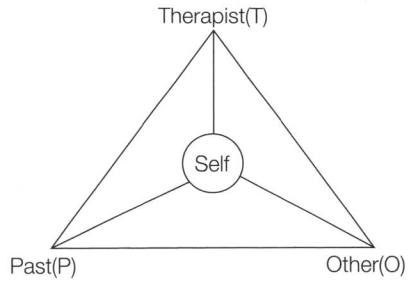

〈그림 3〉 스태터의 자기와 사람의 삼각형 636)

다반루나 스태터의 삼각형 이론은 모두 개인의 임상을 토대로 만들어졌다는데서 한계를 지니고 있다.637) 그럼에도 불구하고 재니스 스트렝스Janice Morgan Strength는 다반루의 삼각형 이론을 부부나 가족치료에서도 활용할 수 있다고 본다. 실제로 스트렝스는 자신의 경험을 통해서 다반루의 해석 모델이 개인상담의 틀을 넘어 다른 차원에서도 적용될 수 있는 가치 있는 이론이라고 주장한다.638) 특히 스트렝스는 다반루의 사람의 삼각형 이론을 '사람의 사각형'a square of persons 이론으로 확장한다.639) 스트렝스는 다반루의 사람의 삼각형 이론에 '하나님과의 관계' relation of God를 추가함으로써 하나님 이미지를 통해 내담자의 삶에 또 하나의 통찰을 포함시키고자 했다.640)

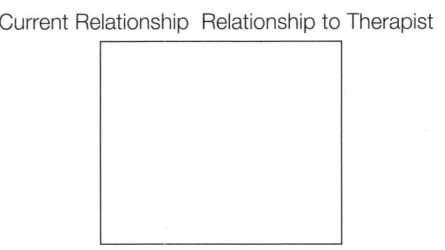

〈그림 4〉 스트렝스의 사람의 사각형 641)

다반루의 사람의 삼각형이나 스트렝스의 사람의 사각형은 모두 "축적을 통한 이해의 확장"이라는 측면에서 순환구조를 가지고 있다고 볼 수 있다. 하나의 관계를 해석하고 그 관계에 대한 이해를 근거로 다음 관계를 해석함으로서 축적을 통한 이해의 확장이 일어나게 된다. 그러나 이러한 순환구조는 일반적인 순환구조와는 차이를 보인다. 슐라이어마허 이후 해석학적 순환은 이중성의 문제였다. 즉 대극적인 관계를 가지고 있는 두 가지 요소 간의 순환이었는데, 리쾨르가 이것을 삼중적 해석학적 순환으로 확장했다. 물론 리쾨르의 해석학적 순환 역시 이중성을 근간으로 하고 있는 것은 사실이다.642) 그러나 목회상담의 영역에서는 이것을 확장하여 스트렝스의 경우 사중적 해석학적 순환의 관계구조로 나아간 것이다. 그러나 이 때의 모양이 리쾨르나 거킨이 말하는 것처럼 여전히 나선형의 모양을 지니며, 각 요소들 간의 관계가 리쾨르가 말하고 있는 것처럼 인격적 참여를 통한 상호보완, 상호의존, 상호침투라는 점에서는 차이가 없다.

---

550) 이기언, "해석학적 순환에 대하여", 『불어불문학연구』, 74집 (2008 여름): 274-5.
551) 목창균, 『슐라이에르마허의 신학사상』, 263.

552) Ast는 당시 유행하던 문헌학적 해석에서 말과 텍스트를 해석하기 위해서는 개별자와 보편자의 순환관계를 이해하는 것이 필요하다는 것을 간파했다. 실제로 Ast는 정신개념에 기초한 낭만주의 해석학의 기초를 세웠으며, 해석학적 순환이라는 개념이 그의 해석학의 기본을 이루고 있다. 강돈구, 『슐라이어마허의 해석학』, 이동희 역 (서울: 이학사, 2000), 159; 정기철, "낭만주의 해석학: 해석학적 순환을 중심으로", 『해석학연구』, 12집 (2003): 20-1.
553) 정기철, "해석학과 정신분석학의 만남이 주는 의미에 대한 고찰", 85.
554) 목창균, 『슐라이에르마허의 신학사상』, 263. "부분은 전체를 이해할 수 있는 실마리를 제공하며 전체는 부분의 이해를 명확히 보증해 준다는 부분과 전체의 관계에 대한 순환론은 전체에 대하여 부분이 가지는 역할과 부분에 대하여 전체가 갖는 의미를 상호관계 속에서 극대화하면서 텍스트를 이해할 수 있는 계기를 제공한다는 차원에서 해석학의 가장 중요한 방법으로 수용된다." 김용일, "슐라이어마허의 언어해석학", 35.
555) Palmer, 『해석학이란 무엇인가?』, 133-4.
556) J. M. Connolly, "Gadamer and Author's Authority: A Language-Game Approach", *The Journal of Aesthetics and Art Criticism*, vol. 44, no. 3 (1986): 271.
557) Gadamer, *Truth and Method*, 267-306.
558) Heidegger, *Being and Time*, 274-8.
559) Connolly, "Gadamer and Author's Authority", 271.
560) 최재정, "슐라이어마허의 교육론에 나타나는 '변증법'의 의미와 역할", 『교육철학』, 35집 (2006): 191.
561) Ibid., 192.
562) Ibid.
563) 해석학적 순환이 변증법의 한 형태이기는 하지만 변증법은 주로 말해진 언어와 관련되어 있고, 해석학은 주로 기록된 언어와 관련되어 있기 때문에 이 둘 사이에는 기본적인 차이가 존재한다. 그러나 이러한 차이에도 불구하고 변증법과 해석학이 근본적으로 상호보완적인 관계에 있는 사고와 이해를 전제로 하고 있다는 점에서 서로 다르지 않다는 사실을 발견할 수 있다. 사고는 이해를 전제로 하며, 이해는 사고의 한 부분이 된다. 이 때 해석학은 인간의 삶 속에 존재하는 요소들이 무엇이며 서로 어떠한 관계를 가지고 있는지를 "명확하게 이해하기 위한 방법론"이며, 변증법은 그러한 요소들 간에 나타나는 갈등이나 문제를 해결하는데 있어서 "가장 진실에 가까운 대답을 찾아나가기 위한 대화의 기술"이다. 그러므로 변증법과 해석학은 하나의 지향점을 향한 상호보완적이며 동시다발적인 중요한 방법적 사유라고 할 수 있다. 이병옥, "슐라이어마허의 해석학적 주체성 이론", 『철학과 현상학 연구』, 25집 (2005): 149-50; 최재정, "슐라이어마허의 교육론에 나타나는 '변증법'의 의미와 역할", 195.
564) 이기언, "해석학적 순환에 대하여", 275.

565) 강돈구, "해석학적 순환의 인식론적 구조와 존재론적 구조", 『한신논문집』, 5집 (1986): 48; 김용일, "슐라이어마허 해석학에 있어서 언어와 사유", 253; 목창균, 『슐라이에르마허의 신학사상』, 264.
566) Schleiermacher, 『해석학과 비평』, 255, 273, 320.
567) Ibid., 219-20; 최신한, "유한적 이성과 해석학적 인식: 슐라이어마허의 해석학적-변증법적 학문이론", 『철학연구』, 31권 (1992): 362, 367-8; 김용일, "슐라이어마허 해석학에 있어서 언어와 사유", 254; 최신한, "슐라이어마허와 가다머(Ⅱ): 해석학의 보편성 요구-지평융합인가, 지평확대인가?", 『철학연구』, 90집 (2004): 420.
568) 문법적 해석과 심리적 해석은 이미 그 안에 해석학적 순환을 담지하고 있다. 문법적 해석은 단어와 문장의 해석학적 순환을 담고 있다. "모든 단어의 의미는 전체 문장과의 관계에 의해서 결정되며, 전체문장의 의미는 개별적인 단어들의 의미에 의해서 파악된다. 또한 개별적인 개념은 그 의미를 그것이 관련되어 있는 문맥으로부터 이끌어내며, 그 문맥은 그것이 의미를 부여하는 부분들로 구성되어 있다." 심리적 해석은 비교와 예감의 해석학적 순환을 담고 있다. 비교는 "공통적인 것 안에서 서로 유사한 관계를 파악하는 방법"으로 "새로운 것이나 알려지지 않은 것을 알려진 것이나 유사한 것과 연관"시키는 것이며, 예감은 "개성적인 것을 직접 파악하는" 직관적 통찰이다. 이 둘은 서로 다른 역할을 하면서도 상호보완적으로 기능한다. 실제로 "비교의 방법을 통해 작품은 객관화되고 일반화"되며, "예감은 비교를 위해 항상 선행되어야" 한다. 목창균, 『슐라이에르마허의 신학사상』, 264; 이병옥, "슐라이어마허의 해석학적 주체성 이론", 151-2.
569) 김용일, "슐라이어마허의 언어해석학", 28-9.
570) Heidegger, *Being and Time*, 188.
571) 한자경, "하이데거의 해석학적 존재이해", 『해석학과 현대철학』, 계명대학교 철학연구소 편 (서울: 철학과 현실사, 1996), 105.
572) Heidegger, *Being and Time*, 189.
573) Ibid.
574) 이기언, "해석학적 순환에 대하여", 289.
575) Heidegger, *Being and Time*, 193-5.
576) Ibid., 191-2, 194.
577) Ibid., 195.
578) Ibid.
579) 한자경, "하이데거의 해석학적 존재이해", 105; 강돈구, "해석학적 순환의 인식론적 구조와 존재론적 구조", 64. 이것은 또한 새로운 가능성에 자신을 기투하는 것으로 이해할 수 있으며, Heidegger는 이러한 현존재를 가리켜 "가능성을 향한 존재"(Being-toward-possibilities)라고 칭한다. Heidegger, *Being and Time*, 188.
580) 강돈구, "해석학적 순환의 인식론적 구조와 존재론적 구조", 65-6.

581)한자경, "하이데거의 해석학적 존재이해", 106.
582)Gadamer, *Truth and Method*, 268-73.
583)박종규, "가다머의 철학적 해석학: 이해의 개념을 중심으로", 『해석학과 현대철학』, 계명대학교 철학연구소 편 (서울: 철학과 현실사, 1996), 147.
584)Ibid., 146-8.
585)이기언, "해석학적 순환에 대하여", 294-5.
586)Ibid., 300.
587)Gadamer, *Truth and Method*, 291-9.
588)정기철, 『해석학과 학문과의 대화』, 414, 435, 438.
589)Ricoeur, *Hermeneutics and the Human Science*, 165.
590)Ibid., 178.
591)Ibid.
592)해석학적 순환은 전이해에서 출발하며, 전이해를 따라 기본적인 방향이 결정된다. 이 때 해석학적 순환을 움직이게 하는 것은 '작품의 힘'(power of a work)이다. Ricoeur는 이러한 해석학적 순환의 모양을 기본적으로 나선(spiral) 또는 아크(arc)로 보라고 권한다. Ricoeur, *Hermeneutics and the Human Science*, 108, 171; Ricoeur, *The Symbolism of Evil*, 351-2; Ricoeur, *Time and Narrative*, vol. 1, 72; Paul Ricoeur, *Time and Narrative*, vol. 3, trans. Kathleen McLaughlin and David Pellauer (Chicago: The University Press, 1988), 312.
593)Ricoeur, *Hermeneutics and the Human Science*, 168. 여기서 Ricoeur는 인칭대명사의 삼중적 지시에 대해서 언급하면서 삼중적 해석학적 순환의 가능성을 암시하고 있다. Ricoeur가 해석학적 순환을 삼중적 관계로 볼 때 그 마지막에는 자기화가 놓여 있으며, 이 때 애용하는 용어는 해석학적 "아크"이다. Stiver는 Ricoeur의 해석학적 순환을 삼중적인 관계로 설정한다. Stiver와 비슷한 맥락에서 백운철은 Ricoeur의 해석학적 순환의 구조를 전이해, 설명, 자기화의 세 가지 요소로 간주하며, 이것을 미메시스의 세 단계인 전형상화, 형상화, 재형상화와 일치하는 것으로 본다. 똑같지는 않지만 Byrd 역시 비슷한 견해를 보여준다. Stiver와 백운철 그리고 Byrd의 공통점은 해석학적 순환의 모형을 삼중적 아크로 본다는 점이다. 백운철, "리쾨르의 성서 해석학", 25-6; Byrd, "Paul Ricoeur's Hermeneutical Theory and Pentecostal Proclamation", 209; Stiver, *Theology after Ricoeur*, 56-78, Ricoeur, *From Text to Action*, 124.
594)Ricoeur, 『악의 상징』, 325. Ricoeur는 순환을 "믿어야 안다. 그러나 알아야 믿는다"라고 말하면서 순환에 대한 긍정적인 견해를 나타낸다. Ricoeur에게 있어서 해석학적 순환은 진부하거나 죽은 것이 아니라 "살아 있어 운동하는 순환"이다.
595)Ricoeur, *Time and Narrative*, vol. 1, 76.
596)Ibid., 72.
597)Ibid., 73.
598)Ricoeur, *From Text to Action*, 166-7. Ricoeur가 자기화 과정에서 중요하게 여

기는 것은 새로운 세계를 향한 기투이다. 이것은 이미 Heidegger에게 나타나고 있는 개념이며, Ricoeur가 『악의 상징』에서 '확신'이라는 단어를 통해서 보여주고 있는 것이기도 하다. Ricoeur는 해석학적 순환을 벗어나기 위해 순환을 '확신'으로 바꾸면 된다고 조언한다. Ricoeur, *The Symbolism of Evil*, 353-4.
599) Ricoeur, *Hermeneutics and the Human Science*, 271. 이것은 해석학적 순환을 통한 지평의 확장이라는 측면에서 이해할 수 있다.
600) 『해석이론』의 역자의 설명에 의하면 Ricoeur는 이해를 understanding과 comprehension으로 구분하고 있다. 이 때 understanding은 설명을 거치지 않은 첫 번째 이해이고, comprehension은 설명을 거친 두 번째 이해에 해당한다. 그러나 여기서는 문맥적으로 파악이 가능함으로 특별히 구분하여 사용하지는 않을 것이다. 또한 Ricoeur는 해석을 이해로부터 "파생된 형태"로 보고 해석과 설명의 해석학적 순환을 언급하기도 하지만 해석을 이해의 한 영역으로 보지는 않는다. Ricoeur, *From Text to Action*, 105; Ricoeur, 『해석이론』, 124, 127.
601) Ricoeur는 Dilthey와 달리 실제로 "설명 없는 이해는 맹목적이고, 이해가 없는 설명은 공허하다." 정기철, 『해석학-학문과의 대화』, 415-7; 이기언, "해석학적 순환에 대하여", 305.
602) Ricoeur, *From Text to Action*, 110.
603) Ibid., 129.
604) Ibid., 156-67.
605) Ricoeur, 『해석이론』, 127-9.
606) Mark I. Wallace, *The Second Naïveté: Barth, Ricoeur, and the New Yale Theology* (Macon: Mercer University Press, 1990), 56.
607) Ricoeur, 『해석이론』, 127-9.
608) Ricoeur, *Hermeneutics and the Human Science*, 212-3.
609) Ibid., 118.
610) Schleiermacher, 『해석학과 비평』, 13; 정승태, 『그까이꺼 해석학 폼나게 풀어보자!』, 146. 그에게 있어서 해석학과 비평은 서로를 전제로 하며 상호의존되어 있다. 그러나 비평은 중단되는 시점이 있고 해석학은 그렇지 않기 때문에 Schleiermacher는 해석학의 우선성을 인정한다.
611) Ricoeur, 『해석이론』, 135.
612) Ibid., 134.
613) Ibid., 125.
614) Ibid., 128. Ricoeur는 이해와 설명의 맥락에서 자기화를 "텍스트가 지니고 있는 의미의 가능성의 실현"이라고 할 수 있는 '현재적 독서를 통해서 문화적 거리를 극복하고 텍스트의 이해를 자기이해와 융합시키는 것으로 보았다. Ricoeur, *From Text to Action*, 119.
615) Ricoeur, *Hermeneutics and the Human Science*, 161-2.
616) Ibid., 220-1.

617) Gerkin, *The Living Human Document*, 138-41.
618) Ibid., 138.
619) Ibid.
620) Ibid.
621) Ibid.
622) Ricoeur, 『해석이론』, 135.
623) Gerkin, *The Living Human Document*, 139.
624) Ibid.
625) Ibid., 140.
626) Stadter, *Object Relations Brief Therapy*, 114.
627) Habib Davanloo, ed., *Short-Term Dynamic Psychotherapy* (New York: Jason Aronson, 1980), 46.
628) 이와 관련된 인물은 Davanloo를 비롯해 David Malan과 Peter Sifneos가 주축을 이루고 있다. Habib Davanloo, 『단기역동 정신치료』, 이근후 외 2인 역 (서울: 하나의학사, 1990), 3.
629) Stadter, *Object Relations Brief Therapy*, 115.
630) Janice Morgan Strength, "Expanding Davanloo's Interpretive Triangles to Explicate the Client's Introjected Image of God", *Journal of Psychology and Theology*, vol. 26, no. 2 (1998): 181.
631) Davanloo, ed., *Short-Term Dynamic Psychotherapy*, 52-3.
632) Ibid., 46.
633) Davanloo, ed., Short-Term Dynamic Psychotherapy, 52.
634) Stadter, *Object Relations Brief Therapy*, 116.
635) Ibid., 162-4.
636) Ibid., 117.
637) Jill Savege Scharff와 David E. Scharff는 개인의 전이가 부부나 가족관계에서도 동일하게 일어난다고 봄으로써 개인적 전이를 다루고 있는 Davanloo의 이론의 영역을 확장했다. 그러나 Scharff와 Scharff는 Davanloo의 이론을 직접 언급하지는 않았다. Strength, "Expanding Davanloo's Interpretive Triangles to Explicate the Client's Introjected Image of God", 182; Jill Savege Scharff and David E. Scharff, *Object Relations Family Therapy* (Northvale: Jason Aronson Inc., 1991), 65-83; Jill Savege Scharff and David E. Scharff, *Object Relations Family Couple Therapy* (Northvale: Jason Aronson Inc., 1994), 61-80.
638) Strength, "Expanding Davanloo's Interpretive Triangles to Explicate the Client's Introjected Image of God", 182.
639) Ibid., 183.
640) Ibid., 183-4.

641) Ibid., 183.
642) Ricoeur, 『해석이론』, 125.

7장
미메시스 : 목회상담의 과정

일반적으로 미메시스는 흉내mimicry, 모방imitation, 재현representation이라는 단어들과 관련성을 지니고 있다.643) 이 중에서도 특히 모방과 재현이 미메시스에 상응하는 번역으로 사용되고 있다.644) 모방은 주로 플라톤Platon의 미메시스 개념과 관련하여 사용하며, 재현은 아리스토텔레스의 미메시스 개념과 관련하여 사용한다. 플라톤에게 있어서 미메시스는 이데아와 관련을 가지고 있다. 즉 인간이 살아가는 세계는 이데아에 대한 하나의 모방이며, 이러한 세계는 예술을 통해서 모방된다. 이와 달리 아리스토텔레스는 미메시스를 단순한 모방이나 복제의 개념이 아니라 창조적인 재현의 작업으로 이해한다. 이러한 아리스토텔레스의 개념에는 인간의 실천에 대한 강조점이 있으며, 이러한 요소가 바로 플라톤과의 가장 커다란 차이를 형성한다.645)

리쾨르는 미메시스를 재현으로 이해하고 인간의 실천과 관련시키는 아리스토텔레스의 개념을 따르고 있다.646) 그러나 리쾨르는 아리스토텔레스의 개념에 제한되지 않고 독특한 자신만의 개념을 펼쳐 나간다.647) 특히 미메시스를 인간의 실존적인 차원과 연결시킨 것은 리쾨르의 커다란 공헌이라고 할 수 있다.648) 리쾨르는 미메시스를 삼중적인 차원으로 이해하고 있는데, 이러한 삼중의 미메시스triple mimesis는 미메시스의 세 가지 단계로 간주할 수 있다.649) 각 단계는 전형상화의 단계인 미메시스 1단계, 형상화의 단계인 미메시스 2단계, 재형상화의 단계인 미메시스 3단계로 구분된다.650) 이러한 미메시스의 단계는 단순한 일련의 과정이 아니라 해석학적 순환을 거치게 된다는데 그 특징이 있다. 여기서는 이러한 삼중의 미메시스를 각 단계별로 나누어 목회상담과의 관계를 서술하고자 한다.

1. 미메시스 1단계 : 전형상화

미메시스의 첫 번째 단계이자 전형상화의 단계인 M1은 기본적으로 전이해의 해석학을 전개하는 하이데거와 가다머의 영향 아래 있다. 리쾨르는 M1을 통해서 형상화의 단계인 M2의 근거를 마련할 뿐만 아니라 그것의 가능성을 열어 놓고 있다.651) 이 때 리쾨르는 M1을 하이데거의 맥락 속에서 M2의 전이해에 해당한다고 보는데, 이것은 또한 가다머의 선입견과도 일치한다고 볼 수 있다.652) 리쾨르는 해석에 있어서 전이해나 선입견의 중요성을 간과하지는 않지만 그것의 구즈를 밝히려고 하지는 않는다. 다만 리쾨르는 전이해의 요소들에 관심을 가지고 있다. 그러한 요소들은 여러 가지가 있을 수 있으나 리쾨르는 의미 있는 구조meaningful structures, 상징적 재료symbolic resources, 시간적 특성temporal character 등 세 가지로 한정하여 설명한다.653)

리쾨르에게 있어서 미메시스는 기본적으로 '행위의 모방'이다.654) 그렇기 때문에 리쾨르가 제시한 이 세 가지 요소는 모두 행위에 대한 이해와 관련되어 있다. '의미 있는 구조'는 개념망conceptual network을 통해 의미 있는 행위action의 영역과 단순한 신체적 움직임physical movement의 영역을 구별하는 역할을 감당한다.655) 리쾨르에 의하면 이러한 행위는 반드시 '목적' goals이 있으며, 그 '동기' motives가 분명하고, 그 '행위의 주체' agents를 포함한다.656) 의미 있는 구조에서 전제가 되는 것은 저자와 독자 모두 그들이 기록하고 읽는데 사용하는 용어에 대해서 친숙하다는 사실이다.657)

'상징적 재료'는 기호, 규칙, 규범 등을 통해서 구성되어 있으며, 이것을 통해서 행위를 내러티브화 하거나 행동이 내러티브로 넘어가도록 하는 매개적인 역할을 한다. 리쾨르는 이러한 사실을 "행위는 언제나 상징적으로 매개된다"라는 명제를 통해서 보여주고 있다.658) 이 명제는 다른 한편으로 이미 행위 안에 상징 또는 상징체계가 포함되어 있다는 것을 의미한다. 상징은 행위 안에 이미 내재하는 해석체interpretants가 되며, 상징체계는 그 구조화된 특성으로 인해 행위를 서술하거나 해독하는 것을 가능하게 만든다.659)

'시간적 특성'은 "행위의 상징적 매개에 암시"되어 있으며, "내러티브의 유도체"로서의 역할을 한다.660) 리쾨르는 행위의 시간적 특성을 하이데거가 언급하고 있는 '내적 시간성' within-time-ness의 개념으로 이해한다.661) 리쾨르는 이 개념을 통해서 인간을 '시간-내-존재' being-"within"-time로 간주하고 인간의 행위를 '선적인 시간' linear time으로 환원될 수 없는 항상 현재적인 것으로 이해한다.662) 또한 리쾨르는 인간의 행위가 근본적으로 "시간 안에서 평가되고 예측되어야 한다"고 주장한다.663)

이상의 세 가지 요소는 모두 행위에 포함되어 있다.664) 그렇기 때문에 인간의 행위를 이해하기 위해서는 반드시 이것들을 이해할 수 있는 최소한의 능력을 소유하고 있어야 한다.665) 이러한 능력은 미메시스, 즉 행위의 재현을 위한 하나의 전제지만, 이미 그 자체가 "가장 기본적인 수준의 미메시스"이기도 하다.666) 이러한 미메시스는 "누군가가 무엇을 모방하거나 재현"하는 "정신적 능력" mental ability으로서 "다른 사람이 재현하고 있는 것을 인식할 수 있도록" 만들어 주기도 한다.667)

전형상화로서의 M1은 "저자가 기록하고자 하고 독자가 해석해 내고자 하는 불분명한 세계opaque world"이다.668) 이 세계는 질서가 부여되어 있지 않으며, 형상화를 기다리는 여러 가지 요소들이 여기 저기 흩어져 있다. 그렇기 때문에 이 세계 안에 흩어져 있는 요소들은 형상화를 위한 하나의 재료가 되며, 선택되어 기록되거나 말해지게 되었을 때 의식의 영역으로 들어와 부여된 질서를 통해 새롭고 분명한 세계를 구성하게 된다. 여기에 있는 재료들 중에서 가장 중요한 것은 '미성숙한 스토리' nascent story이다.669) 이 스토리는 완전하지는 않지만 어떤 행위나 사건에 대한 하나의 해석을 포함하고 있다.670) 이 스토리가 말해지거나 기록되는 과정을 통해서 질서를 부여받게 되며, 이 과정을 통해서 형상이 부여된 하나의 텍스트, 곧 내러티브가 된다.671)

도르니쉬는 M1을 신학에 적용하여 "신학이 인간의 행동에 대한 전이해를 내포하고 있다"고 언급한다.672) 그러나 이것은 하나의 전제이지 적용이라고 보기는 어렵다. M1을 목회상담에 적용하기 위해서는 이러한 전제를 기반으로 해서 좀 더 구체적이 될 필요가 있다. 특히 M1은 목회상담과 관련이 있을 뿐만 아니라 목회상담에서 활용할 수 있는 구체적인 적용점을 제공한다.

첫 번째 적용점은 내담자가 '미성숙한 스토리', 그러나 해석된 스토리를 가지고 상담자를 찾아온다는 사실이다. 레더는 이것을 가리켜 내담자가 가져오는 '경험적 텍스트' the experiental text라고 칭한다.673) 실제로 내담자는 상담자를 찾아오기 전에 일련의 해석의 과정을 거치게 된다. 그러한 해석의 과정을 통해서 자신이 문제를 가지고 있으며, 그러한 문제를 해결하기 위해서 누군가의 도움이 필요하다는 판단을 내리게 되었을 때 비로소 상담자를 찾게 된다.674) 그러므로 상담자는 내담자의 경험에 근거한 내담자의 해석에 귀를 기울여야 한다.675) 그러나 이러한 해석이 결코 완전한 것이 아니며 문제가 깊이 스며들어 있는 초보적인 해석이라는 사실을 간과해서는 안 된다.

두 번째 적용점은 내담자가 그려내는 세계가 상담자에게 뿐만 아니라 내담자에게도 불분명하다는 사실이다. 내담자가 비록 해석된 스토리를 가지고 오기는 하지만 그 해석이 성숙되지 않았기 때문에 그 스토리를 통해서 그려지는 내담자의 세계는 불분명할 수밖에 없다. 상담자 역시 그러한 내담자의 스토리를 통해서 내담자의 세계를 해석해내야 하기 때문에 그 세계는 여전히 불분명한 세계가 된다. 그러므로 내담자가 그려내는 세계는 그것이 아무리 분명하게 말해진다고 하더라도 그것을 좀 더 정확하게 드러낼 수 있는 해석의 과정을 거쳐야 한다. 특히 내담자가 의도적으로 숨기거나 무의식적으로 간과하고 있는 것이 있는지 주의를 기울어야 하며, 또한 내담자가 자연스럽게 드러내는 것을 통해서 그 안에 담겨 있는 내담자의 의도나 해석을 발견할 수 있어야 한다.

세 번째는 내담자의 능력과 관련되어 있다. 목회상담 역시 해석학과 마찬가지로 인지적인 과정을 포함하고 있기 때문에 내담자의 인지 능력이 전제되어야 한다. 특히 해석을 전제로 하는 해석학적 목회상담은 더욱 그러하다고 할 수 있다. 그러나 이러한 전제가 내담자의 탁월성을 요구하는 것은 아니다. 이미 밝힌 바와 같이 리쾨르가 요구하는 것은 최소한의 능력이다.[676] 그리고 내담자가 아무리 탁월하다 하더라도 대부분의 내담자가 이미 문제를 안고 있으며 그 안에 갇혀 있는 상태로 오기 때문에 내담자의 능력은 심하게 왜곡되어 있다고 볼 수 있다.[677] 그러므로 상담자는 내담자의 능력에 대한 긍정은 필요하지만 지나치게 신뢰해서는 안 되며, 점차적으로 내담자의 능력을 방해하는 장애요인을 제거하여 내담자가 스스로 자신의 문제를 해결할 수 있도록 도와야 한다.

2. 미메시스 2단계 : 형상화

미메시스의 두 번째 단계는 형상화의 단계로 M1과 마찬가지로 전이해의 해석학과 관련되어 있다. 특히 M2는 리쾨르에 의해서 하이데거의 '로서' as 의 구조와 비슷한 '마치~와 같은 것' the as if의 왕국으로 불린다.678) 이러한 사실은 M2가 하이데거와 마찬가지로 '하나를 다른 하나로 바꾸어 주는 과정'을 그 안에 포함하고 있다는 사실을 보여준다. 그러나 M2는 단순한 대체를 넘어 그것들을 종합하고 거기에 질서를 부여한다는 점에서 하이데거의 '로서'의 구조보다 진일보한 것으로 평가할 수 있다. M2는 또한 재구성의 해석학과도 연관되어 있다. 재구성의 해석학이 저자의 의도나 체험을 재구성하여 형상화하고자 했던 것처럼 M2는 미메시스의 세 단계 중 저자와 깊이 관련되어 있는 M1을 형상화한다.

M2는 아리스토텔레스의 『시학』Poetics과 임마누엘 칸트Emmanuel Kant의 『판단력 비판』Critique of Judgement과 깊이 관련되어 있다.679) 리쾨르는 『시학』에서 뮈토스muthos라는 개념을 가져온다. 실제로 M2는 '사건들의 조직화' organization of the events를 통해서 줄거리를 구성하는 아리스토텔레스의 뮈토스와 동일한 개념이라고 볼 수 있다.680) 이러한 뮈토스는 주제를 결정하고, 그 주제에 맞춰 사건을 선택하고 배열하는 저자의 활동을 포함한다.681) 또한 뮈토스는 "먼저 대체적인 윤곽을 그리고 그 다음에 일화들을 채우고 거기에 관한 세부 사항들을 부연 설명"하는 과정을 통해서 "어떤 극의 사건들을 구성하는 방법"이라고 정의할 수 있다.682)

리쾨르는 뮈토스를 가리켜 '줄거리 구성' emplotment이라고 부른다. 줄거리 구성은 재료로서의 M1이 내러티브로서의 M2로 형상화되는 모든 과정을 가리키는 것으로서, 그 안에 반드시 '함께 고려하기' grasping together를 동반하게 된다.683) '함께 고려하기'는 낱낱으로 존재하는 재료들을 함께 묶어서 전체로 고려하는 과정을 가리키는 것으로 칸트가 제시하는 '판단

작업' the operation of judging과 유사하다.684) 특히 칸트가 제시하는 판단 가운데 '규정적 판단' determining judgment보다 '반성적 판단' reflective judgment에 더 가깝다.685)

리쾨르는 줄거리 구성과 관련된 맥락에서 칸트와 관련된 또 하나의 개념을 언급한다. 그것은 바로 '생산적 상상력' productive imagination이다.686) 리쾨르는 줄거리 구성 곧 "형상화하는 행위가 생산적 상상력에서 기인한다"는 사실을 강조한다.687) 이러한 생산적 상상력은 "심리학적인 기능이 아니라 선험적인transcendental" 기능이며, 이미 그 안에 "자기 나름대로의 규칙"을 가지고 있다.688) 또한 생산적 상상력은 "지적이면서 직관적인"intellectual and intuitive "종합의 기능"synthetic function을 가지고 있다.689) 특별히 생산적 상상력은 전통과 깊은 관계성 속에서 작업을 진행한다.690) 리쾨르가 말하는 전통은 "죽어 있은 침전물들의 무기력한 전달이 아니라 언제나 다시 활동할 수 있는 혁신의 생명력 있는 전달"이다.691)

M2는 미메시스의 텍스트 단계로서 저자와 독자를 배제하는 의미론적 자율성과 관련되어 있으며, 동시에 저자의 작업과 독자의 작업을 포함하고 있다.692) 의미론적 자율성은 '추정된 텍스트 저자의 의도', '텍스트를 수용하는 처음 청자의 능력', '텍스트의 기원이 되는 사회–문화적 상황' 등 세 자기 요소의 부재를 의미한다.693) M2는 결국 이러한 "삼중의 자율성의 표상emblem"이라고 할 수 있다.694) 그러나 텍스트 안에는 의미론적 자율성에 의한 새로운 관계를 통해 내포 저자와 내포 독자가 있을 뿐만 아니라 '텍스트의 세계'라는 내포된 지시의 세계가 존재한다.695) 결국 텍스트 안에는 일차적인 저자, 독자, 상황은 부재하지만 그에 상응하는 내포된 저자와 내포된 독자 그리고 내포된 상황이 존재한다. 그러므로 의미론적 자율성에도 불구하고 현재의 독자는 텍스트를 만들어가는 저자의 의도와 텍스트를 읽고 이해하는 독자의 능력과 그것을 통해서 드러나는 세계를 나타낼

수 있게 된다. 이런 측면에서 볼 때 M2는 텍스트의 표면적인 의미를 넘어 그 안에 "내포된 심층의 의미를 파악하는" "본격적인 이해의 단계"라고 할 수 있다.696)

텍스트의 심층적 이해를 위해 M2에서 중요하게 다루어야 할 것은 독자를 따라오게 만드는 '스토리의 능력' the story's capacity이다.697) 스토리의 능력은 저자의 줄거리 구성에 의해서 부여되는 것이며, 독자가 스토리를 따라갈 수 있을 때 비로소 텍스트에 대한 이해가 가능해진다. 리쾨르는 스토리를 따라가는 것을 "스토리의 '결말'에서 실현되는 기대의 안내를 받으면서 우발적이고 돌발적인 사건들의 한복판으로 나아가는 것"이라고 정의한다.698) 스토리의 결말은 그 스토리에 '종결점' end point을 부여할 뿐만 아니라 하나하나의 에피소드들을 스토리의 전체 구조 안에서 적합한 요소로 만들어 준다.699)

M2는 삼중의 미메시스의 커다란 흐름 속에서 M1과 M3를 매개하며, M1에서 M2로의 과정 속에서 세 가지 방식으로 매개적인 기능을 수행한다. 즉 M2는 부분적인 사건들과 전체로서의 내러티브 사이를, 사건들의 단순한 연속과 사건들의 관계를 중심으로 한 통합 사이와 연대기적 시간과 초연대기적 시간 사이를 매개한다.700) 여기서 한 가지 기억해야 하는 것은 M1에서 M2로 넘어갈 때 쓰기에서의 저자의 역할과 읽기에서의 독자의 역할이 사실상 일치한다는 사실이다. 아리스토텔레스에서는 일상의 생활이 저자에 의해 작품으로 재현되고, 그것은 다시 배우들을 통해서 재현되며, 최종적으로 그것을 보는 관객에 의해서 재현되면서 각각의 영역이 분명해지지만, 리쾨르의 미메시스는 이와는 다른 양상을 띠게 된다. 즉 부분적인 것(M1)에서 전체적인 것(M2)으로의 이행은 쓰기(말하기)와 읽기(듣기), 즉 시간적 차이를 두고 일어나는 저자(화자)와 독자(청자) 공동의 작업이 되며, 마지막 단계(M3)만이 독자의 독특한 영역을 반영하게 된다. 그러므로 M2

에서는 저자와 독자의 M₁이 서로 다르기는 하지만 그 기능과 역할에 있어서는 동등하게 보아야 한다.

내러티브의 "다양한 요소들을 '하나의 이해 가능한 전체'로 조직"하는 M₂는 상담자가 내담자의 말을 경청하며 내담자가 말하고자 하는 바를 명확하게 구체화시키는 과정과 일치한다.701) 이러한 상담의 과정은 M₂를 통해서 많은 적용점을 찾을 수 있다. 첫 번째는 '함께 고려하기'이다. 상담자는 내담자의 말을 경청하는 가운데 단순히 그의 스토리에만 관심을 가질 것이 아니라 그의 몸짓, 어투 등 다른 요소들에도 귀를 기울일 필요가 있다.702) 이것은 비록 내담자가 직접 말로 하지는 않는다고 하더라도 간접적으로 상담자에게 보내는 일종의 메시지이다. 또한 상담자는 내담자를 보다 더 잘 이해하기 위해 간단한 진단적 질문지나 심리검사를 사용할 수 있다. 즉 목회상담에서 "함께 고려하기"란 내담자가 제시하고 있는 다양한 스토리들과 더불어 그의 몸짓이나 심리검사 결과 등을 포함한다. 레더는 이러한 요소들을 가리켜 '신체적 텍스트' physical text와 '도구적 텍스트' instrumental text라고 칭하고 있다.703)

두 번째는 '생산적 상상력'이다. 상담자는 내담자의 말을 경청하고 다른 요소들을 함께 고려하는 가운데 리쾨르가 말하는 '생산적 상상력'을 발휘할 필요가 있다. 이것은 목회상담에서 상담자가 가지고 있는 전문가적인 지식이나 직관을 가리키는 것이다. 즉 내담자의 말을 단순히 경청하는 것이 아니라 상담자로서 훈련된 지식과 직관에 근거하여 내담자가 드러내고자 하는 의도나 의미를 분명하게 할 필요가 있다. 여기에는 상담자가 가지고 있는 상담적 훈련 외에 타고난 능력과 속해 있는 전통 그리고 자신만의 독특한 경험이 포함된다. 레더는 이것에 근거한 해석의 결과물을 '신체적 텍스트'에 포함시킨다.704)

세 번째는 '스토리의 능력'이다. 스토리의 능력은 상담자와 내담자 모두에게 필요한 자질이다. 실제로 이 능력이 없다면 상담은 불가능하다. 목회상담에서의 스토리의 능력은 스토리 자체의 능력이라기보다는 상대방이 따라올 수 있는 스토리를 만드는 능력과 또한 상대방의 스토리를 따라갈 수 있는 능력을 가리킨다. 이러한 능력은 상대방을 이해시키고 설득시킬 수 있는 능력과 상대방의 스토리를 가감 없이 들을 수 있는 능력 뿐만 아니라 그 이면을 볼 수 있는 능력을 전제로 한다.705) 이러한 능력은 내담자보다는 상담자의 자질에 해당하며, 내담자에 대한 신뢰와 존중 없이는 불가능하다. 상담자는 문제에 빠져 있는 내담자를 도와 내담자가 스토리를 말하고 그 과정 속에서 그것을 구조화하며 하나의 결말을 향해 갈 수 있도록 도와야 한다.

마지막 적용점은 목회상담의 특성에서 비롯된다. 목회상담의 텍스트는 일반 텍스트와 달리 저자가 텍스트로 현존하며 독자 역시 배제되지 않는다. 즉 화자로서의 내담자가 청자로서의 상담자에게 자신의 의도를 그대로 전달하고 있으며, 상담자는 첫 청자로서 그것을 수용할 능력을 가지고 있다. 다만 내담자의 스토리의 기원이 되는 사회-문화적 상황이 상담 상황에서는 배제되어 있기 때문에 상담자는 이것을 밝히기 위해 노력해야 한다. 가능하다면 그때 내담자의 경험을 재현하거나 상담자가 간접적으로나마 경험하는 것도 필요하다. 이렇게 내담자의 경험과 상황을 재현하는 것은 상담자에게 뿐만 아니라 내담자에게도 필요한 과정이다.

3. 미메시스 3단계 : 재형상화

이미 밝힌 바와 같이 M_2는 글쓰기를 통해서 인간의 행위를 텍스트로 형상화하는 저자의 행위와 그러한 텍스트에 대한 독서를 통해서 텍스트의 세계를 형상화하는 독자의 행위로 이루어져 있다. 이러한 M_2에 이어서 나타나는 M3은 독자의 적극적인 개입을 통해서 "텍스트의 세계를 실제 세계에 적용하는" 재형상화의 과정이다.706) 재형상화는 철저하게 독자청자의 과정이며, 이들의 작업을 통해서 비로소 미메시스의 여정이 완성된다.707)

M3은 재형상화의 과정 속에 M2에서 형성된 텍스트 세계를 자기화함으로써 독자청자의 인지적 변화와 정서적 변화 그리고 행위적 변화를 가져온다.708) M2에서 제공되는 세계는 현실의 세계와 구별되는 무엇인가 '새로운 세계' new universe이다.709) 그리고 그 새로운 세계는 독자에게 그가 속해 있는 세계를 "다른 방식으로 보게" 한다. 게다가 새로운 세계는 독자로 하여금 "다른 방식으로 행동"할 것을 요구하며 독자의 행위의 변화를 유도한다.710) 이러한 변화는 다시금 독자의 경험을 새롭게 만들고, 그렇게 변화된 시각과 행위 그리고 그로 인한 경험은 독자로 하여금 처음과 '다른' 내러티브를 작성하게끔 만들어 준다.711) 특히 이러한 변화의 과정 속에서 경험하게 되는 카타르시스는 독자의 정서를 정화시켜주는 중요한 역할을 하게 되며, 새로운 행위를 수행하기 위한 안정된 정서적 기반을 제공한다.

리쾨르는 이러한 M3을 네 가지 차원에서 설명한다.712) 여기서는 이 네 가지 차원을 모두 설명하기보다는 그 가운데서 중요한 개념들을 간략하게 살펴보고자 한다. 먼저 언급하고자 하는 것은 미메시스의 순환이다. 리쾨르는 미메시스 내부의 순환성을 처음부터 인정한다.713) 그러나 그 순환은 악순환이 아니며 "하나의 미메시스로부터 또 다른 미메시스까지 다른 단계나 높이로" 나아가는 나선형의 모습을 하고 있다.714) 미메시스 전체 과정에서의 순환은 전형상화, 형상화, 재형상화로 나아가는 과정을 가리키며, 재형상화가 다시 전형상화로 나아가는 것을 의미한다.715) 이 과정은 '이해, 설명, 적용'의 해석학적 순환으로 볼 수 있으며, 그 마지막 지점에 항상 자기화가 자리하게 된다.716) 이 과정은 현실 세계(M1)에서 허구 세계(M2)로 그리고 다시 현실 세계(M3)로 돌아오는 것과 관련되어 있다.717) 여기서

한 가지 기억해야 하는 사실은 미메시스의 순환성이 M1이나 M2에서 과다하게 드러날 수도 있으며, 그로인해 M1이나 M2가 미리 M3의 작업으로 보여질 수도 있다는 사실이다."718)

두 번째는 '아직 이야기되지 않은 스토리들'에 대한 것이다. 리쾨르는 미메시스의 순환을 이야기하는 가운데 M1과 관련된 주제인 '아직 이야기되지 않은 스토리들'에 대해서 논의한다. 리쾨르에 의하면 '아직 이야기되지 않은 스토리들'은 '이야기되기를 요구하는 스토리들' stories that demand to be told이며, '잠재적인 스토리' potential story로서 '실현된 스토리들' actual stories과 대조되는 개념이다.719) 리쾨르는 '아직 이야기되지 않은 스토리들'을 두 가지 측면에서 언급한다. 하나는 정신분석과 관련된 부분으로 리쾨르는 정신분석의 과정에서 환자를 통해서 이야기되는 단편적인 삶의 스토리들에 대해서 언급한다. 리쾨르는 바로 이 스토리들이 아직 '이야기되지 않고 억압된 스토리들'이며, "더 지지적이며 더 이해하기 쉬운 내러티브"라는 '실현된 스토리'로 나아간다고 말한다.720) 다른 하나는 재판과 관련된 것으로 판사가 "복잡하게 얽혀 있는"being entangled 줄거리를 풀어가는 과정에 대해서 이야기한다. 이 때 복잡하게 얽혀 있는 스토리들이 바로 이야기된 스토리의 '선행 스토리' prehistory로서 '아직 이야기되지 않는 스토리'에 해당하게 된다.721) 그러므로 "스토리를 말하고, 따라가고, 이해하는 것은 이러한 이야기되지 않은 스토리들의 '연장' continuation에 불과하다."722)

세 번째는 '미결정 지대' zones of indetermination에 대한 것이다. 리쾨르에 의하면 글로 기록된 작품은 "독서를 위한 스케치"에 불과하며, 실제로 작품을 완성하는 것은 "독자"이다.723) 그러므로 텍스트 안에는 아무 것도 아직 결정되지 않은 미결정 지대를 가지고 있다.724) 이 미결정 지대를 채워가는 것은 바로 독자의 몫이다. 독자는 자기화의 과정을 통해서 미결정 지대를 채워가게 되는데, 이 때 독자는 텍스트에 의해서 제안된 세계를 반드시 수용하거나 그대로 살아가야 하는 것은 아니다. 독자는 자신이 살아갈 수 있을 만큼만 선택할 수 있으며, 그 결과 독자는 텍스트의 세계에 대해서 "수용, 거절 또는 수정 후 수용"이라는 자세를 지니게 된다.725) 또한 이 과정에서 반드시 일어나게 되는 것은 "독자의 세계와 텍스트가 투사하는 세계 사이의 갈등"이다.726) 이렇게 볼 때 텍스트의 세계에 대한 자기화는 완전히 이루어질 수 있는 것이 아니며, 오직 개념적으로만 존재할 수 있는 것이 된다.727)

이상과 같은 M3은 특히 목회상담의 마지막 부분과 깊은 관련을 가지고 있다. 그러나 그 이전의 부분과도 관련이 있는 것이 사실이다. 먼저 언급할 수 있는 것은 '아직 이야기되지 않은 스토리들'에 대한 것이다. '아직 이야기되지 않은 스토리들'은 M1에 해당하는 것이기도 하지만 상담의 과정에서 내담자의 문제가 스며들어 있는 내러티브에 새로운 관점을 제공하기 위해서 필요한 요소이기도 하다. 내담자가 상담자에게 말하고 있는 스토리는 내담자의 해석과 편집에 의한 것으로 많은 부분이 생략되고 편집되어 있다. 그렇기 때문에 상담자는 그러한 내담자의 내러티브를 그가 간과한 "아직 이야기되지 않은 스토리들"을 통해서 긍정적으로 바꾸어 줄 수 있다. 특히 내담자가 그의 편집된 내러티브로 인해 미처 보지 못한 긍정적인 자원을 찾아준다면 그것은 내담자의 자기이해 뿐만 아니라 문제가 스며들어 있는 내러티브를 개선하는데도 커다란 도움이 된다.

다음으로 생각할 수 있는 것은 '미결정 지대'에 대한 것이다. 미결정 지대는 내담자가 해석을 유보하고 있는 영역이라고 할 수 있다. 이 영역은 내담자의 의식적인 결정에 의해서나 무의식적인 결정에 의해서 그렇게 되어진다. 그럴 경우 상담자는 그 영역을 찾아내고 그 영역을 확고히 해 주는 것이 필요하다. 만약 그 영역이 무의식에 의한 것이라면 내담자가 그 영역을 미결정 지대로 남겨둔데 대한 좀 더 심도 깊은 접근이 필요하다. 다른 한편으로 이 영역은 내담자의 긍정적인 내러티브의 세계와 실제 세계의 차이와 갈등으로 인해서 미결정 지대로 남아 있을 수 있다.728) 즉 내담자가 현재의 삶을 어떻게 변화시켜야 될지에 대해서 알고 있지만 그것을 여러 가지 이유로 인해서 유보하고 있는 상태라고 볼 수 있다. 이런 경우는 목회상담에서 마지막 단계라고 할 수 있는 실천전략을 구축하고 그것을 실행하며 점검하는 마지막 단계를 통해서 변화시킬 수 있다. 이 경우 상담자는 내담자와 더불어 그 영역을 탐색하고 실천 가능한 전략을 구축해가는 가운데 내담자가 그것을 실천할 수 있도록 도와야 한다. 이 때 상담자는 내담자가 모든 것을 할 수도 없고 할 필요도 없으며 실현가능한 할 수 있는 것들을 우선으로 시작하는 것이 중요하다는 사실을 인식할 필요가 있다.

　마지막으로 언급할 수 있는 것은 텍스트 세계를 자기화함으로써 얻어지는 '인지적 변화와 정서적 변화 그리고 행위적 변화' 라는 결과이다. 이러한 변화들은 해석을 통해서 최종적으로 주어지는 결과이기도 하지만 동시에 상담을 통해서 얻어지는 마지막 결과물이기도 하다. 목회상담은 상담의 과정을 통해서 이러한 변화들을 얻을 수 있으며, 이것이 곧 목회상담에서 추구하는 한 부분의 목표이기도 하다. 즉 상담은 내담자의 인식을 바꾸어주거나 정서를 정화시켜 줌으로써 내담자가 자신의 행동을 바꾸어나갈 수 있는 엔진을 제공하고, 이것을 통해서 내담자의 삶을 긍정적으로 바꾸어주는 것을 목표로 한다. 한 가지 기억해야 할 것은 인지적 변화나 정서적 변화가 리쾨르의 해석학에서는 재형상화 단계에서 나타나지만 목회상담에서는 형상화 단계에서도 나타날 수 있다는 사실이다. 그러므로 인지적 변화나 정서적 변화를 목표로 한 경우는 형상화 단계에서 상담이 종결될 수도 있다.

　지금까지 필자는 4~7장에 걸쳐 리쾨르 해석학을 목회상담과의 상관관계 속에서 살펴보았다. 그 결과 리쾨르 해석학이 목회상담의 방법론과 관계구조 그리고 상담과정과 깊은 관련성을 가지고 있다는 사실을 확인할 수 있었다. 이러한 사실은 리쾨르의 해석학을 통한 목회상담의 새로운 모델의 가능성을 보여준 것이라고 할 수 있다. 특히 그의 해석학이 신학과 깊은 관련을 지니고 있는 점을 감안할 때 신학적인 특성을 지닌 목회상담모델로의 재구성이 가능하다. 다음 장에서는 바로 이러한 전제를 바탕으로 신학적 특성을 지닌 해석학적 목회상담모델을 제안하고자 한다.

---

643) 이주영, "재현의 관점에서 본 예술과 실재의 관계", 『미학 · 예술학 연구』, 22권 (2005): 9. 이 세 가지 단어는 서로 유사한 행위를 가리키기 때문에 이것을 완벽하게 구별하기란 쉬운 일이 아니다. 그러나 그러한 구별이 불가능한 것도 아니다. René Girard는 흉내와 모방이라는 단어를 같이 사용하면서도 그 둘 사이에 존재하는 차이에 대해서 언급한다. Girard가 흉내와 모양을 구분하는 기준은 '의식의 개입 수준'이다. 즉 의식이 많이 개입되어 있으면 모방이고, 상대적으로 의식이 적게 개입되어 있으면 흉내가 된다. 그러나 오히려 이러한 구분은 흉내와 모방 사이에 실제적인 차이가 없음을 보여주는 것이라고도 할 수 있다. René Girard, 『문화의 기원』, 김진식 역 (서울: 기파랑, 2006), 70.

644) David Konstan은 Stephen Halliwell의 견해를 인용하여 모방을 미메시스에 대한 고전적인 개념으로, 재현을 미메시스에 대한 현대적인 용어로 소개하면서, 이러한 특징을 가지고 있는 미메시스의 이러한 양면에 대해서 설명한다. David Konstan, "The Two Faces of Mimesis", *The Philosophical Quarterly*, vol. 54 (April 2004): 301-8.

645) 김한식, "소설의 결말을 위한 시론", 『프랑스어문교육』, 7집 (1999): 245. Platon과 Aristoteles의 미메시스 개념에 대해서는 다음을 참고하라. 강손곤, "플라톤 미학에 있어서 '미메시스'에 관한 연구", 『철학논총』, 16권 (1999): 293-337; 김동윤, "아리스토텔레스의 미메시스 개념과 허구적 이야기의 역동적 해석학: 폴 리쾨르의 문학이론을 중심으로", 『작가세계』, 1995년 5월, 370-403; 김헌, "아리스토텔레스 『시학』의 세 개념에 기초한 인간 행동 세계의 시적 통찰과 창작의 원리", 『인간연구』, 7권 (2004): 27-52; 노영덕, "하나(一)와 여럿(多)의 상호전환작용으로서 아리스토텔레스의 예술이론", 『미학 · 예술학연구』, 23권 (2006): 217-46;

David P. Parris, "Imitation the Parables: Allegory, Narrative and the Role of Mimesis", *Journal for the Study of the New Testament*, vol. 25, no. 1 (2002): 39-43; Dicenso, *Hermeneutics and the Disclosure of Truth*, 116-20; Sarah E. Worth, "Aristotle, Thought, and Mimesis: Our Responses to Fiction", *Journal of Aesthetics & Art Criticism*, vol. 58 (Fall 2000): 333-9.

646) Ricoeur, *Time and Narrative*, vol. 1, 52-87. 김한식은 재현을 "눈앞에 없는 것을 눈앞에 있는 것처럼 그려보는 것"이라고 정의하면서 이야기하는 것과 관련하여 "그것은 단순한 모방이나 복제가 아니며 그렇게 될 수도 없다. 재현하는 사람의 시점, 즉 해석이 들어가지 않을 수 없기 때문"이라고 말한다. 또한 Simms는 "모방 그 자체는 겉모양과 관련되지만, 미메시스는 행동의 모방이다"라고 말하면서 재현이 행동의 모방과 관련되어 있음을 밝히고 있다. 김한식, "텍스트, 욕망, 즐거움: 소설의 지평구조와 카타르시스", 『불어불문학연구』, 74집 (2008): 108; Simms, 『해석의 영혼 폴 리쾨르』, 125; Kenneth McLeish, 『아리스토텔레스』, 장영란 역 (서울: 궁리, 2001), 27.

647) Loretta Dornisch, "Ricoeur's Theory of Mimesis: Implications for Literature and Theology", *Journal of Literature & Theology*, vol. 3, no. 3 (November 1989): 308; 윤성우, "리쾨르의 문학론: 언어와 실재에 대한 탐구", 『하이데거 연구』, 15집 (2007): 343. Dornisch는 Ricoeur의 해석학 전반에 Aristoteles의 영향이 지배적이라고 언급하면서도 Ricoeur의 독창적인 영역을 강조한다.

648) 미메시스에 관한 Ricoeur의 견해는 Aristoteles와 더불어 Gadamer의 영향이 지배적이다. 특히 미메시스와 관련된 '재인식'(wiedererkennen)이라는 Gadamer의 견해는 Ricoeur의 미메시스와 많은 점에서 유사하다. 그러나 Gadamer는 이것을 실존적인 차원으로까지는 발전시키지 못했다. Dicenso, *Hermeneutics and the Disclosure of Truth*, 121-2; 백승영, "가다머의 해석학적 미학: 그 미완의 계획", 『철학』, 88권 (2006): 196-99; 임호일, "가다머의 예술론: 미메시스의 권리회복", 『뷔히너와 현대문학』, 25권 (2005): 326-9.

649) Dornisch, "Ricoeur's Theory of Mimesis", 309.

650) 앞으로 본문 안에 나타나는 미메시스의 각 단계는 M1, M2, M3로 축약하여 표기하고자 한다.

651) Dornisch, "Ricoeur's Theory of Mimesis", 311.

652) Stiver, *Theology after Ricoeur*, 66.

653) Ricoeur, *Time and Narrative*, vol. 1, 54; Piet Verhesschen, "'The Poem's Invitation': Ricoeur's Concept of Mimisis and Its Consequences for Narrative Educational Research", *Journal of Philosophy of Education*, vol. 37, no. 3 (2003): 453. 이상의 세 가지 요소는 모두 "행위의 세계에 대한 전이해"에 해당하는 것으로 줄거리 구성(emplotment)의 뿌리를 구성하고 있다.

654) Paul Ricoeur, "Mimesis and Representation", *Annals of Scholarship*, vol. 2 (1981): 16.

655)Ricoeur, *Time and Narrative*, vol. 1, 54-5.
656)Ibid., 55. Ricoeur는 이러한 행위의 주체를 행위의 결과에 대한 책임이 있는 사람으로 간주한다.
657)Verhesschen, "The Poem's Invitation", 453.
658)Ricoeur, *Time and Narrative*, vol. 1, 57. 이 명제는 Ricoeur가 Clifford Geertz의 명제를 차용한 것이다.
659)Ibid., 57-9; Ricoeur, "Mimesis and Representation", 19.
660)Ricoeur, *Time and Narrative*, vol. 1, 60.
661)Ibid., 61.
662)Ibid., 63.
663)Ibid., 62.
664)Dornisch, "Ricoeur's Theory of Mimesis", 309.
665)Ricoeur, *Time and Narrative*, vol. 1, 55. Ricoeur는 이것을 특별히 의미 있는 구"와 관련하여 '실천적 이해'(practical understanding)라고 칭한다. 이것은 저자와 독자에게 친숙한 용어를 납득할 수 있는 방법으로 사용할 수 있는 능력을 가리킨다.
666)Parris, "Imitation the Parables", 39.
667)Ibid.
668)Stiver, *Theology after Ricoeur*, 67. 동시에 M1은 "독자와 저자가 모두 공히 준거하고 있는 의미지평으로서 삶의 세계"이다. 윤성우, "리쾨르의 문학론", 343.
669)Stiver, *Theology after Ricoeur*, 67.
670)이경래, "서사 기호학과 이야기 해석학: 리쾨르와 그레마스를 중심으로", 『프랑스 문화 연구』, 2집 (1998): 8.
671)김한식, "폴 리쾨르의 이야기 해석학", 221.
672)Dornisch, "Ricoeur's Theory of Mimesis", 311.
673)Leder, "Clinical Interpretation", 11.
674)Ibid., 12.
675)Gregory P. Bauer, 『지금-여기에서의 전이분석』, 정남운 역 (서울: 학지사, 2007), 177.
676)Ricoeur, *Time and Narrative*, vol. 1, 55.
677)교류분석에서는 유아기 때 생존을 위해서 결정한 전략이 성인이 된 이후에도 영향을 미치기 때문에 상담자가 그러한 인생각본을 버리고 새로운 인생각본을 작성할 수 있도록 도와야 한다고 본다. 이것을 통해서 내담자가 획득하게 되는 것은 '자율성'이다. Ian Stewart and Vann Joins, *TA Today: A New Introduction to Transactional Analysis* (Nottingham and Chapel Hill: Lifespace Publishing, 1993), 6.
678)Ricoeur, *Time and Narrative*, vol. 1, 64.
679)Steele, "Ricoeur versus Taylor on Language and Narrative", 426-7.

680) Ricoeur, *Time and Narrative*, vol. 1, 64.
681) McLeish, 『아리스토텔레스』, 77-8. 줄거리는 단순한 것과 복잡한 것이 있다. "단순한'이 의미하는 것은 논리적이고 유기적인 통일성이 나타나기는 하나 상황의 반전이나 인지 없이 운명의 변화를 보여주는 일련의 행동을 뜻한다… '복잡한'이 의미하는 것은 그러한 변화가 반전이나 인지를 동반하거나 또는 이 양자를 다 동반하여 이루어지는 행동을 뜻한다. 단약 반전이나 인지가 제시되면, 그것들은 모든 사건이 선행 사건의 필연적인 결과이거나 개연적 결과라는 줄거리의 내적인 구조 때문에 일어나야 한다." Ibid., 81-2.
682) Ibid., 76, 88.
683) Ricoeur, "Mimesis and Representation", 24.
684) Ibid. Kant는 "초월적인"(transcendent)과 "선험적인"(transcendental)이라는 단어를 구별하여 사용한다. Kant는 판단에 대해서 논하면서 그 선험적 의미를 "하나의 개념 아래 다양한 직관이 놓여 있는 것"으로 이해했다.
685) Ricoeur, *Time and Narrative*, vol. 1, 66.
686) Ibid., 68.
687) Ricoeur, "Mimesis and Representation", 24.
688) Ibid. Ricoeur는 생산적 상상력이 "줄거리 구성의 유형론"에 유형을 제공한다고 주장한다. "줄거리 구성의 유형론"은 Northrop Frye의 이론에 근거한 것으로서, Ricoeur는 이것이 "내러티브 가능성들(narrarive possibilities)에 대한 논리"가 아니라 "내러티브 기능(narrative function)의 도식론(schematism)으로부터 발생한다"고 본다.
689) Ricoeur, *Time and Narrative*, vol. 1, 68; Dornisch, "Ricoeur's Theory of Mimesis", 312. 여기서 "지적이면서 직관적인" 것은 이해와 직관을 가리키는 것이며, 이 두 가지 요소가 "새로운 의미를 종합하기 위해서 생산적 상상력 안에서 상호작용"을 한다.
690) Ricoeur, *Time and Narrative*, vol. 1, 69.
691) Ibid., 68. Ricoeur가 말하는 도식론은 이러한 "전통의 특징들을 모두 가지고 있는 역사 안에서 구성"된다.
692) Stiver는 Ricoeur의 형상화를 저자와 독자의 이중적 차원에서 언급하면서, 텍스트에 대한 "저자의 상상적인 구성, 특히 줄거리 구성"이며, "텍스트의 내러티브 세계에 대한 독자의 해석(construal)"으로 보고 있다. Stiver, *Theology after Ricoeur*, 68.
693) Ricoeur, "Mimesis and Representation", 21.
694) Ibid.
695) Ibid., 22.
696) 이재호, "자아형성의 관점에서 본 리쾨르의 서사해석학", 『도덕교육연구』, 20권 1호 (2008): 62.
697) Ricoeur, *Time and Narrative*, vol. 1, 66.

698)Ibid.
699)Ibid.
700)Ibid., 65-6; Dornisch, "Ricoeur's Theory of Mimesis", 312.
701)Simms, 『해석의 영혼 폴 리쾨르』, 162.
702)이외에 "내담자의 숨결, 신체의 긴장도, 자세의 변화 등의 비언어적인 실마리"는 "한순간에 변화하기 때문에 짧은 순간에 관찰하지 않으면 안 된다." Ian Stewart, 『교류분석(TA) 개인상담』, 우재현 역 (대구: 정암서원, 2000), 22. 이와 관련하여 다음을 참고하라. Peter Collett, 『몸은 나보다 먼저 말한다』, 박태선 역 (서울: 청림출판, 2005); Paul Ekman, 『얼굴의 심리학』, 이민아 역 (서울: 바다출판사, 2006).
703)Leder, "Clinical Interpretation", 13-6.
704)Ibid., 13-5.
705)Stewart and Joins, ·TA Today, 65-7.
706)Simms, 『해석의 영혼 폴 리쾨르』, 164.
707)Ricoeur, Time and Narrative, vol. 1, 71; Verhesschen, "'The Poem's Invitation", 454. Ricoeur는 M3의 과정이 마치게 될 때 비로소 형상화 과정이 끝난다고 말한다.
708)M3은 Gadamer의 적용 그리고 Aristoteles의 카타르시스와 깊은 관련을 가지고 있다. Ricoeur는 이러한 두 사람의 견해에 행위에 대한 강조를 통해서 자신의 미메시스론을 완성하고 있다. Gadamer의 미메시스론에서 '재인식'이라는 개념은 인지적인 변화와 관련이 있고, Aristoteles의 카타르시스는 정서적인 변화와 관련이 있으며, Ricoeur의 행위에 대한 강조는 행위의 변화와 관련이 있다. Ricoeur의 행위에 대한 탐구는 비록 상황은 다르지만 Gadamer의 적용과의 관련된 자기화의 개념 아래 이미 『악의 상징』과 『프로이트와 철학』에서 등장하고 있다. Dornisch, "Ricoeur's Theory of Mimesis", 314; Ricoeur, "Mimesis and Representation", 25; Ricoeur, Time and Narrative, vol. 1, 70; Stiver, Theology after Ricoeur, 68-9.
709)Verhesschen, "'The Poem's Invitation", 454.
710)Ibid.
711)Ibid.
712)Ricoeur, Time and Narrative, vol. 1, 71. 네 가지 요소는 "미메시스의 순환", "형상화, 재형상화 그리고 독서", "서술성(narrativity)과 지시", "이야기된 시간"(narrated time)이다.
713)Ibid., 72.
714)Dornisch, "Ricoeur's Theory of Mimesis", 314.
715)M3에서의 해석학적 순환은 미메시스 전체 과정에서의 순환 외에 M3 내에서의 순환이 존재한다. 이것은 텍스트의 세계와 독자의 세계의 순환으로, M3은 그 둘 사이의 교차점을 나타낸다고 볼 수 있다. 그렇게 볼 때 M3은 "허구에 의해서 열려진

세계와 실제적인 행위가 열어주는 세계의 교차점"이 된다. Ricoeur, "Mimesis and Representation", 26.
716) 김한식, "소설의 결말을 위한 시론", 246; 이경래, "서사 기호학과 이야기 해석학", 10.
717) 김한식, "폴 리쾨르의 이야기 해석학", 222-3.
718) Dornisch, "Ricoeur's Theory of Mimesis", 314.
719) Ricoeur, *Time and Narrative*, vol. 1, 74.
720) Ibid.
721) Ibid., 74-5.
722) Ibid., 75.
723) Ibid., 77.
724) Ibid.
725) Stiver, *Theology after Ricoeur*, 69.
726) 이재호, "자아형성의 관점에서 본 리쾨르의 서사해석학", 57.
727) Ibid., 58. M3은 인간으로서 끊임없이 추구해야 하는 "숙명적 지향성"이며, M3에서 이루어지는 자기이해는 "자기화인 상태인 만큼 탈자기화"의 상태라고 할 수 있다.
728) 이 부분은 내러티브 정체성 형성과정의 일부분이다. 내러티브 정체성은 독자가 내러티브의 인물과 자신을 동일시하면서 자신을 변화시키는 것을 의미한다. 이러한 과정을 거쳐 내러티브 인물의 정체성이 독자의 정체성으로 전환될 때 비로소 내러티브 해석학의 궁극적인 목적이 달성된다고 볼 수 있다. 이것이 바로 내러티브 해석학의 존재론적 목적이다. 이경래, "서사 기호학과 이야기 해석학", 11.

III부
리쾨르 해석학을 적용한 해석학적 목회상담모델

리쾨르 해석학을 적용한 해석학적 목회상담모델은 기본적으로 신학적인 구도 안에서 이루어진다. 이 모델의 신학적인 구도는 목회상담의 목표와 관계구조를 제시하는 부분에서 잘 드러난다. 이 두 가지 요소는 이미 I부의 목회상담과 해석학의 상관관계에 대한 논의에서 언급한바 있는 '지향점'과 '관계구조'에 대한 논의와 직접적으로 연결되어 있으며, II부에서 논의한 리쾨르의 해석학적 순환에 대한 언급과 같은 연결선상에 있다. III부는 지금까지의 논의를 토대로 신학적인 구도 안에서 해석학적 목회상담의 모델을 제시하고자 한다.

8장
해석학적 목회상담의 개요

해석학적 목회상담은 상담의 목표, 상담의 관계구조 그리고 상담의 과정 등 크게 세 가지 영역을 통해서 나타낼 수 있다. 이러한 영역들은 다른 상담 모델에서도 기본적으로 포함되는 요소들로서, 본 장에서는 해석학적 목회상담과 관련된 이러한 요소들을 개략적으로 소개하고자 한다. 이 요소들 가운데 리쾨르 해석학을 접목한 상담의 과정은 이 책의 나머지 장에서 구체적으로 설명하고자 한다.

1. 해석학적 목회상담의 목표

해석학적 목회상담의 목표는 크게 개인적 목표, 공동체적 목표 그리고 궁극적 목표 등 세 가지 차원으로 나누어 생각할 수 있다. 이 세 가지 목표는 모두 성장이라는 주제 아래 모아질 수 있으며, 과정적이라는 특징을 갖는다. 여기서 과정적이라는 말은 세계-내-존재인 현존재로서의 인간이 지니는 한계성이라고 할 수 있으며, 성장은 끊임없는 침전의 과정 속에서 특정한 시기에 이루어지는 인격적 참여를 통해서 한 개인과 그 개인이 속한 공동체 속에서 나타나게 된다. 이 가운데 개인적 목표는 실제로 공동체적 목표와 궁극적 목표를 모두 포괄한다. 왜냐하면 각각의 영역에 따른 차이가 존재하지만 결국은 모든 영역이 개인의 성장과 관련되어 있기 때문이다.

해석학적 목회상담에 있어서 개인적 목표는 각 개인의 특성과 이상을 반영하며, 내담자가 '지금 여기'로 가져온 문제를 완화하거나 해결하는데 기본적인 목적이 있다. 이러한 목표는 목회상담을 비롯한 대부분의 상담이 지니고 있는 목표로서 인지적 변화, 정서적 정화 그리고 의지적 결단과 실천을 통한 행동의 개선을 그 요소로 한다.729) 이러한 목표들 가운데서 처음 두 가지 요소는 서로 연관성을 가지고 있다. 실제로 이 두 요소는 넓은 의미에서 볼 때 마지막 요소인 행동의 개선을 이끌어내는 상호작용의 과정이라고도 할 수 있다.730)

인지적 변화는 대부분의 상담방법에서 사용되는 것으로 내담자의 잘못된 신념이나 가치관을 바꾸어주는 것을 의미한다.731) 이러한 변화는 상담자가 내담자에게 문제에 대한 새로운 시각을 제공함으로써 일어나게 된다. 이러한 시각은 내담자에게 새로운 통찰을 일으키게 되고, 이로 인해 내담자의 인지적 변화 뿐만 아니라 정서적 정화도 일어나게 된다.732) 이러한 변화의 과정에서 내담자에게 주어지는 것은 자율성이다. 자율성은 행동의 변화 이전에 내담자로 하여금 자유롭게 자신의 행동을 결정하고 그것을 실천할 뿐만 아니라 그에 따른 책임을 수용하도록 만들어 준다.733)

교류분석에서는 자율성을 내담자의 "충만한 잠재력을 성장으로 실현"시킬 수 있는 요소로 본다.734) 그렇기 때문에 교류분석에서는 자율성이 가장 중요한 상담의 목표이다.735) 그러나 여기서는 자율성이 아니라 자율성으로 인해 주어지는 의지적인 행동의 결단과 변화를 더 중요한 목표로 간주한다. 실제로 이러한 행동의 변화가 나타날 때 온전한 상담이 이루어졌다고 할 수 있다. 상담에서의 행동의 변화는 삶에서 일어나는 문제를 해결할 수 있는 기술을 습득하거나 실제적인 삶의 변화를 의미한다.736) 이러한 행동의 변화는 인지적 변화나 정서적 정화보다 더 힘들고 장기적인 작업이기는 하지만 내담자의 삶을 변화시킨다는 점에서 더 의미 있는 일이라고 할 수 있다.

해석학적 목회상담의 공동체적 목표는 공동체의 특성과 이상을 반영하는 것으로 지금 여기에서 이루어야 하는 것이지만 궁극적으로는 미래를 지향하고 있는 기독교 공동체의 거대담론을 가리킨다.737) 내담자가 속해 있는 공동체의 거대담론은 실제로 내담자에게 중요한 영향을 미치고 있으며, 내담자가 이미 그 언어 세계 안에 있기 때문에 상담에서 부정할 수 없는 중요한 요소이다. 그러므로 상담자는 내담자의 공동체적 거대담론을 간과해서는 안 되며, 비판과 수용의 과정을 통해서 내담자의 공동체적 이상이 상담에서 긍정적인 요소로 작용할 수 있도록 해야 한다. 특히 기독교 공동체 안에 있는 상담자와 내담자는 그 공동체적 이상의 실현을 위해 힘써야 한다.

목회상담에서 추구하는 기독교 공동체의 이상은 한 마디로 하면 '성서적 공동체'를 이루는 것이다. 이것을 좀 더 세분화하면 '샬롬의 왕국'과 '대조사회'를 이루는 것이라고 할 수 있다. 성서적 공동체는 성서를 삶의 표준으로 삼으며, 성서가 제시하는 거대담론을 이상으로 추구하는 공동체이다. 이러한 공동체는 '하나님의 전위대'로서의 역할을 기억하며 '샬롬의 왕국'과 '대조사회'를 자신의 책임으로 받아들인다. 그러나 이러한 기독교 공동체적 이상은 현실세계에서의 완전한 성취를 목표로 하지 않으며, 그것을 지향함으로써 현실세계를 변화시키고자 한다.

샬롬은 '한 개인과 한 공동체' 모두가 관련된 정치적, 경제적, 사회적으로 평화로운 상태를 의미한다.738) 특히 오늘날은 인류의 샬롬 뿐만 아니라 모든 피조물의 샬롬을 지향한다.739) 이러한 샬롬의 왕국은 하나의 국가를 건설하는 것이라기보다는 폭력에 대한 거부 그 자체라고 할 수 있다.740) 그러나 기독교의 역사는 샬롬 자체를 추구하기 보다는 하나님의 통치를 가리키는 왕국 개념에 기초하여 신정국가를 건설하려는 경향이 지배적이었다. 그 결과 샬롬의 개념은 사라지고 국가 개념만 남게 되었으며, 하나님이 통치하는 신정국가를 이루기 위해 샬롬의 이상까지 포기하고 자기들과 다른 견해를 가진 사람들에 대한 폭력을 행사하기에 이르렀다.741) 그러나 성서는 샬롬을 이루기 위한 폭력까지도 거부하며 샬롬 자체에 목적을 둔 왕국의 형성을 추구한다.742)

또한 기독교 공동체는 일반사회와 구별되는 '대조사회' contrast-society로서의 이상을 가지고 있다.743) 게르하르트 로핑크Gerhard Lohfink는 대조사회를 가리켜 일반사회와 대립되는 공동체가 아니며, 일반사회를 악하게 보지도 않고, 하나의 새로운 국가를 의미하지도 않는다고 주장한다.744) 이러한 대조사회는 이 세상 한 가운데 존재하면서, 이 세상과 구별되는 모습을 통해서 하나님의 나라를 가시적으로 보여주는 공동체이다. 즉 산상수훈과 같이 이 세상에서 이룰 수 없다고 간주되는 이상을 공동체적으로 실현하며 새로운 세계의 가능성을 보여주는 공동체이다. 이러한 기독교 공동체는 존재 자체로 의미가 있으며, 일반 사회에 미치는 긍정적인 영향을 통해서 하나의 '대안 사회' 로서의 역할도 하게 된다.745)

마지막으로 해석학적 목회상담의 궁극적 목표는 '미래의 거기'에 관심을 가지고 있는 영적인 영역과 관련되어 있다. 그러므로 목회상담의 궁극적 목표는 "그리스도의 장성한 분량이 충만한 데까지" 자라는 것을 목표로 하는 내담자의 영적인 성장과 하나님 나라의 온전한 도래라는 내담자가 속한 기독교 공동체의 궁극적 이상을 추구한다.엡4:13,15 746) 이러한 궁극적인 목표는 그 과정적인 목표로서 개인의 성화와 공동체의 성화를 요구한다. 이러한 성화는 기본적으로 '거룩하게 되는 끊임없는 과정' 으로서 해석학적 목회상담이 추구해야 하는 궁극적 목표를 위한 하나의 과정이다. 결국 목회상담의 궁극적인 목표는 예수 그리스도(의 장성한 분량)이며, 그 분이 주인이 되는 하나님 나라의 도래이다. 해석학적 목회상담은 바로 이것을 기준으로 삼아 내담자의 개인적 목표와 공동체적 목표를 늘 점검해야 한다. 또한 이러한 궁극적인 목표의 성취를 기대하며 상담에 임해야 한다.

2. 해석학적 목회상담의 관계구조

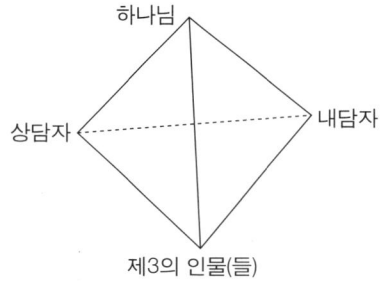

〈그림 5〉 목회상담의 관계구조

해석학적 목회상담의 관계구조는 기본적으로 상담자, 내담자, 제3의 인물(들), 하나님 등 네 가지 요소로 구성된다. 이 가운데서 실제 상담 현장에 실재하는 것은 상담자와 내담자이며, 필요에 따라서 제3의 인물(들)이 현존하고, 하나님은 비가시적인 존재로 늘 그곳에 임재해 있다.747) 이러한 구성요소는 상담상황에서 가시적 이자二者관계, 상상적 삼자三者관계, 가시적 삼자三者관계, 상상적 사자四者관계의 순서로 나타난다. 가시적 이자관계는 상담을 시작할 당시 상담자와 내담자를 가리키는 것이며, 상상적 삼자관계는 내담자에게 영향을 미친 제3의 인물(들)을 다루는 시점이다. 가시적 삼자관계는 제3의 인물(들)을 직접 상담 상황으로 초청한 경우이고,

상상적 사자관계는 삼자의 관계 속에 의식적으로 하나님의 개입이 이루어지는 경우를 가리킨다.

 목회상담의 관계구조에서 상담자, 내담자, 제3의 인물(들)은 평면적 수평관계를 지니지만, 하나님은 이들과 다른 차원의 영역에서 수직관계거리두기를 형성하게 된다. 그러나 하나님이 절대적 존재로서가 아니라 내담자에게서 다루어져야할 제3의 인물이 된다면, 그 하나님은 수직관계가 아니라 상담자, 내담자, 하나님의 평면적 삼자관계를 형성하게 된다. 이런 측면에서 볼 때 목회상담의 관계구조는 그 위치를 얼마든지 바꿀 수 있으며, 다루고자 하는 관계를 밑면으로 놓은 상태에서 수직구조에 있는 요소를 늘 염두에 두어야 한다. 특히 상담에서는 하나님, 상담자, 제3의 인물(들)이 밑면을 이루고 내담자가 그 밑면의 중심에 위치하거나 그 삼각뿔의 상단에 위치하는 것을 형상화할 필요가 있다. 전자는 각각 내담자가 문제가 스며들어 있는 관계에 사로잡혀 있는 상황을 의미하며, 후자는 그 관계들로부터 거리두기를 한 상태를 가리킨다. 이 때 상담자는 먼저 문제가 스며들어 있는 관계들 속에서 내담자를 파악하고, 내담자로 하여금 그러한 관계들로부터 거리를 두게 함으로써 문제에 대한 새로운 관점을 부여하고 그 문제로부터 벗어날 수 있도록 해야 한다.

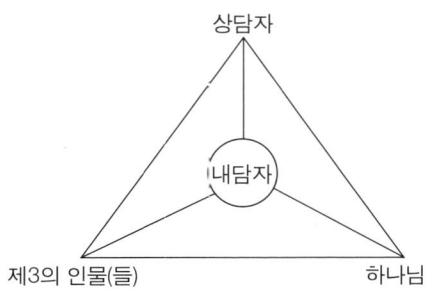

〈그림 6〉 내담자가 관계 속에 사로잡혀 있는 상황

목회상담의 관계구조에서 제3의 인물(들)은 다시 세 가지로 분류가 가능하다. 다반루는 제3의 인물(들)을 과거의 인물P.P: Past People과 현재의 인물C.P: Current People로 한정했지만 목회상담에서는 미래의 인물F.P: Future People을 포함시킨다. 현재 내담자에게 영향을 미치는 것은 과거의 인물과 현재의 인물이 지배적이지만 그들은 주로 내담자의 문제와 관련이 있다. 그러므로 내담자의 문제를 해결하기 위해서는 새로운 관계의 형성이 필요한데, 그 인물이 바로 미래의 인물이다. 미래의 인물은 내담자의 기존의 관계들 속에 이미 존재하거나 상담자에 의해서 새롭게 추천될 수 있다. 또한 미래의 인물은 현실 속의 인물일 수도 있고, 상상을 통해서 만들어지는 인물일 수도 있다.

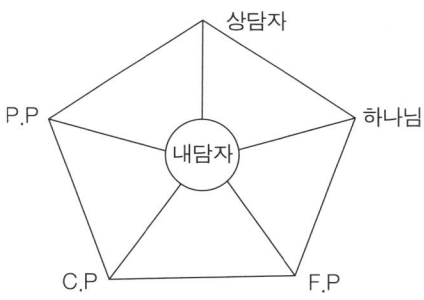

〈그림 7〉 제3의 인물(들)의 세 가지 요소

해석학적 목회상담의 관계구조에서 상담자는 목회자 또는 그리스도인으로서의 정체성과 기독교 공동체의 일원이라는 인식을 기본적으로 소유하고 있어야 한다. 상담자는 이러한 인식 아래 늘 하나님의 임재를 기억하며 상담을 진행해야 한다. 물론 내담자가 이러한 인식을 가질 수도 있지만 문제에 사로잡혀 있는 내담자의 인식은 심각하게 왜곡되어 있을 가능성이 많기 때문에 목회상담에서 이러한 상담자의 인식은 필수적이라고 할 수 있다.748) 목회상담의 상담자는 기본적으로 해석자이자 촉진자이며, 조작자의 역할을 하게 된다. 해석자로서 상담자는 자신에 대한 전이해와 내담자의 자율성을 인식해야 한다.749) 촉진자로서 상담자는 '숙련된 조력가' the skilled helper로서 내담자가 자신의 문제를 스스로 해결해 갈 수 있도록 도와야 한다.750) 또한 조작자로서 상담자는 상담 전반을 구조화하고, 내담자가 건강한 자기화를 성취할 수 있도록 상담과정을 이끌어 가야 한다.751) 이 과정에서 상담자는 필요에 따라 각각의 요소를 배치하고 대상화시키며, 각각의 관계를 조정하는 역할을 하게 된다. 또한 상담의 마지막 단계에서 내담자와 실천전략을 구축하고 그것을 실행, 점검, 평가하여 내담자의 삶의 변화를 유도한다.

이외에 상담자는 리쾨르가 말하고 있는 '역사가' 이자 '소설가' 로서의 역할을 한다.752) 상담자의 역할은 먼저 리쾨르가 언급한 역사가의 입장과 일치한다. 상담자는 내담자의 경험 즉 사건을 해석해야 하는 사람이다. 그러나 그러한 사건을 있는 그대로 묘사할 수 있는 내담자는 존재하지 않는다. 그러므로 상담자는 그것을 구성하는 과정에서 사건과 사건의 인과관계를 부여하기 위해 어느 정도의 허구를 프함하게 된다.753) 리쾨르는 이것을 가리켜 '유사 허구성' 이라고 한다.754) 뿐만 아니라 상담자는 상담의 후반부에서 내담자의 경험을 근거로 아직 일어나지 않은 사건을 재구성하는 소설가로서의 역할을 하게 된다. 이렇게 재구성된 사건은 아직 일어나지 않았다는 점에서는 허구이지만 일어날 가능성이 있다는 점에서 개연성이 있다. 그러므로 리쾨르는 이것을 가리켜 '유사 역사성' 이라고 한다.755) 이상과 같은 역사가와 소설가로서의 상담자는 일정한 '관점' 과 '상상력' 을 갖추고 있어야 한다.756) 특히 상상력은 내담자의 내러티브를 '구성' 하고 '해석' 하는 상담자의 중요한 능력이다.757)

해석학적 목회상담의 관계구조에서 내담자는 해석의 대상이 되는 경험을 소유하고 있을 뿐만 아니라 그것에 대한 해석을 가지고 있다. 그러므로 내담자는 기본적으로 해석자이며, 자신의 해석과 행동에 책임이 있는 자기 삶의 주체이다.758) 이러한 내담자는 자신의 스토리를 줄거리로 구성하여 말할 수 있는 능력과 그러한 스토리를 따라갈 수 있는 능력을 소유하고 있다.759) 만약 이러한 능력이 없다면 그(녀)는 일차적으로 상담의 대상이 될 수 없다. 또한 내담자는 공동체의 일원으로서 그(녀)가 속한 공동체의 거대담론을 공유하고 있으며, 자기 삶의 책임 있는 주체로서 자신의 문제를 해결할 수 있는 능력을 소유하고 있다.760) 그러므로 상담자는 내담자가 속한 공동체의 거대담론을 이해하고, 왜곡되어 있는 내담자의 능력을 끌어내야 한다. 특히 내담자가 속해있는 공동체를 이해하는 것이 필요하다. 즉 내담자의 공동체가 속한 맥락에서 내담자를 이해하려고 시도하는 것이다.761) 마지막으로 내담자는 하나님의 형상을 따라 창조된 하나님의 피조물이며, 그리스도의 구속의 대상으로서 사랑과 존중을 받아야 하는 존재라는 사실을 간과하지 말아야 한다.762)

해석학적 목회상담의 관계구조에서 제3의 인물(들)은 내담자가 속한 해석학적 공동체 자체이자 해석학적 공동체의 일원이다. 내담자와 제3의 인물(들)은 상호작용을 통해 서로 간에 영향을 주고받으면서 성장한다. 특히 제3의 인물(들) 가운데 내담자에게 중요한 영향을 미치는 '중요한 타자'가 있다. 중요한 타자는 과거의 인물이나 현재의 인물 또는 미래의 인물일 수 있다. 상담에서는 이러한 사람들 모두가 중요하며, 필요에 따라 상상과 초청을 통해 상담 상황으로 데려올 수 있다. 제3의 인물(들)은 상담의 협력자이자 새로운 주체이다. 실제로 제3의 인물(들)은 내담자와 상호 주체적으로 영향을 주고받는다. 상담에서 제3의 인물(들)을 실제로 참여시키거나 상상으로라도 다루어야 하는 이유는 그들이 이미 내담자에게 중요한 영향력으로 자리잡고 있기 때문이다.

해석학적 목회상담의 관계구조에서 하나님은 목회상담에서 빼어놓을 수 없는 '비가시적 현존자'이다. 하나님은 절대적 존재로서 상담 상황에 임재하고 있으나 내담자 문제의 한 요인으로서 다루어질 수도 있다. 특히 대상관계이론에서는 하나님 이미지가 중요한 요소로 등장한다.763) 실제로 문제를 가지고 있는 내담자들의 경우 잘못된 하나님 이미지를 가지고 있는 경우가 많으며, 이러한 이미지를 성서적으로 바꾸어주는 과정이 곧 상담의 과정이 된다. 또한 임재자로서의 하나님은 삼위일체로서 그 안에 이미 관계를 포함하고 있다. 특히 관계적 삼위일체로서의 하나님에 대한 이해는 상담관계에 대한 중요한 관점을 제공한다.764)

관계적 삼위일체에서 중요한 요소는 사랑과 참여이다. 삼위 하나님은 사랑의 관계 속에서 서로가 서로에게 참여하고 있으며, 인간을 위한 공간을 만들어 놓고 그 안으로 인간을 초청한다.765) 곧 삼위일체적 관계란 서로 사랑하는 가운데 상대방이 참여할 수 있는 공간을 자기 안에 마련해 놓고 서로가 서로에게 참여하는 것을 가리킨다. 이러한 관계가 완전히 이루어진 상태를 "페리코레시스"perichoresis라고 한다.766) 페리코레시스는 상호침투적인 상태를 가리키는 것이지만 혼돈을 의미하지는 않는다. 즉 각각의 자율성을 보장한다. 이러한 삼위일체의 관계구조는 해석학적 목회상담의 관계구조 안에 그대로 적용될 수 있다.737)

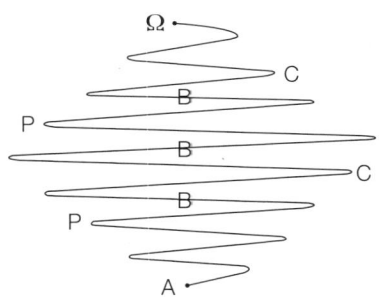

〈그림 8〉 해석학적 순환과 목회상담의 관계구조

이상과 같은 해석학적 목회상담의 관계구조는 확장과 수렴의 해석학적 순환을 전제로 한다. 하나님의 임재와 함께 시작(A)되는 목회상담은 각각의 요소들이 서로 영향을 주고받으며 침전과 확장을 되풀이하는 해석학적 순환을 거듭한다. 이 과정에서 상담자와 내담자는 자기화를 통해 개인적 목표(P)와 공동체적 목표(C)를 달성하는 가운데 궁극적인 목표(Ω)를 향해서 나아간다. 그러나 이 때 그러한 과정에 저해가 되는 역기능적인 결과들이 필연적으로 등장한다. 그렇지만 그것은 궁극적 목표를 향해 가는 과정 속에서 발생하는 하나의 부산물B: by-product에 불과하다.768) 그러므로 이것은 실패가 아니며 목회상담의 궁극적인 목표를 달성하기 위한 하나의 과정에 불과하다. 해석학적 목회상담은 성공이 아니라 완성을 추구하며, 그 완성을 향해 가는 과정과 그 과정에서 발생하는 부산물을 존중한다.769)

3. 해석학적 목회상담의 과정

리쾨르 해석학에 근거한 해석학적 목회상담은 '스토리'에서 시작되어 '해석된 내러티브'와 '재해석된 내러티브'를 거쳐 '자기확장'에 이르는 과정을 포함한다. 이 과정 안에는 부분적 또는 전체적 해석학적 순환의 구조가 포함되어 있다. 여기서는 이와 관련된 개략적인 설명만을 제공하고, 이 장의 나머지 부분에서 방법적인 측면을 포함한 자세한 내용을 서술하고자 한다.

첫 번째 단계는 '스토리'에서 '해석된 내러티브'까지의 과정이다.770) 스토리는 해석학적 목회상담의 출발점에 해당하는 것으로서, '아직 이야기되지 않은 스토리들'과 더불어 해석된 내러티브를 구성하는데 필요한 초기 면접기록, 심리검사, 신체언어 등이 여기에 포함된다. 스토리는 내담자가 상담자를 찾아올 때 가지고 오는 상담에서 제일 중요한 자료이며, 초기면접기록은 상담자와 내담자의 처음 단남에서 내담자가 직접 기록하거나 내담자가 말한 것을 기록한 내담자의 직접적인 자기인식의 반영이다.771) 심리검사는 초기 면접 이후 상담자의 판단에 의해서 실시되는 내담자의 간접적이거나 무의식적인 자기인식의 반영이며, 신체언어는 내담자가 상담실에 들어오는 순간부터 내담자의 몸짓과 눈빛, 어투 등에서 나타나는 모든 현상을 포함하는 것으로 상담 내내 지속되는 내담자의 간접적인 의사소통이다. 이러한 요소들은 해석학적 목회상담에서 내담자를 이해하기 위한 매개 곧 '2차 텍스트' secondary text이다.772)

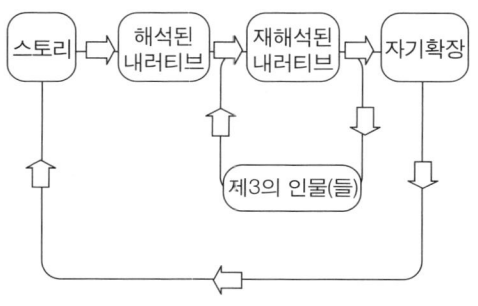

〈그림 9〉 해석학적 목회상담의 과정

스토리에서 해석된 내러티브에 이르는 과정은 내담자에게 있어서는 스토리텔링story-telling의 과정이고, 상담자에게는 내담자의 스토리를 따라가며 내담자가 자신의 스토리에 줄거리를 부여하고 종합하는 것을 돕는 물길내기channeling의 과정이다.773) 내담자가 스토리텔링을 하기 위해서는 상담자와의 관계 증진이 필요하다.774) 특히 상담자는 내담자가 편안하게 말할 수 있는 환경을 만들어 주어야 한다. 즉 내담자의 말을 경청하고 공감하는 가운데 내담자 안에 내재되어 있는 불안을 제거해 주고, 내담자에게 금지되었던 것들을 허용함으로써 내담자에게 안전감과 안정감을 제공해야 한다.775) 이러한 환경은 문제에 사로잡혀 무슨 말을 해야 할지 모르는 내담자에게 상담자에 대한 신뢰와 더불어 편안하게 말할 수 있는 수용적인 분위기를 제공한다.

스토리텔링은 단순한 내담자의 말하기 이상으로 2차 텍스트가 모두 말하고 있다는 사실을 기억해야 한다. 즉 스토리텔링은 내담자의 말하기에 동반되는 2차 텍스트들의 합창소리이다. 그러므로 상담에서는 내담자의 말만이 아니라 초기면접기록과 심리검사 그리고 신체언어도 항상 고려되어야 한다. 스토리텔링은 내담자에게 고통을 일으키는 '고립'과 '무의미'를 제거한다.776) 즉 자신의 아픔을 말하는 과정을 통해서 고통을 고립적인 것에서 공개적인 것으로 만들어 주며, 무의미한 것을 의미 있게 함으로써 고통에서 벗어날 수 있는 계기를 마련하게 된다.777) 그러므로 스토리텔링은 단순한 말하기의 과정이 아니라 치료적 과정이다.778) 내담자는 이러한 스토리텔링을 통해서 인지적 변화와 더불어 정서적 정화를 경험한다. 특히 내담자는 스토리텔링을 통해서 자신의 스토리에 통일성과 일관성을 부여함으로써 해석된 내러티브를 만들어 낸다. 이 과정에서 상담자는 스토리를 선택하고 편집하는 과정에 개입함으로써 내담자와 함께 해석할 수 있는 텍스트의 완성을 돕는다.779)

두 번째 단계는 '해석된 내러티브'에서 '재해석된 내러티브'까지의 과정이다.780) 리쾨르에 의하면 형상화 단계는 저자의 텍스트 구성과 독자의 텍스트 세계의 구성을 포함한다. 그러므로 형상화 단계는 저자와 독자 모두가 거치게 되는 작업이면서 동시에 저자와 독자가 각각 행하는 작업이 된다.781) 그러나 목회상담에서는 이 단계가 내담자의 작업이면서 동시에 상담자의 작업이다.782) 왜냐하면 내담자와 상담자가 동일한 현장에서 함께 작업을 하고 있기 때문이다. 그러므로 해석된 내러티브는 텍스트와 텍스트의 세계를 모두 포함한다. 그러나 해석된 내러티브는 내담자의 문제를 형상화한 텍스트이기 때문에 이것을 가지고는 긍정적 자기화 작업을 할 수 없다. 그러므로 이 텍스트를 다시 긍정적인 자기화가 가능한 텍스트로 변화시킬 필요가 있다.783) 이 과정이 바로 '해석된 내러티브'에서 '재해석된 내러티브'로의 변환 과정이다.

이러한 과정에서 두드러지는 변화 중의 하나는 상담자의 적극적인 개입이다.784) 첫 번째 단계에서 내담자는 해석된 내러티브의 저자로서 상담에서 주도적인 역할을 했다. 이 때 상담자는 내담자를 이해하기 위해 내담자의 스토리를 따라가며 내담자가 자신의 해석된 내러티브를 작성할 수 있도록 돕는 역할을 했다. 그러나 두 번째 단계에서 상담자는 첫 번째 단계보다 좀 더 적극적인 역할을 한다. 단순히 내담자의 스토리를 따라가는 사람이 아니라 내담자의 해석된 내러티브에 새로운 관점을 부여하는 독자로서, 그리고 내담자의 '재해석된 내러티브'를 만들어가는 공동저자로서 참여하게 되기 때문이다.785) 그렇다고 해서 상담자가 주도적이 되는 것은 아니지만 첫 번째 단계보다는 좀 더 적극적인 개입을 하게 된다.

이 단계에서는 내담자 역시 역할의 변화를 가져온다. 일단 해석된 내러티브가 완성되고 나면 내담자는 더 이상 주도적인 저자의 자리에 있을 수 없게 된다. 곧 내담자는 상담자와 더불어 자신의 해석된 내러티브에 대한 한 사람의 독자가 되고, 새로운 재해석된 내러티브를 작성하는 저자 가운데 한 사람이 된다. 그러나 이 단계에서 내담자는 여전히 온전한 독자나 저자가 될 수 없다. 비록 내담자가 첫 번째 단계를 통해서 인지적 변화와 정서적 정화를 경험했다 하더라도 아직 문제 가운데 있기 때문이다. 상담자는 이러한 내담자가 자율성을 지닌 책임 있는 삶의 주체로 회복될 수 있도록 최선의 노력을 다해야 한다. 특히 상담자는 내담자의 자율성을 늘 의식적으로 고려할 필요가 있다. 왜냐하면 독자가 부재한 해석학의 텍스트와 달리 목회상담의 텍스트인 내담자는 독자로서의 상담자와 함께 있기 때문이다.

두 번째 단계에서 중요한 것은 해석된 내러티브에 새로운 관점을 부여하는 것이다.[786] 즉 내담자가 문제가 스며들어 있는 해석된 내러티브에 대해 새로운 시각을 가질 수 있도록 돕는 것이다.[787] 이것을 위해 상담자는 내담자가 스스로 자신의 해석된 내러티브를 객관화시키고 그것에 대한 비판적 성찰을 할 수 있도록 해야 한다. 또한 상담자는 새로운 관점을 제공함으로써 내담자가 자신의 문제를 다른 시각에서 바라볼 수 있도록 해야 한다. 특히 이 단계에서 두드러지는 특징은 새로운 관점의 부여를 위해 제3의 인물(들)을 참여시킨다는 사실이다. 제3의 인물(들)은 상상이나 초청 또는 인터넷이나 통신 매체를 통해서 직간접적으로 상담에 참여시킬 수 있다.[788]

해석학적 목회상담의 세 번째 단계는 '재해석된 내러티브'에서 '자기확장'까지의 과정이다. 세 번째 단계는 리쾨르가 말하는 자기화이다. 물론 두 번째 단계에서 재해석된 내러티브를 완성하는 과정 역시 자기화에 속하지만 긍정적인 자기화라는 측면에서 볼 때 리쾨르의 자기화와 일치하는 것은 세 번째 단계이다. 여기서 상담자와 내담자는 재해석된 내러티브를 내담자의 삶에 체화體化시키기 위한 전략을 구축한다. 세 번째 단계는 단순한 전략 구축에서 끝나는 것이 아니라 그것을 실천하고 점검 및 평가하여 삶에 정착시키는 일련의 과정을 포함한다.

그러나 이러한 세 번째 단계는 결코 완성될 수 없으며, 끊임없는 해석학적 순환 속에 있다. 실제로 자기화는 다시 삶의 첫 자리로 돌아가는 것을 의미한다.[789] 그렇다고 해서 불완전한 자기화가 무의미한 것은 아니다. 실제로 자기화는 끊임없는 순환을 악순환이 되지 않도록 하는 역할을 한다. 자기확장은 바로 이런 의미를 포함하고 있다. 즉 내담자가 자신의 세계를 자기화 함으로써 얻어지는 내담자의 성장이 곧 자기확장이다. 바로 이것이 상담 전과 후 내담자의 삶의 자리에 질적 차이를 만들어낸다.

또한 세 번째 단계는 내담자의 자기확장 이상의 의미를 갖는다. 즉 세 번째 단계는 단순히 내담자의 자기확장만이 아니라 제3의 인물(들)과 상담자의 자기확장도 함께 추구한다. 일련의 과정을 통해서 내담자의 자기확장이 일어난 경우 상담자는 내담자라는 텍스트 또는 내담자의 재해석된 내러티브라는 텍스트 앞에서 자기확장을 추구한다. 리쾨르는 이것을 가리켜 '텍스트 앞에서의 자기이해'라고 했다. 뿐만 아니라 제3의 인물(들) 역시 상담에 가시적으로 참석했을 경우 크던 작던 이러한 과정을 거치게 된다. 왜냐하면 내담자와 상호 간의 영향을 주고받았기 때문이다. 만약 제3의 인물(들)이 의식적으로 이 과정을 실행할 수 있다면 더 많은 유익을 취할 수 있고, 내담자에게도 더 긍정적인 영향을 끼칠 수 있을 것이기 때문에 상담자는 이 부분에 대해서도 유념할 필요가 있다.

   지금까지 필자는 해석학적 목회상담모델을 전체적으로 조망하기 위해 상담의 목표, 상담의 관계구조 그리고 상담의 과정을 개략적으로 살펴보았다. 이제 이 책의 나머지 부분에서는 해석학적 목회상담의 과정을 각 단계별로 구체화 시켜 제시하고자 한다. 다음에서 언급될 해석학적 목회상담의 각 단계는 II부에서 언급한 리쾨르 해석학을 전제로 하며, 상담의 목표와 관계구조를 염두에 둔 상태로 전개될 것이다.

---

729) 이 세 가지 요소의 공통적인 특징은 '변화'이다. 즉 내담자로 하여금 "다르게 생각하고 느끼고 행동하도록" 하는데 그 목표가 있다. 이러한 변화는 상담에 있어서 '필수적인 요소'로서, 겉으로 드러나는 극적인 변화일 수도 있고, 내담자 안에서 조용하게 일어나는 변화일 수도 있다. 그러나 중요한 것은 이러한 변화가 상담자와 내담자의 '진정한 참여' 없이는 일어날 수 없다는 사실이다. Arnold Lazarus, 『행동치료의이론과 실제』, 이근후 외 3인 역 (서울: 하나의학사, 1989), 180; Elizabeth Reynolds Welfel and Lewis E. Patterson, 『상담과정의 통합적 모델: 다이론적 통합적 접근』, 한재희 역 (서울: 시그마프레스, 2009), 31-2.

730) Lazarus, 『행동치료의이론과 실제』, 180.
731) Ibid., 177, 179; Welfel and Patterson, 『상담과정의 통합적 모델』, 34; Corey, 『심리상담과 치료의 이론과 실제』, 98.
732) Welfel and Patterson, 『상담과정의 통합적 모델』, 36. 현상적으로 상담자의 개입 없이 내담자가 자신의 스토리를 이야기하는 가운데 정서적 정화가 나타나기도 한다. 그러나 상담 상황에는 이미 상담자가 함께 하고 있으므로 상담자가 내담자의 정서적 정화에 배경이 되었다고 볼 수 있다. 이러한 정서적 변화는 내담자의 인지적 변화를 위한 안정된 기반을 제공한다.
733) Ibid., 37-8. 그러나 때로는 명백한 행동의 변화가 일어난 뒤에 인지적 변화가 일어나기도 한다. Lazarus, 『행동치료의이론과 실제』, 179.
734) Stewart and Joins, TA Today, 6.
735) Christine Lister-Ford, 『기법을 중심으로 한 TA 상담과 심리치료』, 박의순, 이진선 역 (서울: 시그마프레스, 2008), 4.
736) Welfel and Patterson, 『상담과정의 통합적 모델』, 32-4; Egan, 『상담의 실제』, 53; Egan. 『유능한 상담자』, 11, 13; Corey, 『심리상담과 치료의 이론과 실제』, 195; 박경애, 『인지·정서·행동치료』(서울: 학지사, 2007), 202. Brueggemann은 '해석은 곧 순종' 이며, '순종은 곧 해석' 이라고 보면서 실천없는 해석(상담)을 거부한다. 또한 유재성은 Ray Anderson의 견해를 인용하면서 상담이 "어떤 진리나 이론을 그와 관련된 기술이나 테크닉을 이용하여 현장에 단순히 적용하는" 실천의 차원을 넘어 "'텔로스' (telos), 곧 어떤 행동의 궁극적인 가치와 목표까지" 나아가는 프락시스로 나아가야 한다고 주장한다. Walter Brueggemann, *Interpretation and Obedience: From Faithful Reading to Faithful Living* (Minneapolis: Fortress Press, 1991), 9-142, 161-310; 유재성, 『현대목회상담학개론』, 53.
737) 한 가지 기억해야 하는 것은 내담자의 공동체를 기독교 공동체만으로 한정할 수 없다는 사실이다. 그러므로 공동체적 목표는 크게는 기독교 공동체의 목표를 가리키지만 작게는 내담자가 속한 크고 작은 공동체 모두가 될 수 있다. 그러나 목회상담에서는 기독교 공동체를 가장 일반적이고 커다란 울타리로 볼 수 있다.
738) 김이곤, 『구약성서의 고난신학』(천안: 한국신학연구소, 1996), 305-10. 샬롬이란 기본적으로 경제적으로 가난한 자가 없고, 정치적으로 평등하며, 사회적으로 안정된 상태를 가리킨다. 이와 같은 견해들은 신명기적 역사서와 예언서에 주로 등장한다. 특히 경제적 샬롬은 신명기적 이상으로, 신명기에 잘 나타나 있으며 초대교회에서 일시적으로 성취된 것으로 본다.
739) Ulrich Duchrow and Gerhard Liedke, 『샬롬』, 손규태, 김윤옥 역 (천안: 한국신학연구소, 1989), 44-72; Thomas Berry, *The Dream of the Earth* (San Francisco: Sierra Club Books, 1988), 216-23; Odil Hannes Stect, 『세계와 환경』, 박영옥 역 (천안: 한국신학연구소, 1990).
740) 이러한 경향은 성서 자체를 통해서 드러나고 있다. Jacques Ellul, 『무정부와 기

독교』, 박건택 역 (서울: 솔로몬, 1994), 59-104.
741) 실제로 John Calvin, Thomas Müntzer, 청교도들이 그러한 측면을 가지고 있었다. 이와 관련해서는 다음을 참고하라. Stefan Zweig, 『폭력에 대항한 양심: 칼뱅에 맞선 카스텔리오』, 안인희 역 (서울: 자작나무, 1998); 정수영, 『신약교회사관에 의한 새교회사 Ⅱ』 (서울: 규장, 1994), 154-7, 200-10; 조찬선, 『기독교 죄악사(하)』 (서울: 평단문학사, 2000), 87-212.
742) 김이곤, 『구약성서의 고난신학』, 315-6.
743) Gerhard Lohfink, *Jesus and Community*, trans. John P. Galvin (Philadelphia: Fortress Press, 1984), 122-32.
744) Gerhard Lohfink, 『산상설교는 누구에게?: 그리스도교 윤리를 위하여』, 정한교 역 (왜관: 분도출판사, 1990), 222-9. Lohfink는 산상수훈의 실천 가능성에 대해서는 긍정적이지만 그 가능성을 모든 사람들에게 열어 놓고 있지는 않다. 즉 Lohfink는 산상수훈의 윤리를 기독교 공동체에 한정된 것으로 본다.
745) Ibid., 83. 현재는 메노나이트와 같은 분파적 공동체가 부분적으로 그러한 역할을 하고 있다.
746) 유재성은 이와 관련해서 목회상담의 목표가 단순한 문제해결 차원이 아니라 '영적인 요소'에 관심을 기울여야 한다고 말하면서, 내담자 "안에 그리스도의 성품을 형성하고, 그들로 하여금 영적인 성장을 경험"하도록 하는데 중점을 두어야 한다고 주장한다. 오성춘은 동일한 맥락에서 목회상담의 목표가 일차적으로는 내담자로 하여금 '하나님 중심의 삶'을 회복하여 하나님으로부터 '생명의 능력'을 날마다 공급받으며 살아가도록 해야 한다고 주장한다. 이러한 사실은 목회상담의 궁극적인 목표가 영적인 면을 포함한 전인건강에 있다는 사실을 보여준다. Hiltner와 Lowell G. Colston은 상담자의 분명한 한계에도 불구하고 내담자의 전인적인 구원에 관심을 가져야 한다고 주장했으며, Howard Clinebell 역시 목회상담을 비롯한 목회적 돌봄의 궁극적인 목표가 전인건강이라고 주장했다. 특히 Clinebell은 영적인 측면이 전인건강의 핵심이라고 주장했다. 그러나 이러한 전인건강은 그 안에 영적인 측면을 포함하고 있기는 하지만 목회상담의 궁극적인 목표나 그 과정적 목표인 성화와 반드시 일치하는 개념은 아니다. 왜냐하면 성화는 세상과의 구별을 전제로 하기 때문에 전인건강을 파괴할 수도 있으며, 기본적으로 '지금 여기'가 아니라 '미래의 거기'를 지향하기 때문이다. 유재성, 『현대목회상담학 개론』, 52, 55; 오성춘, 『목회상담학』, 180; Seward Hiltner and Lowell G. Colston, *The Context of Pastoral Counseling* (Nashville: Abingdon Press, 1961), 30, 40; Howard Clinebell, 『전인건강』, 이종헌, 오성춘 역 (서울: 성장상담연구소, 2000), 20.
747) Wayne E. Oates, eds., *An Introduction to Pastoral Counseling* (Nashville: Broadman Press, 1959), 211.
748) 이재호가 수용하고 있는 '앞선 사람'으로서의 교사에 대한 이해는 상담자 이해에 하나의 통찰을 제공한다. 즉 상담자는 '먼저 그리고 끊임없이 배움에 있는 겸손한

사람'으로서 내담자를 앞서 배우며 내담자를 인도하는 사람이다. 이재호, "자아형성의 관점에서 본 리쾨르의 서사해석학", 63.

749)Gerkin, *Living Human Document*, 80.
750)Egan, 『유능한 상담자』, 4.
751)Ricoeur는 독자를 가리켜 M₁에서 M₂를 거쳐 M₃에 이르는 여정의 통일성을 책임지는 "탁월한 조작자"(operator par excellence)라고 칭하고 있는데, 이러한 사실은 목회상담에서 상담자의 역할이 어떠해야 하는지에 대한 통찰을 제공한다. 해석자로서의 상담자는 상담 전체를 조정하여 내담자의 건강한 자기화를 돕는 사람이라고 할 수 있다. Ricoeur, "Mimesis and Representation", 18.
752)Ricoeur, *Time and Narrative*, vol. 3, 180-1.
753)Stiver, *Theology after Ricoeur*, 69.
754)Ricoeur, *Time and Narrative*, vol. 3, 181-9.
755)Ibid., 189-92.
756)최태현, "폴 리쾨르의 이야기 해석학", 『기독교철학연구』, 2호 (2004): 128-30.
757)강동수, 김재철, "현대철학의 상상력 이론: 구성과 해석으로서의 상상", 『철학연구』, 104집 (2007): 1-20.
758)내담자는 자기 삶의 경험자(experiencer)에서 내러티브의 저자로, 또한 내러티브의 독자로, 그리고 조작자로 변화하며, 마지막으로 그것을 수행하여 자신을 변화시키는 행위의 주체가 된다. Ricoeur, "Mimesis and Representation", 18; 김휘택, "텍스트의 순환기제", 3.
759)김휘택, "텍스트 커뮤니케이션", 125.
760)실제로 내담자는 문제해결의 자원을 가지고 있으며, 상담자는 내담자가 그것을 발견할 수 있도록 돕는 역할을 한다. 그러므로 상담의 성공여부를 결정하는 것은 내담자이다. 그러므로 Coery는 내담자가 상담의 성공여부를 결정하며, 그것과 관련된 환경을 제공하는 것이 상담자의 역할이라고 말한다. Gerald Corey, 『상담 및 심리치료의 통합적 접근』, 현명호, 유제민 역 (서울: 시그마프레스, 2001), 20-4.
761)Ibid., 24-5.
762)Herschel H. Hobbs, *The Baptist Faith and Message* (Nashville: Convention Press, 1994), 43.
763)Ana-Maria Rizzuto, 『살아 있는 신의 탄생: 정신분석학적 연구』, 이재훈 외 5인 역 (서울: 한국심리치료연구소, 2000), 178-324; Michael St. Clair, 『인간의 관계 경험과 하나님 경험: 대상관계이론과 종교』, 이재훈 역 (서울: 한국심리치료연구소, 1998), 35-50.
764)삼위일체는 크게 경륜적 삼위일체(the economic trinity)와 내재적 삼위일체(the immanent trinity)로 나뉜다. 경륜적 삼위일체는 하나님과 피조물과의 관계를 중심으로 하나님의 구속행위를 삼위일체적으로 설명하는 것이며, 내재적 삼위일체는 하나님의 삼위 간의 관계를 중심으로 이것을 설명하는 것이다. 경륜적 삼위일

체가 이자관계라면 내재적 삼위일체는 삼자관계라고 볼 수 있으며, 내재적 삼위일체는 관계적 삼위일체로도 불리면서 상담관계에 대한 통찰을 제공한다. John Behr, "The Trinitarian Being of the Church", *St Vladimir's Theological Quarterly*, vol. 48 (2003): 67; Catherine M. Lacugna, "The Relational God: Aquinas and Beyond", *Theological Studies*, vol. 46 (1985): 663; Drayton C. Benner, "Augustine and Karl Rahner on the Relationship between the Immanent Trinity and the Economic Trinity", *International Journal of Systematic Theology*, vol. 9 (January 2007): 24-38; 최성수, "교회 공동체성의 근거로서의 삼위일체", 『목회와 신학』, 2000년 10월, 217-9.

765) Neil Pembroke, "A Trinitarian Perspective on the Counseling Alliance in Narrative", *Journal of Psychology and Christianity*, vol. 24 (2005): 13, 19; Paul S. Fiddes, "Participating in the Trinity", *Perspective in Religious Studies*, vol. 33 (Fall 2006): 379, 383.

766) 페리코레시스에 대한 자세한 논의는 다음을 참고하라. 김용민, "상호돌봄으로서의 목회적 돌봄과 Perichoresis", 『복음과 실천신학』, 23권 (2011): 246-74.

767) Wise, 『목회학 개론』, 29; 김번영, 『이야기 치료와 상담』 (서울: 솔로몬, 2007), 125. Gerkin은 페리코레시스라는 단어를 사용하지는 않지만 상담자와 내담자의 관계가 긍정적으로 형성될 때 새로운 것이 침투해 들어오는 것에 개방적이 된다고 본다. Gerkin, *Living Human Document*, 46.

768) Faricy, 『떼이야르 드 샤르댕의 신학사상』, 136.

769) Dietrich Bonhoeffer는 성공과 실패의 개념을 거부하고 '형성'이라는 개념을 사용한다. 형성은 과정적인 개념으로 늘 미완성의 완성이라고 할 수 있다. 그러나 필자는 오메가 포인트를 완성의 개념으로 이해하고 상담의 과정을 형성의 차원으로 본다. 즉 오메가 포인트를 향한 형성의 과정은 미완의 과정이며, 궁극적인 완성을 지향한다. 이것은 마치 성화가 미완의 형성의 과정이지만 영화라는 궁극적인 완성을 지향하는 것과 같다. Dietrich Bonhoeffer, 『기독교윤리』, 손규태 역 (서울: 기독교서회, 1979), 64-7, 69-74.

770) 안석모는 '스토리'를 가리켜 내담자가 '가져온 이야기'로, '해석된 내러티브'를 가리켜 '의미를 찾아가는 이야기'로 언급하고 있다. 필자가 '해석된 내러티브'라는 용어를 사용하는 이유는 상담자와 내담자의 일련의 과정을 통해서 완성된 내러티브는 이미 그 안에 상담자와 내담자의 합의된 해석이 포함되어 있기 때문이다. 안석모, "'해석의 전환'으로서의 치유", 229-30.

771) Leder, "Clinical Interpretation", 11-12; Martin Payne, *Narrative Therapy: An Introduction for Counsellors*, 2nd ed. (London: Sage Publications, 2006), 101-25.

772) Leder, "Clinical Interpretation", 11.

773) 스토리텔링의 과정은 Ricoeur가 말한 형상화 단계에 해당하는 것인데, 이것은 서로 다른 요소들을 종합하고 불협화음을 화음으로 만드는 과정이다. 이경래, "서사

기호학과 이야기 해석학", 9.
774)Hackney and Cormier, 『심리상담의 과정과 기법』, 66-106.
775)Stewart, 『교류분석(TA) 개인상담』, 26-9.
776)Leder, "Clinical Interpretation", 13. Irvin D. Yalom은 고립의 문제를 상담자와 내담자의 관계를 통해서 다루고 있으며, 이어서 무의미의 문제를 심리치료와 연관지어서 설명하고 있다. Irvin D. Yalom, *Existential Psychotherapy* (New York : Basic Books, 1980), 401-83.
777)양유성, 『이야기 치료』, 131.
778)Leder, "Clinical Interpretation", 13.
779)Ibid. Leder는 상담자의 이러한 역할을 가리켜 "물길내기"(channeling)이라고 말한다.
780)안석모, "'해석의 전환'으로서의 치유", 229-30. 안석모는 '재해석된 내러티브'를 "새롭게 형성되는 이야기"라고 칭하면서 내러티브의 변화가 곧 '해석학적 전환'이라고 본다. 즉 내러티브의 변화는 내러티브를 만들어 내는 '해석학적 관점의 변화'와 기존의 내러티브를 보는 '해석학적 지평의 변화'를 반영하는 것으로 볼 수 있다.
781)Stiver, *Theology after Ricoeur*, 68.
782)안석모, "'해석의 전환'으로서의 치유", 228; 양유성, 『이야기 치료』, 131.
783)재해석된 내러티브는 내담자의 현실적인 문제를 포함하고 있는 해석된 내러티브와 달리 내담자의 기대와 바람 곧 지향점을 포함하고 있다. 즉 해석된 내러티브는 표면적 텍스트이며, 재해석된 내러티브는 심층적인 텍스트이다. 그러므로 Ricoeur가 말하는 자기화의 대상은 해석된 내러티브보다는 재해석된 내러티브가 되는 것이 합당하다. 실제로 Ricoeur는 모든 텍스트를 자기화할 수 있는가에 대한 문제에 봉착하기도 했으나 명확한 답을 하지는 못했다. 그러나 다른 한편으로 자기화의 과정이 무조건적 수용이 아니라 수용, 거부 그리고 수정 후 수용이 가능하다는 측면에서는 해석된 내러티브를 자기화의 대상에 포함시킬 수도 있다.
784)내담자에 대한 상담자의 정서적, 인지적, 행동적, 체계적 개입에 대해서는 다음을 참고하라. Hackney and Cormier, 『심리상담의 과정과 기법』, 167-398.
785)안석모, "'해석의 전환'으로서의 치유", 228.
786)Ibid., 229-30.
787)Brueggemann, *Interpretation and Obedience*, 19-20.
788)Pembroke, "A Trinitarian Perspective on the Counseling Alliance in Narrative Therapy", 18.
789)해석학적 목회상담의 마지막 단계는 재해석된 내러티브를 통해 내담자와 상담자, 그리고 제3의 인물(들)이 속한 현실세계로 넘어가게 된다. 김한식, "폴 리쾨르의 이야기 해석학", 222.

9장
내담자의 세계 구성

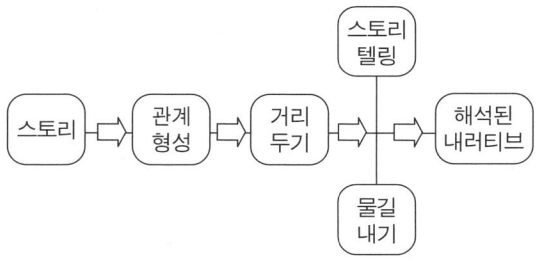

〈그림 10〉 해석학적 목회상담 1단계

해석학적 목회상담의 첫 번째 단계인 내담자의 세계 구성은 크게 '상담관계 형성하기', '상담자의 거리두기', '내담자의 스토리에 물길내기'로 구성되어 있다. 상담관계 형성은 내담자의 물꼬를 트는 작업이며, 상담자의 거리두기는 내담자의 물꼬가 트였을 때 그 물에 휩싸이지 않고 내담자와 동행하는 것이고, 내담자의 스토리에 물길내기는 내담자의 스토리가 해석된 내러티브를 향해갈 수 있도록 계속해서 물길을 만들어 주는 작업이다. 이러한 과정은 내담자의 스토리를 해석된 내러티브로 바꾸어주는 역할을 한다. 물론 이 과정에서 내담자의 스토리텔링이 한 축을 형성하고 있지만 여기서는 그러한 과정을 돕는 상담자의 역할에 초점을 두고자 한다.

1. 상담관계 형성하기

상담관계를 형성하는 것은 모든 상담에서 반드시 거쳐야하는 중요한 과정이다.790) 실제로 관계의 형성이 어느 정도 이루어졌는가에 따라서 내담자와 상담자의 대화 수위가 결정된다.791) 특히 내담자에 대한 심층적인 해석을 추구하는 해석학적 목회상담에서는 높은 수준의 상담관계가 필수적인 요소라고 할 수 있다. 높은 수준의 상담관계를 형성하기 위해서는 무엇보다도 내담자가 상담자를 신뢰할 수 있는 환경을 조성하는 것이 필요하다.792) 주로 회중적 상황을 전제로 하는 목회상담에서는 기본적으로 이러한 신뢰관계를 기초로 하지만, 만약 그렇지 못할 경우 상담자는 진심어린 말과 행동을 통해서 가능한 빠른 시간 내에 내담자가 상담자에 대한 신뢰를 가질 수 있도록 해야 한다.793) 이러한 상담관계를 형성하는 과정에는 라포형성이 주를 이루며, 형식적이든 비형식적이든 수리면접과 상담계약이 포함된다.

라포를 충분하게 형성하기 위해서는 상담자의 자기이해가 선행되어야 한다.794) 상담자는 자신의 이슈, 성격, 습관, 행동양식, 반응양식 등에 대해서 누구보다도 잘 알고 있어야 한다. 실제로 상담자가 자기 모습을 인식하고 있는 만큼 상담이 잘 진행될 가능성이 높다. 특히 상담자는 자신의 의사소통양식과 태도에 신경을 써야 한다. 내담자를 가르치려고 하거나 조급하게 조언하는 것을 피하고 과도한 질문이나 장황한 이야기를 하지 않도록 주의해야 한다.795) 또한 진지한 얼굴과 진실이 담긴 말투, 내담자를 향한 몸의 자세와 적당한 물리적 거리를 유지하는 것이 필요하다.796) 이러한 태도나 의사소통을 가능하게 하기 위해서 상담자는 자신의 말이나 행동이 상

담관계에 어떤 영향을 미칠지 여부나 상담목표 달성에 어떤 기여를 할지를 늘 성찰해야 한다.797)

상담자는 상담의 전후 또는 상담 중에 역전이를 경험할 수 있다.798) 역전이를 인식하고 그 원인을 발견하는 것은 상담자의 자기이해의 한 부분이다. 만약 상담자가 역전이를 인식하지 못할 경우 상담에서 많은 어려움을 겪게 된다. 물론 상담자가 역전이를 인식한다고 해서 그것으로 인한 문제가 없어지는 것은 아니다. 그럼에도 불구하고 상담자가 역전이를 인식하는 것은 중요하다. 이것을 통해서 상담자는 자신의 이슈를 발견할 수 있으며, 그 이슈에 대한 성찰을 통해서 자기 자신을 더 잘 이해하게 되고, 자기 자신에게 더 정직해질 수 있기 때문이다.799) 특히 상담자가 역전이의 원인을 파악하고 나면 그것에 대한 대처가 가능해지고, 그것으로 인한 문제를 최소화할 수 있게 되어 상담의 효율성을 높일 수 있다.

라포형성에서 중요한 것은 상담자의 자기이해를 바탕으로 한 적극적 경청과 공감이다.800) 이 두 가지 요소는 서로 연결되어 있으며 상호보완적이다. 적극적 경청active listening은 "상대방이 보내는 언어적 단서뿐만 아니라 비언어적 단서와 맥락적 요소까지 고려하여 메시지의 온전한 의미를 파악하고 상대방의 감정을 반영하는 듣기 형태"이다.801) 이러한 적극적 경청은 내담자로 하여금 상담자가 내담자와 내담자가 말하고자 하는 것에 관심이 있으며, 그 이면의 것까지 이해하려고 노력하고 있다는 사실을 알도록 해준다.802) 결국 적극적 경청은 내담자에 대한 관찰과 더불어 내담자의 견해와 감정에 대한 피드백을 포함한다고 할 수 있다.803) 이러한 적극적 경청에서는 내담자에 대한 판단이 일단 보류되어야 한다.804)

공감empathy은 'em'과 'pathy'의 합성어로 '~의 속으로 들어가서 그 사람의 감정을 느끼는 것' feeling into을 의미한다.805) 이러한 공감은 일차적으로 정서와 관련되어 있으며, '다른 사람의 내면으로 들어가는' being in others, 즉 다른 사람의 감정을 읽을 수 있는 능력과 그것에 의한 영향을 수용할 수 있는 능력을 필요로 한다.806) 효과적인 공감을 위해서는 상대방과 일정한 거리를 유지하는 것이 필요하다. 너무 가깝거나 멀어서는 안 되며 30~120cm 정도가 적당하다.807) 제랄드 코리Gerald Corey는 상담자의 중요한 역할이 상담하는 동안 "내담자와 함께 있어 주는 것"이라고 했는데, 이것을 가능하게 하는 것이 바로 공감이다.808) 공감은 상담관계뿐만 아니라 내담자의 태도와 행동에 긍정적인 영향을 미치는 중요한 요소이다.809)

일반적인 목회상담에서는 보통 첫 번째 만남이 수리면접이 된다. 내담자가 상담자를 찾아오고, 상담자는 내담자의 이야기를 듣는 가운데 상담의 진행여부를 결정하게 된다.810) 보통은 상담이 성립되지만 특별한 경우 상담이 거절될 수 있다. 왜냐하면 훈련된 상담자라고 할지라도 모든 상담을 진행할 수 있는 것은 아니기 때문이다.811) 그러므로 상담자는 내담자와 대화를 나누는 가운데 그것을 다룰 수 있는지 없는지를 결정해야 하며, 다룰 수 없을 경우 다른 상담자나 기관에 인계해야 한다.812)

상담자는 수리면접에서 상담의 가부를 결정하기 위한 정보를 얻을 뿐만 아니라 상담을 진행하게 될 내담자에 대한 최초의 이미지를 파악하게 된다.813) 목회상담의 특성상 아는 사람을 상담하는 경우가 많기 때문에 상담자는 이미 내담자에 대한 선이미지를 가지고 있는 경우가 많다.814) 이러한 경우 내담자가 상담 상황에서 보여주는 첫 번째 이미지는 상담자가 가지고 있는 기존의 이미지와의 충돌을 통해서 상담에 중요한 실마리를 제공한다. 목회상담의 특성상 단회 상담으로 그치는 경우가 적지 않지만 수리면접에서 보여주는 내담자의 처음 이미지는 그 상담 전체에 영향을 미치기 때문에 여전히 중요하다.

수리면접의 과정에서 한 가지 중요한 사실은 '정확한 기록' accurate records을 남기는 일이다.815) 내담자와 대화를 나누며 기록을 남기는 것이

상담을 방해할 수도 있지만 이것이 주는 유익이 있다. 첫 번째는 기록이 상담자의 기억을 돕는다는 사실이다.816) 실제로 상담자는 한 사람이 아니라 많은 사람을 상담한다. 게다가 상담이 바로 이어지지 않을 경우 상담자는 기억의 한계를 경험하게 된다. 기록을 남기는 것은 바로 이러한 한계를 극복하는 가장 효과적인 방법이다. 두 번째 유익은 기록이 다음 상담을 위한 중요한 텍스트가 된다는 사실이다. 상담은 기본적으로 내담자를 텍스트로 하지만 상담기록은 또 하나의 중요한 텍스트이다. 왜냐하면 상담기록에는 상담자의 독특한 관점과 해석이 들어있기 때문이다. 상담자는 이것을 통해서 자신의 해석을 점검할 수 있는 기회를 얻게 된다. 더불어 기록은 내담자의 기억을 돕는 역할과 내담자의 문제 해결을 위한 전략을 구축하고자 할 때 중요한 도구가 된다.817)

수리면접을 통해서 상담을 진행하기로 결정이 되면 곧 이어서 상담계약을 체결하게 된다.818) 상담계약은 상담자와 내담자가 "상담관계를 맺기 위한 필요조건"이며, 협의가 필요한 몇 가지 사항을 제외하고는 주로 상담자가 그 내용을 제시하고 내담자가 동의하는 형식으로 이루어진다.819) 상담계약에서 중요한 것은 그 안에 포함되는 내용이다. 상담계약 안에는 일반적으로 상담시간, 상담장소, 상담회수, 상담규칙, 상담의 과정과 방법, 상담비용, 비밀보장, 녹음과 기록, 상담과 관련된 제한점 등의 내용들이 담겨 있다.820) 그 가운데서도 상담에서 일어날 수 있는 상황을 예측하여 미리 정해 놓는 규칙이 중요하다. 왜냐하면 이 규칙이 앞으로 발생할 수 있는 문제로부터 상담자와 내담자 모두를 보호할 수 있기 때문이다.821)

상담계약은 상담자와 내담자에게 안정감과 책임감을 제공하고 상담을 구조화하는데 중요한 역할을 한다. 상담계약에는 상담과 관련된 제반사항이 언급되어 있기 때문에 상담자와 내담자 모두 심리적 안정감을 얻을 수 있고, 이것이 쌍방의 동의를 통해서 체결되기 때문에 상담에 있어서 서로가 서로에 대한 책임감을 갖게 된다.322) 특히 상담계약을 통해서 주어지는 책임감은 상담의 방향을 결정하고 실제로 진행해 나가는데 있어서 중요한 역할을 한다.823) 특히 상담계약에서 상담의 과정과 방법에 대한 언급은 상담에 대한 일차적인 구조화를 제공한다. 이러한 구조화는 상담을 구체화함으로써 상담자뿐만 아니라 내담자에게도 상담을 위한 방향감각과 틀을 제공하고, 상담 자체를 더욱 책임적으로 만들어 준다.824)

2. 상담자의 거리두기

상담관계가 상담의 처음부터 마지막까지 영향을 미치듯 상담자의 거리두기 역시 상담의 처음부터 마지막까지 일관성 있게 유지되어야 한다. 상담자는 내담자와의 관계형성을 통해서 상담의 물꼬를 트게 된다. 내담자는 상담관계를 통해서 안정감과 안전감을 얻게 되고 상담자를 신뢰하는 가운데 자신의 스토리를 말하기 시작한다. 상담관계의 수준에 따라 내담자의 말하는 속도나 내용에 차이가 있지만 내담자는 허용적인 분위기 속에서 자신의 스토리를 쏟아내게 된다. 이 때 상담자는 그러한 내담자의 분위기나 스토리에 휩쓸리지 않도록 거리두기를 해야 한다.825) 상담자의 거리두기는 내담자의 말을 경청하거나 공감하는 것을 거부하는 것이 아니다. 단지 내담자와의 일정한 거리를 유지함으로써 내담자와 융합되거나 밀착되는 것을 방지하는 것이며, 이를 통해 내담자의 영향력에서 벗어남으로써 내담자에 의해 상담자가 좌우되는 것을 방지한다.

상담자의 거리두기는 세 가지 측면에서 살펴볼 수 있다. 첫 번째는 '낯설게 하기' 이다. 목회상담은 이미 친숙한 상태에서 내담자를 만날 가능성이 높다. 그렇지 않다고 하더라도 상담자는 상담관계를 형성하는 과정을 거치면서 자연스럽게 내담자에게 더 많은 친숙함을 느끼게 된다. 이 때의 친숙함은 단순히 내담자에 대한 친숙함만이 아니라 내담자의 문제와 내담자의 관점에 대한 친숙함을 포함한다. 이러한 친숙함은 상담의 진행에 있어서 긍정적으로 작용하기도 하지만 부정적으로 작용하기도 한다. 낯설게 하기는 이러한 친숙함으로부터 거리를 두는 것으로 내담자를 좀 더 객관적으로 인식하도록 만들어준다. 이러한 낯설게 하기는 친숙함 자체를 거부하는 것이 아니며, 친숙함을 전제로 하여 의식적으로 내담자를 처음 보는 사람처럼 대하는 것이다.826) 낯설게 하기는 내담자와의 친숙함을 전제로 하기 때문에 상담자의 의식에서만 이루어지는 것이지 내담자가 인식할 수 있을 정도로 드러나지는 않는다.

상담자는 낯설게 하기를 통해서 다시 한 번 내담자가 자율적인 존재라는 사실을 인정한다.827) 왜냐하면 낯설게 하기가 내담자와 연루된 상담자의 감정이나 의식을 의식적으로 배제하기 때문이다. 이로 인해 내담자는 다시금 자유로운 존재가 되며, 상담자는 그러한 인식 속에서 내담자를 대하게 된다. 이것은 또한 상담자의 자율성을 의미하는 것이기도 하다. 낯설게 하기를 통해서 상담자 역시 내담자와의 연루에서 벗어나기 때문이다. 물론 내담자가 상담자에게 집착하는 경우 어려움을 겪을 수는 있지만 낯설게 하기를 통한 거리두기가 이러한 어려움에 휩싸이지 않도록 만들어 주는 역할을 한다.

상담자는 낯설게 하기를 통해서 내담자의 문제를 친숙하게 대하지 않게 된다. 만약 상담자가 내담자의 문제를 익숙한 대로 대한다면 상담자는 내담자와 더불어 건강한 상담을 진행할 수 없게 된다. 왜냐하면 내담자의 독특성을 간과한 채 상담자에게 익숙한 패턴으로 상담을 진행하게 될 가능성이 높기 때문이다. 이렇게 되면 내담자의 스토리텔링은 제한을 받게 되고, 문제에 대한 내담자의 해석 역시 상담자에 의해서 침범을 당하게 된다. 결국 이러한 상담은 이미 과정과 결론이 정해져 있기 때문에 상담자와 내담

자 간의 건강한 순환을 방해하고 열린 순환이 아닌 닫힌 순환을 하게 된다.828)

상담자는 내담자의 현재 상황과 문제를 정확하게 인식하기 위해 친숙함을 포기하고 낯설게 하기를 선택해야 한다. 이러한 포기가 없다면 상담자는 내담자와 내담자의 문제를 잘못 이해하는 우를 범하게 된다.829) 물론 상담자에게 친숙한 전이해가 상담을 이끌어가는 원동력인 것은 분명하지만 전이해 안에 갇히게 되면 보다 나은 방향을 보지 못할 수 있다. 특히 내담자와 상담자의 전이해가 일치할 경우 양자가 모두 문제에 휩싸일 가능성이 많아지는데, 이 때 상담자가 먼저 낯설게 하기를 선택할 수 있어야 한다.

상담자의 거리두기에서 두 번째 측면은 '문제의 외재화' 이다.830) 본래 문제의 외재화는 상담자보다는 내담자에게 더 적합한 거리두기의 개념이다. 그러나 상담자의 경우 내담자와 같은 이슈를 가지고 있거나 다른 문제에 휩싸여 있는 경우 그것으로부터 거리두기를 하는 것이 필요하다. 상담자가 내담자와 같은 이슈를 가지고 있는 경우 상담자가 그 문제를 대상화시키지 못해 상담을 진행시키는데 어려움을 겪을 수 있다. 또한 상담자가 자기 문제에 사로잡혀 있는 경우도 마찬가지이다. 이 때 상담자가 자신의 문제를 외재화시키지 않는다면 그 문제의 영향으로 인해 역전이 반응을 나타낼 가능성이 높다.

상담자가 자신의 문제를 외재화시키는 방법은 내담자의 문제를 외재화시키는 것과 동일하다. 상담자에게 문제의 외재화는 크게 세 가지 역할을 한다. 첫째, 상담자는 문제의 외재화를 통해 자신의 문제에 인격성을 부여함으로써 비난의 대상을 사람이 아닌 문제 자체로 돌리게 된다.831) 일반적으로 문제 상황 속에 있는 상담자는 문제를 자신의 일부로 생각하여 자신을 비난하거나 그 원인이 다른 사람에게 있다고 보고 타인을 비난하게 된다.832) 이러한 상태에서 상담에 임하는 상담자는 전이를 견디는 힘이 부족하게 되고 역전이로 인해 상담을 제대로 진행할 수 없게 된다. 문제의 외재화는 이러한 상담자에게 사람을 비난하는 것을 멈추고 문제 자체를 문제로 삼게 한다.833) 그 결과 상담자는 심리적 안정감을 찾게 되어 침착하게 상담을 진행할 수 있게 된다.834)

둘째, 상담자는 문제의 외재화를 통해서 잃어버린 자신의 삶에 대한 통제력을 회복한다.835) 문제의 외재화는 상담자로 하여금 자신을 억압하는 실체가 무엇인지를 발견하게 해 준다. 즉 문제를 그러한 실체로 발견하게 됨으로써 상담자는 그러한 문제와 맞서서 자신의 삶을 되찾으려는 의지를 갖게 된다. 이러한 의지를 통해서 상담자는 더 이상 그러한 문제의 피해자나 방관자가 아니라 자기 삶의 주체의 자리에 서게 되고, 그것을 통해서 스스로의 삶을 통제하기에 이른다. 이것이 바로 문제의 외재화가 주는 가장 커다란 영향이라고 할 수 있다.836)

셋째, 상담자는 문제의 외재화를 통해서 자신이 본래 지니고 있었던 자원을 발견하게 된다.837) 상담자는 문제와 분리되어 있지 않은 상태에서 문제로 가득 찬 자신의 삶과 그러한 문제를 유발한 자신에 대해서 부정적인 생각을 하게 된다. 그러한 부정적인 생각은 상담자가 가지고 있는 문제해결을 위한 긍정적인 자원을 간과하도록 만든다. 특히 전문가로서의 유능감을 상실하게 만듦으로서 상담에 커다란 장애요소가 된다. 문제의 외재화는 바로 이러한 상담자에게 문제와 거리를 두게 함으로써 문제로부터 자유로운 공간을 확보하게 되고, 이것으로 인해 자신이 지니고 있는 자원을 발견할 수 있게 된다. 이상과 같이 문제의 외재화가 상담자에게 주는 유익은 내담자에게도 동일하게 나타난다.838)

상담자의 거리두기에서 세 번째 측면은 '위치 바꾸기'이다. 위치 바꾸기는 낯설게 하기나 문제의 외재화보다 거리두기와 좀 더 밀접한 관계가 있다. 왜냐하면 거리두기 자체가 위치를 바꾸는 것이기 때문이다. 상담자는 자신의 위치를 어디로 바꿀 것인가를 선택할 수 있다. 상담자의 이러한 위치선정은 내담자를 바라보는 관점을 결정하기 때문에 신중을 기해야 한다. 이러한 위치 바꾸기는 실제 앉아 있는 자리를 바꾸는 것과 관점을 바꾸는 것 모두를 포함한다.

상담자가 어느 곳에 앉느냐가 보는 것과 듣는 것 그리고 움직임을 결정한다. 실제로 앉는 위치에 따라 상담자가 관찰할 수 있는 내담자의 모습이 제한되며, 움직일 수 있는 공간으로 인해 움직임 자체가 제한된다. 상담자는 이러한 제한을 염두에 두고 자신의 앉을 자리를 결정해야 한다. 이것은 내담자에게도 마찬가지이다. 특히 내담자는 자신의 앉아 있는 자리에 따라서 심리적 변화가 있을 수 있으므로 상담자에게 말하는 내용이 달라질 수 있다. 이것으로 인해 실제로 상담자가 듣는 내용 역시 변화하게 된다. 그러므로 상담자는 필요에 따라서 의도를 가지고 상담 장소를 바꾸거나 앉는 자리를 변경하는 것이 필요하다.[839]

이러한 시도는 상담자와 내담자에게 신선한 낯설음을 제공함으로써 새로운 마음을 갖게 하는 계기가 될 수 있다. 만약 자리를 바꾸는 것이 어렵다면 상담실의 환경에 변화를 줌으로써 동일한 효과를 얻을 수 있다. 즉 앉는 위치에 따라서 상담자가 볼 수 있는 환경과 내담자가 볼 수 있는 환경이 결정되기 때문에 상담자와 내담자의 시선이 가는 곳에 무엇을 둘 것인가를 의도적으로 결정하는 것이다. 이 때 상담자가 내담자의 자리에 직접 앉아 보고 그 시야에 들어오는 것들을 필요에 따라 변경할 수 있다.[840]

위치 바꾸기는 이렇게 실제 위치를 바꾸는 것도 중요하지만 그보다는 관점을 바꾸는 것이 더 중요하다. 즉 내담자를 바라보는 상담자의 해석학적 렌즈를 바꾸어주는 것이다.[841] 해석학적 렌즈는 상담자의 전문가적 훈련과 전(前)이해 그리고 상담자가 속한 공동체의 거대담론을 포함한다. 이것은 상담자가 아무리 벗어나려고 해도 벗어날 수 없는 상담자의 카테고리이다. 상담자는 상담에 임할 때 자신에게 익숙한 해석학적 렌즈를 먼저 사용한다. 그러나 상담을 효과적으로 진행하기 위해서는 상담 상황에 맞는 렌즈로 갈아 끼울 수 있어야 하며, 때로는 의도적으로 렌즈를 바꾸어 주는 것이 중요하다. 그렇게 함으로써 간과하기 쉬운 내담자에 대한 새로운 통찰을 얻을 수 있다.

상담자의 거리두기는 단순히 자신의 해석학적 렌즈를 바꿔주는 것만이 아니라 그것을 통해서 내담자의 해석학적 렌즈를 발견하는 것을 요구한다.[842] 즉 내담자가 어떤 카테고리 안에 있으며, 어떤 해석학적 특징을 가지고 있는지를 파악함으로써 좀 더 분명한 내담자의 이해에 도달하게 된다. 내담자의 해석학적 렌즈는 일반적으로 내담자가 속한 공동체의 영향 아래 있다. 그리고 그(녀)가 속한 공동체의 언어놀이에 들어가 있기 때문에 내담자의 언어를 살피는 것이 내담자의 해석학적 렌즈를 분별하는데 도움이 된다.[843]

여기서 한 가지 더 언급할 수 있는 것은 내담자에 대한 진단이다. 내담자에 대한 진단은 내담자의 말이나 행동을 통해서 주어지며, 특히 내담자가 구사하는 언어적 표현을 통해서 가능하게 된다. 물론 이 안에는 심리검사와 같은 진단도구를 사용하는 것이 도움이 되지만 내담자에 대한 관찰 역시 진단에서 중요한 위치를 차지한다. 상담자가 위치를 바꾸고, 관점을 바꾸어 거리두기를 하는 이유는 그것을 통해서 내담자를 좀 더 효율적으로 이해하고 진단하기 위함이다. 상담자는 이러한 내담자와의 거리두기를 통해서 내담자가 가지고 있는 편견, 과보호, 망상, 합리화, 이원론적 사고, 과잉일반화, 과잉사회화 등과 같은 문제들을 발견할 수 있다. 바로 이러한 요소들이 내담자가 의식적이든 무의식적이든 상담자를 찾게 되는 이유이다.[844]

3. 내담자의 스토리에 물길내기

내담자와의 관계형성을 통해서 상담의 물꼬가 트이고, 상담자의 거리두기를 통해서 내담자의 문제에 휩싸이지 않을 준비가 되었다면 이제 남은 것은 물이 잘 흘러갈 수 있도록 길을 만들어 주는 것이다. '물길내기'는 바로 이러한 작업을 가리키는 것으로서 내담자의 스토리를 구조화하는 역할을 한다.845) 이러한 구조화작업은 내담자의 스토리에 줄거리를 부여하는 과정을 넘어 그 안에 내담자의 해석을 포함하게 된다. 그러므로 내담자의 스토리에 물길을 내는 작업은 곧 스토리를 해석된 내러티브로 만들어내는 과정이다. 해석된 내러티브는 '불분명한 세계'가 분명한 세계로, '미성숙한 스토리'가 성숙한 스토리로, '불완전한 해석'이 상대적이지만 완전한 해석으로 바뀐 상태이다. 상담자는 바로 이러한 텍스트를 만들기 위해 내담자와 더불어 그 여정에 참여한다.

물길내기는 '함께 고려하기'를 통해 내담자의 스토리만이 아니라 면접기록, 심리검사, 신체언어와 같은 요소들을 종합하여 해석된 내러티브를 구축하는 작업이다.framing846) 이 작업에는 상담자의 훈련된 직관과 생산적 상상력 그리고 비판적 성찰이 중요한 역할을 한다. 이러한 상담자의 역할에는 스토리를 따라가는 능력이 전제되어 있다. 상담자는 내담자의 스토리를 따라가며 내담자의 행동을 면밀히 관찰하는 가운데 훈련된 직관을 통해 내담자의 표면적, 이면적 메시지를 파악한다.847) 또한 상담자는 생산적 상상력을 발휘해 이 메시지를 근거르 내담자가 동의하는 이해와 해석을 구성한다.유사 허구성 이 때 상담자는 비판적 성찰을 통해 이렇게 구성된 이해와 해석이 내담자의 2차 텍스트들과 일치하는지를 확인한다.함께 고려하기 이 과정에는 자연스럽게 내담자의 문제에 대한 정의와 진단이 포함된다.848)

물길내기는 해석된 내러티브를 만들어 가는 과정에서 내담자가 초점을 잃지 않도록 도와주는 작업이다.849) 이 작업은 내담자가 초점을 잘 유지하며 가고 있을 때 그러한 흐름을 잘 유지시켜주는 받아주기와 내담자가 초점을 잘 유지하고는 있지만 부족한 요소들이 있어서 흐름이 원활하지 못할 때 그 필요를 공급해주는 더해주기, 상담이 장벽에 부딪혀 난항을 겪고 있을 때 방향을 바꾸어주는 틀어주기, 내담자가 대화의 방향에서 빗나가거나 완전히 이탈했을 경우 내담자의 말을 중단시키고 처음 어긋난 지점으로 돌아가게 해주는 되돌리기 그리고 마지막으로 스토리를 구조화 하는 작업에서 전체적인 맥락을 고려하여 어느 것을 선택하거나 삭제하는 편집하기로 이루어진다.850)

받아주기는 '내담자가 지금 말하고 있는 주제를 바꾸지 않고 내담자의 스토리를 따라가며 그것을 유지해주는 역할'을 하는 것으로 상담자의 반응이 중요하다.851) 받아주기에서는 주로 명료화clarification, 바꾸어 말하기paraphrasing, 요약하기summarization, 질문하기questioning 등의 기법이 사용된다. 명료화는 "내담자가 말한 것을 상담자가 얼마나 정확하게 들었는가를 확인"하는 것으로, "희미하고 혼돈스러운 내담자의 메시지를 분명하게 하는 것"이다.852) 이러한 명료화는 내담자의 인지, 정서, 행동 모두에 걸쳐서 이루어진다.853) 바꾸어 말하기는 "내담자의 메시지의 내용에 대한 반응"이라고 할 수 있으며, 내담자가 자기 메시지의 내용에 초점을 맞추는 것을 돕기 위해서 내담자가 사용하고 있는 "기본적인 단어들과 생각들을 다시 진술하는 것"이다.854) 이 때 상담자는 자신의 논리를 사용하여 "짧고 명료하게 피드백"을 하게 된다.855)

요약하기는 '내담자가 하는 말이나 한 회기를 몇 문장으로 압축하여 진술하는 것'이다.856) 이러한 요약하기는 여러 가지 생각이나 느낌을 함께 묶어 주어 그 안에 공통된 요소를 찾아준다.857) 뿐만 아니라 상담자가 내담자를 잘 이해했는지 또는 내담자가 자기 자신을 잘 이해하고 있는지를 점검하도록 해준다.858) 질문하기는 내담자를 상담자의 틀 안에 가두기도 하지만, 실제로는 질문을 통해서 내담자를 이해하고 내담자가 이야기를 계속할 수 있도록 촉진하는 역할을 한다.859) 이 때 중요한 것은 질문을 하는 형식이다.860) 즉 질문을 하는 것 자체가 중요한 것이 아니라 어떻게 질문하느냐가 더 중요하다.861) 이러한 기법들은 내담자로 하여금 자신이 이해받고 있다고 느끼게 함으로써 내담자가 계속해서 말하는 것을 격려하게 된다.862)

상담은 기본적으로 내담자의 경험과 기억에 의존한다. 그러나 세계-내-존재로서의 내담자는 경험과 기억의 한계를 드러내기 마련이다. 이 때 상담자는 그러한 한계를 넘어서기 위해서 내담자의 기억을 상기시키거나 정보를 제공하는 더해주기를 한다. 더해주기에서 사용되는 기법은 이끌어내기attracting, 정보제공information giving, 자기개방self-disclosure 등이다.

이끌어내기는 내담자의 의식이나 무의식에 의해서 깊숙이 감추어져 있는 내담자의 경험과 기억을 끌어내어 그 속에 포함되어 있는 에너지를 자유롭게 하는 작업이다.863) 이 작업은 내담자에게 정서적인 자극을 불러일으키며 동시에 상담에 필요한 새로운 정보를 제공한다. 이 때 주로 사용하는 것은 기억을 상기하는 질문이며, 이러한 질문은 내담자의 내면세계로 들어가는 출발점이 된다.864) 정보제공은 내담자에게 필요한 정보를 직접 제공하거나 그러한 정보를 얻을 수 있는 자료를 소개해 주어 내담자가 자신의 문제를 충분히 탐색할 수 있도록 돕는 방법이다.865) 그러나 이것이 조언이 되지 않도록 조심해야 한다.866) 왜냐하면 물길내기는 상담자가 무엇을 하는 것이라기보다는 충실하게 내담자를 따라가는 것이기 때문이다. 자기개방은 상담자가 내담자의 문제와 관련된 자기의 경험을 공유하는 것을 말한다.867) 물길내기에서 자기개방은 내담자에게 필요한 추가적인 정보를 제공하고 내담자의 자기개방을 촉구하는 역할을 한다.

틀어주기는 물길내기에서 내담자의 저항에 부딪히거나 내담자가 같은 말을 되풀이할 경우나 내담자가 갑자기 침묵하는 경우와 같이 상담이 계속해서 진행되지 못하고 멈추게 되었을 때 사용하는 방법이다. 상담자는 내담자의 저항에 부딪혔을 때 직면을 통해서 내담자의 저항과 정면으로 부딪히기 보다는 상담의 방향을 틀어 주는 것이 훨씬 더 용이하다.868) 이 경우 상담자가 지름길이 아닌 우회로를 선택했기 때문에 상담의 진행 속도는 늦어질 수 있으나 비교적 안전하게 상담의 방향을 유지해갈 수 있다. 내담자가 같은 말을 되풀이할 경우는 계속해서 관심을 기울이기보다는 의도적으로 관심을 철회하는 것이 필요하다. 즉 '선택적인 경청'을 통해서 내담자를 상담의 본래 방향으로 틀어주는 것이다.869) 내담자가 갑자기 침묵하는 경우는 상담자 역시 침묵하는 것이 좋으며, 이러한 침묵을 어느 정도 견딘 후에 다시 질문하기를 통해서 상담의 방향을 이끌어 나가는 것이 필요하다.870)

되돌리기는 상담자의 거리두기와 훈련된 직관을 전제로 한다. 실제로 되돌리기를 가능하게 만들기 위해서 상담자는 단순히 내담자의 스토리를 따라가는 것이 아니라 거리두기와 훈련된 직관을 통해 내담자의 스토리를 통해서 가능한 내러티브의 범주를 어느 정도 파악하고 있어야 한다. 만약 내담자의 스토리가 그 '상대적 우월성의 범주'를 벗어날 경우 상담자는 내담자의 스토리를 멈추고 본래 지점으로 되돌리는 역할을 해야 한다. 이 때 상담자의 역할은 내담자의 화제를 바꾸어 주는 것이다.871) 화제 바꾸기는 내담자의 스토리를 요약한 후 화제 바꾸기, 내담자의 마음을 공감한 후 화제 바꾸기, 내담자의 스토리를 평가한 후 화제 바꾸기 등 세 가지 형태를 통해서 가능하다.872) 이 때 내담자의 스토리에 대한 요약, 내담자의 마음에 대한 공감, 내담자의 스토리에 대한 평가 등이 바로 벗어난 내담자를 멈추게 하는 작용을 하며, 주로 질문을 통해서 화제를 바꾸게 된다.

편집하기는 내담자의 스토리에 물길을 내는 방법들 중에서 가장 적극적인 방법이다. 여기서 상담자는 해석된 내러티브를 구성하기 위해 내담자의 스토리 중 하나 또는 둘 이상의 스토리를 선택하거나 배제하는 역할을 한다.873) 실제로 선택과 배제는 동일한 순간에 이루어지는 동일한 사건이다. 상담자가 어느 하나를 선택하는 순간 다른 것들은 자동적으로 배제되며, 어느 하나를 배제하는 순간 다른 것들은 자동적으로 선택되기 때문이다. 이 때 선택되거나 배제되는 것은 단순히 내담자에 의해서 말해진 스토리만이 아니라 다른 2차 텍스트를 포함한다. 또한 말해진 스토리에 대한 내담자의 해석과 상담자의 훈련된 직관과 생산적 상상력에 의해서 구성된 해석이 포함된다. 이러한 요소들은 '함께 고려하기'를 통해 확인 작업을 거치게 되며, 확인되지 않은 것은 배제하고 확인된 것은 상대적 우월성의 범주에 따라 다시 선택의 과정을 거치게 된다. 이 때 모순되는 요소들이 발견될 수 있으며, 이것들 역시 확인과정을 통해 통일성이 부여되거나 파기되는 과정을 겪는다. 편집하기는 바로 이러한 과정을 통해 내담자의 '불분명한 세계'를 명확하게 만들고, '미성숙한 스토리'를 성숙하게 만들며, '불완전한 해석'을 상대적으로 완전하게 만들어 준다.

물길내기는 이상과 같은 받아주기, 더해주기, 틀어주기, 되돌리기, 편집하기를 통해서 완성된 해석된 내러티브를 만들어낸다. 이것은 리쾨르가 언급하는 설명과 이해의 해석학적 순환에서 '첫 번째 이해'에 해당한다. 그러나 이것이 첫 번째 이해에 해당한다고 해서 설명이 완전히 배제된 것은 아니다. 여기서의 설명은 비판적 성찰이라고 하기보다는 내담자가 말하거나 상담자가 추측한 것을 전체적으로 고려하여 확인하는 정도의 수준이다.874) 그럼에도 불구하고 이 과정에는 상담적인 의의가 존재한다. 내담자는 상담자와 일련의 과정을 함께 하면서 고통의 원인인 억압된 스토리를 공개하는 가운데 고통의 원인이 명확하게 드러난 내러티브를 만들게 되고,

다음 단계를 통해서 덜 고통스럽거나 고통이 제거된 내러티브로 나아갈 수 있는 기회를 얻게 된다. 또한 무의미한 스토리를 드러냄으로써 그것을 의미 있는 내러티브로 만들고, 다음 단계인 내담자의 세계 재구성의 과정을 통해서 새로운 의미를 지닌 내러티브로 나아가게 된다.875)

---

790)Hackney and Cormier, 『심리상담의 과정과 기법』, 36. 동시에 상담관계 형성은 상담의 모든 단계에서 나타나는 현상으로, 상담의 초기부터 마지막까지 영향을 미친다.
791)Corey, 『상담 및 심리치료의 통합적 접근』, 19-20.
792)Wise, Pastoral Counseling, 40. 상담자는 "이해하고 협력하는 분위기를 제공"할 책임이 있고, 내담자는 "면담의 내용을 결정"할 수 있는 특권이 있다. Richard Dayringer, The Heart of Pastoral Counseling: Healing through Relationship (New York: The Haworth Pastoral Press, 1998), 55.
793)C. W. Brister는 목회적 돌봄에 대한 경험을 통해서 상담 이전에 이미 상담관계가 형성된다고 본다. C. W. Brister, Pastoral Care in the Church, 3rd ed. (New York: HarperCollins Publishers, 1992), 196. 상담자와 내담자의 신뢰형성과 관련해서는 다음을 참고하라. 이장호, 금명자, 『상담연습교본』, 63-80; 홍경자, 『상담의 과정』, 144-5, 180-4.
794)라포는 "상담자와 내담자의 대인관계적인 접촉으로 만들어지는 일종의 심리적인 분위기"로서 상담자와 내담자의 친밀한 관계를 가리킨다. 이러한 관계가 충분하게 형성되지 않으면 그 상담은 좋지 않은 결과를 초래하게 되고, 충분하게 형성되면 상담의 긍정적인 결과를 이끌어내는 긍정적 발판이 된다. Hackney and Cormier, 『심리상담의 과정과 기법』, 36.
795)Welfel and Patterson, 『상담 과정의 통합적 모델』, 84-8.
796)Dayringer, The Heart of Pastoral Counseling, 68-9.
797)Ibid., 68.
798)상담에서 경험될 수 있는 역전이의 목록에 대해서는 다음을 참고하라. Ibid., 101-2.
799)William J. Collins, "The Pastoral Counselor's Countertransference as a Therapeutic Tool", The Journal of Pastoral Care, vol. 36, no. 2 (1982): 129.
800)라포형성에 또 한 가지 중요한 것은 내담자에 대한 존중이다. 이러한 존중은 정중함(reverence)을 통해서 드러날 수 있으며, 상담자는 바로 이러한 태도를 통해서

상담관계를 긍정적으로 발전시킬 수 있다. Dayringer, *The Heart of Pastoral Counseling*, 66.
801) 백미숙, "효과적 리더십으로서의 효과적 경청", 『숙명 리더십 연구』, 4집 (2006): 91.
802) Hackney and Cormier, 『심리상담의 과정과 기법』, 38.
803) 백미숙, "효과적 리더십으로서의 효과적 경청", 94. 상담자는 내담자를 관찰함과 동시에 내담자에게 참여하게 된다. 이 때 상담자는 내담자에게, 내담자는 상담자에게 서로 영향을 미치며 참여적 해석학적 순환을 거듭하게 된다. Bauer, 『지금-여기에서의 전이분석』, 161-2.
804) Corey, 『상담 및 심리치료의 통합적 접근』, 26.
805) C. Shamasundar, "Understanding Empathy and Related Phenomena", *American Journal of Psychotherapy*, vol. 53, no. 2 (1999): 234.
806) Sarah Richmond, "Being in Others: Empathy from a Psychoanalytical Perspective", *European Journal of Philosophy*, vol. 12, no. 2 (2004): 244, 246-51; Shamasundar, "Understanding Empathy and Related Phenomena", 234. C. Shamasundar는 이러한 능력이 "다른 사람의 정신적 삶(mental life)에 대한 참여와 융합"을 분명하게 요구한다고 말한다. 이것이 가장 잘 드러나는 관계는 "어머니와 아기"(mother-infant) 사이에서 이다.
807) 일반적으로 친밀한(또는 싸움을 위한) 상호작용을 위한 거리는 30cm이고, 친한 친구와 아는 사람과의 상호작용을 위한 거리는 30-120cm, 사회적 상호작용을 위한 거리는 120-360cm, 다른 공적 교제를 위한 거리는 360-760cm이다. Shamasundar, "Understanding Empathy and Related Phenomena", 236.
808) Corey, 『상담 및 심리치료의 통합적 접근』, 19. Neil Pembroke는 목회사역의 핵심이 "함께 함"(presence)이라고 보고 있다. 이것은 목회사역의 하나인 목회상담에 있어서도 마찬가지라고 할 수 있다. Neil Pembroke, *The Art of Listening: Dialogue, Shame, and Pastoral Care* (New York : T&T Clark, 2002), 1.
809) Walter G. Stephan and Krystina Finlay, "The Role of Empathy in Improving Intergroup Relations", *Journal of Social Issues*, vol. 55, no. 4 (1999): 730. 그러나 한 가지 주의해야 하는 것은 공감이 자연스럽게 전이를 유발한다는 사실이다. 내담자는 자동적으로 과거의 중요한 대상을 상담자에게 투사하고, 이것을 통해서 전이가 일어난다. 이러한 전이는 상담자에게는 고통스러운 경험이 될 수 있으나 내담자를 이해하기 위해서 상담자는 이러한 고통을 견뎌야 한다. Shamasundar, "Understanding Empathy and Related Phenomena", 239.
810) 상담자는 수리면접에서 내담자의 호소문제와 가족력 그리고 신체적 장애, 정신과적 질환, 약물중독, 폭력성, 이상행동 등의 유무를 파악하여 상담의 진행 여부를 결정해야 한다. 김계현, 『카운슬링의 실제』, 60-3; Stewart, 『교류분석(TA) 개인상담』, 76-7.

811) Stewart, 『교류분석(TA) 개인상담』, 69-70.
812) Ibid., 76-80. Stewart는 내담자를 다른 상담자나 기관에 위탁하는 경우를 상담이 시작되었을 때 상담자나 내담자 또는 다른 사람이 상처를 받을 것으로 예상되는 경우, 내담자가 상담자가 수용할 수 있는 범위를 넘어서는 경우, 상담자가 내담자의 문제를 해결할 수 없는 경우 등 세 가지로 설명한다.
813) Ibid., 69-70.
814) Dayringer, The Heart of Pastoral Counseling, 134-8. 아는 사람을 상담하는 것은 목회상담의 특수한 문제이다. 바로 이 문제 때문에 상담자는 내담자와 해로운 이중 관계에 빠질 수 있다. Dayringer는 이것을 상담자와 내담자의 불분명한 경계, 상담자의 칭찬과 동경에 대한 추구, 목회자의 직업적 이미지를 이용한 자기 필요 채우기 등 세 가지 요소로 표현한다.
815) Ibid., 49.
816) Ibid.
817) Dayringer는 문제를 중심으로 상담내용을 기록하고 그것을 활용하는 방법을 제시하고 있다. 그러나 상담기록은 그것 이상이어야 한다. 상담기록은 문제에 대한 내담자와 상담자의 해석을 담고 있어야 하며, 그것들이 어떻게 변화하고 있는지를 보여주어야 한다. Ibid., 111-21.
818) Stewart, 『교류분석(TA) 개인상담』, 83-5. Stewart는 C. Steiner의 견해를 근거로 상담계약을 체결하는 네 가지 조건을 제시한다. 첫 번째는 상호간에 이루어지는 동의(mutual consent)이다. 실제로 계약조건이 아무리 좋은 내용을 담고 있다고 하더라도 상담자와 내담자 상호간의 동의가 이루어지지 않으면 상담관계는 성립될 수 없다. 두 번째는 타당한 보수(valid consideration)이다. 목회상담의 경우 대부분 상담자에 대한 보수가 교회를 통해서 주어지기 때문에 이 항목이 종종 간과되기는 하지만 그럼에도 불구하고 이것은 여전히 중요한 문제이다. 세 번째는 상담을 이끌어갈 수 있는 상담자의 능력(competency)이다. 상담자에게 내담자의 문제를 해결할 능력이 없다면 그러한 상담은 진행될 수 없다. 마지막은 합법성(lawful object)이다. 아무리 좋은 의도를 가지고 진행된다고 하더라도 그 상담이 법적인 테두리를 벗어나게 되면 그것은 좋은 상담이 될 수 없다.
819) Ibid., 82; Minuchin, Families and Family Therapy, 132-3.
820) 비밀보장에 대한 언급과 더불어 내담자 자신이나 다른 사람의 생명이나 건강을 위협하는 경우와 같이 비밀보장을 할 수 없는 상황에 대한 언급도 필요하다. 또한 수퍼비전을 위해 상담내용을 사용할 경우 절차에 대한 문제와 내담자가 비밀보장을 위해 기록을 거부할 경우도 염두에 두어야 한다. Stewart, 『교류분석(TA) 개인상담』, 72; Dayringer, The Heart of Pastoral Counseling, 50, 54-6.
821) Stewart, 『교류분석(TA) 개인상담』, 82.
822) Lister-Ford, 『기법을 중심으로 한 TA 상담과 심리치료』, 20-1.
823) Corey, 『상담 및 심리치료의 통합적 접근』, 14, 20. Corey는 특히 이러한 상담계약이 내담자가 경험한 세계를 불러일으키고, 그 세계와 자신에 대한 자각을 증가

시키는데 도움이 된다고 본다.
824) Dayringer, *The Heart of Pastoral Counseling*, 54.
825) Gregory P. Bauer는 내담자에게 휩싸일 가능성을 부인하지 않고 오히려 당연한 것으로 인정한다. 그러나 상담자는 내담자에게 완전히 휩싸일 것이 아니라 중립성 내지 객관성을 유지하는 가운데 부분적인 참여를 통해서 내담자를 이해해야 한다고 말한다. Bauer, 『지금-여기에서의 전이분석』, 130-33.
826) Jankowski, "Making Sense of It All", 190-9.
827) 내담자의 자율성은 하나의 주체적 개체로서 내담자의 독특성을 전제로 한다. Wise는 독특성의 의미를 "우리 모두가 하나님 앞에서 우리 자신이 되도록 부름 받았다는 사실과 우리 모두가 하나님으로부터 삶의 가능성과 더불어 삶 자체를 선물로서 제공받았다고 하는 사실"에서 찾는다. 그러므로 독특성이란 '한 사람의 우월성이나 자기 과시'를 의미하는 것이 아니며, 단지 다른 사람과 구별되는 그 사람만의 특성을 가리키는 것으로 볼 수 있다. 내담자의 자율성은 내담자의 '절대적인 자유'를 의미하는 것은 아니다. Wise, 『목회학개론』, 68, 76.
828) 신진욱, "구조해석학과 의미구조의 재구성", 206.
829) 상담자가 내담자의 문제를 잘못 해석하는 이유는 친숙함이 해석을 방해하기 때문이다. 즉 친숙함이 내담자의 관점을 진지하게 받아들이는 것을 방해하고, 자신의 견해에 대해서 지나친 확신을 갖게 하기 때문에 성급한 결론을 내리기 쉽고 이것이 곧 잘못된 해석으로 이어지는 것이다. Bauer, 『지금-여기에서의 전이분석』, 169-77.
830) 문제의 외재화는 최근 '외재화 대화'로 대체되고 있다. 그 이유는 외재화 대화라는 개념에는 시간의 흐름에 따른 점진성이 포함되어 있기 때문에 확실한 외재화에 대한 부담이 덜하기 때문이다. Winslade and Monk, 『이야기상담』, 75.
831) Payne, *Narrative Therapy*, 45. Martin Payne은 문제의 외재화를 부분적으로 문제에 이름을 붙이는 것으로 이해한다.
832) 고미영, 『이야기치료와 이야기의 세계』, 144-5.
833) 문제의 외재화는 사람의 일부가 되어 있는 문제를 원래의 자리로 돌려 보내는 것이다. Winslade and Monk, 『이야기상담』, 73.
834) 고미영, 『이야기치료와 이야기의 세계』, 146-7.
835) Thich Nhat Hanh은 '화'를 가리켜 신체일부와 같이 떼어 낼 수 없는 것으로 보면서 사람들의 내면에 자리잡고 있는 아기로 비유했다. 그렇기 때문에 사람들은 그 아기의 존재를 인식하고 잘 돌보게 될 때 화로 인한 문제를 피할 수 있다는 것이다. 이러한 그의 인식은 화를 인격화시켜 화에 대한 통제력을 회복할 수 있도록 돕고 있다. 그가 화를 내재적으로 이해하고 있다는 점에서 문제의 외재화와 차이가 있지만 대상화와 통제라는 측면에서는 기본적으로 일치한다. Thich Nhat Hanh, 『화』, 최수민 역 (서울: 명진출판, 2003), 113-7.
836) Ibid., 147-8.
837) Ibid., 149.

838) Payne, Narrative Therapy, 51. 문제의 외재화가 항상 유익한 것은 아니다. 앞에서 서술한 내용에서 알 수 있듯이 문제의 외재화는 사람이 자신의 문제에 휩싸여 있을 때 가장 유용하다.
839) 김계현, 『카운슬링의 실제』, 119-21. 김계현은 상담자의 위치와 자세에 대해서 언급하면서 좋은 위치가 있을 수 있다는 점을 인정하면서도 위치보다는 자세가 더 중요하다고 말한다. 즉 "상담자의 몸과 얼굴이 내담자를 향하고 있어야 한다"는 것이다. 그러나 특정 위치나 자세가 중요한 것이 아니라 상담 상황에 따라 적합한 위치나 자세를 취하는 것이 더 중요하다.
840) Gary Collins, 『효과적인 상담』, 정동섭 역 (서울: 두란노, 2003), 20.
841) 안석모, "'해석의 전환'으로서의 치유", 229-30.
842) Ibid., 224.
843) Payne, Narrative Therapy, 48-50.
844) 내담자의 문제는 대부분 건강하지 못한 내담자의 해석학적 렌즈에서 기인하는 경우가 많다. 내담자는 이러한 문제들로 인해 초래되는 고통을 감소시키거나 자신의 해석을 확고히 하기 위해 또는 새로운 시각을 얻기 위해 상담자를 찾는다. 양유성, 『이야기 치료』, 131.
845) Capps, Living Stories, 23-52. Capps는 여기서 내담자가 말하는 스토리와 내담자를 자기 스토리의 저자가 되도록 하는 것과 관련된 자세한 언급을 하고 있다.
846) 이 과정에서 상담자는 문제에 대한 내담자의 이해와 해석을 명확하게 해줌으로써 내담자의 불분명한 세계를 분명하게 만들어 준다. 이러한 상담자의 역할은 내담자의 해석을 적극적으로 변화시키지는 않지만 내담자의 인지적 변화를 이끌어내기 때문에 '치료적 해석 과정'이라고 볼 수 있다. David Dillon, 『단기상담』, 윤종석 역 (서울: 두란노, 1997), 210.
847) 홍경자, 『상담의 과정』, 152-4. 내담자의 언어적, 신체언어적 불일치를 파악하는 것이 이면적 메시지를 파악하는데 도움이 된다.
848) Dillon, 『단기상담』, 191. 내담자의 문제에 대한 이해와 해석이 구성되면 자연스럽게 그 안에는 내담자에 대한 진단이 포함된다. 실제로 해석된 내러티브는 문제가 스며들어 있는 이야기로서 그 문제의 정체를 명확하게 보여준다. Dayringer는 이와 관련해 '문제 중심의 기록'(problem-oriented records)을 활용하는 방법에 대해서 소개하고 있다. Dayringer, The Heart of Pastoral Counseling, 111-21.
849) Corey, 『상담 및 심리치료의 통합적 접근』, 27.
850) Leder는 물길내기의 중요한 방법으로 선택하기(selecting)와 편집하기(editing)를 꼽는다. Leder, "Clinical Interpretation", 13.
851) 홍경자, 『상담의 과정』, 145.
852) William H. Cormier and L. Sherilyn Cormier, Interviewing Strategies for Helpers: Fundamental Skills and Cognitive Behavioral Interventions, 3rd ed. (Pacific Grove: Brooks/Cole Publishing Company, 1991), 89-91.
853) 이장호, 김정희, 『집단상담의 원리와 실제』 (서울: 법문사, 1998), 170-3; 홍경자,

『상담의 과정』, 193-200, 208-13.
854)Cormier and Cormier, *Interviewing Strategies for Helpers*, 89, 93.
855)홍경자, 『상담의 과정』, 160-1.
856)Cormier and Cormier, *Interviewing Strategies for Helpers*, 89.
857)Ibid., 89, 100-3; 이장호, 금명자, 『상담연습교본』, 93-4.
858)홍경자, 『상담의 과정』, 161.
859)Ibid., 162-7.
860)이장호, 금명자, 『상담연습교본』, 140-6.
861)김계현, 『카운슬링의 실제』, 171-90; 이장호, 김정희, 『집단상담의 원리와 실제』, 173-5.
862)Lister-Ford, 『기법을 중심으로 한 TA 상담과 심리치료』, 58. Christine Lister-Ford는 이를 가리켜 '과녁 맞히기 교류'라고 명명하고 있는데, 이것은 내담자의 현상황에 대한 상담자의 정확한 해석을 기반으로 한다.
863)Ibid., 63.
864)Ibid., 57.
865)이장호, 금명자, 『상담연습교본』, 100: 오성춘, 『목회상담학』, 343-6.
866)이장호, 금명자, 『상담연습교본』, 101; 이장호, 김정희, 『집단상담의 원리와 실제』, 176-7, 180-1; Cormier and Cormier, *Interviewing Strategies for Helpers*, 128-33.
867)자기개방에 대해서는 다음을 참고하라. Egan, 『상담의 실제』, 278-81; Rickey L. George and Therese S. Cristiani, *Counseling: Theory and Practice*, 2nd ed. (Englewood Cliffs: Prentice-Hall, Inc., 1986), 156-7; 홍경자, 『상담의 과정』, 292; 이장호, 금명자, 『상담연습교본』, 116-20.
868)Lister-Ford, 『기법을 중심으로 한 TA 상담과 심리치료』, 57-8.
869)홍경자, 『상담의 과정』, 147.
870)Ibid.
871)Ibid., 140-1.
872)Ibid.
873)신진욱, "구조해석학과 의미구조의 재구성", 218.
874)여기서 중요한 요소는 내담자의 동의이다. 이것이 없으면 다음 단계로 나아갈 수 없다. 그렇기 때문에 여기서의 설명이 확인 수준이라고 하더라도 중요치 않은 것이 아니다. Lister-Ford, 『기법을 중심으로 한 TA 상담과 심리치료』, 91-8.
875)안석모, "'해석의 전환'으로서의 치유", 228.

10 장
내담자의 세계 재구성

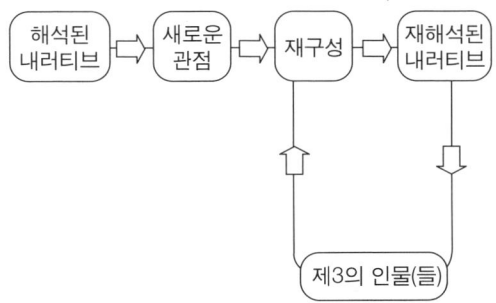

〈그림 11〉 해석학적 목회상담 2단계

해석학적 목회상담의 1단계를 통해서 완성된 해석된 내러티브는 내담자에 의해서 문제가 명확하게 규명된 텍스트이다. 캡스는 이러한 텍스트를 만드는 것이 재구성을 위한 첫 번째 단계라고 한다.876) 상담자는 이 과정을 통해서 내담자의 어려움이나 문제를 정의하게 되고, 상담의 방향을 결정하게 된다.877) 또한 상담자는 텍스트를 구성해가는 과정을 통해서 내담자가 호소하는 문제뿐만 아니라 그 이면에 숨겨져 있는 실제로 내담자의 문제를 만들어내는 요인을 발견하게 된다. 바로 그 요인은 내담자가 지니고 있는 해석학적 렌즈이다. 내담자는 이 렌즈에 의해서 자신의 기억을 편집하며, 그 결과물이 바로 해석된 내러티브이다.

 그러므로 내담자의 문제를 해결한다는 것은 단순한 문제해결 차원을 넘어 내담자의 해석학적 렌즈의 문제를 제거하거나 그 렌즈를 새로운 것으로 바꾸어주는 것을 의미한다.878) 결국 해석학적 목회상담의 두 번째 단계는 내담자가 호소하는 문제 이면에 자리 잡고 있는 그 문제를 유지시키는 실제적인 요인을 제거하는 과정이라고 볼 수 있다. 상담자는 이 단계를 통해서 내담자의 해석된 내러티브에 새로운 관점을 부여함으로써 내담자가 자신의 문제를 비판적으로 성찰할 수 있는 기회를 제공한다.deframing 879) 또한 이러한 기회를 통해서 만들어지는 결과물에 새로운 구조를 부여함으로써 문제가 스며들어 있는 해석된 내러티브를 문제가 제거되거나 완화된 재해석된 내러티브로 재구성하게 된다.reframing 이 때 제3의 인물(들)이 내담자의 중요한 타자이자 거대담론을 제공하는 해석학적 공동체의 입장으로 참여함으로써 상담에서 중요한 역할을 하게 된다.

1. 새로운 관점 부여하기

 해석학적 목회상담의 두 번째 단계는 해체deframing와 재구성의 작업으로 구성되어 있으며, 먼저 새로운 관점 부여하기를 통해 내담자에 의해서 구성된 해석된 내러티브를 해체한다. 여기서 해체deframe란 내담자의 해석된 내러티브에 포함되어 있는 의미를 파괴함으로써 기존의 구조를 무너뜨리는 것이다.880) 이러한 해체 작업은 내담자에게 인식의 전환을 가져오게 함으로써 내담자의 해석학적 렌즈를 무기력하게 만들어 주며, 이로 인해 문제가 스며들어 있는 해석된 내러티브를 문제가 제거된 재해석된 내러티브로 바꾸어주는데 결정적인 역할을 하게 된다.881)

 새로운 관점 부여하기는 해석된 내러티브에 대한 내담자의 거리두기를 전제로 한다. 이를 위해 상담자는 문제의 외재화, 낯설게 하기 등의 방법을 사용한다. 문제의 외재화는 내담자의 문제를 대상화시키는 작업으로 여기서는 내담자의 내러티브를 대상화시키는 것이 된다. 즉 내담자의 내러티브에 인격성을 부여하고 내담자와 대등한 대화상대로서 그 역할을 증진시켜 주는 것이다. 이것을 통해 내담자는 해석된 내러티브를 객관적으로 볼 수 있는 시각을 얻게 된다. 그러나 이러한 객관성만으로는 부족하기 때문에 상담자는 내담자에게 그것을 처음 보는 것처럼, 또는 다른 사람의 이야기처럼 대할 것을 조언해야 한다. 이러한 낯설게 하기를 통해서 내담자는 자신의 내러티브를 좀 더 신선한 느낌으로 대할 수 있다.

거리두기가 이루어졌다면 이제 필요한 것은 '직면'이다. 직면은 거리두기를 전제로 하며, 내담자의 내러티브에 대해 비판적 성찰을 통해 그 내러티브의 정당성과 지향점을 검토한다. 이 과정에서 상담자는 훈련된 직관과 생산적 상상력을 통해서 내담자의 해석된 내러티브에 내재되어 있는 모순을 발견하게 된다. 이 때 상담자는 그러한 모순이 내담자 안에서 조화를 이루도록 도와주는 역할을 하게 되는데, 이것이 바로 직면의 중요한 역할이다.882) 이러한 직면의 과정을 통해서 내담자는 자신의 해석된 내러티브를 수용하게 되고 새로운 관점을 부여할 수 있는 준비를 갖추게 된다.

내담자를 모순에 직면시키는 방법 중 하나는 내담자의 바람want과 그에 따른 내담자의 행동을 평가하는 것이다.883) 해석된 내러티브 안에는 내담자가 바라는 세계가 담겨 있다. 이것이 곧 해석된 내러티브가 지향하는 내담자의 세계이다. 상담자는 이러한 세계를 통해서 내담자가 원하는 것이 무엇인지를 발견할 수 있으며 질문을 통해서 그것을 확인할 수 있다.884) 이 때 상담자가 해야 하는 일은 내담자가 그것을 이루기 위해서 무엇을 했는지 곧 내담자의 행동을 탐색하는 것이다.885) 그리고 이러한 행동이 그러한 바람을 이루는데 얼마나 공헌했는지를 평가함으로써 내담자의 바람과 내담자의 행동이 일치하는지 그렇지 않은지를 발견할 수 있다.886) 상담자는 이러한 과정을 통해서 내담자를 해석된 내러티브에 직면시킬 수 있다. 또한 이러한 과정 속에서 새로운 관점을 필요로 하는 비합리적 신념, 합리화, 이원론적 사고, 과잉일반화 등과 같은 내담자의 문제점을 발견할 수 있다.

상담자가 내담자에게 새로운 관점을 부여하기 위해 할 수 있는 역할은 다양하다. 먼저 '아직 이야기되지 않은 스토리'나 아직 말해지지 않았던 해석 또는 구조화 과정에서 기각되었던 해석이 내담자에게 새로운 관점을 제공할 수 있다.887) 내담자의 기억은 내담자의 해석학적 렌즈에 의해서 편집되어 있을 뿐만 아니라 내담자의 해석학적 필터를 통과한 스토리들로 구성되어 있다. 결국 내담자의 해석학적 필터를 통과하지 못하거나 해석학적 렌즈에 의해서 편집된 스토리들은 여전히 내담자의 의식이나 무의식 속에 남아 있다. 그러므로 상담자는 이렇게 의식이나 무의식 속에 남겨져 있는 요소들을 상담의 자리로 가져옴으로써 내담자에게 새로운 관점을 부여할 수 있다. 그리고 이 작업을 통해서 내담자는 자연스럽게 자신의 해석학적 렌즈와 필터를 정화하거나 교환하게 된다.888) 특히 구조화과정에서 기각되거나 말해지지 않았던 해석은 내담자의 해석학적 렌즈와 필터를 정화하거나 교환하는데 결정적인 역할을 하게 된다.

내담자에게 새로운 관점을 부여하기 위해서 상담자는 위치 바꾸기나 역설을 사용할 수 있다. 위치 바꾸기는 상담자의 거리두기에서 언급한 바와 같이 내담자의 앉는 위치를 실제로 바꾸거나 내담자의 시선에 있는 요소들을 바꾸는 것도 도움이 될 수 있지만, 특히 다른 시각에서 해석된 내러티브를 성찰할 수 있도록 하는 것이 도움이 된다. 위치 바꾸기에서는 상담의 관계구조를 활용할 수도 있다. 해석학적 목회상담에서 상담의 관계구조는 상담자, 내담자, 제3의 인물(들) 그리고 하나님으로 구성되어 있다. 이 때 이

구조가 삼각뿔 모양을 형성하게 되는데, 내담자의 위치를 어디에 놓느냐에 따라서 입장이 달라질 수 있다. 그러므로 내담자의 입장을 상담자, 제3의 인물(들), 하나님으로 바꾸어 봄으로써 자신의 내러티브를 다른 시각에서 인식할 수 있는 기회를 마련하게 된다.

특히 역설의 사용은 내담자의 인식에 커다란 전환을 가져올 수 있다.889) 내담자들이 가지고 있는 일반적인 모순은 문제를 해결하기 위해서라면 무엇이든지 하겠다는 강력한 의지를 표명하지만 실제로는 그것을 유지하려고 한다는 사실이다.890) 이러한 현상은 내담자가 고통스러워하는 문제들이 단순히 해결해야 할 대상이라기보다는 하나의 생존전략이 될 수 있음을 보여준다. 또한 비교적 오랜 시간에 걸쳐 몸에 배어 그것을 바꾸기가 쉽지 않다는 사실도 알 수 있다. 역설은 이러한 내담자의 경향에 대항하기보다는 오히려 그러한 경향을 강화시키는 것과 관련이 있다.891) 즉 상담자는 내담자의 문제행동을 의도적으로 유지하도록 하거나 강화시킴으로써 내담자의 논리에 혼란을 가중시키고 내담자의 문제행동에 대한 새로운 인식을 갖도록 만들어준다.892) 또한 효과적인 역설은 내담자에게 통제력 또는 자율성을 회복시켜주는 역할을 한다.893) 만약 내담자가 상담자의 요청을 따르게 되면 자신의 행동에 대한 통제력을 얻게 되고, 상담자의 요청을 거부하게 되면 자발성을 획득하게 되기 때문이다.894)

상담자는 내담자에게 새로운 관점을 부여하기 위해서 자기개방이나 제3의 길을 제시할 수 있다. 상담자의 자기개방은 내담자의 문제를 형상화하는 물길내기에서 더해주기의 일환으로 이미 언급되었다. 그러나 여기서는 상담자의 자기개방이 내담자에게 새로운 관점을 제공한다는 차원에서 의미가 있다.895) 즉 내담자가 자신의 내러티브를 다른 차원에서 성찰할 수 있도록 상담자의 경험을 공유하는 것이다. 좀 다르기는 하지만 제3의 길을 제시하는 상담자의 역할 역시 같은 차원으로 볼 수 있다. 상담자는 필요에 따라 자신의 경험과 훈련을 토대로 '이것이냐 저것이냐'의 선택의 기로에 서 있는 내담자에게 그가 보지 못하고 있는 새로운 길을 제시할 수 있다.896)

이와 관련하여 브루그만은 욥에 대한 언급에서 자폐적인 자기 내면의 소리나 자기 없는 자기 외부의 소리가 아닌 '제3의 소리', 즉 하나님의 소리를 따르게 될 때 삶의 긍정적인 변화가 일어난다고 언급한다.897) 제3의 소리는 욥에게 D. W. 위니캇D. W. Winnicott이 말한 '마술적 가능성의 영역' zone of magic possibility과 같은 상상에 의한 환영의 세계를 보여주었다.898) 욥의 문제는 여전히 거기에 있었고, 욥의 환경 역시 변하지 않았지만, 그 소리가 그려낸 세계는 욥의 현실인식을 바꾸어 놓았고, 그의 삶에 긍정적인 변화를 초래했다. 목회상담에서 상담자의 역할은 내담자가 바로 그 소리를 들을 수 있도록 돕는 것이며, 그것을 통해서 내담자가 자신의 삶을 변화시킬 수 있는 새로운 관점을 얻을 수 있도록 하는 것이다.

또한 상담자는 내담자에게 새로운 관점을 제공하기 위해 빈의자 기법이나 해결중심상담의 질문들을 사용할 수 있다. 빈의자 기법은 내담자에게 중요한 타자, 즉 제3의 인물(들)을 상상적으로 참여시키는 방법이다.899) 내담자는 상상을 통해서 빈의자에 중요한 타자가 앉아 있다고 가정하고 마주하고 있는 것처럼 대화한다. 또한 의자를 바꿔 앉아서 상대방의 입장이 되어 자신과 대화를 나눠보기도 한다. 이러한 과정을 통해서 내담자는 자신의 내러티브에 대한 새로운 관점을 얻을 수 있다.

또한 해결중심상담의 질문들이 내담자에게 새로운 관점을 이끌어 내는 데 중요한 역할을 한다. 특히 예외질문, 기적질문, 대처질문 등이 중요하다. 예외질문은 문제가 스며들어 있는 내담자의 해석된 내러티브와 다른 예외상황을 탐색하는 것으로 주로 내담자가 "성공했던 경험과 현재 잘하고 있는 것을 발견"하도록 돕는 질문이다.900) 기적질문은 현재 내담자가 처해 있는 문제가 해결되었을 때를 가정하는 질문으로 그 상황을 탐색하는 질문을 포함한다.901) 대처질문은 내담자가 처해있는 만성적인 어려움이나 위기에 대한 것으로 내담자가 그것을 어떻게 견뎌내고 어떻게 대처했는지를 질문하는 것이다.902)

상담자는 이상과 같은 새로운 관점부여하기를 통해서 문제가 스며들어 있는 내담자의 해석된 내러티브의 변화를 유도한다. 실제로 새로운 관점부여하기를 통해서 얻어진 '독특한 결과들' unique outcomes이 해석된 내러티브의 구조를 파괴하는 역할을 한다.903) 독특한 결과들은 해석된 내러티브에서 벗어난 사건이나 그와 모순되는 사건들을 가리키는 것으로, 상담자는 바로 이러한 결과들을 재료로 내담자의 새로운 내러티브를 재구성하게 된다.904) 이 과정이 바로 다음에서 이어질 재구성하기이다.

2. 재구성하기

새로운 관점 부여하기는 재구성하기와 분리할 수 없는 재구성의 일부분이다. 그럼에도 불구하고 새로운 관점 부여하기를 따로 떼어 놓은 이유는 새로운 관점 부여하기가 비교적 재구성의 시작에 해당하기 때문이다.905) 새로운 관점 부여하기는 재구성을 위한 재료를 준비하는 과정이다. 그러므로 여기서는 재구성에 대한 기본적인 개념과 새로운 관점 부여하기를 통해서 만들어진 재료들을 새로운 구조를 가진 내러티브로 재구성하는 방법에 대해서 언급하고자 한다.906) 재구성의 방법에는 물길내기의 방법들이 전제되어 있으며, 여전히 내담자에 대한 상담자의 관찰과 훈련된 직관 그리고 생산적 상상력이 중요한 역할을 한다. 또한 여기에는 지금까지의 상담기록이 새로운 해석학적 텍스트로서의 역할을 하게 된다.

재구성은 내담자가 자신의 '문제를 분류하는 방법을 다른 것으로 바꾸어

주는 것'을 의미한다.907) 이것은 인지적 재구조화cognitive restructuring보다 지각적 변화perceptual shift을 더 많이 내포하고 있으며, 부정적 암시가 아니라 긍정적 암시를 강조한다.908) 이러한 재구성은 기본적으로 다음과 같은 세 가지 전제를 가지고 있다: 1) 세계에 대한 인간의 경험은 지각대상들의 범주화에 근거하고 있다. 2) 지각대상은 하나의 범주에 속해 있으며, 이것을 다른 범주에 속한 것으로 볼 때 아주 다른 인식을 얻을 수 있다. 3) 일단 재구성이 일어나면 이전의 범주로 쉽게 돌아갈 수 없는 새로운 범주에 속하게 된다.909) 이외에 재구성은 현재보다 "더 적합하고 덜 고통스럽게 세상을 바라볼 수 있는 수단을 발견할 수 있다"는 전제를 가지고 있다.910)

재구성은 기본적으로 '변화' change라는 개념을 포함한다. 변화는 크게 세 가지 측면에서 살펴볼 수 있다. 첫 번째는 일차적 질서의 변화first-order change이다. 이 변화는 기존의 질서 안에서 일어나는 변화로 내담자가 자신이 처한 환경 속에서 스스로 변화를 시도한 것과 관련이 있다. 두 번째는 이차적 질서의 변화second-order change이다. 이 변화는 내담자가 속해 있는 기존의 질서를 변화시키는 것으로 상담자가 내담자의 문제에 대한 새로운 관점을 제공하는 것과 관련되어 있다. 세 번째는 삼차적 질서의 변화third-order change이다. 이것은 상담자가 내담자에게 재구성의 기술을 가르침으로써 내담자가 상담자의 도움 없이 스스로 재구성을 수행할 수 있도록 하는 것이다.911) 해석학적 목회상담은 바로 이러한 삼차적 질서의 변화를 추구한다.912)

재구성은 또한 내담자에게 통찰을 제공하는 것이라기보다 "다른 게임을 가르치는 것"이라고 할 수 있다.913) 데이빗 딜론David Dillon은 재구성이 내담자에게 통찰을 제공한다고 주장하지만 이것보다는 재구성이 통찰을 포함한다고 보는 것이 더 적절하다.914) 왜냐하면 재구성은 새로운 관점 부여하기를 통해서 내담자에게 통찰을 제공하는 것으로 끝나는 것이 아니라 그것으로 인해 발생하는 결과물을 다시 구조화 하는 작업을 포함하기 때문이다. 이 때 재구성은 내담자에게 새로운 틀을 제공하게 되는데, 이러한 틀과 이것을 통해서 만들어지는 결과물 모두가 재구성의 과정에서 중요한 역할을 한다. 즉 재구성의 결과물인 재해석된 내러티브는 자기확장을 위한 텍스트가 되며, 그것을 만들어 내는 틀은 재해석된 내러티브를 만들어내는 규칙이자 방법이 되기 때문이다.

재구성은 상담자의 훈련된 직관과 생산적 상상력을 필요로 한다. 이러한 두 가지 요소는 특히 유사 역사성과 깊은 관련이 있다. 고미영은 재구성을 '독특한 결과의 역사화'와 관련성이 있다고 보면서 새로운 관점 부여하기를 통해서 주어진 독특한 결과를 내담자의 과거와 연결시키고 있다.915) 또한 이 과정에서 비판적 성찰의 필요성을 강조한다.916) 여기서 말하는 비판적 성찰은 독특한 결과를 통해서 내담자의 과거의 삶을 성찰하는 것을 말하며, 이러한 성찰을 통해서 과거로부터 독특한 결과와 일치하는 긍정적인 개념을 찾는 것을 의미한다. 상담자는 여기에 훈련된 직관과 생산적 상상력을 동원하여 내담자가 새롭고 긍정적인 내러티브를 만들어 가도록 돕는 역할을 한다.917) 그러나 유사 역사성은 이러한 작업보다는 내담자가 희망하는 미래와 더 많이 관련되어 있다.918) 독특한 결과와 과거에 대한 성찰을 통해서 얻어진 결과를 상담자와 내담자의 생산적 상상력을 통해서 내담자가 희망하는 미래를 재구성할 때 부여되는 사실성이 곧 유사 역사성이다.

내담자의 해석된 내러티브를 재해석된 내러티브로 재구성하는 방법은 허가하기, 이름 바꾸기, 결정하기, 채워주기, 다시 말하기, 글로 쓰기 등이 있다. 이 과정에서 상담자와 내담자는 재해석된 내러티브의 공동저자로 참여하게 된다.919) 상담자는 재구성을 하기에 앞서 재구성에 사용될 재료들을 확인해야 한다. 새로운 관점 부여하기를 통해서 얻어진 독특한 결과들이 일차적인 재료가 되며, 지금까지의 독특한 결과들과 내담자에 대한 상담자의 해석 또는 관찰이 담겨 있는 상담일지가 추가 된다. 상담자는 바로 이러한 재료들에 새로운 틀을 부여함으로써 내담자의 해석된 내러티브를 새로운 내러티브, 즉 문제가 줄어들거나 제거된 재해석된 내러티브로 재구성하게 된다.

허가하기는 그동안 내담자에게 금지되어 있던 요소나 관점을 내담자가 수용할 수 있도록 허가하는 것을 의미한다. 특히 새로운 관점 부여하기를 통해서 얻어진 독특한 결과들이 그 대상이 된다. 재구성에서 이러한 허가하기가 필요한 이유는 내담자가 의식적이든 무의식적이든, 자의적이든 타의적이든 이러한 결과들을 거부해왔기 때문이다.[920] 내담자는 새로운 관점 부여하기를 통해서 얻어진 현재보다 더 나은 결과들을 거부할 수 있다. 왜냐하면 새로운 결과들이 내담자에게 낯설고, 그동안 안정되어 있는 내담자의 삶을 뒤흔들어 놓을 수 있기 때문이다. 이 경우 내담자는 새로운 관점 부여하기를 통해서 만들어진 독특한 결과들을 거부하게 되고, 상담자에게도 저항할 수 있다.[921] 허가하기는 이러한 내담자가 새로운 결과들을 받아들일 수 있도록 하는 역할을 한다.[922] 이 때 상담자는 내담자가 자신이 가지고 있는 힘과 자원을 깨달을 수 있도록 도와주어야 하며, 새로운 결과를 수용함으로써 수반되는 상황의 변화가 불편할 수도 있지만 안전하다는 것을 확인해 주어야 한다.[923] 특히 상담자는 말과 행동의 일치를 통해서 그러한 허가하기의 모범이 되어야 한다.[924]

이름 바꾸기는 내담자의 해석된 내러티브에서 명확하게 규명되어진 문제의 명칭을 다른 이름으로 바꾸어주는 것이다.[925] 이러한 이름 바꾸기는 소극적인 측면과 적극적인 측면을 나누어 생각할 수 있다. 소극적인 측면에서 이름 바꾸기는 단순히 문제에 붙여진 이름을 제거하는 것이다. 실제로 새로운 관점을 통해서 내담자의 문제가 없어졌다면 굳이 다른 이름을 붙일 필요가 없다. 그러나 적극적인 측면에서는 문제에 붙여졌던 이름을 다른 것으로 대체하는 것이 필요하다.926) 왜냐하면 내담자의 문제에 대한 새롭고 긍정적인 관점을 새로운 이름에 담아낼 수 있기 때문이다. 이렇게 이름 붙이기의 적극적인 측면이 내담자의 재해석된 내러티브를 재구성하는데 더욱 더 긍정적인 역할을 하게 된다.

채워주기는 상담자와 내담자에게 남아있는 미결정지대를 결정해주는 것을 가리킨다. 실제로 상담자와 내담자는 재해석된 내러티브를 재구성하는 과정에서 꼭 필요한 부분들에 대해서 해석을 유보하고 남겨둔 영역이 있을 수 있다. 이러한 미결정지대는 재해석된 내러티브를 구성하는데 장애를 일으키기 때문에 반드시 해결되어야 하는 영역이다. 이를 위해 상담자는 새로운 관점 부여하기를 통해서 만들어진 다양한 해석들 가운데 내담자가 한 가지를 선택할 수 있도록 격려해야 한다.927) 이 과정에서 상담자는 내담자가 선택할 수 있는 다양한 해석들과 그것을 통해서 빚어질 수 있는 결과들을 내담자와 함께 탐색함으로써 미결정지대를 채워갈 수 있다. 내담자의 미결정지대는 내담자의 몫이며 반드시 내담자가 결정해야 한다. 만약 내담자가 계속해서 결정을 하지 못한다면 그 이유를 탐색해볼 필요가 있다. 또한 상담자 역시 내담자와 마찬가지로 해석을 유보하고 있는 영역이 있을 수 있다.928) 이 영역이 오랫동안 지속될 경우 상담자는 내담자의 내러티브를 재구성할 수 있는 기회를 상실할 수 있다. 실제로 내담자가 주제를 바꾸거나 주의를 기울이지 않게 될 수 있으므로, 상담자는 자신의 미결정영역에 대해서도 주의를 기울어야 한다. 성급한 해석도 금물이지만 재구성에 필요한 영역만큼은 적절한 때에 해석이 이루어져야 한다.

이상과 같은 작업을 통해서 상담자와 내담자는 재해석된 내러티브를 작성하게 된다. 이 때 이 과정은 구두적인 합의를 통해서 이루어지기 때문에 구두적 재진술이나 직접 글로 쓰는 것을 통해서 재해석된 내러티브를 더욱 확고히 할 필요가 있다.929) 실제로 내담자는 이 작업을 통해서 다시 한 번 자신의 재해석된 내러티브를 재구성하고, 확인하는 과정을 거치게 된다. 글로 쓰기는 내담자의 기억을 도울 뿐만 아니라 자기화하는 과정에도 긍정적인 영향을 미칠 수 있다.930) 다시 말하기는 상담자와의 관계 속에서만이 아니라 제3의 인물(들)을 참여시킬 수 있다.931) 이것을 통해서 내담자는 재해석된 내러티브를 기억과 현실 속에서 좀 더 명확히 하게 되고, 다시 자신의 삶의 자리로 돌아갔을 때 과거의 모습으로 돌아가려고 하는 퇴행에 더 용이하게 저항할 수 있게 된다.932)

3. 제3의 인물(들) 참여시키기

일반적으로 목회상담은 상담자와 내담자 양자 간의 사건이다. 하지만 오늘날 목회상담은 상담자와 내담자 외에 제3의 인물(들)을 포함시킨다. 이것을 통해서 알 수 있는 것은 목회상담이 더 이상 상담자와 내담자만의 사건이 아니라는 사실이다. 실제로 목회상담은 컨텍스트로서의 교회 공동체와 그 구성원을 목회상담을 위한 중요한 자원으로 인식하고 있다.933) 해석학적 목회상담에서는 이것을 좀 더 확장해 내담자가 속해 있는 모든 공동체와 그 공동체에 속한 구성원을 제3의 인물(들)로 본다.934)

제3의 인물(들)은 내담자와 관계를 맺고 있으며, 그 관계를 통해서 내담자와 상호 간의 영향을 주고받는다. 그러므로 내담자의 문제는 단순히 내담자만의 것이 아니라 제3의 인물(들)의 것이기도 하다. 이런 상황에서 내담자의 문제를 해결하기 위해 제3의 인물(들)을 상담에 참여시키는 것은 목회상담에서 필수적인 요소라고 볼 수 있다.935) 특히 제3의 인물(들)이 내담자의 삶의 질을 결정하는 중요한 요인이며, 내담자의 문제를 유발하는 구조의 한 구성원일 경우, 제3의 인물(들)을 목회상담에 참여시키는 것은 중요하고 의미가 있는 일이다.

리쾨르는 3인칭에 대한 언급을 통해서 제3의 인물(들)이 갖추어야 하는 요건이 무엇인지에 대한 정보를 제공한다.936) 첫 번째는 인격성이다. 리쾨르는 3인칭이 되기 위해서 먼저 '인격으로서의 완전한 의미'를 갖추어야 한다고 주장한다.937) 제3의 인물(들) 역시 목회상담에서 하나의 주체가 되려면 반드시 인격성을 갖추고 있어야 한다. 이미 목회상담의 주체들인 상담자와 내담자가 인격성을 갖추고 있기 때문에 이러한 관계에 참여하기 위해서 인격성은 반드시 갖추어야 하는 기본적인 요건이다. 만약 인격성이 없다면 그것은 관계의 주체가 될 수 없으며, 관계를 위한 하나의 수단으로 전락하고 만다.938) 상담자는 제3의 인물(들)이 이러한 수단으로 전락하지 않도록 주의를 기울여야 한다.

제3의 인물(들)이 갖추어야 하는 두 번째 요건은 지시성이다. 리쾨르는 3인칭이 인격성을 갖추기 위해서는 지칭이 가능해야 한다고 본다.939) 실제로 내담자가 지칭할 수 없다면 제3의 인물(들)은 아무리 좋다고 하더라도 무용지물에 불과하다. 그러므로 제3의 인물(들)은 내담자와 실제적인 관계에 있어야 하며, 내담자의 기억 속에서 떠올려질 수 있어야 한다. 리쾨르는 지시를 위해 3인칭이 갖추어야 하는 요소를 '지금', '여기', '고유명사' 등 세 가지로 언급하고 있다.940) '지금'은 시간과 관련된 존재의 새김과 관련이 있으며, '여기'는 장소의 새김과 관련되어 있다. 또한 '고유명사'는 존재에게 부여된 고유한 이름이다. 그러므로 제3의 인물들이 지시될 수 있으려면 시간성, 장소성 그리고 고유한 이름이 있어야 한다.

제3의 인물들이 갖추어야 하는 세 번째 요건은 접근성이다. 리쾨르는 '이것'이라는 지시소에 대한 언급을 통해서 3인칭이 화자와 가까이 위치하고 있어야 한다고 말한다.941) 이러한 사실은 제3의 인물(들)이 내담자와 근접한 거리에 있어서 접근이 용이해야 한다는 점을 시사한다. 실제로 제3의 인물(들)이 아무리 인격성을 갖추고, 지시성이 있다고 하더라도 접근성이 없으면 그것 또한 무용지물이다. 그러나 접근성을 꼭 직접적인 만남과 관련해서만 생각할 필요는 없다. 요즘과 같이 통신과 인터넷이 발달한 시대에는 얼마든지 시공간성을 넘어서는 만남이 가능하다. 또한 내담자의 상상력은 인격성과 지시성만 갖추고 있다면 제3의 인물(들)의 시공간적 제한을 얼마든지 넘어설 수 있다.942)

이제 마지막으로 제3의 인물(들)의 역할에 대해서 언급하고자 한다. 해석학적 목회상담의 두 번째 단계에서 제3의 인물(들)은 내담자의 재해석된 내러티브에 새로운 관점을 부여함으로써 재해석된 내러티브를 확장하는데 기여한다. 그러나 제3의 인물(들)은 목회상담에서 그러한 역할 이상의 의미를 가지고 있다. 이미 삼위일체적 관계를 통해서 살펴보았던 것처럼, 제3의 인물(들)은 사랑을 가지고 상호침투적이면서도 자율성을 잃지 않는 가운데 상담자와 내담자의 이자관계에 참여하게 된다. 이 때 제3의 인물(들)은 받아주기, 나눠지기, 더해주기, 자라가기의 역할을 하게 되는데, 이러한 역할은 제3의 인물(들)을 비롯한 상담자와 내담자 모두의 역할이다.943)

제3의 인물(들)의 첫 번째 역할은 '받아주기' accept one anther, 롬15:7이다.944) 제3의 인물(들)은 목회상담에 참여하는 하나의 주체로서 내담자를 인정하고 수용하는 역할을 한다. 이러한 받아주기는 내담자의 존재를 승인하는 과정이며, 내담자가 소외되거나 가치없는 인생이 아니라는 사실을 보여준다.945) 특히 제3의 인물(들)의 받아주기는 타인(들)과의 관계를 심리적 또는 실제적으로 단절하고 소외감과 무가치감 그리고 좌절감 속에서 살아가는 내담자에게 커다란 효과가 있다. 제3의 인물(들)은 바로 이러한 역할을 통해서 내담자가 누군가에게 받아들여지고 있으며, 누군가와 연결되어 있다는 느낌을 갖도록 함으로써 내담자로 하여금 부정적인 감정들을 극복하게 해줄 뿐만 아니라 자신의 문제를 스스로 해결할 수 있는 힘까지 제공하게 된다. 이 때 상담자의 역할은 내담자와 제3의 인물(들) 사이의 연결고리를 찾아주는 것이며, 이것을 통해서 내담자와 제3의 인물(들)이 긍정적인 관계를 유지할 수 있도록 도와주는 것이다.946) 만약 이것이 제대로 이루어지지 않는다면 제3의 인물(들)의 받아주기는 실패할 가능성이 높다. 그러므로 상담자는 이러한 역할을 할 수 있는 제3의 인물(들)을 찾고 그들을 초청하여 실제로 그러한 역할을 할 수 있도록 노력해야 한다.

제3의 인물(들)의 두 번째 역할은 '나눠지기' carry each other's burdens, 갈 6:2이다.947) 나눠지기는 제3의 인물(들)의 역할이 단순한 참여 이상임을 보여준다. 실제로 제3의 인물(들)은 상담과정에 참여함으로써 내담자의 문제에 개입하게 되고, 그것을 통해서 내담자의 문제 해결에 대한 책임을 수용하게 된다.948) 이로써 제3의 인물(들)은 더 이상 상담의 방관자가 아니며, 상담의 주체로서 참여하게 된다. 그 결과 문제 해결과 관련된 내담자의 부담이 감소하게 된다. 나눠지기와 관련된 상담자의 역할은 제3의 인물(들)이 나눠지게 될 책임이 무엇인지를 명확하게 해주는 것이다. 만약 제3의 인물(들)이 이것을 거부하거나 감당할 수 없다면 나눠지기가 불가능해지기 때문에, 상담자는 처음부터 이것을 염두에 두고 제3의 인물(들)을 선정하는 과정에 참여해야 한다.

제3의 인물(들)의 세 번째 역할은 '더해주기' add to your something, 벧후1:7이다. 더해주기는 나눠지기를 통해서 책임을 받아들인 제3의 인물(들)이 내담자의 문제를 해결하는데 필요한 자원을 공급하는 것이다.949) 이 때 상담자는 제3의 인물(들)이 가지고 있는 자원이 부족하거나 넘치지 않게 내담자의 필요를 따라 충분히 제공될 수 있도록 해야 하며, 내담자가 제3의 인물(들)을 지나치게 이상화하거나 의존하지 않도록 주의를 기울여야 한다. 만약 이렇게 되지 않을 경우 내담자는 현재보다 더 커다란 문제에 봉착할 수 있다. 그러므로 상담자는 이 과정에서 중간자로서의 역할을 잘 감당해야 한다. 내담자의 문제에 대한 주의 깊은 성찰을 통해서 내담자에게 부족하거나 없는 것이 무엇인지를 파악하고, 그 부분을 제3의 인물(들)이 적절하게 제공할 수 있도록 해야 한다. 이러한 더해주기가 잘 이루어졌을 때 내담자는 자신의 문제를 해결할 수 있는 중요한 자원을 획득하게 된다.

해석학적 목회상담에서 제3의 인물(들)의 네 번째 역할은 '자라가기' grow up in your salvation, 벧전2:2이다. 자라가기는 현재뿐만 아니라 미래의 역량을 확보하는 것과 관련된다. 제3의 인물(들)은 내담자의 문제를 해결하는데 필요한 자원을 가지고 있지 못할 수도 있다. 이럴 경우 제3의 인물(들)이 그러한 상황에서 쉽게 물러날 것이 아니라 내담자와 더불어 성장을 위한 목표를 설정하고 그것을 향해서 함께 나아가는 것이 필요하다. 이것이 바로 자라가기이다. 이러한 자라가기는 동일한 문제에 대한 미래의 자원을 준비하는데도 의미가 있다. 이러한 자라가기에서 상담자의 역할은 제3의 인물(들)과 내담자가 나아가야할 방향을 정확하게 설정할 수 있도록 돕는 것이다.950) 또한 그 과정에서 일어날 수 있는 일을 미리 짐작하고 그러한 문제가 발생할 경우 어떻게 대처해야 할지를 미리 논의하고 전략을 구상해야 한다. 상담자는 이러한 과정에 동참하면서 자신의 성장점을 포착하고 그 자라가기의 여정에 참여함으로써 자신의 성장 또한 도모할 수 있다.951)

---

876) Capps, *Reframing*, 21-3.
877) Capps는 Watzlawick et. al.의 견해에 따라 어려움과 문제를 구분한다. 즉 어려움은 "인간 존재의 사실"이고, 문제는 "어려움을 제대로 다루지 못해서 만들어지는 상황"이다. Ibid., 14.
878) 재구성에서 중요한 것은 "현실의 왜곡을 '교정' 하는 것보다" 내담자 자신이 "경직되게 선택적으로 사건을 지각하고 구성하고 있음을 이해하도록 돕는 것"이다. Bauer, 『지금-여기에서의 전이분석』, 166.

879) 해석학적 목회상담의 두 번째 단계는 이해와 설명의 해석학적 순환에서 설명의 단계에 해당하며, 이것을 통해서 완성되는 "재해석된 내러티브"는 Ricoeur가 말하는 '두 번째 이해'에 해당한다. 그러므로 이 단계에서는 주로 해석된 내러티브에 대한 비판적 작업이 이루어지며, 이와 관련된 상담의 방법에 대해서는 다음을 보라. Peter N. Novalis, et al., *Clinical Manual of Supportive Psychotherapy* (Washington: American Psychiatric Press, Inc., 1993), 69-86.
880) William O'Hanlon, *Taproots: Principles of Milton Erickson's Therapy and Hypnosis* (New York: Norton, 1987), 98-9.
881) Dillon은 해체와 재구성을 구별한다. 즉 해체는 기존의 의미와 구조를 파괴할 뿐 새로운 대체는 없는 것이며, 재구성은 단순히 기존의 의미와 구조를 파괴하는 차원을 넘어 새로운 의미와 구조를 부여하는 것이다. 이런 차원에서 볼 때 해체와 재구성은 서로 다른 방법론이지만, 다른 한편으로는 해체가 이미 재구성 안에 포함되어져 있다고도 볼 수 있다. 여기서는 후자의 입장을 따른다. Dillon, 『단기상담』, 210.
882) Adler and Myerson, eds., *Confrontation in Psychotherapy*, 52. 내담자는 자신의 해석된 내러티브를 수용할 수도 있고 거부할 수도 있다. 내담자가 그것을 수용한 경우는 내러티브 자체가 담지하고 있는 모순이 문제가 되고, 그렇지 않을 경우는 해석된 내러티브와 내담자 사이에 존재하는 모순이 문제가 된다. 상담자의 역할은 바로 이러한 모순에 내담자를 직면시킴으로써 그 모순으로 인해 발생하는 문제를 해결하는 것이다.
883) Robert E. Wubbolding, 『21세기와 현실요법』, 박애선 역 (서울: 시그마프레스, 2004), 158-241; Richard S. Sharf, *Theories of Psychotherapy and Counseling: Concepts and Cases*, 4th ed. (Belmont: Brooks/Cole, 2008), 381-5.
884) Robert E. Wubbolding, 『현실요법의 적용』, 김인자 역 (서울: 한국심리상담연구소, 2005), 55-71.
885) Ibid., 73-90.
886) Ibid., 90-101.
887) 신진욱, "구조해석학과 의미구조의 재구성", 218.
888) Stewart and Joins, *TA Today*, 76-7; 이도영 외 4인, 『교류분석: 이론과 실제』 (서울: 중앙적성출판사, 1999), 83-4.
889) Capps, *Reframing*, 16.
890) Howard W. Stone, *Brief Pastoral Counseling: Short-term Approaches and Strategies* (Minneapolis: Fortress Press, 1994), 58.
891) Dillon, 『단기상담』, 235.
892) Ibid., 238, 240.
893) Ibid., 242.
894) 상담에서 역설을 사용하는 방법에 대해서 다음을 참고하라. Capps, *Living*

Stories, 92-124; Cormier and Cormier, Interviewing Strategies for Helpers, 567-75; Stone, Brief Pastoral Counseling, 62-70; Dillon, 『단기상담』, 246-50.
895) 홍경자, 『상담의 과정』 292. Gerald Egan은 자기개방원리를 "1) 선택적이고 집중적으로 자기를 노출하라, 2) 내담자에게 짐을 지우지 말라, 3) 너무 자주 나누지 말라" 등 세 가지로 제시하고 있다. Egan, 『상담의 실제』, 279-81.
896) Cobb, 『과정신학과 목회신학』, 114.
897) Brueggemann, Interpretation and Obedience, 19-20.
898) Ibid.
899) 우재현, 『심성개발을 위한 교류분석(TA) 프로그램』 (대구: 정암서원, 2007), 144-5.
900) 김인수 외 4인, 『무엇이 좋아졌습니까?: 해결중심치료의 적용』 (서울: 동인, 1998), 20-1.
901) Berg and Dolan, Tales of solutions, 5-8; Capps, Living Stories, 125-72.
902) 김인수 외 4인, 『무엇이 좋아졌습니까?』, 22.
903) Payne, Narrative Therapy, 65-73.
904) 고미영, 『이야기 치료와 이야기의 세계』, 166, 173-4.
905) Ibid., 183.
906) Capps는 재구성의 방법(method)과 기술(techniques)을 구분하여 설명하고 있다. 기술은 주로 새로운 관점을 부여하는 것과 관련이 있고, 방법은 주로 그것을 가지고 새로운 틀을 구성하는 것과 관련이 있다. Capps, Reframing, 9-51.
907) Linda J. LaClave and Gregory Brack, "Reframing to Deal with Patient Resistance: Practical Application", American Journal of Psychotherapy, vol. 43, no. 1 (January 1989): 68-9. 이러한 재구성은 대부분의 상담자들에게 유용한 방법으로 인정받고 있으며, 특히 체계이론가들에게 깊은 영향을 미쳤다.
908) Ibid., 69. 재구성이 지각적 변환을 통해 효과적으로 이루어지면 단순한 인지적 측면만 아니라 정서적인 면에서도 변화가 나타난다. 그러나 이러한 변화가 부정적으로 일어날 수도 있다는 사실을 염두에 두어야 한다. Lazarus, 『행동치료의 이론과 실제』, 177-200; Novalis, et al., Clinical Manual of Supportive Psychotherapy, 101-5; Dillon, 『단기상담』, 206, 307.
909) Watzlawick, et al., Change, 98-100.
910) LaClave and Brack, "Reframing to Deal with Patient Resistance", 69.
911) Ibid., 69; Watzlawick et al.과 Capps는 재구성에서의 변화를 이차적 질서의 변화로 본다. 그러나 Jean M. Bartunek와 Michael K. Moch는 이차적 질서의 변화를 넘어 삼차적 질서의 변화를 언급한다. Watzlawick et al., Change, 77-91; Capps, Reframing, 12-3; Jean M. Bartunek and Michael K. Moch, "First-Order, Second-Order, and Third-Order Change and Organization Development Interventions: A Cognitive Approach", The Journal of

Applied Behavioral Science, vol. 23, no. 4 (1987): 483-500.
912)삼차적 질서의 변화는 내담자를 재해석된 내러티브의 작성을 넘어 자기확장으로 나아가도록 한다. 왜냐하면 재구성의 목표라고 할 수 있는 '자기 재구성'(self-reframing)이 해석학적 목회상담이 추구하는 자기확장의 단계에 해당하기 때문이다. 그러나 자기 재구성이 온전히 이루어지는 것은 불가능하다. David Dillon은 이것을 상담자의 도움이 필요 없는 단계라고 언급하고 있지만 한계를 지닌 세계-내-존재로서의 내담자는 직간접적으로 상담자의 도움을 필요로 한다. Dillon, 『단기상담』, 207.
913)Watzlawick et al., *Change*, 104.
914)Dillon, 『단기상담』, 205.
915)고미영, 『이야기 치료와 이야기의 세계』, 183.
916)Ibid., 4.
917)재구성은 현실 속에서 이루어지는 것이 아니라 현실 뒤에서 이루어지는 작업이다. 왜냐하면 재구성은 이미 이루어졌거나 현재 되어지고 있는 실재를 다루는 것이 아니라 실재의 뒤 또는 앞에서 이루어지는 일을 다루고 있기 때문이다. Watzlawick et al., *Change*, 97.
918)양유성은 다음에서 내담자의 미래 내러티브를 어떻게 탐색하고 구성하며 사용할 것인지에 대해서 설명하고 있다. 양유성, 『이야기 치료』, 86-110.
919)내담자와 상담자가 공동저자라는 것은 분명하지만 내러티브에 대한 최종적인 권위는 내담자에게 있어야 한다. 고미영, 『이야기 치료와 이야기의 세계』, 178.
920)여기에는 자율성에 대한 거부도 포함된다. 내담자에게 자율성이 거부되는 이유는 그것에 따른 책임에 대한 직면을 회피하기 때문이다. Bauer, 『지금-여기에서의 전이분석』, 81-2.
921)Capps는 이러한 내담자의 저항을 재구성을 위한 변화의 시작이라고 본다. Capps, *Reframing*, 19.
922)Stewart, 『교류분석(TA) 개인상담』, 26-7.
923)Ibid., 211.
924)Ibid., 27.
925)Dillon, 『단기상담』, 209-10.
926)해결중심상담에서는 이름을 붙이는 것 자체에 대해서 부정적이다. 그러나 이러한 입장은 긍정적인 요소도 명확하게 담아내지 못하는 결과를 초래할 수 있다. Linda Metcalf, 『해결중심 집단치료』, 김성천 외 2인 역 (서울: 청목출판사, 2002), 91-116.
927)다양한 해석이 존재하는 것은 어떤 사건에 대한 유일한 해석이 존재하지 않기 때문이며, 그렇기 때문에 내담자의 해석된 내러티브를 재해석된 내러티브로 재구성하는 것이 가능하게 된다. Dillon, 『단기치료』, 201.
928)Bauer, 『지금-여기에서의 전이분석』, 203.
929)Howard W. Stone, "Scripting in Pastoral Counseling", *American Journal of*

Pastoral Counseling, vol. 4, no. 2 (2001): 33-4; Capps, Living Stories, 132-4.
930) White and Epston, Narrative Means to Therapeutic Ends, 163.
931) 고미영, 『이야기 치료와 이야기의 세계』, 227-31.
932) Dillon, 『단기치료』, 212.
933) 유재성, 『현대목회상담학개론』, 308-10.
934) Pembroke, "A Trinitarian Perspective on the Counseling Alliance in Narrative Therapy", 13-4. Pembroke에 의하면 Francis Jacques는 Buber와 달리 의사소통의 주체를 '나'와 '너'에 '그/그녀'를 포함하여 셋으로 본다. Jacques는 '그/그녀'가 비록 대화상황에서는 부재한다고 하더라도, 진행 중인 의사소통을 의미 있게 만들기 위해서 반드시 거기에 있어야 하는 필수적인 요소라고 말한다. 이런 측면에서 볼 때, 의사소통의 형식을 지니고 있는 목회상담의 영역에 제3의 인물을 포함시키는 것은 자연스러운 일이다.
935) Monk, 『이야기 상담』, 173.
936) 제3의 인물(들)은 내담자뿐만 아니라 상담자에 의해서도 참여할 수 있으므로, 아래의 서술은 내담자를 기본으로 하지만 상담자에게도 해당된다. Ricoeur의 3인칭에 대한 언급을 통한 제3의 인물(들)의 요건과 관련된 확장된 논의는 다음을 참고하라. 김용민, "목회상담을 위한 제3의 인물(들)의 요건과 역할", 『목회와 상담』, 16권 (2011): 113-8.
937) Ricoeur, Oneself as Another, 52.
938) 김홍근, "'관계'에 대한 Martin Buber의 관계신학과 대상관계이론 및 영성신학적인 조명", 『신학사상』, 138집 (2007 가을): 54.
939) Ricoeur, Oneself as Another, 52.
940) Ibid., 53-5.
941) Ibid., 45.
942) Pembroke, "A Trinitarian Perspective on the Counseling Alliance in Narrative Therapy", 18. 내담자의 상상력은 제3의 인물(들)에 대한 관계기억을 기본으로 해서 이루어진다.
943) 제3의 인물(들)의 역할에 대한 확장된 논의는 다음을 참고하라. 김용민, "목회상담을 위한 제3의 인물(들)의 요건과 역할", 118-26.
944) 이 개념은 Buber의 '포용'(embracing)과 깊은 연관성을 지닌다. 이 개념에 대해서는 다음을 참고하라. Robert L. Katz, "Martin Buber and Psychotherapy", Hebrew Union College Annual, vol. 46 (1975): 428.
945) 제3의 인물(들)은 과거와 현재를 연결하는 존재로서, 내담자와 연결될 수 있으며, 이것을 통해서 내담자에게 '근본적 정체성'(fundamental identity)을 제공한다. Stanley J. Grenz, "Ecclesiology", The Cambridge Companion to Postmodern Theology, ed. Kevin J. Vanhoozer (Cambridge: Cambridge University Press, 2003), 255.

946) Monk, 『이야기 상담』, 175.
947) 유재성, 『현대목회상담학개론』, 349.
948) Ibid., 114.
949) 이것을 통해서 제3의 인물(들)은 보다 적극적으로 상담에 동참하게 된다. 이 때 제3의 인물(들)이 제공할 수 있는 자원은 단순히 가시적인 것만을 의미하지 않는다. 특히 제3의 인물(들)이 제공하게 되는 내담자나 내담자가 가진 문제에 대한 통찰은 다른 어떤 것들보다 중요하다. Wise는 통찰력과 관련해서 다음과 같은 의미 있는 언급을 하고 있다. "사실 사람들에게 통찰력을 찾아주는 것이 치유 과정에서의 본질적인 요소이다. 그 통찰력은 곧 자기 발견으로서 사람들의 자기 노출을 수용하고 이해할 줄 아는 어떤 사람을 통하여 자신을 실질적으로 경험함으로서 얻어진다." Wise, 『목회학개론』, 29-30.
950) 안석모, "찰스 거킨의 목회신학 방법론", 265; Charles W. Taylor, *The Skilled Pastor: Counseling as the Practice of Theology* (Minneapolis: Fortress Press, 1991), 121-36; Hiltner, *Preface to Pastoral Theology*, 145-72.
951) 이렇게 상담자, 내담자, 제3의 인물(들)이 Buber가 치유의 궁극적 목표로 설정한 '자기 치유'(self-healing)를 향해서 나아가게 될 때, 개인뿐만 아니라 그들이 속한 공동체가 함께 성장을 경험하게 된다. Katz, "Martin Buber and Psychotherapy", 427.

11장
내담자의 자기확장

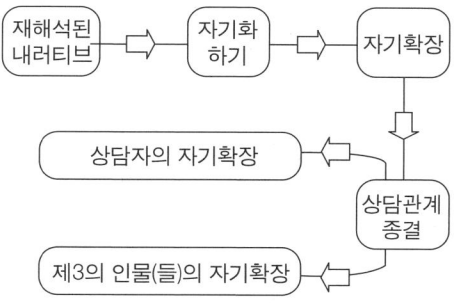

⟨그림 12⟩ 해석학적 목회상담 3단계

　해석학적 목회상담은 전 과정을 통해서 내담자의 자기확장을 목표로 한다. 여기서 자기확장이란 리쾨르가 말하고 있는 '텍스트 앞에서의 자기이해'를 거쳐 완성되는 자기화를 가리킨다. 자기화의 과정에는 목표설정, 전략구축 실행과 점검이 포함된다. 여기서는 자기화의 과정을 자기화하기로 명명하고, 자기화의 완성을 자기확장이라고 칭하고자 한다. 자기확장이 이루어지면 상담자와 내담자가 합의한 수준 또는 내담자가 만족하는 수준에서 상담이 종결된다. 그러나 해석학적 목회상담은 여기서 끝나지 않고 상담자와 제3의 인물(들)의 자기확장을 포함한다. 이 부분이 바로 리쾨르 해석학을 적용한 목회상담모델의 특징이라고 할 수 있다.

1. 자기화하기

내담자는 해석학적 목회상담의 두 번째 단계를 거치면서 인지적 변화와 정서적 정화를 동시에 경험한다. 이 과정을 통해서 내담자의 문제가 해결되는 경우가 있고, 그렇지 않은 경우가 있다. 문제가 해결되는 경우는 인지적 변화와 정서적 정화 자체가 내담자가 추구하는 목표이기 때문에 이것을 통해서 상담이 종결된다. 그러나 문제가 해결되지 않는 경우는 이것 외에 실제적인 문제가 남아있다. 해석학적 목회상담에서 자기화하기는 이러한 두 가지 경우 모두에 적용된다. 왜냐하면 해석학적 목회상담의 목표는 단순한 문제 해결 차원이 아니라 자기확장이 그 목표이기 때문이다.952)

내담자의 문제가 해결되었을 경우 내담자는 상담의 종결을 요구할 수 있다. 그러나 상담자는 성급하게 상담을 종결하지 말고 내담자가 상담자와 함께 했던 과정을 자기화할 수 있도록 도와야 한다.953) 이 과정을 통해서 내담자는 앞으로 봉착하게 될 문제에 대해서 스스로 새로운 관점을 부여하고 그것을 재구성할 수 있게 된다.954) 만약 이 과정이 상담에 포함되지 않는다면 내담자는 멀지 않아 다시 상담자를 찾게 될 것이다. 물론 이것을 할 것인가 말 것인가는 내담자가 결정해야 할 문제이지만 상담자는 늘 이 부분을 염두에 두고 내담자에게 제안할 수 있어야 한다.

내담자의 문제가 해결되지 않았을 경우는 자연스럽게 목표를 설정하고 전략을 구축하는 방향으로 상담이 전개된다. 차이가 있다면 내담자가 이전 단계를 통해서 자신의 문제를 바라보는 관점이 바뀌었고, 처음보다는 안정된 모습으로 자신의 문제를 대할 수 있다는 사실이다. 상담자는 이전 과정을 통해서 내담자가 무엇을 원하는지 알게 된다. 내담자 역시 그 과정에서 자신이 원하는 것을 분명히 하거나 진짜 원하는 것을 발견하기도 한다.955) 이 때 문제가 되는 것은 내담자가 원하는 것이 너무 막연하거나 많아서 혼란을 겪을 수 있다는 사실이다. 그러므로 상담자는 무엇보다도 먼저 내담자와 더불어 목표를 구체적으로 설정해야 한다.956) 이 때 상담자는 목회상담의 공동체적 목표와 궁극적 목표를 염두에 두고 이 과정을 진행해야 한다.

일단 목표가 구체적으로 설정되고 나면 다음 단계는 그러한 목표를 달성하기 위한 전략을 구축하는 것이다. 이 때 상담자는 성급하게 전략을 탐색하기 보다는 척도질문을 통해서 그 범위를 좀 더 구체화 시킬 필요가 있다. 척도질문은 내담자의 목표 "수준을 수치로 표현"함으로써 목표를 더 구체화 시키는 역할을 하며, 변화를 위한 내담자의 동기를 강화시키는데 효과가 있다.957) 무엇보다도 중요한 것은 내담자가 자신이 나아가야 할 방향을 분명하게 볼 수 있다는 데 있다. 이러한 척도질문은 한 단계에서 다음 단계로 나아가려고 할 때 무엇을 해야 하는가에 대한 정보를 얻는데 유익하며, 상담을 종결하고자 할 때 목표의 성취 여부를 확인하고 평가하는데 효과적이다.958)

다음으로 상담자가 해야 할 일은 전략을 구축하기 위해 내담자가 설정한 목표와 관련된 내담자의 행위를 탐색하고 평가하는 일이다.959) 이것을 위해 먼저 상담자는 내담자의 과거의 문제해결행동을 그 대상으로 삼는다.960) 이 때 상담자는 내담자와 더불어 내담자가 원하는 것을 이루기 위해서 무엇을 했는지를 탐색하고 그것이 내담자가 원하는 것을 이루는데 얼마나 효과가 있었는지를 평가한다. 이러한 과정을 통해서 내담자는 자신의 삶을 성찰하는 기회를 얻게 된다. 이렇게 해서 이루어진 평가는 크게 세 가지로 구분할 수 있다.961) 첫 번째는 효과가 없는 경우이다. 이러한 평가를 얻은 행동은 내담자의 목표를 이루기 위한 전략에서 제외된다. 두 번째는 효과가 적은 경우이다. 이 경우는 경제성이 떨어지기 때문에 그 방법을 다시 사용해야 할 것인가에 대한 결정과 그것을 다시 사용할 경우 더 효과적으로 활용할 수 있는 방안을 모색해야 한다. 세 번째는 효과가 많은 경우이다. 이 경우는 특별한 사안이 없는 한 다시 하는 것이 유익하다.

다음으로는 내담자가 자신이 원하는 것을 이루기 위해서 현재 무엇을 시도하고 있는지를 탐색하고 그것이 내담자의 목표를 이루는데 얼마나 효과가 있을지를 예측하는 것이다.962) 이러한 예측을 통해서 상담자와 내담자는 그러한 행동을 그만할지, 계속할지, 아니면 다른 행동으로 대체할지를 결정하게 된다. 만약 이러한 과정을 거치면서도 내담자의 목표를 이루기 위한 방안을 찾지 못하거나 보다 나은 방법을 찾고자 하는 경우 내담자가 할 수 있는 미래 행동을 탐색하고 그 결과를 예측하는 과정을 통해 새로운 대안을 모색할 수 있다. 여기서 중요한 것은 가장 효과적인 방법을 우선적으로 사용하는 것이다.963)

제3의 인물(들)은 이 과정에서 반드시 고려되어야 할 요소이다.964) 왜냐하면 제3의 인물(들)은 내담자와 직간접적으로 관계를 맺으면서 내담자의 모든 행동에 영향을 미치기 때문이다. 특히 제3의 인물(들)은 상담이 끝난 후에도 내담자에게 영향을 미치기 때문에 상담의 자기화 과정에서 간과될 수 없는 요소이다. 제3의 인물(들) 가운데서도 상담의 주체로서 참여했던 제3의 인물(들)이 중요하다. 왜냐하면 이미 상담의 참여를 통해 받아주기, 나눠지기, 더해주기, 자라가기의 과정을 함께 했기 때문이다. 이러한 제3의 인물(들)은 내담자의 긍정적인 환경을 구성하는 중요한 요인이며, 내담자가 이전의 모습으로 돌아가려고 하는 경향을 감소시키는 역할을 하게 된다.965) 이외에도 상담에 참여하지는 않았지만 여전히 내담자에게 중요한 영향을 미치고 있는 제3의 인물(들)도 있다. 상담자는 이러한 제3의 인물(들)을 내담자와 함께 탐색하고, 내담자를 위한 긍정적 자원으로 활용할 수 있는 방안을 모색할 필요가 있다.

목회상담은 제3의 인물(들) 가운데서도 기독교 공동체를 중요한 자원으로 인식한다.966) 특히 내담자가 속한 교회 공동체는 내담자와 상호 영향을 주고받는 하나의 인격체이자 내담자를 돌보는 중요한 환경으로써 더욱 더 중요한 의미를 지닌다.967) 이러한 교회 공동체는 목회상담의 주체인 상담자와 내담자를 포괄하는 또 다른 상위의 주체로서 모든 면에서 제3의 인물(들) 이상의 의미를 지니고 있다.968) 상담자는 이러한 교회 공동체를 목회상담의 책임 있는 주체이자 필수적인 자원으로 인식함으로써 내담자의 변화를 위한 전략을 구축할 수 있다. 특히 목회자로서의 상담자는 교회 공동체가 내담자를 위한 돌봄 공동체로서의 역할을 회복할 수 있도록 노력해야 한다. 이를 위해 상담자는 교회 공동체의 공동체적 성찰을 유도하고, 내담자의 삶에 참여하기 위한 공동체적 방안을 간구해야 한다.969) 특히 내담자와의 공동체적인 만남을 통해서 이를 촉진할 수 있으며, 목회상담의 공동체적 목표와 궁극적 목표를 달성하는데 기여할 수 있다.

이상과 같은 과정을 통해서 목표설정과 실천전략이 작성되면, 내담자는 그것을 곧바로 실행하기에 앞서 공식화 하는 과정을 거쳐야 한다.970) 앞의 단계에서 이미 제3의 인물(들)이 참여가 이루어졌다면 이 과정을 생략하는 것도 가능하지만 일단 실천전략과 관련이 있는 사람이나 공동체와 이것을 공유함으로써 더욱 박차를 가할 수 있다. 내담자는 스스로의 노력과 공동체의 도움을 통해서 실천전략을 실행하게 된다. 자기화는 이 때 발생하게 되는 기존의 사고와 행동의 패러다임의 저항을 극복하는 과정이다.971) 상담자는 이러한 과정을 내담자와 함께 하며, 당면하게 될 어려움을 예측하고 극복할 수 있도록 격려하는 가운데 목표를 성취하는 과정을 점검해야 한다.

2. 상담관계 종결하기

내담자가 직면한 문제와 내담자에게 내재된 문제가 해결되고, 자기화하기를 통해 내담자의 자기확장이 일어나기 시작하면 상담자는 상담관계의 종결을 준비해야 한다. 이 때 상담자는 내담자가 '상담자의 도움이 없이도 살아갈 수 있는 준비가 되었는지'에 대한 확인을 통해서 상담관계의 종결을 결정하게 된다.972) 이러한 상담관계의 종결은 대부분의 상담에서 맞이하게 되는 자연스러운 과정이며, 상담자와 내담자의 합의에 의해서 이루어지는 것이 바람직하다.973) 그러나 모든 상담의 종결이 이렇게 이루어지는 것은 아니다.974) 실제로 상담관계를 종결하게 만드는 요인에는 외부 요인, 상담자 요인, 내담자 요인 등이 있으며, 이 중에서도 내담자 요인이 중요한 역할을 하게 된다.975) 만약 내담자가 상담관계의 종결을 요구할 경우 상담자는 내담자에게 상담을 계속하도록 강요할 수는 없다.976)

상담관계를 종결하고자 할 때 일반적으로 제일 많이 발생하는 문제는 내담자의 정서적인 불안이다. 왜냐하면 상담관계의 종결이 곧 관계의 단절을 의미하는 것처럼 느껴지기 때문이다. 실제로 관계의 단절은 인간의 보편적인 경험인 동시에 가장 부정하거나 피하고 싶은 경험 중의 하나이다.977) 그러므로 상담자는 상담관계를 종결하고자 할 때 내담자가 불안을 최소화 할 수 있도록 노력해야 한다. 이렇게 하기 위해서 상담자는 내담자가 불안을 표현할 수 있도록 도와주어야 하며, 상담관계의 종결이 관계의 단절이 아니며 언제든지 필요할 때 자유롭게 돌아올 수 있다는 사실을 분명히 해야 한다.978)

상담관계를 종결하고자 할 때 상담자는 여러 가지 저항에 부딪히게 된다.979) 특히 상담기간이 길수록 그에 따른 저항도 커지고 종결하는데 걸리는 시간도 많아진다.980) 그러므로 상담자는 상담관계를 종결하기에 앞서 그것을 미리 계획하고 구조화 해야 한다.981) 이를 위해서 상담자가 먼저 해야 할 일은 종결 시점을 결정하는 일이다. 상담계약 당시 상담종결일을 임시적으로 결정하지만 상담의 특성상 종결일을 재조정하는 것이 일반적이다. 그러므로 상담자는 내담자와 더불어 상담종결일을 결정하고, 그것을 반복적으로 확인시켜 주는 것이 중요하다.982) 만약 상담종결일을 결정하기 어려울 경우 만남의 횟수를 줄이고 그 기간을 점점 길게 하는 것을 통해서 내담자로 하여금 자연스럽게 종결을 준비하도록 할 수 있다.983)

상담관계 종결을 위한 구조화에서 다음으로 해야 할 일은 종결과정에서 다루어야 할 사항들을 결정하는 것이다.984) 일반적으로 종결과정에서는 반드시 상담을 통해서 얻었던 긍정적인 결과들을 확인하고 공고히 하는 작업을 포함한다.985) 이것을 위해서 상담자는 내담자에게 그동안 다루었던 핵심주제나 이슈를 요약하도록 요청할 수 있으며, 내담자는 이것을 통해서 그동안 상담을 통해서 얻었던 긍정적인 결과들을 구체적으로 재구성할 수 있는 기회를 얻게 된다.986) 종결과정에서는 이외에도 상담의 긍정적인 결과를 기반으로 해서 나아갈 수 있는 성장의 방향, 성장에 방해가 되는 걸림돌과 대처방안, 추후회기, 상담계약 확인 등의 사항들이 다루어질 수 있다.987)

종결과정에서 다루어지는 사항들 중에서 추후회기는 일반상담과 구별되는 목회상담의 특성을 드러내준다. 목회상담은 상담관계가 종결된다고 하더라도 교회라는 울타리 안에서 목회자와 교인이라는 기본적인 관계를 유지하게 된다.988) 목회상담의 이러한 특성상 상담자는 상담관계의 종결에 있어서 일반상담자들만큼 자유롭지 못하지만 상담을 더욱 더 효과적으로 만들어 줄 수 있는 장점을 지니게 된다.989) 즉 상담관계 종결 이후 내담자에 대한 관찰과 접촉이 용이하기 때문에 내담자의 삶을 보다 잘 점검할 수 있을 뿐만 아니라 그에 맞는 목회적 돌봄을 제공할 수 있기 때문이다.990) 이런 관점에서 볼 때 추후회기가 목회상담에서 불필요한 과정으로 인식될 수 있지만 자기확장을 위해 노력하고 있는 내담자를 격려하고 그 과정을 함께 한다는 측면에서 유의미한 과정으로 평가될 수 있다. 또한 상담이 끝난 후 내담자가 교회를 떠나는 것을 예방할 수 있는 역할도 하게 된다.991)

상담관계 종결을 위한 구조화에서 마지막으로 해야 할 일은 상담관계 종결을 위한 실제적인 방법을 계획하는 것이다. C. W. 브리스터C. W. Brister는 목회상담의 특성상 내담자와의 관계를 완전히 종결할 수 없기 때문에 다른 방법으로 내담자를 본래 삶의 자리인 교회 생활로 복귀시켜야 한다고 주장한다. 즉 내담자의 감사가 담긴 선물을 받음으로써, 하나님에 대한 부정적인 감정을 바꾸도록 지도함으로써, 하나님을 섬길 수 있는 특별한 방법과 기회를 제공함으로써 그것이 가능하다고 본다.992) 그러나 이것만으로 내담자가 상담관계의 종결을 인식하는 데는 어려움이 있다. 상담자는 상담관계의 종결을 내담자가 인식하도록 하기 위해 좀 더 적극적인 방법을 선택할 필요가 있다.

상담자가 선택할 수 있는 방법 중의 하나는 상담종결일에 적합한 특별한 의식을 준비하는 것이다.993) 일반상담에서처럼 작별인사를 나눌 필요는 없지만, 상담관계의 종결을 의미할 수 있는 간단한 의식을 행하는 것이다.994) 일반적으로 내담자들은 관계의 종결과 관련해 자신들이 선호하는 의식적 절차를 지니고 있다.995) 상담자는 그러한 내담자의 선호를 존중하는 가운데 상담관계 종결의 의미를 담을 수 있는 의식을 개발할 필요가 있다. 이 의식에는 상담관계의 종결과 더불어 새로운 관계를 의미하는 요소가 포함되어야 하며, 언제든지 상담관계를 다시 시작할 수 있다는 의미를 내포하고 있어야 한다.996) 특히 상담의 또 다른 주체인 하나님의 현존을 인식하고 인정할 수 있도록 돕는 의식이 포함될 필요가 있다.

상담관계 종결하기에서 제일 중요한 것은 상담자의 준비이다. 모든 상담이 그러해야 하지만 상담관계 종결하기는 특히 준비가 필요한 과정이다.

왜냐하면 상담자와 내담자의 마음의 준비와 실제적인 준비를 모두 필요로 하기 때문이다. 말란은 추후회기에 대한 논의에서 상담을 위한 가장 핵심적인 원리로 '주의 깊은 준비'를 언급했다.997) 만약 이러한 준비가 이루어지지 않는다면 상담관계의 종결은 불완전하게 될 뿐만 아니라 무의미한 작업이 될 수도 있다.998) 상담자는 이러한 일을 막기 위해 상담관계 종결하기를 잘 준비하여 실시해야 한다.

해석학적 목회상담에서의 종결은 새로운 시작을 의미한다. 실제로 내담자는 재해석된 내러티브를 자기화하는 과정을 통해서 상담의 처음 출발지점인 삶의 자리로 돌아간다. 이 때 자기화된 재해석된 내러티브는 내담자의 또 하나의 스토리를 구성하게 된다. 그러나 그 자리는 더 이상 처음의 그 자리가 아니다. 처음보다 더 나아진 자리이며, 삶의 해석학적 순환의 구조 속에서 새로운 축적을 통해서 자기의 확장이 일어난 자리이다. 내담자는 이러한 경험을 통해서 참된 자기로의 이행을 경험한다. 또한 이 과정을 통해서 내담자는 자신의 성숙을 경험하게 되며, 공동체에 유익을 끼치고, 그리스도의 장성한 분량을 추구하는 목회상담의 궁극적인 목표를 향해서 나아가게 된다.

3. 상담자와 제3의 인물(들)의 자기확장하기

해석학적 목회상담은 '텍스트 앞에서의 자기이해'를 통해 텍스트를 자기화 하는데 목적이 있다. 목회상담에서의 텍스트는 내담자 또는 내담자의 내러티브이며, 이러한 요소들이 구성해내는 세계가 바로 자기화의 대상이다. 해석학적 목회상담은 먼저 내담자의 해석된 내러티브를 구성함으로써 그 안에 담겨 있는 내담자의 세계를 발견하게 된다. 이 때 내담자는 거리두기를 통해서 그 세계를 대상화시키고, 새로운 관점을 통해서 재해석된 내러티브를 재구성하게 된다. 이렇게 재구성된 내러티브는 자기화하기를 통해서 내담자의 자기확장을 가능하게 만들어준다. 그러나 해석학적 목회상담은 이러한 일련의 과정과 성취에 만족하지 않는다. 해석학적 목회상담은 상담관계의 특징에서 알 수 있는 것처럼 내담자만의 성장이 아니라 상담관계 안에 있는 상담자와 제3의 인물(들)의 성장을 동시에 추구한다.999)

실제로 상담자와 제3의 인물(들)의 자기확장은 내담자와 함께 하는 순간부터 일어난다. 그러나 적극적인 의미에서의 자기확장은 상담관계의 종결 이후에 나타난다고 볼 수 있다. 이 때 상담자와 제3의 인물(들)이 취하게 되는 텍스트는 내담자 또는 내담자의 내러티브이다. 그러나 이것은 상담자와 제3의 인물(들)이 자기화해야 하는 대상으로서의 내러티브가 아니라 그러한 내러티브의 재료가 되는 스토리라고 볼 수 있다. 이러한 스토리에는 상담과정에 대한 관찰과 상담기록이 포함될 수 있다. 이렇게 파편화 되어 있는 상담자와 제3의 인물(들)의 스토리는 형상화과정을 통해서 각각의 해석된 내러티브를 만들어내게 된다. 이것은 각자의 스토리에 대한 비판적 성찰과 생산적 상상력을 통해서 구성되어 있기 때문에 상담자와 제3의 인물(들) 각자의 긍정적인 부분과 부정적인 부분이 명확하게 규명되어 있다.

상담자와 제3의 인물(들)은 이러한 각자의 해석된 내러티브에 새로운 관점을 부여함으로써 자기가 생각하고 느끼고 행동했던 것들에 대한 평가를 새롭게 할 수 있다. 이러한 과정을 통해서 상담자와 제3의 인물(들)은 각자의 재해석된 내러티브를 형성하게 되며, 이렇게 만들어진 재해석된 내러티브를 통해서 상담자와 제3의 인물(들) 각자가 자기화 해야 할 대상이 무엇인지를 명백하게 보여주게 된다. 상담자와 제3의 인물(들) 각자는 이것을 자기화하는 과정을 통해서 자기확장을 이루게 된다.

이상과 같은 상담자와 제3의 인물(들)의 자기확장 과정에서 가장 중요한 것은 상담자와 제3의 인물(들) 각자가 자기를 발견하는 것이다. 이것을 가능하게 하는 것은 타자(들)이며, 그(들) 속에서 자기를 발견하게 된다.1000) 오우츠는 이러한 차원에서 목회상담을 '자기와의 만남' self-encounter으로 이해한다.1001) 여기서 오우츠는 목회상담에서 만나게 되는 자기를 부정적인 측면에서만 언급하고 있는데, 이러한 사실은 독자로 하여금 목회상담에서 긍정적인 자기를 찾고자 하는 노력과 그것이 주는 유익을 간과하게 만드는 결과를 초래하고 있다. 실제로 목회상담에서 만나게 되는 자기는 긍정적인 모습과 부정적인 모습을 모두 지니고 있다.1002)

목회상담에서 타자를 통한 자기의 발견은 타자와 자기에 대한 모니터를 전제로 한다. 일반적으로 상담자와 제3의 인물(들)은 자기를 모니터하기 보다는 내담자를 모니터하려는 경향을 가지고 있다.1003) 이러한 경향은 상담자와 제3의 인물(들)의 자기발견을 어렵게 만드는 장애요인으로 자리 잡고 있다. 상담자와 제3의 인물(들)의 자기확장은 자기발견이 없이는 불가능하기 때문에, 이러한 장애요인을 극복하기 위해서 자기 모니터링 self-monitoring을 의식적으로 강화할 필요가 있다. 자기 모니터링은 본래 내담자의 자기인식을 강화하기 위해서 고안된 것이지만, 이것을 상담자와 제3의 인물(들)에게 적용함으로써 그들의 자기확장을 도울 수 있다.1004) 특히 상담자는 자기 모니터링을 통해 탈진을 예방할 수 있는 기회도 얻게 된다.1005)

상담자와 제3의 인물(들)의 자기확장 과정에서 또 한 가지 중요한 요소는 비판적 성찰이다. 비판적 성찰은 기본적으로 발견된 자기를 텍스트로 한다. 그렇지만 그 자기가 타인 속에서 발견되어진 자기이기 때문에 비판적 성찰은 자기만이 아니라 자기가 맺고 있는 관계들 속에서 이루어져야 한다. 그러므로 비판적 성찰은 개인적 차원과 더불어 공동체적 차원과 궁극적인 차원에서도 이루어져야 한다.1006) 이렇게 될 때 상담자와 제3의 인물(들)의 자기확장이 성장의 방향을 상실하지 않고 궁극적 지향점인 오메가 포인트를 향해서 나아가게 된다. 이러한 비판적 성찰의 과정에서 다룰 수 있는 요소들은 상담자와 내담자 그리고 제3의 인물(들)과 내담자의 교차분석, 상담 이슈에 대한 성찰, 상담 과정에 대한 성찰, 상담종결 이후에 대한 성찰 등이다.1007)

상담자와 제3의 인물(들)의 자기확장 과정에서 이루어지는 비판적 성찰은 상담에서 말하는 자기 수퍼비전self-supervision의 과정이라고 할 수 있다. 자기 수퍼비전은 수퍼비전에서 추구하는 궁극적인 형태이지만 객관적인 시각이 결여되어 있기 때문에 일반적인 형태의 수퍼비전을 필요로 한다.1008) 수퍼비전은 수퍼바이저와 일대일로 이루어지는 형태 외에 그룹 수퍼비전, 동료 수퍼비전 등이 있으며 이러한 다양한 형태들이 상담자와 제3의 인물(들)의 자기확장 과정에서 사용될 수 있다.1009) 특히 제3의 인물(들)의 역할을 강조하는 해석학적 목회상담에서는 이러한 또 다른 제3의 인물(들)의 참여가 필수적이라고 할 수 있다. 그러한 수퍼비전의 결과는 다시 상담자와 제3의 인물(들)에 의해서 비판적 성찰의 과정을 거치게 되며, 그 결과를 토대로 자기 성장을 위한 계획을 세우게 된다.

자기성장을 위한 계획에는 비판적 성찰을 통해서 주어진 결과들에 대한 각각의 계획이 세워져야 한다. 긍정적인 결과에 대해서는 그것을 강화할 수 있는 방법을 모색하고, 부정적인 결과에 대해서는 그것을 폐기하거나 다른 것으로 대치할 수 있는 방안을 찾아보아야 한다. 또한 결핍되거나 미성숙한 것으로 판단되는 경우는 그 방법을 연마할 수 있는 계획이 필요하다. 특히 이 과정에서 간과하지 말아야 하는 것은 자기에 대한 수용과 보상이다. 이 중에서도 비판적 성찰의 과정을 통해서 주어진 자기의 긍정적인 모습과 부정적인 모습 모두에 대한 수용이 일차적이다. 만약 그것을 수용하는데 어려움이 있다면 그 이유를 탐색하는 것도 중요하다. 왜냐하면 그것이 자기의 중요한 이슈일 수도 있기 때문이다.1010) 자기에 대한 보상selfreward은 반드시 고려되어야 하는 요소이다.1011) 실제로 자기에 대한 보상은 자기를 수용하고 긍정하는 중요한 형태이며, 재충전을 위한 의미 있는 계기가 되기도 한다.1012)

  성장을 위해 계획을 세우는 것은 상담자와 제3의 인물(들)의 자기확장을 가시화할 뿐만 아니라 그것을 촉진하는 역할을 한다. 계획을 세우는 과정은 내담자의 과정과 동일하다. 그러나 상담자와 내담자 그리고 제3의 인물(들) 사이에는 이 과정에 대한 차이가 존재한다. 상담자의 경우는 스스로 계획을 세우는 것이 가능한 반면, 내담자의 경우는 대부분 상담자 또는 제3의 인물(들)의 도움을 받게 된다. 제3의 인물(들)은 상담상황에서 동기부여를 받을 수는 있지만, 그 상황을 벗어나 성장을 위한 계획을 세우는 것은 쉬운 일이 아니다. 그러므로 상담자는 제3의 인물(들)이 그러한 단계까지 나아갈 수 있도록 노력해야 한다. 왜냐하면 이러한 과정이 바로 상담자와 내담자 그리고 제3의 인물(들)이 함께 자라가는 과정이며, 모두가 건강해지는 방법이기 때문이다. 오늘날 상담자를 위해서는 많은 훈련 과정들이 마련되어 있다.1013) 그러나 제3의 인물(들)을 위해서는 그러한 과정들이 부족하거나 잘 알려져 있지 않고 있는 것이 현실이다. 그러므로 돌봄의 공동체로서의 교회 공동체와 목회자로서의 상담자는 제3의 인물(들) 또는 교회 공동체를 돌봄의 주체(들)로 준비시키기 위한 과정과 기회들을 확장시키기 위해 노력해야 한다.

  지금까지 III부에서는 리쾨르 해석학을 적용한 해석학적 목회상담모델을 제시했다. 이 모델은 목회상담과 해석학, 특히 리쾨르 해석학과의 논의를 통해서 상담이론의 기초가 되는 상담 목표, 상담 관계구조, 상담 과정, 상담 방법 등을 모두 포함하고자 했다. 이를 위해 III장에서는 II장에서 언급하지 않은 목회상담에 적용 가능한 리쾨르 해석학의 요소들을 일부 언급했으며, 이를 통해서 리쾨르 해석학을 적용한 해석학적 목회상담모델을 곤고히 하고자 했다.

---

952)Barry K. Estadt, et al., *Pastoral Counseling: Loyola College Pastoral Counseling Faculty* (Englewood Cliffs: Prentice-Hall, 1983), 65-70.
953)Stadter, *Object Relations Brief Therapy*, 195.
954)Carl R. Rogers, *Counseling and Psychotherapy: Newer Concepts in Practice* (Boston: Houghton Mifflin Company, 1942), 218.
955)Novalis, et al., *Clinical Manual of Supportive Psychotherapy*, 116-9.
956)목표를 분명하게 설정하는 것은 '잘못된 해결책과 어려움을 조장하는 것에 대항하는 하나의 안전장치'라고 볼 수 있다. Capps, *Reframing*, 21-3. 목표를 구체적으로 설정하는 것과 관련해서는 Egan의 견해를 참고하라. Egan, 『상담의 실제』, 294-311.
957)김인수 외 4인, 『무엇이 좋아졌습니까?』, 21-2.
958)Ibid., 22.
959)상담자의 역할은 "내담자의 변화를 촉진하는 것"이라고 할 수 있다. 그러므로 상담자는 "행동변화의 기초가 되는 원리들에 익숙해 있어야" 한다. George and Cristiani, *Counseling*, 160.
960)Capps, *Reframing*, 21-3.
961) 김용민, "목회자를 위한 상담기법: 현실요법", 『뱁티스트』, 2009년 3-4월호, 97.
962)John L. Walter and Jane E. Peller, *Becoming Solution-Focused in Brief Therapy* (New York: Brunner/Mazel Publishers, 1992), 6.
963)George and Cristiani, *Counseling*, 163.
964)제3의 인물(들)을 고려하는 상황은 주로 내담자가 다른 사람들과 관계적인 어려움을 겪고 있을 때이다. 이 때 상담자는 단순하게 그들과 관계하는 새로운 방법을 내담자와 함께 탐색하거나 제시하기 보다는 제3의 인물(들)의 참여와 지원을 적극적으로 고려할 필요가 있다. Ibid., 161-2.
965)상담의 보다 높은 차원은 문제의 해결이 아니라 문제의 예방이다. 제3의 인물(들)은 참여를 통해서 내담자 문제의 해결뿐만 아니라 예방과 내담자의 발전까지도 가능하게 해준다. Egan, 『상담의 실제』, 417-20.
966)목회상담에서 기독교 공동체를 중요한 자원으로 인식하는 데는 이견이 없지만 그 방식에 있어서는 차이가 있다. 예를 들면, 기독교적인 자원을 활용하는 것으로 이해하는 경우와 상담자나 목회상담에 필요한 자원을 공급하는 것으로 이해하는 경우와 교회 공동체 자체를 자원으로 활용하는 입장이다. 여기서는 마지막 입장의

차원에 더 많은 비중을 둔다. Daylinger, *The Heart of Pastoral Counseling*, 105-10; 오성춘, 『목회상담학』, 379-80; 유재성, 『현대목회상담학개론』, 308-10. 목회상담의 자원으로써 기도와 성경을 사용하는 방법에 대해서 다음을 참고하라. Edward P. Wimberly, *Prayer in Pastoral Counseling: Suffering, Healing, and Discernment* (Louisville: Westminster /John Knox Press, 1990); Edward P. Wimberly, *Using Scripture in Pastoral Counseling* (Nashville: Abingdon Press, 1994); Oates, eds., *An Introduction to Pastoral Counseling*, 211-35.
967) Egan, 『상담의 실제』, 186-96. Egan은 상담을 상호 영향의 과정으로 이해하고 있다. 기독교 공동체는 바로 이러한 상담의 주체이며, 목회상담에서는 내담자의 중요한 환경으로서의 역할을 한다.
968) 오성춘, 『목회상담학』, 379.
969) 유재성, 『현대목회상담학개론』, 310. 이 때 상담자는 비밀보장의 차원에서 무엇보다도 먼저 내담자의 허락을 득해야 한다. Rod Wilson, *Counseling and Community: Using Church Relationships to Reinforce Counseling* (Wheaton : Word, 1995), 129. 공동체적 성찰과 그 결과에 대해서는 다음을 참고하라. 유재성, "누가복음 15:11-32에 나타난 관계 단절과 회복의 역동", 『복음과 실천』, 43집 (2009): 376-81; 유재성, "한국인의 공동체적 의식과 목회 상담적 자기성찰", 『성경과 상담』, 3호 (2003): 130; Leigh Bishop, "Healng in the Koinonia: Therapeutic Dynamics of Church Community", *Journal of Psychology and Theology*, vol 13, no. 1 (1985): 12-20; Robert Buxbaum, "When Pastors Divorce: A New Approach to Congregational Healing", *The Journal of Pastoral Care*, vol. 49, no. 2 (Summer 1995): 173-86.
970) Capps, *Reframing*, 21-3.
971) Cormier and Cormier, *Interviewing Strategies for Helpers*, 550-82.
972) Egan, 『유능한 상담자』, 571-6; Stewart, 『교류분석(TA) 개인상담』, 241-9.
973) Stadter, *Object Relations Brief Therapy*, 195; George and Cristiani, *Counseling*, 165.
974) 다양한 상담의 종결에 대해서 다음을 참고하라. Scharff and Scharff, *Object Relations Family Therapy*, 264-90.
975) Stadter, *Object Relations Brief Therapy*, 197-200; Dayringer, *The Heart of Pastoral Counseling*, 126.
976) George and Cristiani, *Counseling*, 165.
977) Stadter, *Object Relations Brief Therapy*, 189.
978) Rogers, *Counseling and Psychotherapy*, 220; Corey, 『상담 및 심리치료의 통합적 접근』, 175.
979) Hackney and Cormier, 『심리상담의 과정과 기법』, 392-5.
980) Ronald R. Lee, *Clergy and Clients: The Practice of Pastoral Psychotherapy*

(New York: Seabury, 1980), 140.

981) Lister-Ford, 『기법을 중심으로 한 TA 상담과 심리치료』, 243. 상담관계 종결의 구조화는 내담자에게 상담자의 "작업을 완료에 맞추도록 해주는 조건인 안도감, 일관성, 예측 가능성을 제공"하기 때문에 중요하다. 이를 위해 상담자는 상담관계를 "효과적으로 종결할 수 있는 방법을 배워야" 하며, 상담관계 "종결과 관련된 이슈와 기술에 친숙해야" 한다. George and Cristiani, Counseling, 164.

982) Stadter, *Object Relations Brief Therapy*, 208-9.

983) Dayringer, *The Heart of Pastoral Counseling*, 127.

984) 홍경자, 『상담의 과정』, 376.

985) Stadter, *Object Relations Brief Therapy*, 194. 이것은 진행상태평가, 진행상태 요약, 변화를 일반화하기 등의 과정으로 구조화될 수 있다. Hackney and Cormier, 『심리상담의 과정과 기법』, 386-92.

986) George and Cristiani, *Counseling*, 164. 만약 상담자가 이 역할을 할 경우, 상담의 전체 회기를 요약하거나 내담자가 나아가야할 방향을 분명히 하는 효과가 있다. 유재성은 상담의 효과를 묻는 질문을 통해서 "그 동안의 상담 과정과 결과에 대한 변화와 성장의 내용을 점검하고, 강화 및 확대할 수 있는 기회를 제공"할 수 있다고 본다. 유재성, 『현대목회상담학개론』, 315.

987) Stadter, *Object Relations Brief Therapy*, 194-5, 210; Lister-Ford, 『기법을 중심으로 한 TA 상담과 심리치료』, 253-4. 해석학적 목회상담에서는 성장의 방향이 개인적인 것에만 머물지 않고 공동체적이며 궁극적인 데까지 나아간다. 또한 성장을 방해하는 걸림돌에 대처하는 방안에 공동체적인 대안이 포함된다.

988) 목회자인 상담자에게 있어서 '상담은 사람들을 돕는 과정이자 끝이 없는 과정' 이다. John W. Drakeford, *Counseling for Church Leaders* (Nashville: Broadman Press, 1961), 96.

989) Brister, *Pastoral Care in the Church*, 201.

990) 목회상담의 기본적인 특징은 상담자와 내담자의 접촉이 용이하다는 사실이다. 상담자는 이러한 사실을 분명히 알고 활용할 수 있어야 한다. Drakeford, *Counseling for Church Leaders*, 53-63. Dayringer는 상담관계 종결 이후 상담자와 내담자의 관계보다 명목상의 목회자와 교인의 관계로 돌아가야 한다고 주장한다. 그러나 이미 목회자와 교인의 관계 안에는 상담자와 내담자의 관계가 포함되어 있다. 그러므로 목회자로서의 상담자는 명목상의 목회자와 교인의 관계가 아닌 참된 목회자와 교인의 관계로 돌아가 교인으로서의 내담자에게 적합한 실제적인 목회적 돌봄을 제공해야 한다. Dayringer, *The Heart of Pastoral Counseling*, 125-6.

991) Ibid., 138-40. 교회를 컨텍스트로 하는 목회상담의 경우 상담 이후에 교인을 잃는 경우가 종종 발생한다. 이유는 내담자가 자신을 너무 많이 공개한 나머지 상담자를 다시 보기가 어렵기 때문이다. 또한 자신의 비밀이 유지될 지에 대한 염려 역시 중요한 역할을 한다. 이것을 방지하기 위해서 상담자는 반드시 공식적인 상담

관계 종결 이후 내담자와의 접촉을 통해서 이러한 일이 일어나지 않도록 노력을 해야 하며, 상담 기간 중에 결정되는 추후 회기는 이러한 면에서 중요한 역할을 할 수 있다.

992) Brister, *Pastoral Care in the Church*, 202. Brister는 상담자가 내담자의 고통을 함께 공유해야 하지만 그것을 지니고 있어서는 안 된다고 주장한다. 왜냐하면 Brister에게 있어서 그것은 하나님의 역할이기 때문이다.
993) Lister-Ford, 『기법을 중심으로 한 TA 상담과 심리치료』, 243.
994) Stadter, *Object Relations Brief Therapy*, 194-5.
995) Lister-Ford, 『기법을 중심으로 한 TA 상담과 심리치료』, 243.
996) 의식은 내담자를 공동체와 연결시켜 줌으로써 새로운 관계를 시작하게 하는 역할을 한다. 유영권, "목회상담학의 새 모델", 『신학사상』, 93권 (1996): 226.
997) Davanloo, ed., *Short-Term Dynamic Psychotherapy*, 349.
998) Ibid.
999) 유재성은 목회상담을 '부르심과 성숙을 향해 가는 공동체적인 여정'으로 묘사한다. 여기서 유재성은 목회상담에 있어서 상담자의 자기분석에 대해서 다루며, 목회상담이 공동체적인 여정이라는 사실 자체를 강조한다. 유재성, 『현대목회상담학개론』, 326-51.
1000) Dilthey는 "이해란 '너' 안에서 '나'를 재발견하는 것"이라고 말한다. 여기서 '너'는 단순히 타인을 가리키는 것이 아니라 '나'가 속해 있는 공동체를 포함한다. 그러므로 이해는 '나'와 '너' 그리고 '공동체'의 공동작업이 된다. 이러한 차원에서 볼 때, 해석학적 목회상담의 자기확장은 각각의 작업이 동시에 서로를 포함하는 공동의 작업으로 이해할 수 있다. Dilthey, 『체험·표현·이해』, 18-9.
1001) Oates, *Protestant Pastoral Counseling*, 189-212.
1002) 자기발견의 과정은 관찰과 그것에 대한 평가를 제공한다. 여기서 주를 이루는 것은 관찰이며, 여기서 말하는 평가는 일차적인 것으로 새로운 관점을 부여하는 과정은 포함되지 않는다. 다음에서 이어지는 비판적 성찰은 단순한 평가를 넘어 새로운 관점을 부여하는 과정이다. Clyde M. Narramore는 자기평가를 자기를 발견하는 가장 좋은 방법 중 하나라고 주장한다. Clyde M. Narramore, *The Psychology of Counseling* (Grand Rapids: Zondervan Publishing House, 1980), 127-9.
1003) 양병모는 '자기이해를 돕는 목회적 돌봄'을 노인을 위한 목회적 돌봄의 영역에 포함시키고 있는데, 이것은 노인들뿐만 아니라 목회자를 비롯한 전교인들을 위한 목회적 돌봄의 영역이 되어야 한다. 양병모, "고령화 사회에서 교회의 목회적 돌봄을 위한 제언", 『복음과 실천』, 43집 (2009 봄): 409-10.
1004) Cormier and Cormier, *Interviewing Strategies for Helpers*, 523-33.
1005) Marianne Scheider Corey and Gerald Corey, 『좋은 상담자 되기』, 이은경, 이지연 역 (서울: 시그마프레스, 2004), 453.
1006) Patton은 목회상담을 개인적인 차원만이 아닌 공동체적인 차원으로 언급하고

있다. Patton의 논의는 책임성과 관련해서 이루어지고 있는데, 이러한 논의는 목회상담을 통한 자기확장의 영역이 개인을 포함한 공동체라는 사실을 보여주는 것이며, 공동체가 지향하고 있는 궁극적인 지향점의 차원을 내포하고 있음을 나타내는 것이라고 할 수 있다. John Patton, *Pastoral Counseling: A Ministry of the Church* (Nashville: Abingdon Press, 1983), 58-69.
1007) 유재성은 상담자의 자기분석의 영역을 일곱 가지로 구분하고, 각각의 영역에 대한 내담자와의 교차분석을 제안한다. 이러한 제안은 제3의 인물(들)에게 까지 확장될 수 있으며, 이것을 통해서 상담자와 제3의 인물(들)은 자기에 대한 정보뿐만 아니라 상담에 대한 통찰도 확장할 수 있는 기회를 얻을 수 있다. 또한 이러한 교차분석은 상담 이슈나 종결 이후에 대해서도 유용한 정보와 통찰을 제공할 수 있다. 유재성, 『현대목회상담학개론』, 327-46; 유재성, "라이프웨이 상담 수퍼비전의 원리", 『복음과 실천』, 39집 (2007 봄): 382-96; 유재성, "한국인의 공동체적 의식과 목회 상담적 자기성찰", 107-31; 이장호, 금명자, 『상담연습교본』, 225; Novalis, et al., *Clinical Manual of Supportive Psychotherapy*, 119-20.
1008) Thomas C. Toss, "Self-Supervision? A Goal for All Supervisors", *Readings in Family Therapy Supervision: Selected Articles from the AAMFT Supervision Bulletin*, ed. AAMFT (Washington: AAMFT, 2000), 21-2.
1009) 유재성, "라이프웨이 상담 수퍼비전의 원리", 380-2.
1010) D. K. Switzer, *Pastoral Care Emergencies: Ministering to People in Crisis* (New York: Paulist, 1989), 25.
1011) Cormier and Cormier, *Interviewing Strategies for Helpers*, 538-44.
1012) Ibid., 518-9. 자기보상은 자기관리(self-management)의 한 형태로써 상담자와 제3의 인물(들)의 탈진을 예방한다. 탈진과 자기관리에 대해서 다음을 참고하라. 양병모, "목회탈진: 그 주요 원인의 분석과 해결에 관한 소고", 『복음과 실천』, 35집 (2005 봄): 335-44; 유재성, "목회자의 탈진 자가 진단법", 『목회와 신학』, 2004년 8월호, 102-8; Corey and Corey, 『좋은 상담자 되기』, 411-62.
1013) Narramore, *The Psychology of Counseling*, 122-9; Carl R. Rogers, *Client-Centered Therapy: Its Current Practice, Implications, and Theory* (Boston: Houghton Mifflin, 1951), 429-78.

결 론

목회상담의 정체성에 대한 논의가 1990년대 이르러 어느 정도 일단락되었다고는 하지만, 이와 관련된 문제는 여전히 계속해서 제기되고 있다. 이렇게 목회상담의 정체성에 대한 논의가 끊이지 않는 이유 가운데 하나는 바로 목회상담의 방법론 때문이다. 실제로 대부분의 목회상담자들은 심리학의 방법론을 그대로 사용하거나 그것에 신학적인 옷을 입혀 사용하고 있다.1014) 이것은 마치 트럭 운전사가 택시를 운전하고 있는 것과 같다. 택시 운전사는 트럭을 운전할 수 없지만, 트럭 운전사는 택시를 운전할 수 있다. 그렇다고 트럭 운전사가 계속해서 택시를 운전하는 것은 어울리지 않는다.

목회상담은 심리학보다 큰 성서, 신학, 교회전통과 같은 자원들을 가지고 있다.1015) 그런 목회상담이 이론적인 측면뿐만 아니라 방법론적인 측면에서도 계속해서 심리학에 의존하는 것은 이치에 맞지 않는 일이다. 목회상담은 본연에 가지고 있는 이러한 자원들을 적극적으로 개발하고 활용하여 목회상담의 이론과 방법론을 구성할 필요가 있다. 존 카터John D. Carter와 브루스 내러모어S. Bruce Narramore는 신학을 통한 상담이론의 가능성을 제시한 바 있으며, 드보라 벤 두젠 헌싱거Deborah van Deusen Hunsinger는 칼 바르트Karl Barth의 신학방법론을 통해 목회상담의 방법론을 제시한 바 있고, 사무엘 서덜드Samuel Southard는 신학의 내용을 통한 상담의 방법을 제시한 바 있다.1016) 카터와 내러모어는 가능성만 제시하고 실제적인 작업을 하지 못했으며, 헌싱거의 작업은 한 신학자의 방법론에 머물러 있었고, 서덜드는 그러한 방법을 통합할 만한 체계를 만들지 못했다는 점에서 한계가 있지만, 이러한 모든 시도들은 목회상담의 자원을 개발하고 활용하려는 적극적인 노력이었다는 점에서 의의가 있다.

필자는 이 책에서 목회상담의 방법론으로 심리학의 방법론이 아닌 해석학의 방법론을 활용했다. 해석학이 이미 신학적인 특성을 지니고 있고, 신학적인 구도 안에서 해석학의 방법론을 활용했기 때문에, 해석학적 목회상담은 신학적 목회상담이라고 불릴 수 있는 측면이 있다. 그러나 해석학적 목회상담 역시 온전한 의미에서의 신학적인 목회상담의 방법론은 아니다. 그렇게 하기 위해서는 방법론적인 틀 자체가 신학에서 나와야 한다. 그러나 필자가 제시한 해석학적 목회상담은 심리학의 방법론을 그대로 가져오거나 단순히 그것에 신학의 옷을 입히는 차원을 넘어 목회상담의 방법론으로 해석학의 방법론을 사용했다는 점에서 의의가 있다.1017) 이러한 해석학적 목회상담은 목회상담의 심리학에 대한 의존도를 낮추어 주어 목회상담을 좀 더 신학적이게 하는데 일조할 수 있을 것이다.

해석학적 목회상담은 하나의 방법론적 틀로서 목회상담의 방법론이라는 측면을 넘어설 수 있다. 오든은 목회상담의 신학적 정체성을 회복하기 위해서 무엇보다도 먼저 교회의 전통적 자원을 활용해야 한다고 주장했다. 실제로 오든은 목회상담에서 활용할 수 있는 교회의 전통적 자원을 발굴하고 그것을 사용했다.1018) 그러나 오든은 목회상담의 방법론을 위한 자원이나 그가 발굴한 교회의 전통적 자원을 활용할 수 있는 방법론을 제안하지는 않았다. 해석학적 목회상담은 이러한 측면에서 성서, 기독교 문서들, 교회의식, 신앙행습 등과 같은 교회의 전통적 자원 및 현재 교회현장에서 사용하고 있는 여러 상담이론들을 통합하기에 적합하다.

특히 해석학적 목회상담은 좀 더 넓은 목회상담의 영역이라 할 수 있는 목회적 돌봄의 영역에서도 하나의 방법론으로 사용될 수 있다. 왜냐하면 해석학적 목회상담이 인간의 행동을 텍스트로 보고 그것을 해석하는 과정을 통해 인간을 이해할 뿐만 아니라, 자기화를 통한 변화의 과정까지를 포함하고 있기 때문이다. 이것은 또한 목회적 돌봄의 행위에 대한 목회신학적 성찰을 위한 과정으로 활용될 수 있으며, 이것을 통하여 목회적 돌봄의 행위에 대한 성찰뿐만 아니라 그러한 행위의 상호주체인 목회자와 교인들의 성장도 도모할 수 있다.

필자가 제시한 해석학적 목회상담은 해석학을 신학적인 것으로 보는 밴후저의 견해를 전제로 하고 있기 때문에 신학적인 논의가 부족한 것처럼 인식될 수 있다. 이러한 부분은 앞으로 '신학적인 측면의 상담방법론'이나 '해석학적 목회상담을 위한 신학적 기초'와 같은 추가적인 논의를 통해서 해결할 수 있을 것이다. 또한 필자가 제시한 해석학적 목회상담은 리쾨르 해석학에 한정되어 다양한 해석학적 통찰들을 다루지 못했다는 점에서 아쉬움이 있다. 특히 해석학의 범주를 슐라이어마허, 딜타이, 하이데거, 가다머, 리쾨르로 한정했기 때문에 후설의 현상학적 해석학이나 하버마스의 비판적 해석학과 그 이후의 해석학에 나타난 목회상담적 요소들을 언급하지 못했다.

이에 더하여, 목회상담의 방법론적인 면과 신학적인 면을 위한 좀 더 포괄적인 해석학적 논의가 필요해 보인다. 실제로 목회상담의 방법론적인 측면에는 인식론적 해석학이 포함될 수 있으며, 신학적인 측면에는 존재론적 해석학이 포함될 수 있다. 슐라이어마허는 인식론적 해석학의 대표적인 인물로서 그의 해석학은 텍스트를 해석하는 '방법'에 초점을 두고 있었다. 그렇기 때문에 그의 해석학 방법론도 목회상담의 방법론으로 적용될 수 있는 가능성이 열려 있다. 특히 문법적 해석과 심리적 해석 그리고 해석학과 비평에 대한 슐라이어마허의 논의는 목회상담을 위한 많은 유익한 통찰을 제공한다.

존재론적 해석학은 앞에서 이미 밝힌 것처럼 '진리' 또는 '존재'에 관심을 가지고 있는 해석학이다. 이러한 관심은 신학의 관심과 밀접한 관련을 가지고 있다. 그렇기 때문에 이러한 해석학과 목회상담의 조우는 목회상담의 신학적인 측면에 긍정적인 통찰을 제공할 수 있을 것이다. 이외에도 주관적인 판단이나 부정확한 표현들로 인해 고통을 겪고 있는 사람들이 존재하는 목회상담의 현장을 감안한다면, '판단중지' epoche를 통해서 현상에 대한 객관적인 지식을 추구했던 후설의 현상학적 해석학 역시 목회상담에서 간과할 수 없는 영역이다. 추후에 이상과 같은 영역들에 대한 연구가 활발하게 지속되어 신학으로서의 목회상담의 영역이 확장될 뿐만 아니라, 해석학적 목회상담이 목회자들에게 용이한 현장중심적인 모델로 발전되어 목회적 돌봄의 현장을 더욱 활성화할 수 있기를 기대해 본다.

1014) Jay E. Adams, *Competent to Counsel* (Michigan: Baker Book House, 1974); Howard J. Clinebell, *Basic Types of Pastoral Care and Counseling: Resources for the Ministry of Healing and Growth*, revised and enlarged ed. (Nashville: Abingdon Press, 1984); Howard J. Clinebell, *Contemporary Growth Therapies* (Nashville: Abingdon Press, 1981); Howard J. Clinebell, *Growth Counseling* (Nashville: Abingdon Press, 1979); Howard W. Stone, *Using Behavioral Methods in Pastoral Counseling* (Philadelphia: Fortress Press, 1980); Howard W. Stone, *Brief Pastoral Counseling* (Minneapolis: Fortress Press, 1994); Howard W. Stone, *Depression and Hope: New Insights for Pastoral Counseling* (Minneapolis: Fortress Press, 1998); Howard W. Stone, "Revising the Revised Model: Howard Clinebell and His Influence", *American Journal of Pastoral Counseling*, vol. 6, no. 1 (2002): 63-70; Howard W. Stone, "Pastoral Counseling and the Changing Times",

The Journal of Pastoral Care, vol. 53, no. 1 (1999): 31-45; Jill Snodgrass, "From Rogers to Clinebell: Exploring the History of Pastoral Psychology", *Pastoral Psychology*, vol. 54 (2007): 519-22.

1015) 권수영 외 4인, "한국 교회 목회적 돌봄과 상담의 자취와 전망", 『한국기독교신학논총』, vol. 50 (2007): 222-3, 227, 230, 242. 권수영 외 4인은 한국의 목회상담의 현황을 밝힌 후에, 한국의 목회상담이 기독교의 전통을 새롭게 하고 창조적으로 활용하게 될 때 그 정체성이 확립될 것이라고 주장한다.

1016) Samuel Southard, *Theology and Therapy: the Wisdom of God in A Context of Friendship* (Dallas: Word Publishing, 1989).

1017) 사실 그 동안 목회상담에서는 목회상담의 신학적 정체성 회복을 위해 여러 가지 신학적 모델을 제안해왔다. 그러나 대부분의 모델들이 심리학적인 상담이론에 근거를 두고 있었기 때문에 여전히 심리학적인 경향을 벗어날 수 없는 한계를 지니고 있었다. Charles Allen Colla, *Solution-Focused Pastoral Counseling: An Effective Short-Term Approach for Getting People Back on Track* (Grand Rapids: Zondervan Publishing House, 1997); Charles W. Taylor, *The Skilled Pastor: Counseling as the Practice of Theology* (Minneapolis: Fortress Press, 1991); Ward A. Knights, 『게슈탈트 목회상담』, 윤인, 이한종 역 (서울: 시그마프레스, 2006); John Charles Wynn, 『가족치료와 목회상담』, 문희경 역 (서울: 한국장로교출판사, 2002). 이외에 일부 학자들이 성서를 통해서 목회상담의 방법론을 제안하기는 했지만, 성서신학의 영역이 방대할 뿐만 아니라 다양한 스펙트럼을 가지고 있기 때문에 이것을 통해서 체계적인 목회상담의 방법론을 구축한다는 것은 불가능에 가까우며, 혹 그것을 구축한다고 하더라도 개인의 성서해석에 치우친 목회상담의 방법론을 만들 가능성이 높다.

1018) Thomas C. Oden, *Classical Pastoral Care: Becoming a Minister*, vol. 1 (New York: Baker Books, 1987); Thomas C. Oden, *Classical Pastoral Care: Crisis Ministries*, vol. 4 (New York: Baker Books, 1994); Thomas C. Oden, *Classical Pastoral Care: Ministry Through Word & Sacrament*, vol. 2 (New York: Baker Books, 1987); Thomas C. Oden, *Pastoral Counsel* (New York: Crossroad, 1989).

참고문헌

1. 단행본

강돈구. 『슐라이어마허의 해석학』. 이동희 역. 서울: 이학사, 2000.
강돈구 외 10인. 『해석학과 사회철학의 제문제』. 서울: 일월서각, 1990.
고미영. 『이야기 치료와 이야기의 세계』. 서울: 청목, 2004.
권수영 외 7인. 『목회상담입문』. 서울: 목회상담, 2007.
권종선. 『신약성서 해석과 비평』. 대전: 침례신학대학교 출판부, 2002.
김경재. 『해석학과 종교신학: 복음과 한국종교와의 만남』. 천안: 한국신학연구소, 1997.
김계현. 『카운슬링의 실제』. 개정판. 서울: 학지사, 2004.
김기복. 『임상목회교육: 이론과 실제』. 서울: 한들출판사, 2003.
김번영. 『이야기 치료와 상담』. 서울: 솔로몬, 2007.
김영한. 『하이데거에서 리꾀르까지』. 서울: 박영사, 1987.
김용일. "정신과학의 방법론으로서의 삶의 해석학: 딜타이의 삶의 해석학." 『해석학과 현대철학』. 계명대학교 철학연구소 편, 43-69. 서울: 철학과 현실사, 1996.
김유숙. 『가족치료: 이론과 실제』. 서울: 학지사, 2004.
김이곤. 『구약성서의 고난신학』. 천안: 한국신학연구소, 1996.
김종걸. 『리꾀르의 해석학적 철학』. 서울: 한들출판사, 2003.
맹용길 편. 『현대신학사상 I』. 서울: 성광문화사, 1996.
목창균. 『슐라이에르마허의 신학사상』. 천안: 한국신학연구소, 1991.
문희경. 『대상관계이론과 목회상담』. 서울: 대서, 2007.
박순. 『상담자의 자기분석』. 서울: 시그마프레스, 2009.
손승남. 『교육해석학』. 서울: 교육과학사, 2001.
안석모. 『이야기 목회, 이미지 영성: 해석학적 목회론』. 서울: 목회상담, 2001.
양금희. 『해석과 교육』. 서울: 장로회신학대학교 출판부, 2007.
양명수. 『호모 테크니쿠스』. 천안: 한국신학연구소, 1997.
양유성. 『이야기 치료』. 서울: 학지사, 2008.

오성춘. 『목회상담학』. 서울: 한국장로교출판사, 2000.
오인탁 외 10인. 『해석학과 정신과학적 교육학』. 서울: 사회평론, 1996.
우재현. 『심성개발을 위한 교류분석(TA) 프로그램』. 대구: 정암서원, 2007.
유재성. 『현대목회상담학개론』. 대전: 침례신학대학교, 2006.
이도영 외 4인. 『교류분석: 이론과 실제』. 서울: 중앙적성출판사, 1999.
이부영. 『분석심리학: C. G. Jung의 인간심리론』. 서울: 일조각, 2003.
이상억 외 9인. 『목회상담 실천입문』. 서울: 학지사, 2009.
이장호, 금명자. 『상담연습교본』. 서울: 법문사, 2004.
이장호, 김정희. 『집단상담의 원리와 실제』. 서울: 법문사, 1998.
이현경. 『이야기치료: 이론과 실제』. 서울: 양서원, 2007.
이형원. 『구약성서 비평학 입문』. 대전: 침례신학대학교 출판부, 1995.
정기철. 『상징, 은유 그리고 이야기』. 서울: 문예출판사, 2002.
_____. 『해석학과 학문과의 대화』. 서울: 문예출판사, 2004.
정수영. 『신약교회사관에 의한 새교회사 Ⅱ』. 서울: 규장, 1994.
정승태. 『그까이꺼 해석학! 폼나게 풀어보즈-』. 대전: 침례신학대학교 출판부, 2005.
_____. 『합리적인 신앙을 위한 종교철학담론』. 대전: 침례신학대학교출판부, 2004.
정옥분. 『영유아발달의 이해』. 서울: 학지사, 2007.
조찬선. 『기독교 죄악사(하)』. 서울: 평단문학사, 2000.
반성택. "해석학 전통의 형성: 슐라이어마허, 딜타이를 중심으로." 『현대철학의 모험』. 철학아카데미 편, 156-86. 서울: 도서출판 길, 2007.
최명선. 『해석학과 교육: 교육과정사회학 탐구』. 서울: 교육과학사, 2005.
최봉기 편. 『해석학과 실천』. 대전: 침례신학대학교출판부, 1989.
한국해석학회 편. 『심리학과 해석학』. 서울: 철학과 현실사, 2002.
홍경자. 『상담의 과정』. 서울: 학지사, 2002.
Adams, Jay E. *Competent to Counsel*. Michigan: Baker Book House, 1974.
Aden, Leroy and J. Harold Ellens, eds. *Turning Points in Pastoral Care: The Legacy of Anton Boisen and Seward Hiltner*. Grand Rapids: Baker Book House, 1990.
Adler, Gerald and Paul G. Myerson, eds. *Confrontation in Psychotherapy*. Northvale: Jason Aronson INC., 1991.
Albano, Peter Joseph. *Freedom, Truth, and Hope: The Relationship of Philosophy and Religion in the Thought of Paul Ricoeur*. Lanham: University Press of America, 1987.
Bauer, Gregory P. 『지금-여기에서의 전이분석』. 정남운 역. 서울: 학지사, 2007.
Beisswenger, Donald F. and Doran McCarty, eds. *Pastoral Hermeneutics and Ministry*. Nashville: Association for Theological Field Education, 1983.
Benner, David. *Strategic Pastoral Counseling: A Short-Term Structural Model*. Grand Rapids: Baker Books, 1992.

Berg, Insoo Kim and Yvonne Dolan. *Tales of Solutions: A Collection of Hope-inspiring Stories*. New York: W. W. Norton & Company, 2001.

Berg, Insoo Kim and Peter Szabó. *Brief Coaching for Lasting Solutions*. New York: W. W. Norton, 2005.

Berne, Eric. *Games People Play: The Psychology of Human Relationships*. New York: Ballantine Books, 2004.

Berry, Thomas. *The Dream of the Earth*. San Francisco: Sierra Club Books, 1988.

Bleicher, Josef. 『현대 해석학: 방법, 철학, 비판으로서의 해석학』. 권순홍 역. 서울: 한마당, 1983.

Boff, Leonardo. *Trinity and Society*. trans. Paul Burns. Maryknoll: Orbis Books, 1988.

Boisen, Anton T. *Out of the Depths: An Autobiographical Study of Mental Disorder and Religious Experience*. New York: Harper & Brothers, 1960.

_____. *Problem in Religion and Life: A Manual for Pastors*. Nashville: Abingdon-Cokesbury Press, 1946.

_____. *The Exploration of the Inner World*. New York: Harper Torchbook, 1962.

Bollow, O. F. 『인식의 해석학』. 백승균 역. 서울: 서광사, 1993.

Boman, Thorlief. 『히브리적 사유와 그리스적 사유의 비교』. 허혁 역. 왜관: 분도출판사, 2003.

Bonhoeffer, Dietrich. 『기독교윤리』. 손규태 역. 서울: 기독교서회, 1979.

Brister, C. W. *Pastoral Care in the Church*. 3rd ed. New York: HarperCollins Publishers, 1992.

Brueggemann, Walter. *Interpretation and Obedience: From Faithful Reading to Faithful Living*. Minneapolis: Fortress Press, 1991.

Buber, Martin. *I and Thou*. 2nd ed. New York: Charles Scribner's Sons, 1958.

Capps, Donald. *Agents of Hope: A Pastoral Psychology*. Eugene: Wipf and Stock Publisher, 2001.

_____. *Deadly Sins and Saving Virtues*. Philadelphia: Fortress Press, 1987.

_____. *Living Stories: Pastoral Counseling in Congregational Context*. Minneapolis: Fortress, 1998.

_____. *Pastoral Care and Hermeneutics*. Philadelphia: Fortress Press, 1984.

_____. *Reframing: A New Method in Pastoral Care*. Minneapolis: Fortress Press, 1990.

Carter, John D. and S. Bruce Narramore. 『신학과 심리학의 갈등』. 전요섭 역. 서울: 하늘사다리, 1997.

Chardin, Pierre Teilhard De. *Phenomenon of Man*. New York: Harper & Row,

1975.

Clair, Michael St. 『인간의 관계 경험과 하나님 경험: 대상관계이론과 종교』. 이재훈 역. 서울: 한국심리치료연구소, 1998.

Clark, S. K. *Paul Ricoeur*. London: Routledge, 1990.

Clebsch, William A. and Charles R. Jaekle. *Pastoral Care in Historical Perspective*. New York: Jason Aronson, 1975.

Clinebell, Howard. 『전인건강』. 이종헌, 오성춘 역. 서울: 성장상담연구소, 2000.

_____. *Basic Types of Pastoral Care and Counseling: Resources for the Ministry of Healing and Growth*. revised and enlarged ed. Nashville: Abingdon Press, 1984.

_____. *Contemporary Growth Therapies*. Nashville: Abingdon Press, 1981.

_____. *Growth Counseling*. Nashville: Abingdon Press, 1979.

Cobb, John. 『과정신학과 목회신학』. 이기춘 편역. 서울: 대한기독교출판사, 1983.

_____. 『과정신학과 불교』. 김상일 역. 서울: 대한기독교출판사, 1988.

_____. *Theology and Pastoral Care*. Philadelphia: Fortress Press, 1977.

Cobb, John and David Ray Griffin. *Process Theology: An Introductory Exposition*. Philadelphia: Westminster Press, 1976.

Coe, George Albert. *The Psychology of Religion*. Chicago: University of Chicago Press, 1916.

Colla, Charles Allen. *Solution-Focused Pastoral Counseling: An Effective Short-Term Approach for Getting People Back on Track*. Grand Rapids: Zondervan Publishing House, 1997.

Collett, Peter. 『몸은 나보다 먼저 말한다』. 박태선 역. 서울: 청림출판, 2005.

Collins, Gary R. 『심리학과 신학의 통합전망』. 이종일 역. 서울: 솔로몬, 2003.

_____. 『효과적인 상담』. 정동섭 역. 서울: 두란노, 2003.

_____. 『효과적인 상담을 위한 크리스찬 심리학』. 문희경 역. 서울: 요단출판사, 1996.

Corey, Gerald. 『심리상담과 치료의 이론과 실제』. 조현춘, 조현재 역. 서울: 시그마프레스, 2004.

_____. 『상담과 심리치료의 제기법』. 안창일, 박경 역. 서울: 중앙적성출판사, 2000.

_____. 『상담 및 심리치료의 통합적 접근』. 현명호, 유제민 역. 서울: 시그마프레스, 2001.

Corey, Marianne Scheider and Gerald Corey. 『좋은 상담자 되기』. 이은경, 이지연 역. 서울: 시그마프레스, 2004.

Cormier, William H. and L. Sherilyn Cormier. *Interviewing Strategies for Helpers: Fundamental Skills and Cognitive Behavioral Interventions*. 3rd ed. Pacific Grove: Brooks/Cole Publishing Company, 1991.

Dallos, Rudi. *Attachment Narrative Therapy: Integrating Narrative, Systemic and Attatchment Therapies*. New York: Open University Press, 2006.

Davanloo, Habib. 『단기역동 정신치료』. 이근후 외 2인 역. 서울: 하나의학사, 1990.
Davanloo, Habib., ed. *Short-Term Dynamic Psychotherapy*. vol. 1. New York: Jason Aronson, 1980.
Dayringer, Richard. *The Heart of Pastoral Counseling: Healing through Relationship*. New York: The Haworth Pastoral Press, 1998.
Dillon, David. 『단기상담』. 윤종석 역. 서울: 두란노, 1997.
Dilthey, Wilhelm. 『해석학의 탄생』. 손승남 역. 서울: 지만지, 2008.
_____. 『체험·표현·이해』. 이한우 역. 서울: 책세상, 2005.
Dosse, François. 『폴 리쾨르: 삶의 의미들』. 이봉지 외 3인 역. 서울: 동문선, 2005.
Denton, Donald D. *Religious Diagnosis in a Secular Society: A Staff for the Journey*. Lanham: University Press of America, 1997.
Drakeford, John W. *Counseling for Church Leaders*. Nashville: Broadman Press, 1961.
Duchrow, Ulrich and Gerhard Liedke. 『샬롬』. 손규태, 김윤옥 역. 천안: 한국신학연구소, 1989.
Edinger, Edward F. 『성서와 정신: 구약성서와 개성화과정』. 이재훈 역. 서울: 한국심리치료연구소, 2001.
Egan, Gerald. 『상담의 실제』. 오성춘 역. 서울: 한국장로교출판사, 2001.
_____. 『유능한 상담자: 상담의 문제 대처와 기회 개발적 접근』. 제석봉, 유계식 역. 서울: 시그마프레스, 2005.
_____. *Interpersonal Living: A Skills/Contract Approach to Human-Relations Training in Group*. Monterey: Brooks/Cole Publishing Company, 1976.
Ekman, Paul. 『얼굴의 심리학』. 이민아 역. 서울: 바다출판사, 2006.
Elliott, Anthony. *Concepts of the Self*. 2nd ed. Malden: Polity Press, 2007.
Ellis, Alberts. *How to Live with a Neurotic*. New York: Crown Publishers, 1957.
Ellul, Jacques. 『무정부와 기독교』. 박건택 역. 서울: 솔로몬, 1994.
Estadt, Barry K. et al. *Pastoral Counseling: Loyola College Pastoral Counseling Faculty*. Englewood Cliffs: Prentice-Hall, 1983.
Everett, William J. and T. J. Bachmeyer. *Disciplines in Transformation: A Guide to Theology and the Behavioral Sciences*. Lanham: University Press of America, 1979.
Faricy, Robert. 『떼이야르 드 샤르댕의 신학사상』. 이혼근 역. 왜관: 분도출판사, 1990.
Feuerbach, Ludwich Andreas. 『기독교의 본질』. 김쾌상 역. 서울: 까치, 1992.
Freud, S. *The Interpretation of Dreams(I)*. *The Standard Edition of the Complete Psychological Works of Sigmund Freud*, vol. 4. trans. James Strachey. London: The Hogarth Press, 1973.
Gabbard, Glen O. 『역동정신의학』. 3판. 이정태, 채영래 역. 서울: 하나의학사, 2002.
Gadamer, Hans-Georg. *Philosophical Hermeneutics*. trans. & ed. David E.

Linge. Berkeley : University of California, 1977.
_____. *Truth and Method*. trans. Joel Weisheimer and Donald G. Marshall. New York : Continuum, 2004.
Gallagher, S. *Hermeneutics and Education*. Albany: State University of New York Press, 1992.
George, Rickey L. and Therese S. Cristiani. *Counseling: Theory and Practice*. 2nd ed. Englewood Cliffs: Prentice-Hall, Inc., 1986.
Gerkin, Charles V. *An Introduction to Pastoral Care*. Nashville: Abingdon Press, 1997.
_____. *Crisis Experience in Modern Life: Theory and Theology for Pastoral Care*. Nashville: Abingdon Press, 1979.
_____. *The Living Human Document: Re-Visioning Pastoral Counseling in a Hermeneutical Mode*. Nashville: Abingdon Press, 1984.
Girard, René.『문화의 기원』. 김진식 역. 서울: 기파랑, 2006.
Greenberg, Jay R. and Stephen R. Mitchel. *Object Relations in Psychoanalytic Theory*. Cambridge: Harvard University Press, 1983.
Grenz, Stanley J. "Ecclesiology". *The Cambridge Companion to Postmodern Theology*. Ed. Kevin J. Vanhoozer, 252-68. Cambridge: Cambridge University Press, 2003.
_____. *Theology for the Community of God*. Grand Rapids: Eerdmans, 2000.
Hackney, Harold L. and L. Sherilyn Cormier.『심리상담의 과정과 기법』. 임성문 외 6인 역. 서울: 시그마프레스, 2004.
Hall, Calvin S.『프로이트 심리학입문』. 지경자 역. 서울: 홍신문화사, 2001.
Hammermeister, Kai.『한스-게오르크 가다머』. 임호일 역. 서울: 한양대학교 출판부, 2001.
Hanh, Thich Nhat.『화』. 최수민 역. 서울: 명진출판, 2003.
Hartshorne, Charles.『하나님은 어떤 분이신가: 하나님의 전능하심과 여섯 가지 신학적인 오류』. 홍기석, 임인영 역. 서울: 한들, 1995.
Heidegger, Martin. *Being and Time*. trans. John Mcquarrie & Edward Robinson. New York: Harper & Row, 1962.
Hemleben, Johannes.『떼이야르 드 샤르댕』. 김경재 역. 서울: 한국신학연구소, 1983.
Hiltner, Seward. *Pastoral Counseling*. Nashville: Abingdon-Cokesbury Press, 1949.
_____. *Preface to Pastoral Theology*. Nashville: Abingdon Press, 1954.
Hiltner, Seward and Lowell G. Colston. *The Context of Pastoral Counseling*. Nashville: Abingdon Press, 1961.
Hobbs, Herschel H. *The Baptist Faith and Message*. Nashville: Convention Press, 1994.

Holifield, E. Brooks. *A History of Pastoral Care in America: From Salvation to Self-Realization*. Nashville: Abingdon Press, 1983.
How, Alan. *The Habermas-Gadamer Debate and the Nature of the Social*. Aldershot: Avebury, 1995.
Hufnagel, Erwin. 『해석학의 이해』. 강학순 역. 서울: 서광사, 1994.
Hunsinger, Deborah van Deusen. 『신학과 목회상담』. 이재훈, 신현복 역. 서울: 한국심리치료연구소, 2000.
Ikin, A. Graham. *New Concepts of Healing: Medical, Psychological, and Religious*. New York: Association Press, 1956.
Jackson, Walter C. "The Oates Agenda for Pastoral Care". *Spiritual Dimensions of Pastoral Care*. Eds. Gerald L. Borchet and Andrew D. Lester, 119-41. Philadelphia: The Westminster Press, 1985.
Jaffe, Aniela. 『C. G. Jung의 회상, 꿈 그리고 사상』. 이부영 역. 서울: 집문당, 2003.
James, William. *The Varieties of Religious Experience*. New York: Random House, 1902.
Jeanrond, Werner G. *Theological Hermeneutics: Development and Significance*. New York: Crossroad, 1991.
Jones, Lindsay. *The Hermeneutics of Sacred Architecture: Experience, Interpretation, Comparison*. Cambridge: Harvard Center for the Study of World Religions, 2000.
Johnson, Paul E. *Psychology of Religion*. New York : Abingdon Cokesbury, 1954.
Jung, C. G. *Modern Man in Search of a Soul*, trans. W. S. Dell and Cary F. Baynes. New York: Harcourt, Brace and Company, 1933.
Kemp, Peter and David Rasmussen, ed. *The Narrative Path: The Later Works of Paul Ricoeur*. Cambridge: The MIT Press, 1989.
Kepnes, Steven. *The Text as Thou: Martin Buber's Dialogical Hermeneutics and Narrative Theology*. Bloomington: Indiana University Press, 1992.
Killen, Patricia O'Connell and John De Beer. *The Art of Theological Reflection*. Crossroad: The Crossroad Publishing Company, 1998.
Kinast, Robert L. *Let Ministry Teach: A Guide to Theological Reflection*. Collegeville: The Liturgical Press, 1996.
Knights, Ward A. 『게슈탈트 목회상담』. 윤인, 이한종 역. 서울: 시그마프레스, 2006.
Lacocque, Andre and Paul Ricoeur. 『성서의 새로운 이해: 주석학과 해석학의 대화』. 김창주 역. 서울: 살림, 2006.
Lazarus, Arnold. 『행동치료의이론과 실제』. 이근후 외 3인 역. 서울: 하나의학사, 1989.
Lee, Ronald R. *Clergy and Clients: The Practice of Pastoral Psychotherapy*. New

York: Seabury, 1980.
Leuba, James. *A Psychological Study of Religion*. New York: Macmilllan, 1912.
Lister-Ford, Christine. 『기법을 중심으로 한 TA 상담과 심리치료』. 박의순, 이진선 역. 서울: 시그마프레스, 2008.
Lohfink, Gerhard. 『산상설교는 누구에게?: 그리스도교 윤리를 위하여』. 정한교 역. 왜관: 분도출판사, 1990.
_____. *Does God Need the Church?: Toward a Theology of the People of God*. trans. Linda M. Maloney. Collegeville: The Liturgical Press, 1999.
_____. *Jesus and Community*. trans. John P. Galvin. Philadelphia: Fortress Press, 1984.
Lundin, Roger., et al. *The Responsibility of Hermeneutics*. Grand Rapids : Eerdmans Publishing, 1985.
Lyotard, Jean-François. 『포스트모던적 조건: 정보사회에서의 지식의 위상』. 이현복 역. 서울: 서광사, 1992.
McLeish, Kenneth. 『아리스토텔레스』. 장영란 역. 서울: 궁리, 2001.
McMinn, Mark R. and Timothy R. Phillips 편. 『영혼돌봄의 상담학: 신학과 심리학의 통합을 위한 탐구』. 전요섭 외 10명 역. 서울: 기독교문서선교회, 2006.
McNeill, John T. *A History of the Cure of Souls*. New York: Harper & Row, 1977.
Mellert, Robert B. 『과정신학 입문』. 홍정수 역. 서울: 대한기독교서회, 1994.
Metcalf, Linda. 『해결중심 집단치료』. 김성천 외 2인 역. 서울: 청목출판사, 2002.
Middleton, J. Richard and Brian J. Walsh. *Truth Is Stranger Than It Used to Be: Biblical Faith in a Postmodern Age*. Downers Grove: InterVarsity Press, 1995.
Minuchin, Salvador. *Families and Family Therapy*. Cambridge: Harvard University Press, 1994.
Nichols, Michael P. *The Self in the System: Expanding the Limits of Family Therapy*. New York: Brunner/Mazel Publishers, 1987.
Novalis, Peter N., et al., *Clinical Manual of Supportive Psychotherapy*. Washington: American Psychiatric Press, Inc., 1993.
Oates, Wayne E. *Pastoral Counseling*. Philadelphia: The Westminster Press, 1974.
_____. *Protestant Pastoral Counseling*. Philadelphia: The Westminster Press, 1962.
_____. *The Christian Pastor*. Philadelphia: The Westminster Press, 1982.
_____. *The Psychology of Religion*. Waco: Word Books, 1973.
Oden, Thomas C. *Care of Souls in the Classic Tradition*. Philadelphia: Fortress Press, 1984.
_____. *Classical Pastoral Care: Becoming a Minister*. vol. 1. New York: Baker Books, 1987.

_____. Classical Pastoral Care: Crisis Ministries. vol. 4. New York: Baker Books, 1994.

_____. Classical Pastoral Care: Ministry Through Word & Sacrament. vol. 2. New York: Baker Books, 1987.

_____. Pastoral Counseling. New York: Crossroad, 1989.

_____. Pastoral Theology: Essentials of Ministry. New York: Harper Collins Publishers, 1983.

Palmer, Richard E. 『해석학이란 무엇인가』. 이한우 역. 서울: 문예출판사, 1996.

Patterson, C. H. The Therapeutic Relationship: Foundations for an Eclectic Psychotherapy. Pacific Crove: Thomson Brooks/Cole, 1985.

Patton, John. Pastoral Counseling: A Ministry of the Church. Nashville: Abingdon Press, 1983.

Payne, Martin. Narrative Therapy: An Introduction for Counsellors. 2nd ed. London: Sage Publications, 2006.

Pembroke, Neil. The Art of Listening: Dialogue, Shame, and Pastoral Care. New York : T&T Clark, 2002.

Pfister, Oskar. Analytische Seelsorge: Einführung in die Praktische Psychoanalyse für Pfarrer und Laien. Göttingen: n.p., 1927.

Pöggeler, O. 편. 『해석학의 철학』. 박순영 역. 서울: 서광사, 1993.

Pohly, Kenneth. Transforming the Rough Places: The Ministry of Supervision. Franklin: Providence House Publishers, 2001.

Porter, E. H. An Introduction to Therapeutic Counseling. Boston : Houghton Mifflin, 1950.

Pruyser, Paul W. The Minister as Diagnostician: Personal Problems in Pastoral Perspective. Philadelphia: The Westminster Press, 1976.

Ramsay, Nancy J. Pastoral Diagnosis: A Resource for Ministries of Care and Counseling. Minneapolis: Fortress, 1998.

Reagan, Charles E. Paul Ricoeur: His Life and His Work. Chicago: The University of Chicago Press, 1986.

Ricoeur, Paul. 『해석이론』. 김윤성, 조현범 역. 서울: 서광사, 2003.

_____. Freud and Philosophy: An Essay on Interpretation. trans. Denis Savage. Binghamton: Yale University, 1970.

_____. From Text to Action: Essays in Hermeneutics II. trans. Kathleen Blamey and John B. Thompson. Evanston: Northwestern University Press, 2007.

_____. Hermeneutics and the Human Sciences. trans. John B. Thompson. Cambridge: Cambridge University Press, 1985.

_____. Interpretation Theory: Discourse and the Surplus of Meaning. Fort

Worth: Texas Christian University Press, 1976.
_____. "Love and Justice". *Paul Ricoeur: The Hermeneutics of Action*. Ed. Richard Kearney, 23-39. London: Sage Publications, 1996.
_____. *Oneself as Another*. trans. Kathleen Blamey. Chicago: The University Press, 1992.
_____. *The Conflict of Interpretations: Essays in Hermeneutics*. trans. Bernard P. Dauenhauer. Evanston: Northwestern University Press, 2007.
_____. *The Symbolism of Evil*. trans. Emerson Buchanan. Boston: Beacon Press, 1967.
_____. *Time and Narrative*. vol. 1. trans. Kathleen McLaughlin and David Pellauer. Chicago: The University Press, 1984.
_____. *Time and Narrative*. vol. 2. trans. Kathleen McLaughlin and David Pellauer. Chicago: The University Press, 1985.
_____. *Time and Narrative*. vol. 3. trans. Kathleen McLaughlin and David Pellauer. Chicago: The University Press, 1988.
Rizzuto, Ana-Maria. 『살아 있는 신의 탄생: 정신분석학적 연구』. 이재훈 외 5인 역. 서울: 한국심리치료연구소, 2000.
Rogers, Carl R. 『칼 로저스의 카운슬링의 이론과 실제』. 한승호, 한성열 역. 서울: 학지사, 2005.
_____. *Client-Centered Therapy: Its Current Practice, Implications, and Theory*. Boston : Houghton Mifflin, 1951.
_____. *Counseling and Psychotherapy: Newer Concepts in Practice*. Boston: Houghton Mifflin Company, 1942.
_____. *On Becoming a Person: A Therapist's View of Psychotherapy*. Boston: Houghton Mifflin Company, 1961.
Rollins, Wayne Gilbert. *Jung and the Bible*. Atlanta: John Knox Press, 1983.
Rosen, Stanley. *Hermeneutics as Politics*. New York: Oxford University Press, 1987.
Rowan, John and Michael Jacobs. *The Therapist's Use of Self*. Buckingham: Open University Press, 2002.
Scharff, Savege and David E. Scharff, *Object Relations Couple Therapy*. Northvale: Jason Aronson Inc., 1994.
_____. *Object Relations Family Therapy*. Northvale: Jason Aronson Inc., 1991.
Schleiermacher, F. 『해석학과 비평: 신약성서와의 특별한 관계를 중심으로』. 최신한 역. 서울: 철학과 현실사, 2000.
Schweiker, William. "Imagination, Violence, and Hope: A Theological Response to Ricoeur's Moral Philosophy". *Meanings in Texts and Actions: Questioning Paul Ricoeur*. Eds. David Klemm and William Schweiker. Charlottesville:

University Press of Virginia, 1993, 205-25.

Sharf, Richard S. *Theories of Psychotherapy and Counseling: Concepts and Cases*. 4th ed. Belmont: Brooks/Cole, 2008.

Southard, Samuel. *Theology and Therapy: the Wisdom of God in A Context of Friendship*. Dallas: Word Publishing, 1989.

Stadter, Michael. *Object Relations Brief Therapy: The Therapeutic Relationship in Short-Term Work*. Northvale: Jason Aronson INC., 1996.

Stect, Odil Hannes. 『세계와 환경』. 박영옥 역. 천안: 한국신학연구소, 1990.

Stewart, Ian. 『교류분석(TA) 개인상담』. 우재현 역. 대구: 정암서원, 2000.

Stewart, Ian and Vann Joins. *TA Today: A New Introduction to Transactional Analysis*. Nottingham and Chapel Hill: Lifespace Publishing, 1993.

Stiver, Dan R. 『종교언어철학』. 정승태 역. 대전: 침례신학대학교 출판부, 2001.

_____. *Theology after Ricoeur: New Directions in Hermeneutical Theology*. Louisville: Westminster John Knox Press, 2001.

Stolorow, R. D and G. E. Atwood. *Contexts of Being : The Intersubjective Foundations of Psychological Life*. Hillsdale: Analytic Press, 1992.

Stone, Howard W. *Depression and Hope: New Insights for Pastoral Counseling*. Minneapolis: Fortress Press, 1998.

_____. *Brief Pastoral Counseling: Short-term Approaches and Strategies*. Minneapolis: Fortress Press, 1994.

_____. *Using Behavioral Methods in Pastoral Counseling*. Philadelphia: Fortress Press, 1980.

Stone, Howard W. and James O. Duke. *How to Think Theologically*. Minneapolis: Fortress Press, 1996.

Svenaeus, Fredrik. *The Hermeneutics of Medicine and the Phenomenology of Health: Steps Towards a Philosophy of Medical Practice*. Dordrecht: Kluwer Academic Publishers, 2000.

Switzer, D. K. *Pastoral Care Emergencies: Ministering to People in Crisis*. New York: Paulist, 1989.

Taylor, Charles W. *The Skilled Pastor: Counseling as the Practice of Theology*. Minneapolis: Fortress Press, 1991.

Thornton, Edward E. *Professional Education for Ministry: A History of Clinical Pastoral Education*. Nashville: Abingdon Press, 1970.

Tillich, Paul. *Dynamics of Faith*. New York: Harper & Row, 1958.

_____. *Systemic Theology*, vol. 3. Chicago: The University of Chicago, 1976.

Toombs, S. K. *The Meaning of Illness: A Phenomenological Account of the Different Perspectives of Physician and Patient*. Boston: Kluwer Academic Publishers, 1992.

Toss, Thomas C. "Self-Supervision? A Goal for All Supervisors". *Readings in Family Therapy Supervision: Selected Articles from the AAMFT Supervision Bulletin.* Ed. AAMFT, 21-2. Washington: AAMFT, 2000.

Trull, Timothy J. *Clinical Psychology.* 7th ed. Belmont: Wadsworth/Thomson Learning, 2005.

Underwood, Ralph L. *Empathy and Confrontation in Pastoral Care.* Philadelphia: Fortress Press, 1985.

Vanhoozer, Kevin J. *Biblical Narrative in the Philosophy of Paul Ricoeur: A Study in Hermeneutics and Theology.* Cambridge: Cambridge University Press, 1990.

_____. *Is There a Meaning in This Text?.* Grand Rapids: Zondervan, 1998.

Vanhoozer, Kevin J., et al., eds. *Everyday Theology: How to Read Cultural Texts and Interpret Trends.* Grand Rapids: BakerAcademic, 2007.

Wallace, Mark I. *The Second Naiveté: Barth, Ricoeur, and the New Yale Theology.* Macon: Mercer University Press, 1990.

Wallas, Lee. *Stories That Heal.* New York: W. W. Norton & Company, 1991.

_____. *Stories for the Third Ear.* New York: W. W. Norton & Company, 1985.

Warnke, Georgia. 『가다머의 철학적 해석학』. 이한우 역. 서울: 사상사, 1993.

Walter, John L. and Jane E. Peller, *Becoming Solution-Focused in Brief Therapy.* New York: Brunner/Mazel Publishers, 1992.

Watzlawick, Paul, et al. *Change: Principles of Problem Formation and Problem Resolution.* New York: W. W. Norton & Company, 1974.

Welfel, Elizabeth Reynolds and Lewis E. Patterson. 『상담과정의 통합적 모델: 다이론적 통합적 접근』. 한재희 역. 서울: 시그마프레스, 2009.

Westerhoff, John H. 『살아 있는 신앙공동체: 변화를 이루는 교회』. 김일환 역. 서울: 보이스사, 1992.

White, Michael. *Selected Papers.* Adelaide: Dulwich Centre Publications, 1989.

White, Michael and David Epston. *Narrative Means to Therapeutic Ends.* New York: W. W. Norton & Company, 1990.

Whitehead, Alfred North. *Process and Reality: an Essay in Cosmology.* New York : Free Press, 1969.

Wicks, Robert J., et al., eds. *Clinical Handbook of Pastoral Counseling.* vol. 1. expanded ed. New York : Paulist Press, 1993.

Wicks, Robert J. and Richard D. Parsons, eds. *Clinical Handbook of Pastoral Counseling.* vol. 2. New York : Paulist Press, 1993.

Wilson, Rod. *Counseling and Community: Using Church Relationships to Reinforce Counseling.* Wheaton : Word, 1995.

Wimberly, Edward P. *Prayer in Pastoral Counseling: Suffering, Healing, and*

Discernment. Louisville: Westminster /John Knox Press, 1990.
_____. *Recalling Our Own Stories: Spiritual Renewal for Religious Caregivers*. San Francisco: Jossey-Bass Publishers, 1997.
_____. *Using Scripture in Pastoral Counseling*. Nashville: Abingdon Press, 1994.
Winkler, Klaus. 『목회상담: 영혼돌봄』. 신명숙 역. 서울: 학지사, 2007.
Winslade, John and Gerald Monk. 『이야기상담』. 송현종, 정수희 역. 서울: 학지사, 2005.
Wise, Carroll A. 『목회학개론: 패스토랄 캐어의 의미』. 이기춘 역. 서울: 대한기독교출판사, 2005.
_____. *Pastoral Counseling: Its Theory and Practice*. New York: Harper & Brothers, 1951.
Wubbolding, Robert E. 『현실요법의 적용』. 김인자 역. 서울: 한국심리상담연구소, 2005.
_____. 『21세기와 현실요법』. 박애선 역. 서울: 시그마프레스, 2004.
Wynn, John Charles. 『가족치료와 목회상담』. 문희경 역. 서울: 한국장로교출판사, 2002.
Woodyard, David O. 『현대 신학자들의 하나님 이해』. 한인철 역. 서울: 대한기독교서회, 1986.
Woodward, James and Stephen Pattison, eds. *Blackwell Reader in Pastoral and Practical Theology*. Oxford : Blackwell Publishers, 2000.
Yalom, Irvin D. *Existential Psychotherapy*. New York : Basic Books, 1980.
Zweig, Stefan. 『폭력에 대항한 양심: 칼뱅에 맞선 카스텔리오』. 안인희 역. 서울: 자작나무, 1998.

2. 정기간행물

강남순. "Terrorism of Truth?: The Challenge of Postmodernism and Its Implication for Religion in the New Millenium". 『한국기독교신학논총』, 18집 (2000): 359-79.
강돈구. "해석학적 순환의 인식론적 구조와 존재론적 구조". 『한신논문집』, 5집 (1986): 43-79.
강동수, 김재철. "현대철학의 상상력 이론: 구성과 해석으로서의 상상". 『철학연구』, 104집 (2007): 1-20.
강손근. "플라톤 미학에 있어서 '미메시스'에 관한 연구". 『철학논총』, 16권 (1999): 293-337.
권수영. "임상현장의 작용적 신학: 기독교상담의 방법론적 정체성". 『한국기독교상담학회지』, 7집 (2004): 100-23.

권수영 외 4인. "한국 교회 목회적 돌봄과 상담의 자취와 전망". 『한국기독교신학논총』, vol. 50 (2007): 215-48.
고위공. "대화적 텍스트 이해이론 정립의 시도: 해석학, 소통적 담론이론, 후기 구조주의적 해체주의를 중심으로". 『독일문학』, 49권 (1992): 533-55.
고진호. "교사의 해석학적 교육 실천방법 연구: 교육내용에 대한 해석과 이해의 상호작용을 중심으로". 『교육과정연구』, 23권 (2005): 65-81.
권명수. "존 패튼의 목회신학 방법론". 『신학연구』, 49집 (2006): 169-93.
김나한. "기독교 상담의 본질에 대한 연구". 『신학사상』, 138집 (2007 가을): 225-46.
김동윤. "미메시스 · 뮈토스 · 카타르시스 개념의 재해석과 서술이론에 대한 고찰: 『시간과 이야기』를 중심으로". 『인문과학논총』, 32집 (1999): 151-68.
_____. "아리스토텔레스의 미메시스 개념과 허구적 이야기의 역동적 해석학: 폴 리쾨르의 문학이론을 중심으로". 『작가세계』, 1995년 5월, 370-403.
_____. "회의와 니힐을 넘어서: 폴 리쾨르의 삶과 철학". 『작가세계』, 1995년 5월, 366-9.
김봉석. "교육과정과 교수-학습 과정의 해석학적 재개념화". 『교육과정연구』, 25권 (2007): 61-80.
김병훈. "인간의 공격성에 관한 정신분석학적 고찰: 진단 및 해결방안 연구." 『목회와 상담』, 4권 (2003): 157-233.
김석수. "철학, 고통 그리고 치료". 『철학연구』, 100집 (2006): 179-201.
김선하. "프로이트의 의식과 자아에 대한 리쾨르의 해석". 『철학연구』, 81집 (2002): 65-85.
김애령. "시간의 이해, 이해의 시간: 리쾨르의 시간의 재형상화 논의". 『해석학 연구』, 9권 (2002): 169-90.
_____. "이야기로 구성된 인간의 시간: 리쾨르의 서사 이론". 『철학과 현상학 연구』, vol. 18 (2002): 269-90.
김영선. "삼위일체 하나님의 본질과 속성". 『한국기독교신학논총』, 47권 (2006): 161-84.
김영진. "지향적 대상의 이종성과 현상학: 해석학의 대립". 『해석학 연구』, 21집 (2008): 59-83.
김용민. "멜라니 클라인의 '자리' 개념과 신앙". 『뱁티스트』, 2008년 3-4월호, 101-9.
_____. "목회상담을 위한 제3의 인물(들)의 요건과 역할". 『목회와 상담』, 16권 (2011): 103-30.
_____. "목회자를 위한 상담기법: 현실요법". 『뱁티스트』, 2009년 3-4월호, 86-100.
_____. "상호돌봄으로서의 목회적 돌봄고- Perichoresis". 『복음과 실천신학』, 23권 (2011): 246-74.
_____. "페어베언의 발달이론과 신앙". 『뱁티스트』, 2008년 1-2월호, 103-10.
김용일. "슐라이어마허의 언어해석학". 『독일어문학』, 12집 (1998): 23-44.
_____. "슐라이어마허 해석학에 있어서 언어와 사유". 『철학연구』, 54집 (1995 봄):

231-58.
김주완. "H. G. Gadamer의 놀이와 예술작품". 『철학연구』, 46집 (1990 여름): 169-90.
김종걸. "리꾀르의 악에 대한 해석". 『해석학연구』, 3권 (1997): 293-331.
____. "리꾀르의 인간학적 해석학". 『해석학연구』, 2권 (1996): 31-58.
____. "리꾀르 해석학의 흐름". 『실천하는 신학』, 4집 (1995): 43-58.
김진영. "정신분석적 관점에서 본 주체와 객체의 문제". 『목회와 상담』, 4권 (2003): 71-94.
김한식. "소설의 결말을 위한 시론". 『프랑스어문교육』, 7집 (1999): 237-60.
____. "역사와 허구 그리고 인간의 시간". 『프랑스어문교육』, 17집 (2004): 375-404.
____. "폴 리꾀르의 이야기 해석학". 『국어국문학』, 146호 (2007): 211-43.
____. "텍스트, 욕망, 즐거움: 소설의 지평구조와 카다르시스". 『불어불문학연구』, 74집 (2008 여름): 93-136.
김헌. "아리스토텔레스『시학』의 세 개념에 기초한 인간 행동 세계의 시적 통찰과 창작의 원리". 『인간연구』, 7권 (2004): 27-52.
김홍근. "「관계」에 대한 Martin Buber의 관계신학과 대상관계이론 및 영성신학적인 조명". 『신학사상』, 138집 (2007 가을): 247-78.
김휘택. "텍스트의 순환기제". 『한국프랑스학논집』, 63집 (2008): 1-18.
____. "텍스트 커뮤니케이션: 리꾀르의 삼중의 미메시스(triple mimènis)를 중심으로". 『프랑스문화예술연구』, 23집 (2008): 111-43.
남정우. "해석학적 신학과 폴 리꾀르." 『기독교사상』, 2002년 3월, 132-41.
노영덕. "하나(一)와 여럿(多)의 상호전환작용으로서 아리스토텔레스의 예술이론". 『미학·예술학연구』, 23권 (2006): 217-46.
문장수. "역사-비판적 관점에서 해명된 폴 리쾨르의 주체성 복원의 전략". 『문예미학』, 10호 (2002): 159-98.
박근원. "한국 목회상담의 역사 개요: 한국목회상담협회를 중심으로". 『신학사상』, 97집 (1997): 28-35.
박기영. "기독교상담학파 간 성경관 차이". 『복음과 실천(신학)』, 10권 (2005 가을): 372-99.
박남희. "실현의 진리에서 존재윤리에로: 가다머의 지평융합을 중심으로". 『해석학연구』, 14권 (2004): 165-205.
박노권. "목회적 돌봄에서의 방법론(1)". 『세계의 신학』, 37 호 (1997): 231-42.
____. "목회적 돌봄에서의 방법론(2)". 『세계의 신학』, 38호 (1998): 140-57.
____. "임상목회교육에 대한 분석". 『목원대학교 논문집』, 37권 (1999): 5-21.
____. "현대목회상담의 당면과제". 『기독교상담학회지』, 1권 (2000): 199-221.
박성찬. "시언어와 창조적 은유: 리꾀르의 철학적 은유론의 문체론적 적용을 위한 시론". 『불어불문학연구』, 35집 (1997): 53-73.
박순영. "리꾀르의 정신분석적 해석학". 『해석학 연구』, 9권 (2002): 41-74.
박정유. "대화를 바탕으로 한 소그룹 프로젝트에서 해석학적 순환에 의한 아동의 그림 표현 변화과정에 대한 연구". 『미술교육논총』, 20권 (2006): 161-84.
반신환. "기독교 영성의 관점으로 살펴보는 기독교상담의 정체성: 방법론적 정체성을 중심으로". 『한국기독교상담학회지』, 7집 (2004): 45-75.
_____. "목회상담운동의 특징과 전제에 대한 연구: 로저스 이론에 대한 힐트너와 클라인벨의 수용방법을 중심으로". 『기독교사상』, 1997년 3월, 79-103.
배국원. "이야기 신학의 추억". 『복음과 실천』, 37집 (2006 봄): 129-60.
_____. "포스트모더니즘". 『복음과 실천』, 14집 (1991 가을): 114-32.
_____. "포스트모더니즘 II". 『복음과 실천』, 15집 (1992 가을): 83-109.
백미숙. "효과적 리더십으로서의 효과적 경청". 『숙명 리더십 연구』, 4집 (2006): 79-98.
백승영. "가다머의 해석학적 미학, 그 미완의 기획". 『철학』, 88권 (2006): 179-205.
백운철. "리쾨르의 성서 해석학". 『신학과 사상』, 60집 (2007 겨울): 11-54.
서동은. "가다머의 진리개념". 『해석학 연구』, 19집 (2007): 101-26.
_____. "하이데거와 가다머의 그리스 철학 이해". 『하이데거 연구』, 14집 (2006): 171-94.
신진욱. "구조해석학과 의미구조의 재구성". 『한국사회학』, 42집 2호 (2008): 191-230.
신명숙. "목회상담의 정체성 확립을 위한 신학적 근거". 『한국기독교상담학회 지』, 7집 (2004): 141-78.
심상권. "현대 목회상담학의 오늘과 내일: 한국교회 목회상담학의 발전을 위한 비전". 『기독교사상』, 1993년 4월, 265-75.
안석모. "교구목회상담: 의미와 전망". 『신학과 세계』, 30호 (1995): 177-205.
_____. "목회 텍스트: 해석학적 목회론의 기초를 위하여". 『신학과 세계』, 42호 (2001): 123-37.
_____. "성서와 한국교회 목회상담". 『신학과 세계』, 38호 (1999): 199-220.
_____. "임상목회교육: 원리와 신학". 『신학과 세계』, 34호 (1997): 125-44.
_____. "찰스 거킨의 목회신학 방법론: 이야기 해석학". 『신학과 세계』, 54호 (2005): 236-74.
_____. "'해석의 전환' 으로서의 치유". 『신학과 세계』, 44호 (2002): 207-32.
_____. "현대목회상담의 새 조류들(1): 토착문화와 목회상담". 『기독교사상』, 1992년 2월, 182-91.
_____. "현대목회상담의 새 조류들(2): 이야기와 목회상담". 『기독교사상』, 1992년 3월, 181-90.
_____. "현대목회상담의 새 조류들(3): 영성과 목회상담". 『기독교사상』, 1992년 4월, 247-57.
_____. "현대목회상담의 새 조류들(4): 목회상담과 성경". 『기독교사상』, 1992년 5월, 212-22.
안태길. "임상목회교육 가이드". 『복음과 실천』, 15권 (1992): 110-32.
양명수. "인간의 자기이해는 어떻게 일어나는가". 『철학과 현실』, 66호 (2005 가을):

95-107.
_____. "폴 리쾨르의 해석학과 신학: 텍스트 이론을 중심으로". 『신학사상』, 127집 (2004 겨울): 167-97.
_____. "한국사회를 위한 리쾨르 철학". 『해석학 연구』, 4권 (1997): 333-44.
양병모. "고령화 사회에서 교회의 목회적 돌봄을 위한 제언". 『복음과 실천』, 43집 (2009 봄): 387-418.
_____. "교회갈등의 주요 원인과 특성". 『복음과 실천』, 37집 (2006 봄): 315-43.
_____. "목회탈진: 그 주요 원인의 분석과 해결에 관한 소고". 『복음과 실천』, 35집 (2005 봄): 319-48.
_____. "이야기와 의식을 사용한 교회현장에서의 가족 상담". 『복음과 실천』, 41집 (2008 봄): 197-224.
_____. "지역교회갈등의 해결방안 및 제안". 『복음과 실천』, 39집 (2007 봄): 403-32.
_____. "Henri J. M. Nouwen의 저술에 나타난 목회자 정체성과 목회적 적용". 『복음과 실천(신학)』, 9권 (2005 봄): 13-52.
양황승. "텍스트 해석에서 주관주의와 객관주의에 대한 비판적 고찰: 폴 리쾨르의 해석 이론을 중심으로". 『칸트연구』, 12권 (2003): 278-312.
오만석. "현대 해석학적 관심에서 본 의사소통의 과정". 『교육이론』, 1권 (1986): 85-127.
유영권. "목회상담학의 새 모델". 『신학사상』, 93권 (1996): 223-47.
유재성. "교회상담의 패러다임 변천". 『기독교상담학회지』, 4권 (2002): 209-31.
_____. "누가복음 15:11-32에 나타난 관계 단절과 회복의 역동". 『복음과 실천』, 43집 (2009): 355-86.
_____. "갈등해소를 위한 새생활 관계 과정 모델". 『복음과 실천』, 35집 (2005 봄): 285-318.
_____. "라이프웨이 상담 수퍼비전의 원리". 『복음과 실천』, 39집 (2007 봄): 371-402.
_____. "목회자의 탈진 자가 진단법". 『목회와 신학』, 2004년 8월호, 102-8.
_____. "소그룹 리더를 위한 의사소통 모형". 『복음과 실천』, 41집 (2008 봄): 225-48.
_____. "이혼에 대한 목회신학적 성찰과 그 대안: 언약적 접근". 『복음과 실천』, 33집 (2004 봄): 277-310.
_____. "한국인의 공동체적 의식과 목회 상담적 자기성찰". 『성경과 상담』, 3호 (2003): 93-136.
유재홍. "글쓰기 주체로서의 내면적 자아 연구: 계몽주의에서 질 들뢰즈까지." 『프랑스 문화예술연구』, 21집 (2007): 1-28.
유주현. "리쾨르에 있어서의 텍스트해석의 문제". 『해석학연구』, 1권 (1995): 211-30.
_____. "하버마스와 라캉에서의 정신분석과 해석의 관계". 『해석학연구』, 9권 (2002): 104-28.
유철상. "최근 소설의 환상적 경향과 그 의미: 거대 담론의 상실과 환상의 강화 양상을 중심으로". 『현대소설연구』, 12권 (2000): 111-27.

윤병렬. "가다머에게서 하이데거 해석학의 유산과 '철학적 해석학'". 『하이데거연구』, 15집 (2007): 471-502.
윤성우. "리쾨르와 코기토들: 근거리와 원거리의 관점에서". 『철학과 현실』, 66호 (2005 가을): 80-94.
_____. "리쾨르에게서의 언어와 주체: 텍스트 해석학을 중심으로". 『해석학연구』, 10권 (2002): 263-300.
_____. "리쾨르의 문학론: 언어와 실재에 대한 탐구". 『하이데거 연구』, 15집 (2007): 327-52.
_____. "리쾨르의 자기 동일성 이론, 그 의의와 한계". 『불어불문학연구』, 56집 (2003): 329-57.
_____. "폴 리쾨르에게서의 주체 물음". 『철학과 현상학 연구』, 18집 (2001): 291-320.
_____. "리쾨르의 문학론: 언어와 실재에 대한 탐구". 『하이데거연구』, 15집 (2007): 327-52.
_____. "텍스트란 무엇인가?: 리쾨르의 해석학을 중심으로". 『프랑스학연구』, 23권 (2002): 485-512.
_____. "미메시스, 재현 그리고 해석". 『해석학연구』, 14권 (2004): 207-34.
이경래. "서사 기호학과 이야기 해석학: 리쾨르와 그레마스를 중심으로". 『프랑스 문화 연구』, 2집 (1998): 155-69.
이관직. "무엇이 목회상담을 목회적인 것으로 만드는가?: C. W. Brister를 중심으로". 『신학지남』, 241호 (1994): 381-92.
_____. "목회상담의 성경적인 기초". 『신학지남』, 242호 (1995): 233-50.
_____. "목회적 진단: 당위성, 내용, 그리고 방법". 『신학지남』, 249호 (1996 겨울): 265-91.
_____. "영적 변화와 심리적 변화의 유비와 차이점". 『대학과 복음』, 10집 (2004): 215-42.
이규현. "폴 리쾨르의 이야기 정체성". 『불어불문학연구』, 38집 (1999): 257-73.
이규호. "철학으로서의 해석학". 『해석학 연구』, 6집 (1999): 17-65.
이기상. "하이데거의 현사실성의 해석학". 『철학과 현상학 연구』, 5집 (1992): 253-75.
이기언. "해석학적 순환에 대하여". 『불어불문학연구』, 74집 (2008 여름): 273-318.
이기춘. "임상목회교육과 신학교육". 『신학과 세계』, 9호 (1983): 304-32.
이병옥. "슐라이어마허의 해석학적 주체성 이론". 『철학과 현상학 연구』, 25집 (2005): 135-57.
이상복. "한국대학생의 가치과 형성 과정과 전인치유상담: 재미 한인 유학생 임상 사례 연구를 통한 접근". 『기독교교육정보』, 7집 (2003): 316-40.
이수진 외 2인. "폴 리쾨르의 "사건과 의미'의 변증법"으로 현대건축의 텍스트 의미해석: "세 겹의 미메시스"와 루이스 바라간, 스니븐 홀을 중심으로." 『계획계』, 20권 5호 (2004): 63-70.
이재훈. "목회상담 이론의 패러다임 전환". 『신학사상』, 97집 (1997): 36-53.

_____. "한국 목회상담의 새로운 전망". 『기독교사상』, 1991년 2월, 189-200.
_____. "한국 심층목회상담의 전망". 『기독교사상』, 1991년 4월, 210-7.
이재호. "자아형성의 관점에서 본 리쾨르의 서사해석학". 『도덕교육연구』, 20권 1호 (2008): 49-75.
이주영. "재현의 관점에서 본 예술과 실재의 관계". 『미학·예술학연구』, 22권 (2005): 5-38.
임경수. "신학과 심리학의 연계적 학문을 통한 기독교 상담의 정체성". 『한국기독교상담학회지』, 7집 (2004): 231-57.
임호일. "가다머의 예술론: 미메시스의 권리회복". 『뷔히너와 현대문학』, 25권 (2005): 320-42.
장경. "문학과 종교의 관계에 대한 입문으로서 폴 리쾨르 해석학". 『문학과 종교』, 3권 (1998): 97-122.
_____. "문학작품과 그 은유적 지시관계". 『한국프랑스학논문집』, 24집 (1998): 429-44.
_____. "문학해석과 창조적 은유: 폴 리쾨르의 문학이론을 중심으로". 『불어불문학연구』, 33집 (1996): 677-98.
_____. "리쾨르의 référence의 문제". 『해석학 연구』, 5권 (1999): 29-54.
_____. "폴 리쾨르의 주체물음과 해석학". 『프랑스학연구』, 27권 (2003): 231-66.
_____. "폴 리쾨르의 텍스트 이론과 신학적 해석학". 『해석학 연구』, 11권 (2003): 26-56.
_____. "P. Ricoeur의 텍스트이론". 『용봉논집』, 24권 (1995): 251-72.
전진성. "시간의 형상화: 역사서술의 구조와 성격에 대한 이론적 접근". 『역사교육』, 93집 (2005): 251-85.
정기철. "낭만주의 해석학: 해석학적 순환을 중심으로". 『해석학연구』, 12권 (2003): 17-42.
_____. "레비나스와 리쾨르의 윤리와 해석". 『해석학연구』, 6권 (1999): 306-28.
_____. "리쾨르의 시간과 이야기". 『현대철학강좌』, 2권 1호 (1999): 165-90.
_____. "리쾨르의 시간과 이야기 그리고 윤리". 『해석학연구』, 5권 (1999): 55-84.
_____. "리쾨르의 철학적 신학". 『기독교철학』, 2호 (2006): 109-49.
_____. "해석학과 정신분석학의 만남이 주는 의미에 대한 고찰: 리쾨르를 중심으로". 『해석학 연구』, 9권 (2002): 75-103.
_____. "해석학적 관점에서의 독자". 『독서연구』, 16호 (2006): 31-53.
정동섭. "기독교상담: 신학과 심리학의 통합". 『복음과 실천』, 15집 (1992 가을): 262-90.
정석환. "이야기심리학과 목회상담". 『신학논총』, 4권 (1998): 203-40.
정승태. "포스트모던 신앙의 가능성: 찰스 하츠온을 중심으로". 『복음과 실천』, 36집 (2005 가을): 145-70.
_____. "현대 삼위일체론의 입장에서 본 '인격' 개념". 『한국기독교신학논총』, 23권

(2002): 191-215.

정은혜. "하이데거와 가다머의 해석학: 그 언어적 단초와 역사적 전개". 『하이데거 연구』, 4집 (1999): 374-416.

정희성. "열린 체계로서의 목회 임상 진단". 『목회와 상담』, 2권 (2002): 250-82.

조현일. "리쾨르의 서사이론과 서사교육". 『국어교육학연구』, 22집 (2005): 303-24.

주영흠. "가다머의 이해와 교육". 『교육철학』, 7집 (2002): 129-50.

진권장. "교육경험의 의미에 관한 해석학적 이해". 『교육인류학연구』, 2집 (1999): 123-69.

최광현. "신학과 심리학: 피스터(Oskar Pfister)와 투르나이젠(Eduard Thurneysen)을 중심으로". 『신학사상』, 127집 (2004 겨울): 257-79.

최민수. "목회상담에서의 이야기치료를 통한 개인적 정체성의 이야기로부터 하나님과의 관계적 정체성의 이야기로의 전환". 『한국기독교상담학회지』, 16호 (2008): 233-63.

최범선. "목회상담으로서의 예식". 『성경과 신학』, 30권 (2001): 239-64.

최성만. "미메시스와 미메톨로지: 아도르노의 미메시스 구상과 오늘날의 미메시스론 연구". 『뷔히너와 현대문학』, 18권 (2002): 231-63.

최성민. "은유의 매개와 서사의 매체". 『시학과 언어학』, 15호 (2008): 51-74.

최성수. "교회 공동체성의 근거로서의 삼위일체". 『목회와 신학』, 2000년 10월, 214-21.

최성환. "딜타이 철학에서의 심리학적 연구의 의의". 『해석학 연구』, 9권 (2002): 15-40.

최신환. "유한적 이성과 해석학적 인식: 슐라이어마허의 해석학-변증법적 학문이론". 『철학연구』, 31집 (1992): 349-69.

_____. "슐라이어마허와 가다머(Ⅱ): 해석학의 보편성 요구-지평융합인가, 지평확대인가?" 『철학연구』, 90집 (2004): 407-34.

최재정. "슐라이어마허의 교육론에 나타나는 '변증법'의 의미와 역할". 『교육철학』, 35집 (2006): 189-211.

최태현. "폴 리쾨르의 이야기 해석학". 『기독교철학연구』, 2호 (2004): 127-49.

홍영택. "램본(Robert Alfred Lamvourne)의 공동체적 목회상담". 『신학과 세계』, 61호 (2008): 96-129.

황임경. "환자, 의사 그리고 텍스트: 해석학의 관점에서 본 의료". 『의철학연구』, 3권 (2007): 117-37.

황혜진. "서사 텍스트의 주제 진술 방식 연구". 『독서연구』, 15호 (2006): 437-65.

Anderson, Herbert. "After the Diagnosis: an Operational Theology for the Terminally Ill". *The Journal of Pastoral Care*, vol. 43, no. 2 (Summer 1989): 141-50.

Asquith, Glenn H. "The Case Study Method of Anton T. Boisen". *The Journal of Pastoral Care*, vol. 34, no. 2 (June 1980): 84-94.

Bartunek, Jean M. and Michael K. Moch. "First-Order, Second-Order, and Third-Order Change and Organization Development Interventions: A Cognitive Approach". *The Journal of Applied Behavioral Science*, vol. 23, no. 4 (1987): 483-500.

Behr, John. "The Trinitarian Being of the Church". *St Vladimir's Theological Quarterly*, vol. 48 (2003): 67-88.

Belzen Jacob A. and Ralph W. Hood. "Methodological Issues in the Psychology of Religion: Toward Another Paradigm". *The Journal of Psychology*, vol. 140, no. 1 (2006): 5-28.

Benner, Drayton C. "Augustine and Karl Rahner on the Relationship between the Immanent Trinity and the Economic Trinity". *International Journal of Systematic Theology*, vol. 9 (Jamuary 2007): 24-38.

Bishop, Leigh. "Healng in the Koinonia: Therapeutic Dynamics of Church Community". *Journal of Psychology and Theology*, vol 13, no. 1 (1985): 12-20.

Blanton, P. Gregg. "Narrative Family Therapy and Spiritual Direction: Do They Fit". *Journal of Psychology and Christianity*, vol. 24, no. 1 (2005): 68-79.

Blinder, David. "In Defense of Pictorical Mimesis". *The Journal of Aethetics and Art Criticism*, vol. 45 (September 1986): 19-27.

Briggs, Richard S. "What Does Hermeneutics Have to Do with Biblical Interpretation". *Heythrop Journal*, vol. 47 (2006): 55-74.

Brown, Charles E. "Seward Hiltner's Contributions to Parish Ministry". *The Journal of Pastoral Care*, vol. 40, no. 2 (1986): 114-8.

Brueggemann, Water. "Psalms and the Life of Faith: A Suggested Typology of Function". *Journal for the Study of the Old Testament*, vol. 17 (1980): 3-32.

Bush, Randall B. "The Hermeneutic Spiral and the Revelation of God as Trinity". *Perspective in Religious Studies*, vol. 14, no. 1 (1987): 11-27.

Buxbaum, Robert. "When Pastors Divorce: A New Approach to Congregational Healing". *The Journal of Pastoral Care*, vol. 49, no. 2 (Summer 1995): 173-86.

Byrd, Joseph. "Paul Ricoeur's Hermeneutical Theory and Pentecostal Proclamation". *Pneuma: The Journal of the Society for Pentecostal Studies*, vol. 15, no. 2 (1993): 203-14.

Carlozzi, Alfred F., at. al. "Empathy Theory and Practice: A Survey of Psychologists and Counselors". *The Journal of Psychology*, vol. 136, no. 2 (2002): 161-70.

Carr, David. "Narrative and the Real World an Argument for Continuity". *History and Theory*, vol. 25, no. 2 (1986): 117-31.

Carroll, Noël. "Mimesis as Make-Believe". *The Philosophical Quarterly*, vol. 45 (January 1995): 93-9.

Cedarleaf, J. Lennart. "Listening Revisited". *The Journal of Pastoral Care*, vol. 38, no. 4 (1984): 310-6.
Charmé, Stuart. "The Two I-Thou Relations in Martin Buber's Philosophy". *Harvard Theological Review*, vol. 70 (1977): 161-73.
Child, William. "Interpreting People and Interpreting Texts". *International Journal of Philosophical Studies*, vol. 14, no. 3 (2006): 423-41.
Collins, William J. "The Pastoral Counselor's Countertransference as a Therapeutic Tool". *The Journal of Pastoral Care*, vol. 36, no. 2 (1982): 125-35.
Connolly, John M. "Gadamer and Author's Authority: A Language-Game Approach". *The Journal of Aesthetics and Art Criticism*, vol. 44, no. 3 (1986): 271-7.
Cornu, Alison Le. "Theological Reflection and Christian Formation". *The Journal of Adult Theological Education*. vol. 3, no. 1 (2006): 17-23.
Daniel, S. L. "The Patient as Text: A Model of Clinical Hermeneutics". *Theoretical Medicine and Bioethics*, vol. 7 (1986): 195-210.
Dauenhauer, Bernard P. "Action and Agents". *Research in Phenomenology*, vol. 37 (2007): 203-18.
Debbance, Elle G. and François de Carufel. "The context of Transference Interpretations in Analytical Group Psychotherapy". *American Journal of Psychotherapy*, vol. 47, no. 4 (Fall 1993): 540-53.
Denton, Donald D. "Guilt, Betrayal, and Stain: A Prolegomena to Multiaxial Pastoral Diagnosis". *The Journal of Pastoral Care*, vol. 47 (Spring 1993): 14-22.
_____. "No Sterile Field: The Role of Ethics in Pastoral Diagnosis". *The Journal of Pastoral Care*, vol. 49, no. 4 (1995): 39-46.
Domangue, Barbara B. "Hypnotic Regression and Reframing in the Treatment of Insect Phobias". *American Journal of Psychotherapy*, vol. 39, no. 2 (April 1985): 206-14.
Dornisch, Loretta. "Ricoeur's Theory of Mimesis: Implications for Literature and Theology". *Journal of Literature & Theology*, vol. 3, no. 3 (November 1989): 308-18.
_____. "Symboly Systems and the Interpretation of Scripture: An Introduction to the Work of Paul Ricoeur". *Semia*, vol. 4 (1975): 1-21.
_____. The Book of Job and Ricoeur's Hermeneutics". *Semeia*, vol. 19 (1981): 3-21.
Dudley, Tyler. "A Boisen Reverie". *The Journal of Pastoral Care & Counseling*, vol. 61, no. 3 (2007): 257-9.
Emerson, James G. "Seward Hiltner: He Changed My Life". *The Journal of*

Pastoral Care, vol. 40, no. 2 (1986): 105-12.

Fiddes, Paul S. "Participating in the Trinity". *Perspectives in Religious Studies*, vol. 33, no. 2 (Fall 2006): 375-91.

Fink, Peter E. "Theoretical Structures for Liturgical Symbols". *Liturgical Ministry*, vol. 2 (Fall 1993): 125-37.

Firth, James Buck. "Physician, Heal Thyself: A Final Diagnosis". *The Journal of Pastoral Care & Counseling*, vol. 61 (Fall 2007): 263-4.

Gerhart, Mary. "Generic Studies: Their Remewed Importance in Religious and Literary Interpretation". *Journal of the American Academy of Religion*, vol. 45, no. 3 (1977): 309-25.

Goldstein, William. "The Transference in Psychotherapy: The Old vs. the New, Analytic vs. Dynamic". *American Journal of Psychotherapy*, vol. 54, no. 2 (Spring 2000): 167-71.

Gordon, Rafal. "Understanding, Personal Identity and Education". *Journal of Philosophy of Education*, vol. 38, no. 4 (2004): 589-600.

Harmon, Steven R. "The Authority of the Community (of All the Saints): Toward a Postmodern Baptist Hermeneutic of Tradition". *Review and Expositor*, vol. 100 (Fall 2003): 587-21.

Hengel, John Wan Den. "Paul Ricoeur's Oneself as Anther and Practical Theology". *Theological Studies*, vol. 55 (1994): 458-80.

Heidik, Bruno. "Broad Coverage and Quality Care in Psychotherapy". *The Journal of Pastoral Care*, vol. 29, no. 3 (1975): 185-9.

Hiltner, Seward. "Fifty Years of CPE". *The Journal of Pastoral Care*, vol. 29, no. 2 (June 1975): 90-8.

_____. "The Debt of Clinical Pastoral Education to Anton T. Boisen". *The Journal of Pastoral Care*, vol. 20 (September 1966): 129-35.

_____. "The Heritage of Anton T. Boisen". *Pastoral Psychology*, vol. 16 (1965): 5-10.

Hoehne, Marius V. "Mimesis and Mimicry in Dynamics of State and Identity Formation in Northern Somalia". *Africa*, vol. 79, no. 2 (2009): 252-81.

Holinger, Paul C. "The Pastoral Care of Servere Emotional Distress: Clinical Situations and Emergencies". *The Journal of Pastoral Care*, vol. 34 (September 1980): 177-89.

Homans, Peter. "Psychological and Hermeneutics: Jung's Contribution". *Zygon*, vol. 4 (1969): 333-55.

Hultgren, F. "A Hermeneutic Approach: Reflecting on the Meaning of Curriculum through Interpretation of Student-teaching Experience in Home Economics". *Journal of Vocational Home Economic of Education*, vol. 3

(1985): 32-55.

Hyde, Brendan. "Beyond Logic-Entering the Realm of Mystery: Hermeneutic Phenomenology as a Tool for Reflecting on Children's Spirituality". *International Journal of Children's Spirituality*, vol. 10, no. 1 (April 2005): 31-44.

Ivy, Steven S. "Pastoral Diagnosis as Pastoral Caring". *The Journal of Pastoral Care*, vol. 42, no. 1 (1988): 81-9.

Jackson, Aaron P. and Michael J. Patton. "A hermeneutic approach to the study of values in counseling". *Counseling & Values*, vol. 36 (April 1992): 201-9.

Jankowski, Peter J. "Making Sense of It All: Hermeneutics and Family Therapy". *Counseling & Values*, vol. 39 (April 1995): 190-9.

Jeanrond, Werner G. "The Theological Understanding of Texts and Linguistic Explication". *Modern Theology*, vol. 1, no. 1 (1984): 55-66.

Jones, Logan C. "The Psalms of Lament and the Transformation of Sorrow". *The Journal of Pastoral Care & Counseling*, vol. 61 (2007): 47-57.

Kadar, Endre E and Judith A. Effken. "From Discrete Actors to Goal-directed Actions: Toward a Process-based Methodology for Psychology". *Philosophical Psychology*, vol. 18 (June 2005): 353-82.

Katz, Robert L. "Martin Buber and Psychotherapy". *Hebrew Union College Annual*, vol. 46 (1975): 413-31.

Kemt, Peter. "Mimesis in Educational Hermeneutics". *Educational Philosophy and Theory*, vol. 38, no. 2 (2006): 171-84.

Konstan, David. "The Two Faces of Mimesis". *The Philosophical Quarterly*, vol. 54 (April 2004): 301-8.

Kozel, Susan. "The Diabolical Strategy of Mimesis: Luce Irigaray's Reading of Maurice Merleau-Ponty". *Hypatia*, vol. 11 (Summer 1996): 114-29.

Kradin, Richard. "The Roots of Empathy and Aggression in Analysis". *Journal of Analytical Psychology*, vol. 50 (2005): 431-49.

LaClave, Linda J. and Gregory Brack, "Reframing to Deal with Patient Resistance: Practical Application". *American Journal of Psychotherapy*, vol. 43, no. 1 (January 1989): 68-76.

Lacugna, Catherine M. "The Relational God: Aquinas and Beyond". *Theological Studies*, vol. 46 (1985): 647-63.

Laeuchli, Evelyn and Samuel Laeuchli. "Mimisis: Healing through Mythic Play". *Second Opinion*, vol. 19 (April 1994): 41-53.

Leder, D. "Clinical Interpretation: The Hermeneutics of Medicine". *Theoretical Medicine and Bioethics*, vol. 11 (1990): 9-24.

Lee, Cameron. "Agency and Purpose in Narrative Therapy: Questioning the

Postmodern Rejection of Metanarrative". *Journal of Psychology and Theology*, vol. 32 (2004): 221-31.

Legg, Pamela Mitchell. "Understanding Bible Study Curricula: Theology, Hermeneutics and Education in the Congregation". *Interpretation*, vol. 56, no. 4 (October 2002): 398-409.

Levitt, Heidi. "What Clients Find Helpful in Psychotherapy: Developing Principles for Facilitating Moment-to-Movement Change". *Journal of Counseling Psychology*, vol. 53, no. 3 (July 2006): 314-24.

Lima, Luiz Costa. "Social Representation and Mimesis". *New Literary History*, vol. 16 (1984/1985): 447-66.

Louw, D. J. "Pastoral Hermeneutics and the Challenge of a Global Economy: Care to the Living Human Web". *The Journal of Pastoral Care & Counseling*, vol. 56, no. 4 (Winter 2002): 339-50.

Magill, Gerard. "Public Religious Dialogue: The Economic Pastoral and the Hermeneutics of Democracy". *Theological Studies*, vol. 54 (1993): 678-97.

Masson, Robert. "Reframing the Fields". *Zygon*, vol. 39, no. 1 (March 2004): 49-62.

Miller, Perry N. "Discrete Varieties of Care in the Clinical Pastoral Tradition: Continuing the Dialogue". *The Journal of Pastoral Care & Counseling*, vol. 57, no. 2 (Summer 2003): 111-6.

Mitchell, Kenneth R. "A Book Review Article: In the Translator's House". *The Journal of Pastoral Care*, vol. 38, no 1 (1984): 64-72.

Montague, George T. "Hermeneutics and the Teaching of Scripture". *Catholic Biblical Quarterly*, vol. 41, no. 1 (1979): 1-17.

More, E. S. "Empathy as a Hermeneutic Practice". *Theoretical Medicine and Bioethics*, vol. 17 (1996): 243-54.

Nace, Robert K. "Parish Clinical Pastoral Education: Redefining 'The Living Human Document". *The Journal of Pastoral Care*, vol. 35, no. 1 (March 1981): 58-68.

Nelson, James M. "Hermeneutics and Dialogue as Tools toward Integration: Babies and Bathwater, Problems and Solutions". *Journal of Psychology and Theology*, vol. 3 (1985): 32-55.

Noel, James A. "Memory and Hope: Toward a Hermeneutic of African American Consciousness". *The Journal of Religious Thought*, vol. 47, no. 1 (Sum-Fall 1990): 18-28.

Nolasco, R. "Theological Reflection: The Process and Movement". *Diaskalia*, vol. 12, no. 1 (Fall 2000): 25-31.

North, Carol. "The Psychiatric Diagnosis of Anton Boisen: From Schizophrenia to Bipolar Affective Disorder". *The Journal of Pastoral Care*, vol. 35, no. 4 (December 1981): 264-75.

O'Brien, Maureen R. "A Study of Ministerial Identy and Theological Reflection among Lay Ecclesial Ministers". *Interpretational Journal of Practical Theology*, vol. 11 (2007): 212-33.

Ostes, Wayne. "Organizational Development and Pastoral Care". *Review & Expositor*, vol. 75, no. 3 (1978): 349-60.

Parris, David P. "Imitating the Parables: Allegory, Narrative and the Role of Mimesis". *Journal for the Study of the New Testament*, vol. 25, no. 1 (2002): 33-53.

Parsons, Terry. "Characteristics of Drug-Overdosed Patients and Supplementary Treatment Needs". *The Journal of Pastoral Care*, vol. 33, no. 2 (June 1979): 264-75.

Patton, John. "Clinical Hermeneutics: Soft Focus in Pastoral Counseling and Theology". *The Journal of Pastoral Care*, vol. 35, no. 3 (1981): 157-68.

_____. "Toward a Theology of Pastoral Event: Reflections on the Work of Seward Hiltner". *The Journal of Pastoral Care*, vol. 40, no. 2 (1986): 129-41.

Pallesen, Carsten. "Philosophy of Reflection and Biblical Revelation in Paul Ricoeur". *Studia Theologica*, vol. 62 (2008): 44-62.

Pellauer, David. "Reading Ricoeur Reading Job". *Semeia*, vol. 19 (1981): 73-83.

Pembroke, Neil. "A Trinitarian Perspective on the Counseling Alliance in Narrative Therapy". *Journal of Psychology and Christianity*, vol. 24 (2005): 13-20.

Poling, James. "What is Christian about Christian Counseling?". 『한국기독교상담학회지』, 7집 (2004): 7-19.

Power, F. Clark. "The Distinctiveness of Pastoral Counseling". *Counseling & Values*, vol. 39 (1990): 75-87.

Proner, Barry. "Contemporary Transference Work and the Analytic Attitude: Aims and Methods-A Clinical Workshop". *Journal of Analytical Psychology*, vol. 47 (2002): 382-95.

Pruyser, Paul W. "Religion in the Psychiatric Hospital: A Reassessment". *The Journal of Pastoral Care*, vol. 39, no. 1 (1984): 5-16.

Raitt, Jill. "Strictures and Structures: Relational Theology and a Woman's Contribution To Theology Conversation". *The Journal of the American Academy of Religion*, vol. 50 (1982): 3-17.

Richardson, Frank C. "Psychology and Religion: Hermeneutic Reflections". *Journal of Psychology and Theology*, vol. 34, no. 3 (2006): 232-45.

_____. "Secularism, Psychology, and Hermeneutics". *Journal of Psychology* and *Theology*, vol. 34, no. 3 (2006): 285-8.

Richmond, Donald P., et al. "The Biblical Imperative of a Relational Theology". *Didaskalia*, vol. 8 (Fall 1996): 41-8.

Richmond, Sarah. "Being in Others: Empathy from a Psychoanalytical Perspective". *European Journal of Philosophy*, vol. 12, no. 2 (2004): 244-64.

Ricoeur, Paul. "Mimesis and Representation". Annals of Scholarship, vol. 2 (1981): 15-31.

_____. "Philosophical Hermeneutics and Theological Hermeneutics". *Studies Religion*, vol. 5 (1975): 14-33.

_____. "Philosophical Hermeneutics and Theology". *Theology Digest*, vol. 24 (1976): 154-61.

Risser, James. "After the Hermeneutic Turn". *Research in Phenomenology*, vol. 30 (2000): 71-88.

Robinson, Geoffrey D. "Paul Ricoeur and the Hermeneutics of Suspicion: A Brief Overview and Critique". *Presbyterian*, vol. 23, no. 1 (1997): 43-55.

Ross, R. J. "In-Kind Payment as Therapy in Patoral Counseling". *The Journal of Pastoral Care*, vol. 31, no. 2 (1977): 113-39.

Sandnes, Karl Olav. "Imitao Homeri? an Appraisal of Dennis R. Macdonald's 'Mimesis Critisism". *Journal of Biblical Literature*, vol. 124, no. 4 (2005): 715-32.

Schaverien, Joy. "Countertransference as Active Imagination: Imaginative Experiences of the Analyst". *Journal of Analytic Psychology*, vol. 52 (2007): 413-31.

Schneiders, Sandra M. "From Exegesis to Hermeneutics: The Problem of the Contemporary Meaning of Scripture". *Horizons*, vol. 8, no. 1 (1981): 23-39.

Schwarz, Markus K. L. "Clinical Hermeneutics: Failure of an Approach to Clinical Practice". *Theoretical Medicine and Bioethics*, vol. 7, no. 3 (1986): 355-9.

Shamasundar, C. "Understanding Empathy and Related Phenomena". *American Journal of Psychotherapy*, vol. 53, no. 2 (1999): 232-45.

Sherrard, Peter A. D. "Is the Hermeneutic Investigative Process Possible Without Presuppositions。". *Counseling & Values*, vol. 36 (April 1992): 210-5.

Silvern, Louise E. "A Hermeneutic Account of Clinical Psychology: Strengths and Limits". *Philosophical Psychology*, vol. 3 (March 1990): 5-27.

Smick, Elmer B. "Semeiological Interpretation of the Book of Job". *Westminster Theological Journal*, vol. 48 (1986): 135-49.

Smith, James K. A. "A Little Story about Metanarratives: Lyotard, Religion, and Postmodernism Revisited". *Faith and Philosophy*, vol. 18, no. 3 (July 2001):

353-68.
Snodgrass, Jill. "From Rogers to Clinebell: Exploring the History of Pastoral Psychology". *Pastoral Psychology*, vol. 54 (2007): 513-25.
Steele, Meili. "Ricoeur versus Taylor on Language and Narrative". *Metaphilosophy*, vol. 34, no. 4 (July 2003): 425-46.
Stephan, Water G. and Krystina Fanlay. "The Role of Empathy in Improving Intergroup Relations". *Journal of Social Issues*, vol. 55, no. 4 (1999): 729-43.
Stone, Howard W. "Pastoral Counseling and the Changing Times". *The Journal of Pastoral Care*, vol. 53, no. 1 (1999): 31-45.
_____. "Revising the Revised Model: Howard Clinebell and His Influence". *American Journal of Pastoral Counseling*, vol. 6, no. 1 (2002): 63-70.
_____. "Scripting in Pastoral Counseling". *American Journal of Pastoral Counseling*, vol. 4, no. 2 (2001): 31-9.
Stone, Martin. "The Analyst's Body as Tuning Fork: Embodied Resonance in Countertransference". *Journal of Analytic Psychology*, vol. 51 (2006): 109-24.
Strength, Janice Morgan. "Expanding Davanloo's Interpretive Triangles to Explicate the Client's Introjected Image of God". *Journal of Psychology and Theology*, vol. 26, no. 2 (1998): 179-87.
Steinke, Paul D. "Living Human Documents Write Books". *The Journal of Pastoral Care*, vol. 50, no 4 (Winter 1996): 405-8.
Tan, Siang-Yang. "Empirically Based Principles of Therapeutic Change: Principles of Therapeutic Change That Work". *Journal of Psychology and Christianity*, vol. 26, no. 1 (Spring 2007): 61-5.
Thacker, Justin. "Lyotard and the Christian Metanarrative: A Rejoinder to Smith and Westphal". *Faith and Philosophy*, vol. 22, no. 3 (July 2005): 301-15.
Tood, Andrew. "What is Theological about Theological Reflection". *The British Journal of Theological Education*, vol. 11, no. 1 (2002): 35-45.
Van Arkel, Jan T. De Jongh. "Recent Movement in Pastoral Theology". *Religion & Theology*, vol. 7, no 2 (2000): 142-68.
Vedder, Ben. "On the Meaning of Metaphor in Gadamer's Hermeneutics". *Research in Phenomenology*, vol. 32 (2002): 196-209.
Verhesschen, Piet. "The Poem's Invitation: Ricoeur's Concept of Mimisis and Its Consequences for Narrative Educational Research". *Journal of Philosophy of Education*, vol. 37, no. 3 (2003): 449-65.
Walton, Roger. "Using the Bible and Christian Tradition in Theological Reflection". *British Journal of Theological Education*, vol. 13, no. 2 (2003): 133-51.

Wall, John. "The Creative Imperative: Religious Ethics and the Formation of Life in Common". *Journal of Religious Ethics*, vol. 33, no. 1 (2005): 45-64.
_____. "The Economy of the Gift: Paul Ricoeur's Significance for Theological Ethics". *Journal of Religious Ethics*, vol. 29, no. 2 (2001): 235-60.
Wallace, Mark I. "The World of the Text: Theological Hermeneutics in the Thought of Kar Barth and Paul Ricoeur". *Union Seminary Quarterly Review*, vol. 41, no. 1 (1986): 1-15.
Wang, Huaiyu. "Conscience and the Aporia of Being and Time". *Research in Phenomenology*, vol. 37 (2007): 357-84.
Ward, Graham. "Biblical Narrative and the Theology of Metonymy". *Modern Theology*, vol. 7, no. 4 (July 1991): 335-49.
White, Lyle J. "The Hermeneutic Road Has Many Paths". *Counseling & Values*, vol. 36 (April 1992): 214-8.
Wiener, Jan. "The Analyst's Countertrasference When Supervising: Friend of Foe?". *Journal of Analytical Psychology*, vol. 52 (2007): 51-69.
Williams, Hiram. "Theodicy, Tragedy, and Soteriology: The Legacy of Schleiermacher". *Harvard Theological Review*, vol. 77, no. 3-4 (1984): 395-412.
Wise, Carroll A. "Response to an Experience of Extreme Stress in the Light of the Idea of Anton T. Boisen". *The Journal of Pastoral Care*, vol. 33, no 4 (December 1979): 220-9.
_____. "The Grandfather of CPE』". *The Journal of Pastoral Care*, vol. 35, no 4 (December 1981): 276-80.
Wolstein, Benjamin. "The Analysis of Transference as an Interpersonal Process". *American Journal of Psychotherapy*, vol. 50, no. 4 (Fall 1996): 499-509.
Worth, Sarah E. "Aristotle, Thought, and Mimesis: Our Responses to Fiction". *Journal of Aesthetics & Art Criticism*, vol. 58 (Fall 2000): 333-9.
Worthen, Jeremy. "Theology and the History of Metanarrative: Clarifying the Postmodern Question". *Modern Believing*, vol. 45, no. 4 (2001): 15-23.
Yaghjian, Lucretia B. "Teaching Theological Reflection Well, Reflection on Writing as a Theological Practice". *Teaching Theology and Religion*, vol. 7, no. 2 (2004): 83-94.

3. 미간행물

김위성. "이해의 학으로서의 해석학: 가다머의 『진리와 방법』을 중심으로". 박사학위논문, 부산대학교 대학원, 1995.

박금희. "정신과학의 정초를 위한 딜타이의 인식-인간학적 자기성찰". 박사학위논문, 숭실대학교 대학원, 1998.
백종철. "Heidegger와 Gadamer의 진리톤". 박사학위논문, 계명대학교 대학원, 1988.
석종준. "Paul Ricoeur와 Hans Frei의 Narrative 이론에 관한 신학 방법론적 비교고찰". 박사학위논문, 침례신학대학교 대학원, 2008.
한상철. "하이데거와 리꾀르의 해석학적 사유: 리꾀르의 하이데거 수용과 비판". 박사학위논문, 서울대학교 대학원, 1994.
Chang, Jeffrey Chung Han. "An Interpretive Account of Counsellor Development". Ph.D. diss., University of Calgary, 2008.
D'Souza, Keith. "Ricoeur's Narrative Development of Gadamer's Hermeneutics: Continuity and Discontinuity". Ph.D. diss., Marquette University, 2003.
Edgar, John. "Pastoral Identity in the Thought of Wayne E. Oates". Ph.D. diss., Southern Baptist Theological Seminary, 1985.
Eloff, Johann Martin Bergmann. "Stress Therapy: A Pastoral Family Therapeutic Approach Based on an Eco-hermeneutic Paradigm". Ph.D. diss., University of Pretoria, 1999.
Fover, Gene Thomas, Jr. "The Pastoral Theology Case: Creating and Interpreting Pastoral Care Texts". Ph.D. diss., Princeton Theological Seminary, 1987.
Jacobsen, William Harold. "Preaching as Mimesis: The Importance of Paul Ricoeur's Theory of Mimesis for Preaching". Ph.D. diss, Princeton Theological Seminary, 1995.
Kaiser, Kenneth Kim. "A Hermeneutic Investigation of Rogerian Empathy". Ed.D. diss., University of San Francisco, 1990.
Lambert, P. "Client Perspectives on Counselling: A Hermeneutic Approach". Ph.D. diss., Sheffield Hallam, 2005.
Lee, Sang Uk. "The Experience of Homesickness and Method of Introspection: A Pastoral Theology from a Korean-American Perspective". Ph.C. diss., Princeton Theological Seminary, 2004.
Marks, Dara. "The Transformative Function of Story". Ph.D. diss., Pacifica Graduate Institute, 2005.
Oates, Wayne. "The Signification of the Work of Sigmund Freud for Christian Faith". Th.D. diss., Southern Baptist Theological Seminary, 1947.
Qureshi, Adil Saeed Felix. "Relationality and Socio-historical Situatedness: A Hermeneutic Perspective on Multicultural Counseling". Ph.D. diss., University of Southern California, 1999.
Roffey, John William. "A Hermeneutic Critique of Counseling Psychology: Ricoeur and Rogers". Ph.D. diss., University of Kentucky, 1980.

Salsman, Scott Alexander. "Paul Ricoeur's Three-fold Mimesis: A Paradigm for Narrative Preaching". Ph.D. diss., The Southern Baptist Theological Seminary, 1997.

Sohn, Woon San. "Telling and Retelling Life Stories: A Narrative Approach to Pastoral Care". Ph.D.diss., Vandervilt University, 1990.

Wright, Judd Seth. "The Foundations of Productive History in Mimesis and Narrative Identity". Ph.D. diss., Villanova University, 2006.